233网校
www.233.com

严格依据最新国家教师资格考试大纲编写

233网校教师资格考试研究中心　组织编写

U0642328

国家教师资格考试 专用教材
综合素质
（幼儿园版）

主　编：苏云尚　王奕珊

- 紧扣最新考试大纲
- 展现最全命题方向
- 真题诠释巩固拓展
- 强化重点突战演练

登录www.233.com 享本书定制版**专家视频**

中南大学出版社
www.csupress.com.cn

序

"核心素养"对教师提出的新要求

近年来，教育界最火的词当属"核心素养"，为推进"核心素养"的落实，全国各地都在举办不同规格的学术研讨。"核心素养"的落地也对教师们提出了更高层次的要求。

在"核心素养"的背景下，教师资格考试《综合素质》的命题也悄然发生了改变。从最初的"表忠心"类的作文到今天的应用写作，从材料分析题中"高大全"的教师形象到今天"有血有肉"的鲜活的案例的剖析，从法条挖空考原文到案例评析，从文化素养以高中应会文理知识到上天入地全覆盖。这些改变越来越让考生摸不着头脑，因此，编写一套符合"核心素养"新要求的教材迫在眉睫。

本书的编写得到了 233 网校的鼎力支持。技术人员通过对网校题库的大数据分析，汇总出宝贵的考情、学情数据。本书编写团队分工明确，全书主笔苏云尚老师，在基于多年的授课经验及参考大量论文与著作的基础上，编写了丰富翔实的教材内容；本人负责对第一章、第五章第四节的内容进行修改、完善，提升了全书内容的实用性，同时也力求帮助考生更好地理解"深化教育综合改革"的内涵。本书的编校、出版工作由中南大学出版社承担，编辑们严谨的态度使得本书以最好的姿态呈现在考生面前。

本书是一本基于"核心素养"新要求编写的教师资格证辅导教材，是对多年未修订的统考大纲进行的一次创新性思考，希望通过我们共同的努力，能够帮助更多的考生轻松备考，顺利拿到教师资格证书。

最后，我希望考生们能够领悟一个事实：拿到教师资格证书并不是最终目的。在"核心素养"的背景下，教师将面临更加严峻的考验，正如科目名称一样，希望更多考生能够通过系统的学习，提升作为教师的"综合素质"，也希望考生不忘初心、牢记使命，始终坚守自己的教育理想，以成为一名卓越教师作为自己终生奋斗的目标！

王奕珥

2018 年 8 月 14 日于湖南·长沙

前 言

"百年大计，教育为本"，为满足日益发展的教育事业的需求，提高教育质量，我国在《国家教育事业发展第十二个五年规划》中确立了教师准入实行"国标、省考、县聘、校用"的精神。2011年，根据《教育部关于开展中小学和幼儿园教师资格考试改革试点的指导意见》，教师资格全国统考试点率先在浙江、湖北两省展开，至今大部分省、直辖市、自治区已加入全国统考，实现了统考常态化。

从考试大纲看，改革后的教师资格考试，内容上包括笔试与面试两方面，不同学段（幼儿园、小学、中学等）的考试内容具体如下表所示。

类别		笔试			面试
		科目一	科目二	科目三	
幼儿园		综合素质	保教知识与能力	—	教育教学实践能力
小学		综合素质	教育教学知识与能力	—	教育教学实践能力
初级中学		综合素质	教育知识与能力	学科知识与教学能力	教育教学实践能力
高级中学					
中职	文化课教师				
	专业课教师			试点省自行组织	试点省自行组织
中职实习指导教师					

注1：幼儿园面试不分科目。

由统考要求及统考以来的通过率来看,教师资格考试考察的内容越来越全面,对中小学、幼儿园教师的准入标准也越来越严格,这就要求广大考生积极备考,真正以教师标准要求自己,提升自我能力。

本书严格依照教师资格考试《综合素质》的考试大纲进行知识体系构建,全书共五章,即职业理念、教育法律法规、教师职业道德规范、文化素养、基本能力。

通过对历年真题的分析和研究,我们在书中设置了真题再现、知识拓展、章节课后习题等板块。真题再现把知识点的讲解和命题方式直观呈现;知识拓展补充重要考点,便于考生理解;章节课后习题选取难度适中、契合真题的练习题,以满足考生学练结合的需要。

编　者

学习计划

一、试卷结构

综合素质(幼儿园版)试卷主要考察"职业理念""教育法律法规""教师职业道德规范""文化素养""基本能力"五个模块,考查题型为单项选择题、材料分析题、写作题三种,考试时间为 120 分钟,总分 150 分,试卷结构如下:

题型	数量(个)	分值(分)	总计(分)	合计(分)
单项选择题	29	2	58	
材料分析题	3	14	42	150
写作题	1	50	50	

二、复习备考计划

(一)做好备考计划,合理安排学习时间

考生备考的时间各有不同,或长或短,但总要有一定的时间进行学习。在学习过程中,如何在有效时间内做好备考计划,有条不紊地对科目进行有效掌握是重中之重。首先,强调计划的执行性,空谈误国,空谈同样也误教师资格证,学习计划一旦做出,必须严格执行,保证学习时间和效率,非特殊情况不得随意变动。其次,分阶段复习,"一口吃不出胖子",由弱到强、从浅到深,分了解、掌握、运用三阶段复习,合理安排各阶段学习任务。最后,端正态度,发挥主观能动性,对自身严格要求,对考试高度重视,切勿"裸考"。

(二)分析科目特点,重点掌握得分模块

《孙子兵法》中言:"知己知彼,百战不殆。"考生要对《综合素质》这一科目的内容有详细的了解,明白每一章节的考试题型和出题规律以及作答技巧,有针对性地先对易学模块进行复习,保证该拿到的分数一定能够拿到。

章节	内容分析	题型	分值(分)
职业理念	单选题难度较小,主观题考试固定,内容较少,建议考生首先学习	单选题、材料分析题	22
教育法律法规	不涉及主观题,主要考察对教育法律法规的理解和判断,不需要死记硬背,容易得分	单选题	16
教师职业道德规范	单选题难度较小,主观题考试固定,内容较少,建议考生首先学习	单选题、材料分析题	22

续上表

章节	内容分析	题型	分值(分)
文化素养	不涉及主观题,考试内容范围太广,内容繁杂,建议最后复习	单选题	18
基本能力	选择题和阅读理解题难度系数不高,容易得分,写作题主要以议论文的形式考察,需要在了解议论文写作技巧的前提下进行针对性练习,要重点学习	单选题、材料分析题、写作题	72

(三)针对个人情况,合理利用时间

针对个人的具体情况,在做好复习计划的前提下合理利用碎片化时间。考生的时间大多比较紧张,根据学习计划的安排可分为理解部分和记忆部分,空闲时间重点理解掌握,碎片时间侧重记忆。例如,"文化素养"知识比较零碎,考生可以利用零碎时间来准备,不必拿出整块时间来准备。

表一 "职业理念"模块课时安排

课时	章节	内容	说明
1.5课时	第一节	教育观	重点:教育观的基本要求
1.5课时	第二节	儿童观	重点:"育人为本"的学生观
1.5课时	第三节	教师观	重点:新课程背景下的教师观

表二 "教育法律法规"模块课时安排

课时	章节	内容	说明
1课时	第一节	法律基础	重点:了解法律责任和救济
0.5课时	第二节	教师的权利和义务	重点:了解教师的权利与义务
0.5课时	第三节	学生的权利和保护	重点:学生的权利与保护
1课时	第四节	教育类法律法规原文选编	重点:了解相关法律法条

表三 "教师职业道德规范"模块课时安排

课时	章节	内容	说明
1.5课时	第一节	教师职业道德	重点:《中小学教师职业道德规范》的内容
1课时	第二节	教师职业行为	重点:教师在教育活动中要处理好的几大关系

表四 "文化素养"模块课时安排

课时	章节	内容	说明
1课时	第一节	历史文化素养	注意不要在此模块投入过多的时间和精力,多利用碎片化时间进行记忆。本模块基本不存在理解性知识,用不断加深印象的方式记忆较好
1课时	第二节	科学文化素养	
1课时	第三节	传统文化素养	
1课时	第四节	文学素养	
1课时	第五节	艺术素养	

表五 "基本能力"模块课时安排

课时	章节	内容	说明
1 课时	第一节	阅读理解能力	重点：把握文章思路，提炼作者观点
1 课时	第二节	逻辑思维能力	重点：了解相关逻辑题型的解法
1 课时	第三节	信息处理能力	重点：了解 Word、Excel、PowerPoint 的使用操作
2 课时	第四节	写作能力	重点：熟练提取材料信息，找准论点，学会议论文的写作思路及方法

目录
Contents

模拟试卷（一）

一、单项选择题(本大题共29题，每小题2分，共58分)在每小题列出的四个备选项中只有一个是符合题目要求的，请用2B铅笔把答题卡上对应题目的答案字母按要求涂黑。错选、多选或未选均无分。

1."学生如同泥坯，他能否成型，依赖于教师的雕塑"，这种说法忽视了学生的(　　)。

A.可塑性
B.发展性
C.能动性
D.向师性

网校答案：C。

网校解析：学生处于人生发展的特定阶段，具有很大的不稳定性和可塑性，但其发展的结果还是受其主观能动性的制约。

2."育人为本"的儿童观要求教师要从幼儿的实际情况、个别差异出发，有的放矢地进行有差别的保育教育，使每个幼儿都能扬长避短。这体现了"育人为本"的(　　)。

A.公平性原则
B.全面性原则
C.服务性原则
D.因材施教原则

网校答案：D。

网校解析："育人为本"要求给幼儿提供多样的发展机会，因材施教，促进幼儿的个性发展。

3.张老师在平时的教学活动中非常注意观察并记录幼儿的发言、动作、交往等各种情况，并作深入的反思，为以后改进教学做好准备。张老师在这里承担的角色是(　　)。

A.幼儿发展的指导者
B.幼儿发展的促进者
C.幼儿与社会的中介者
D.教育实践的研究者

网校答案：D。

网校解析：教师即研究者，意味着教师在教学过程中要以研究者的心态置身于教学情境之中，以研究者的眼光审视和分析教学理论与教学实践中的各种问题，对自身的行为进行反思，对出现的问题进行探究，对积累的经验进行总结，以形成规律性的认识。教师的研究，不仅是对科学知识的研究，更有对教育对象即学生的研究，对教师和学生交往的研究等。

4.教师的言论行为、为人处世的态度会对幼儿产生耳濡目染、潜移默化的作用，这体现了教师职业的(　　)角色。

A.传道授业者
B.示范者
C.管理者
D.朋友

网校答案：B。

网校解析：教师是学生幼儿和模仿的榜样。幼儿具有向师性的特点，教师的言论行为、为人处世的态度会对幼儿产生耳濡目染、潜移默化的作用。

5.《国家中长期教育改革和发展规划纲要(2010—2020 年)》提出要加强教师队伍建设，为健全教师管理制度，政府可以采取的措施不包括(   )。

A. 制定幼儿园教师配备标准

B. 建立教师资格证书定期登记制度

C. 逐步实行城乡统一的中小学编制标准，对城市实行倾斜政策

D. 省级教育行政部门统一组织中小学教师资格考试和资格认定

网校答案：C。

网校解析：《国家中长期教育改革和发展规划纲要(2010—2020 年)》规定：逐步实行城乡统一的中小学编制标准，对农村边远地区实行倾斜政策。

6. 实施义务教育的普通学校应当接收具有接受普通教育能力的残疾适龄儿童、少年(   )。

A. 单独设班   B. 随班就读

C. 混合编班   D. 均分到班

网校答案：B。

7.《中华人民共和国未成年人保护法》中规定地方各级人民政府积极发展托幼事业的措施不包括
(   )。

A. 支持社会组织和个人依法兴办幼儿园

B. 培养和训练幼儿园的保教人员

C. 提高幼儿教师的职业道德素质和业务能力

D. 加大幼儿园的硬件设施建设力度

网校答案：D。

网校解析：《中华人民共和国未成年人保护法》规定：地方各级人民政府应当积极发展托幼事业，办好托儿所、幼儿园，支持社会组织和个人依法兴办哺乳室、托儿所、幼儿园。各级人民政府和有关部门应当采取多种形式，培养和训练幼儿园、托儿所的保教人员，提高其职业道德素质和业务能力。

8. 寒假期间，幼儿李某和赵某相约到幼儿园玩耍，由于路面湿滑，在打闹过程中李某被赵某撞倒造成手臂骨折。在此事件中，应该承担主要赔偿责任的是(   )。

A. 学校   B. 赵某

C. 赵某的监护人   D. 李某的监护人

网校答案：C。

9. 下列不属于教师义务的是(   )。

A. 关心、爱护全体学生

B. 不断提高思想政治觉悟和教育教学业务水平

C. 批评和抵制有害学生健康成长的现象

D. 参加进修或者其他方式的培训

网校答案：D。

10. 幼儿园应建立幼儿健康检查制度和幼儿健康卡或档案，每(   )量体重一次。

A. 年   B. 半年

C. 月   D. 季度

网校答案：D。

网校解析：根据《幼儿园工作规程》的规定，幼儿园应建立幼儿健康检查制度和幼儿健康卡或档案。每年体检一次，每半年测身高、视力一次，每季度量体重一次，并对幼儿身体健康发展状况定期进行分析、评价，应注意幼儿口腔卫生，保护视力。故选 D。

11.《儿童权利公约》规定缔约国应在机会均等的基础上逐步实现儿童受教育的权利，为此，缔约国应(   )。

A. 实现免费义务教育

B. 使部分儿童得到教育和职业方面的资料和指导

C. 根据能力以一切适当方式使所有人均有受高等教育的机会

D. 要求学生必须按时出勤

网校答案：C。

网校解析：《儿童权利公约》规定：缔约国应确认儿童有受教育的权利，为在机会均等的基础上逐步实现此项权利，缔约国尤应：(1)实现全面的免费义务小学教育；(2)鼓励发展不同形式的中学教育、包括普通和职业教育，使所有儿童均能享有和接受这种教育，并采取适当措施，诸如实行免费教育和对有需要的人提供津贴；(3)根据能力以一切适当方式使所有人均有受高等教育的机会；(4)使所有儿童均能得到教育和职业方面的资料和指导；(5)采取措施鼓励学生按时出勤和降低辍学率。

12.关于右图中教师的做法，下列说法正确的是( )。

A. 有利于行使教师的权利

B. 有利于促进学生成长

C. 侵犯了学生的人格尊严

D. 侵犯了学生的受教育权

网校答案：C。

13."活到老，学到老"，要求教师坚持( )的职业道德规范。

A. 为人师表   B. 关爱学生

C. 终身学习   D. 教书育人

网校答案：C。

网校解析："活到老，学到老"，说明教师要坚持终身学习的理念，崇尚科学精神，拓宽知识视野，更新知识结构，潜心钻研业务，勇于探索创新。不断提高专业素养和教育教学水平。因此本题选C。

14.关于"师爱"，下列正确的说法是( )。

A. 出于私情之爱

B. 对少数优秀学生的关爱

C. 严慈相济，既有母爱的纯真、慈祥，又有父爱的严格、庄重

D. 师爱不具有育人的作用

网校答案：C。

网校解析："师爱"并不是出于私爱，也不是仅对少数优秀学生表示关爱，且具有育人功能。

15.孙老师在课堂提问环节，对于回答不上来的幼儿总是会慢慢地启发学生去思考问题的答案，非常有耐心地帮助学生回忆，而不像其他老师把回答不出问题的学生晾在一边，直接叫另外一个幼儿回答。这体现孙老师做法遵循了教师职业道德规范中( )的要求。

A. 终身学习   B. 教书育人

C. 廉洁从教   D. 为人师表

网校答案：B。

网校解析：孙老师对于回答不上来的学生会慢慢地启发学生去思考问题的答案，有耐心地帮助学生回忆知识。这体现了孙老师循循善诱、诲人不倦的特点，符合教书育人的教师职业道德规范。故本题正确答案为B。

16.师德修养的时代性特点需要教师( )。

A. 随时代变化。彻底变革师德内涵

B. 向西方发达国家学习，重新确立师德规范

C. 与时俱进，丰富和发展中华民族的优秀师德

D.以不变应万变，守护祖国的师德传统

网校答案：C。

网校解析：与时俱进与材料中的时代性相统一，故此题选择 C。

17.人类选择月球作为探测宇宙星际航行第一站的主要原因是(   )。

A.探索月球的危险性小

B.月球上富含地球上稀缺的矿种，且分布广泛

C.月球是地球的卫星，是距离地球最近的天体

D.月球上有高真空、强辐射和失重环境，这是将来加工工业的理想场所

网校答案：C。

网校解析：月球是地球的唯一天然卫星，也是离地球最近的天体，因此人类地外探测的第一个目标选择了月球，便于人们进行探测。故本题答案选 C。

18.4G是集3G与WLAN于一体，能够以100Mbps以上的速度下载，快速传输高质量音频、视频、图像，几乎能满足所有用户对于无线服务要求的第四代移动通信技术。4G手机传递信息依靠的是(   )。

A.红外线　　　　　　　　　　　B.电磁波

C.超声波　　　　　　　　　　　D.次声波

网校答案：B。

网校解析：手机是利用电磁波来传递信息的，通过电磁波的发射和接收来实现信息传递。

19.被称为"近代中国开眼看世界的第一人"的是(   )。

A.林则徐　　　　　　　　　　　B.魏源

C.严复　　　　　　　　　　　　D.孙中山

网校答案：A。

网校解析：历史学家范文澜称赞林则徐是"近代中国开眼看世界的第一人"。故选 A。

20.两河流域是古代巴比伦王国的发源地，其中两河是指(   )。

A.幼发拉底河和底格里斯河　　　B.印度河和恒河

C.白尼罗河和青尼罗河　　　　　D.长江和黄河

网校答案：A。

网校解析：古埃及、古印度、古巴比伦和中国被称为"四大文明古国"。其中，古巴比伦发源于两河流域，"两河"即幼发拉底河和底格里斯河。因此本题选 A。

21.我国地势呈阶梯状分布，总趋势为(   )。

A.西高东低　　　　　　　　　　B.南高北低

C.西低东高　　　　　　　　　　D.南低北高

网校答案：A。

网校解析：我国的地势呈阶梯状分布，西高东低，这也是造成我国许多大河自西向东流的原因。故本题正确答案为 A。

22."而立之年"指的是(   )岁。

A.20　　　　　　　　　　　　　B.30

C.40　　　　　　　　　　　　　D.50

网校答案：B。

网校解析：孔子在《论语》中说："吾十有五而志于学，三十而立，四十而不惑，五十而知天命，六十而耳顺，七十而从心所欲，不逾矩。"因此本题选 B。

23."前不见古人，后不见来者。念天地之悠悠，独怆然而涕下。"这首诗的作者是(   )。

A.王勃　　　　　　　　　　　　B.高适

C. 陈子昂 　　　　　　　　　　　　D. 孟浩然

网校答案：C。

网校解析：此诗名为《登幽州台歌》，作者是初唐诗人陈子昂。

24. 下列作品不属于梵高的是(　　)。

A.《向日葵》 　　　　　　　　　　　　B.《星夜》

C.《麦田》 　　　　　　　　　　　　D.《苹果与橘子》

网校答案：D。

网校解析：《苹果与橘子》是塞尚的作品。

25. 被称为"书圣"的是我国著名书法家王羲之，其代表作品《兰亭序》的书体是(　　)。

A. 隶书 　　　　　　　　　　　　B. 楷书

C. 行书 　　　　　　　　　　　　D. 草书

网校答案：C。

网校解析：王羲之的《兰亭序》为行书字帖，是其代表作之冠，被书法界誉为"天下第一行书帖"。

26. 在 Windows 系统中，若强行关闭一个正在运行的程序，可使用任务管理器来结束它。打开任务管理需(　　)组合键。

A. Ctrl + Del 　　　　　　　　　　　　B. Ctrl + Alt + Shift

C. Ctrl + Shift 　　　　　　　　　　　　D. Ctrl + Alt + Del

网校答案：D。

网校解析：对于 Windows 用户使用 Ctrl + Alt + Del 组合键。

27. Word 中的"字体颜色"按钮右边的颜色下拉菜单中"自动颜色"是指(　　)。

A. 白色 　　　　　　　　　　　　B. 紫色

C. 蓝色 　　　　　　　　　　　　D. 黑色

网校答案：D。

网校解析：Word 中的"字体颜色"按钮右边的颜色下拉菜单中"自动颜色"是指黑色。

28. "农民出身的麦家和莫言都是当代著名的作家。"由此可以推出的结论是(　　)。

A. 农民都是作家 　　　　　　　　　　　　B. 有的农民是作家

C. 作家都是农民 　　　　　　　　　　　　D. 作家都不是农民

网校答案：B。

网校解析：麦家和莫言既是农民，又是作家，说明有的农民是作家。故选 B。

29. 按照图形的变化规律，在"?"处画出相符的图形。

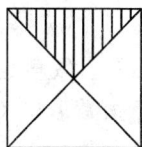 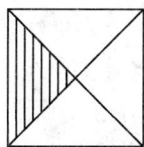 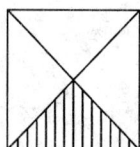 

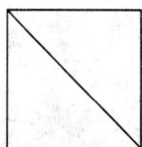 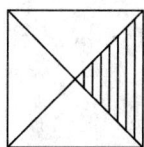 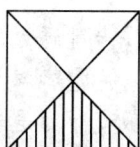 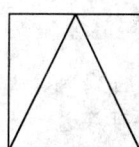

　　A　　　　　　　　B　　　　　　　　C　　　　　　　　D

网校答案：B。

二、材料分析题(本大题共3小题,每小题14分,共42分)阅读材料,并回答问题。

30.班级里的张晶晶很调皮,上课总是坐不住,从来不认真听讲,严重影响上课的秩序,作业也不能按时完成,大部分老师都不喜欢她。可就是这样的孩子,却能上好张老师的数学课,成绩良好。其他老师都说:"也只有你们张老师能管得好你!"根据班主任了解的情况,张老师并没有管她,他只是把他对其他孩子的爱一样公平地也给了张晶晶。她的父母也一直很感谢张老师,而张老师却说:"我并没有做什么呀,我只是将我的爱公平地分给了这个孩子。"

问题:请从儿童观的角度分析教师的行为。(14分)

网校答案:张老师的做法是合理的,践行了"育人为本"的儿童观。

首先,"育人为本"的儿童观提出学生是具有独立意义的主体,要把学生置于教育活动的主体地位,注重学生的主体性需求,关注学生的全面发展。材料中张老师并没有因为张晶晶的行为而讨厌放弃她,并且把爱给了她,没有落下班里每一位学生。

其次,"育人为本"的儿童观认为学生是发展中的人,要用发展的眼光认识学生。学生具有巨大的发展潜能,是处于发展过程中的人。在教育实践中,不能要求学生十全十美,求全责备,而是要帮助学生,寻找发展的动力和方向,促进学生进步和发展。材料中张老师没有放弃张晶晶,而是相信每一位学生都能够得到发展,并用爱践行这一观点。

最后,"育人为本"的儿童观认为学生是具有个性与差异的人,不仅要求将学生作为一个整体来全面看待,而且要求关注学生的个体差异和个性化成长。材料中张老师坚持用爱来教育学生,挖掘学生的特别之处,这才使张晶晶的数学成绩有别于其他科目,体现了张老师长善救失、因材施教的理念。

总之,张老师用公平的爱对待每一位学生,因材施教,体现了"育人为本"的儿童观。

31.今年秋季开学后,许老师班里转来一位贫困生小张。他由于遭遇了种种生活的变故而悲伤消极,不认真学习,不愿意和同学交往,不信任别人,包括老师。一天早上,许老师发现学校新栽下的小树需要护理,就请小张跟他一起去照顾小树。在劳动过程中,许老师很自然地从讨论小树的成长入手,和小张探讨人生问题,小张的眼睛里第一次充满了兴奋的神采。后来小张慢慢变得积极、活泼起来。

问题:从教师职业道德角度分析许老师的教育行为。(14分)

网校答案:从教师职业道德的角度来看,许老师的教育行为是非常值得肯定的,充分践行了教师职业道德规范的相关要求,具体体现在以下几个方面。

第一,爱岗敬业。这一道德规范要求教师要忠于人民的教育事业,努力做一名优秀教师。许老师热爱自己的教育事业,热爱自己的学生,立志帮助小张使其有所改变,并为此而努力,正是遵循了爱岗敬业这一教师职业道德规范的体现。

第二,关爱学生。许老师尊重学生的人格,平等公正地对待学生。对学生严慈相济,做学生的良师益友。许老师循循善诱,诲人不倦,因材施教,最终帮助小张变得积极、活泼起来,正是体现了关爱学生的教师职业道德规范。

第三,教书育人。材料中,许老师通过和学生讨论小树的成长入手,和他探讨人生问题,最终使小张变得积极、活泼起来,更好地促进了学生的健康成长,在教书的同时更好地做到了育人。

言而总之,材料中许老师的教育行为是非常值得推崇的,他充分践行了教师职业道德规范的相关要求,值得我们学习。

32.汽车大王福特不是一个很吝啬的人,却很少捐款。他顽固地认为,金钱的价值并不在于多寡,而在于使用方法。他最担心的就是捐款经常会落到不善于运用它们的人手里。有一次,乔治亚州的马沙·贝蒂校长为了扩建学校来请求福特捐款,福特拒绝了她。她就说:"那么就请捐给我一袋花生种子吧。"于是福特买了一袋花生种子送给了她。福特后来就忘了这件事情,没想到一年后,贝蒂女士又上门了,交给他 600 美元。原来学生们播种了当初的那一袋花生种子,这就是一年的收获。

福特什么都没说,立即拿出 600 万美元交给了贝蒂。我赞赏福特的顽固,他的顽固中有一种对受施者的老辣调教。福特的担心绝不是多余的,太轻易得来的金钱往往很难让受施者感受到金钱后面潜藏着的苦与智;我更赞赏贝蒂对点滴施与的至高尊重,她带领孩子们播撒下的其实是足以证明他们有能力领受他人恩惠的资格。彼此的信任,为"慷慨"培植了一个堪慰心怀的伟大理由。我们时常赞美慷慨无私的捐助,尤其在意捐助数额的大小,以为一个数字所昭示的就是与这个数字等值或等量的一颗爱心。我们很少见到捐助者与受助者相得益彰的完美辉映,更何况双方心灵的深度契合。其实,善意是不能标价的,恩惠也不必承载过多的酬酢——懂得了善的真谛,受助者与捐助者通过对一袋花生种子的精妙阐释与透辟理解,获得了神圣的濯涤与提升。

问题:(1)文章阐述的中心句是什么?请简要概括。

(2)结合文章,对划线的句子中"精妙阐释"与"透辟理解"做简要分析。

网校答案:(1)金钱的价值在于使用方法。(2)"精妙阐释"是指贝蒂带领孩子们撒播下花生种子,一年后交给福特 600 美元,以此来证明他们有能力也值得福特对他们进行捐赠和帮助。这种行动上的做法非常巧妙地表达了贝蒂对施与的至高尊重,并得到福特的肯定。这是一种对"金钱价值"进行"事实胜于雄辩"的智慧阐释。

三、写作题(本大题共 1 小题,50 分)

33.阅读下面的材料,按照要求作文。

多年前,学者张中行路过天津杨村,听说当地一家糕点很有名,兴冲冲赶去,结果没有卖了,为什么?因为老板没收上来好大米。先生纳闷,普通米不也成吗?总比歇业好啊?伙计回答很干脆,不成,祖上有规矩,普通米做不出好糕点,会砸牌子的。

根据材料所引发的思考和感悟,写一篇论说文。

要求:角度自选,立意自定,标题自拟,不少于 800 字。

模拟试卷(二)

一、**单项选择题**(本大题共29题,每小题2分,共58分)在每小题列出的四个备选项中只有一个是符合题目要求的,请用2B铅笔把答题卡上对应题目的答案字母按要求涂黑。错选、多选或未选均无分。

1.李老师总是根据每个幼儿发展的差异设计课堂提问和互动游戏。这表明李老师( )。

A.遵循教学规律,实现学生全面发展

B.关注学生差异,促进全体学生发展

C.注重适时教学,促进学生均衡发展

D.重循序渐进,实现师生教学相长

网校答案:*B。

2.发展的"关键期"或"最佳期"的概念是心理学家根据个体身心发展的( )规律提出来的。

A.阶段性 B.顺序性

C.不平衡性 D.互补性

网校答案:C。

网校解析:个体同一方面的发展速度在不同的年龄阶段变化是不平衡的。个体的发展具有一定的关键期,这就要求教育工作者要及时施教。

3.李老师对于回答不上来问题的幼儿,会狠狠地批评,甚至经常骂幼儿:"你是不是笨蛋?这么简单的问题都不会,你还上什么幼儿园?"李老师的行为( )。

A.正确,有利于激励学生学习 B.正确,教师有管理学生的权利

C.不正确,没有做到尊重学生 D.不正确,不能促进学生的个性发展

网校答案:C。

网校解析:新课程背景下的教师观要求在对待师生关系上,教师应尊重、赞赏学生。题目中李老师对于不会回答问题的学生,进行批评甚至骂学生,没有做到尊重学生。

4.小李在体育界的国际比赛中得了金牌,他认为自己之所以能获奖全是启蒙教练的功劳,这说明教师的劳动具有( )。

A.复杂性 B.长期性

C.创造性 D.广延性

网校答案:B。

网校解析:教师劳动的长期性是指人才培养的周期比较长,教育影响具有滞后性。小李将自己能拿金牌的功劳归于自己的启蒙教练,这说明运动员的成绩和启蒙教练的辛苦劳动是密切相关的,体现了教师劳动的长期性。

5.《国家中长期教育改革和发展规划纲要(2010—2020年)》提出,到2020年,我国要基本实现教育( ),基本形成学习型社会,进入人力资源强国行列。

A. 世界化   B. 现代化

C. 未来化   D. 科学化

网校答案:B。

网校解析:《国家中长期教育改革和发展规划纲要(2010—2020年)》规定我国教育发展的战略目标是:到2020年,基本实现教育现代化,基本形成学习型社会,进入人力资源强国行列。

6. 适龄儿童、少年因身体状况需要延缓入学或者休学的,其父母或者其他法定监护人应当提出申请,由( )批准。

A. 该适龄儿童即将就读的学校

B. 市级人民政府或者县级人民政府教育行政部门

C. 市级人民政府或者乡镇人民政府教育行政部门

D. 乡镇人民政府或者县级人民政府教育行政部门

网校答案:D。

网校解析:《义务教育法》第十一条规定:适龄儿童、少年因身体状况需要延缓入学或者休学的,其父母或者其他法定监护人应当提出申请,由当地乡镇人民政府或者县级人民政府教育行政部门批准。

7. 为确保儿童食品安全,市食品卫生监督部门对学校周边的餐厅和饭摊儿实行严格审查,这是对未成年人的( )。

A. 社会保护   B. 学校保护

C. 家庭保护   D. 司法保护

网校答案:A。

网校解析:《未成年人保护法》第四章社会保护第三十五条规定:生产、销售用于未成年人的食品、药品、玩具、用具和游乐设施等,应当符合国家标准或者行业标准,不得有害于未成年人的安全和健康;需要标明注意事项的,应当在显著位置标明。

8. 幼儿园应建立房屋,设备,消防,交通等安全防护和( );建立食品、药物等管理制度和幼儿接送制度,防止发生各种意外事故。

A. 检查制度   B. 管理制度

C. 安全制度   D. 消防制度

网校答案:A。

网校解析:《幼儿园工作规程》第十六条规定:幼儿园应建立房屋、设备、消防、交通等安全防护和检查制度;建立食品、药物等管理制度和幼儿接送制度,防止发生各种意外事故。应加强对幼儿的安全教育。

9. 学校侵犯了教师的合法权益,受理教师申诉的机关是( )。

A. 当地人民政府   B. 当地检察院

C. 当地法院   D. 主管教育的行政部门

网校答案:D。

网校解析:《教师法》第三十九条规定:"教师对学校或者其他教育机构侵犯其合法权益的,或者对学校或者其他教育机构作出的处理不服的,可以向教育行政部门提出申诉,教育行政部门应当在接到申诉的三十日内,作出处理。教师认为当地人民政府有关行政部门侵犯其根据本法规定享有的权利的,可以向同级人民政府或者上一级人民政府有关部门提出申诉,同级人民政府或者上一级人民政府有关部门应当作出处理。"所以本题正确答案为D。

10.《教育法》规定,明知校舍或者教育教学设施有危险,而不采取措施,造成人员伤亡或者重大财产损失的,对直接负责的主管人员和其他直接责任人员,依法追究( )。

A.民事责任   B.刑事责任

C.一般责任   D.行政责任

网校答案：B。

网校解析：《教育法》第七十三条规定：明知校舍或者教育教学设施有危险，而不采取措施，造成人员伤亡或者重大财产损失的，对直接负责的主管人员和其他直接责任人员，依法追究刑事责任。

11.关于儿童的一切行为，不论是由公私社会福利机构、法院、行政当局或立法机构执行，均应以儿童的(   )为一种首要考虑因素。

A.安全   B.最快发展

C.最大利益   D.全面发展

网校答案：C。

网校解析：《儿童权利公约》第三条规定：关于儿童的一切行为，不论是由公私社会福利机构、法院、行政当局或立法机构执行，均应以儿童的最大利益为一种首要考虑因素。

12.发生学生伤害事故，学校在下列何种情况下承担责任？(   )。

A.事故发生在学校   B.学校对事故的发生有过错

C.找不到事故责任主体   D.学生无力承担损失

网校答案：B。

13.张老师在平时的教学中，对工作高度负责，认真备课上课，认真批改作业，认真辅导学生，从不敷衍塞责。张老师的行为体现了新时期教师职业道德规范内容中的(   )。

A.为人师表   B.热爱学生

C.爱岗敬业   D.团结协作

网校答案：C。

网校解析："爱岗敬业"要求教师做到忠于人民教育事业，志存高远，勤恳敬业，甘为人梯，乐于奉献；对工作高度负责，不得敷衍塞责。故本题选C。

14.许老师去幼儿园上课时衣着邋遢，不讲个人卫生，有人指出这个问题时，他认为教师课教好就行了。王老师的衣着违反了教师职业道德规范的哪一条？(   )。

A.教书育人   B.为人师表

C.严谨治学   D.爱岗敬业

网校答案：B。

网校解析：教师职业道德规范中"为人师表"要求教师要衣着得体，语言规范，举止文明。

15.班里的幼儿刘宇的家长给王老师送购物券，拜托她更好地照顾孩子，王老师拒绝了礼物，并向家长表示关爱学生是教师应该做的。王老师的做法体现了教师职业道德的(   )。

A.廉洁从教   B.爱岗敬业

C.教书育人   D.诲人不倦

网校答案：A。

16.随着孩子的自我意识逐渐增强，很多孩子对父母的教诲听不进去，甚至充满敌意，家长感到家庭教育力不从心。教师应该(   )。

A.放弃对家长配合自己工作的期望

B.督促家长，让家长成为自己的"助教"

C.尊重家长，树立家长的威信，从而一起做好教育工作

D.在孩子面前嘲笑这些家长

网校答案：C。

网校解析：教师应做到尊重家长。

17.在电和磁关系的认识上，取得突破性成果的是(   )。

A.奥斯特　　　　　　　　　　　B.法拉第

C.爱迪生　　　　　　　　　　　D.爱因斯坦

网校答案：B。

网校解析：在电和磁的研究过程中，法拉第发现了电磁感应现象，才为发电机的发明提供了理论依据，为第二次科技革命奠定了基础。

18.下列关于日常生活中的做法，不正确的是(　　)。

A.为了使用方便和最大限度地利用材料，机器上用的螺母大多是六角形

B.在加油站不能使用手机，是因为手机在使用时产生的射频火花很容易引起爆炸，发生危险

C.交通信号灯中红色被用作停车信号是因为红色波长最长

D.家中遇到煤气泄漏事件应立即使用房间的电话报警

网校答案：D。

网校解析：本题考查的是生活常识。打电话时会产生微弱电流，遇到煤气可能发生爆炸，所以D项说法是错误的。故本题选D。

19.科举制是我国隋朝时期选拔官员的新制度，在我国延续了一千多年。科举制是(　　)。

A.从高门权贵且具有真才实学的子弟中选拔官员

B.用分科考试的方法来选拔官员

C.地方官员推荐真才实学的人做官

D.皇帝直接任命有真才实学的人做官

网校答案：B。

网校解析：科举制是要考试的，答案选B项。

20.中国半殖民地半封建社会开端于(　　)。

A.鸦片战争　　　　　　　　　　B.马关条约

C.辛丑条约　　　　　　　　　　D.百日维新

网校答案：A。

网校解析：1840年6月到1842年8月，英国政府以保护鸦片贸易为借口，发动了对华侵略战争——鸦片战争。鸦片战争和战后签订的一系列不平等条约，标志着中国半殖民地半封建社会的开端。故本题选A。

21."会当凌绝顶，一览众山小"写的是五岳中的哪一岳？(　　)。

A.北岳　　　　　　　　　　　　B.南岳

C.东岳　　　　　　　　　　　　D.西岳

网校答案：C。

网校解析："会当凌绝顶，一览众山小"这句诗出自杜甫的《望岳》，杜甫登东岳泰山而有此作。我国"五岳"是指北岳恒山、南岳衡山、东岳泰山、西岳华山和中岳嵩山。故本题选C。

22."每逢佳节倍思亲"中的"佳节"说的是(　　)。

A.元宵节　　　　　　　　　　　B.端午节

C.中秋节　　　　　　　　　　　D.重阳节

网校答案：D。

网校解析："每逢佳节倍思亲"这句话出自王维《九月九日忆山东兄弟》，全诗为："独在异乡为异客，每逢佳节倍思亲。遥知兄弟登高处，遍插茱萸少一人。"我国农历九月初九为重阳节，有登高的传统。故本题选D。

23.以下不是第一次世界大战的主要战役的是(　　)。

A.凡尔登战役　　　　　　　　　B.马恩河战役

C.阿拉曼战役　　　　　　　　　D.索姆河战役

网校答案：C。

网校解析：第一次世界大战的主要战役有马恩河战役、凡尔登战役、索姆河战役。C选项阿拉曼战役发生在第二次世界大战北非战场上。

24. 维也纳古典乐派的三个代表人物是(　　)。

A. 巴赫、海顿、贝多芬

B. 海顿、贝多芬、莫扎特

C. 巴赫、贝多芬、莫扎特

D. 贝多芬、莫扎特、舒伯特

网校答案：B。

网校解析：维也纳古典乐派的代表人物是海顿、莫扎特、贝多芬。故本题选B。

25. 我国陆地边界全长(　　)。

A. 3.2万公里

B. 2.28万公里

C. 1.8万公里

D. 4.2万公里

网校答案：B。

网校解析：我国陆地边界全长约2.28万公里，故本题选B。

26. 在打开的多个Word文档之间进行切换，可以利用快捷键(　　)。

A. Shift + F6

B. Ctrl + Esc

C. Ctrl + F6

D. Alt + Tab

网校答案：D。

网校解析：利用快捷键Alt + Tab可以实现不同窗口之间的切换。故本题选D。

27. PowerPoint的加入"超级链接"命令可实现(　　)。

A. 实现演示文稿的移动

B. 实现之间的跳转

C. 中断的放映

D. 在演示文稿中插入

网校答案：B。

网校解析：在默认状态下，PowerPoint按顺序播放，但我们可以通过加入超链接来实现之间的任意跳转。故本题正确答案为B。

28. 假期即将来到，小李和朋友们商量去外地旅游的事，小于说："如果不去天津，就去北京吧。"小黄说："如果不去北京，就不去天津了。"小刘说："咱们只去其中一处吧。"小李据此提出的大家的都能接受的意见是(　　)。

A. 另去他处

B. 两处都去

C. 只去天津

D. 只去北京

网校答案：D。

网校解析：题干表明，不去天津就去北京；不去北京就不去天津＝去北京就去天津。根据二难推理简单构成式，结论是只去北京。

29. 找规律填数字是一项很有趣的活动，特别锻炼观察和思考能力，下列选项中，填入数列"9、10、11、13、(　　)、21"空缺处的数字，正确的是(　　)。

A. 14

B. 16

C. 18

D. 20

网校答案：B。

网校解析：本题属于数字推理，主要考查递推数列。从题干的数列中，可以以三个已知数字为一组找规律，因为数字之间相差不大，考虑加法和减法。数列规律为前两个数字之和再减8得出第三个数字。括号中数字为11 + 13 - 8 = 16。因此本题选择B。

二、材料分析题(本大题共3小题，每小题14分，共42分)阅读材料，并回答问题。

30. 临近期末，某校的学生们都非常不开心，因为他们平时还能上的音乐、体育、美术课程都停了，改成了数学、语文、英语三门课。每天的课程表上都是密密麻麻的"数、语、英"，虽然之前音、体、美课老师也不重视，总是敷衍学生，但好歹大家还能在操场上跑跑跳跳轻松一下，现在则连敷衍也没有了，剩下的日子只有语数外与考试了。班主任老师听说了学生们的抱怨，在班里给全体同学开会说，只要分数高就行，音体美不重要。

问题：请从素质教育观的角度，对此案例进行评析。(14分)

网校答案：该材料中学校的教育行为是错误的，不符合素质教育观的要求。

素质教育要求教育要促进学生全面发展。实施全面的素质教育就是要使学生德、智、体、美、劳等各个方面都得到发展。而上述案例中的学校只重视智育，也就是所谓的"主科"，而忽视了其他几科，轻视音体美这些所谓的"副科"。

素质教育观要求促进学生生动、活泼、主动地发展。尊重并弘扬学生的主动精神，启发式教学，鼓励学生主动探索、主动思考。而案例中学校的课程表上都是密密麻麻的"数、语、英"，忽略了学生的主动探索、思考，不仅不利于学生的素质发展，还会造成学生对学业、学校的抵制与不满。

这种现象实质上是学校、老师以升学和考试为目的，忽视了学生的发展，完全是应试教育观，我们要杜绝。

31. 我是某校的一名学生，我们现在不知该怎样面对我们的班主任，她对我们动不动就是一顿骂，甚至打上几巴掌，有一次把一个同学都打得流鼻血了。还有一次，有个学习成绩一般的同学因一些知识点不懂提出问题，班主任就说了一些很刺耳的话，然后课也不上了，坐到讲台上就向我们大发脾气，说什么85分以上的同学留下来听课，其他同学不愿意上课、听不懂就滚到操场上玩去！不让我们上课，我想问她有这个权利吗？她曾经找我们班的一个女生谈话，说："某某，你看你脸皮蛮厚的，我从开学讲到现在，你一点愧疚感都没有，说难听点就是死不要脸。"你猜猜我们同学管她叫什么？——灭绝师太！

问题：请从教师职业道德的角度，评析材料中的老师的教育行为。(14分)

网校答案：这位教师的做法是错误的，严重违背了教师职业道德规范的要求。

首先，教师职业道德规范的基本要求是爱国守法。爱国守法要求全面贯彻国家教育方针，自觉遵守教育法律法规，依法履行教师职责权利，不得有违背党和国家方针政策的言行。材料中的教师肆意打骂学生，侮辱学生人格尊严，违反了教育法。

其次，教师职业道德规范的本质要求是爱岗敬业。爱岗敬业要求诚于人民教育事业，志存高远，勤恳敬业，甘为人梯，乐于奉献；对工作高度负责，认真备课上课，认真批改作业，认真辅导学生，不得敷衍塞责。材料中的教师不认真回答学生的学业疑问，敷衍塞责，有的还将学生撵出教室，这不是爱岗敬业的表现。

再次，教师职业道德规范要求教师关爱学生。关爱学生要求关心爱护全体学生，尊重学生人格，平等公正对待学生；对学生严慈相济，做学生良师益友；不讽刺、挖苦、歧视学生，不体罚或变相体罚学生。材料中的教师对学生教育耐心不足，教育方法简单粗暴，不能体现关爱学生。

最后，教师职业道德规范要求教师为人师表。为人师表要求坚守高尚情操，知荣明耻，严于律己，以身作则；衣着得体，语言规范，举止文明。材料中的教师对学生的批评言词粗鲁，侮辱学生人格，不仅伤害学生的自尊心，也给学生呈现了不良的人格形象，没有做到为人师表。

作为一名班主任，应当不断提高自身修养，提高自己的威信，对学生多些耐心、关爱，这样才能建设好班级。

32. 比如园里那一棵古松，无论是你是我或是任何人一看到它，都说它是古松，但是你从正面看，我从侧面看,你以幼年人的心境去看,我以中年人的心境去看,这些情境和性格的差异都能影响到所看到的古松的面目,古松虽只是一件事物,你所看到的和我所看到的古松却是两件事。假如你和我各把所得的古松的印象画成一幅画或是写成一首诗,我们俩艺术手腕尽管不分上下,你的诗和画与我的诗和画相比较,却有许多重要的异点。这是什么缘故呢?这是由于知觉不完全是客观的,各人所见到的物的形象都带有几分主观的色彩。

假如你是一位木商,我是一位植物学家,另外一位朋友是画家,三人同时来看这棵古松。我们三人可以说同时都"知觉"到这一棵树,可是三人所"知觉"到的却是三种不同的东西。你心里盘算它是宜于架屋或是制器,思量怎样去买它,砍它,运它。我把它归到某类某科里去,注意它和其他松树的异点,思量它何以活得这样老。我们的朋友却不这样东想西想,他只在聚精会神地观赏它的苍翠的颜色,它的盘屈如龙蛇的线纹以及它的昂然高举,不受屈挠的气概。

从此可知这棵古松并不是一件固定的东西,它的形象随观者的性格和情趣而变化。各人所见到的古松的形象都是各人自己性格和情趣的返照。古松的形象一半是天生的,一半也是人为的。极平常的知觉都带有几分创造性;极客观的东西之中都有几分主观成分。

(摘编自朱光潜《谈美》)

(1)作者为什么说(园里)"这棵古松并不是一件固定的东西"?

网校答案:因为古松的形象一半是天生的、客观存在的,另一半则随着观者的性格情趣和观点态度而展示出不同的面目。

(2)请另举一例,谈谈你对文中"极客观的东西之中都有几分主观成分"这句话的理解。

网校答案:(1)对于极客观的东西,它们的形象随着观者的情趣和性格的差异呈现出迥异的面目,其主观成分的缘由是观者的主观色彩知觉。

(2)对于文中的客观事物古松,木商、植物学家、画家三种人群分别代表三种不同的主观色彩认知——实用态度、科学态度、美感态度。

(3)比如,对于生活中极客观的茶壶,实用主义者研究它的生活实用价值,如可以用来泡茶、解决口渴问题。商人会考虑做茶壶买卖是否会带来利益;养生家会考虑茶壶的有机组成部分甚至是其化学成分,以及用此类茶壶泡茶是否有益身体健康;艺术家则会将全副精神倾注于茶壶本身,不计实用、不推求关系、条理和因果,只是直觉地感知它的形式、花样、颜色的优美。

(4)观者从多种不同的角度,用三种不同的感知——实用态度、科学态度、美感态度,使得客观东西的形象带有主观色彩。

三、写作题(本大题1小题,50分)

33.阅读下面的材料,按照要求作文。

据CNN调查:外国公司进入中国后的中文名字,与公司兴衰大有关系。全球最大家用电器零售集团百思买(Best Buy),进入中国几年就宣布关门闭店。原因之一就是Best Buy没有极具吸引力的中文名。而Coca-Cola进入中国后,取名为可口可乐,既保持了英文的音,中文更有深意,暗示了产品带给人的感受。瑞典Ikea进入中国后,取名"宜家",暗合国人"宜室宜家"之说,暗示了品牌的美好属性。

法国连锁超市Carrefour,进入中国后,取名"家乐福",更有"家和万事兴",欢喜自然来之意。香奈儿和兰蔻,香奈儿(Chanel)的译法兼具灵气和妩媚,显示出品牌高雅和简洁的风格。兰蔻的"蔻"字用得妙,兰香淡雅,豆蔻芳华。通过简单几个字传达形象,唤起消费者对它的兴趣和联想。

根据材料所引发的思考和感悟,写一篇论说文。

要求:角度自选,立意自定,标题自拟,不少于800字。

第一章 职业理念

考纲要求

1. 教育观

理解国家实施素质教育的基本要求。

掌握在幼儿教育中实施素质教育的途径和方法。

理解幼儿教育作为人生发展的奠基教育的重要性及其特点,能够以正确的教育价值观分析和评判教育现象。

2. 儿童观

理解"人的全面发展"的思想。

理解"育人为本"的含义,爱幼儿,尊重幼儿,相信每一个幼儿都具有发展潜力,维护每一个幼儿的人格与权利。

运用"育人为本"的儿童观,在保教实践中公正地对待每一个幼儿,不因性别、民族、地域、经济状况、家庭背景和身心缺陷等歧视幼儿。

设计或选择丰富多样、适当的保教活动方式,因材施教,以促进幼儿的个性发展。

3. 教师观

了解教师专业发展的要求。

具备终身学习的意识。

理解教师职业的责任与价值,具有从事幼儿教育工作的热情与决心。

知识框架图

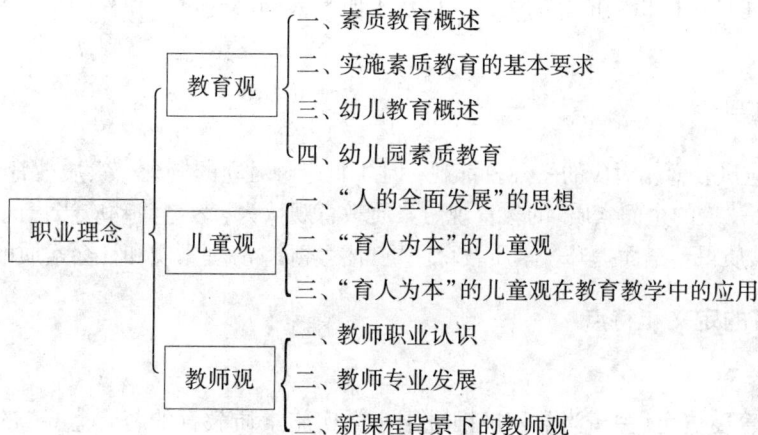

考试权重

模块	分值比例	分值(分)	题型	重点提示
职业理念	14.66%	22 分	单项选择题 材料分析题	教育观：素质教育观的基本要求 儿童观："育人为本"的学生观 教师观：新课程背景下的教师观

第一节　教育观

考点聚集

一、素质教育概述

(一)教育观的内涵

教育观是人们对教育所持有的看法，它既受到社会政治、经济制度的制约，又受到人们对教育要素不同观点的影响。具体地说，就是人们对教育者、教育对象、教育内容、教育方法等教育要素及其属性和相互关系的认识，以及人们对教育与其他事物相互关系的看法，以及由此派生出的对教育的作用、功能、目的等各方面的看法。

(二)"素质"一词的内涵

所谓"素质"，就是指个体的先天禀赋以及在此基础上通过环境和教育的影响所形成和发展起来的相对稳定的身心发展水平以及人类文化在个体心理上的内化和积淀。基础素质大致可以分为三类：

(1)自然素质。指先天遗传的生理素质，例如，神经系统、身高、体重、骨骼的特点；运动素质、负荷限度、适应和抵抗能力等生理机能的特征。

(2)心理素质。心理素质是以生理素质为基础，在实践活动中通过主体与客体的相互作用，而逐步发展和形成的心理潜能、能量、特点、品质与行为的综合。

(3)社会素质。包括思想观念、道德行为、科学文化知识、劳动生产技能、文化修养和艺术水平。

这三种素质之间是一种相互依存的关系，自然素质是人的心理素质和社会素质赖以生存和发展的物质基础。

(三)素质教育观

素质教育是与应试教育相对应的一种教育观，但并非绝对对立的概念。素质教育观是把教育活动的目的指向"素质"——"人的全面素质"的教育观。素质教育观认为，教育活动应当指向人整体的、全面的素质发展，使人的素质得到全面提升。素质教育注重自然素质、心理素质和社会素质的全面发展。

(四)素质教育的定义和特点

1.素质教育的定义

依据原国家教育委员会《关于当前积极推进中小学实施素质教育的若干意见》的解释："素质教育

是以提高民族素质为宗旨的教育。它是依据《中华人民共和国教育法》规定的国家教育方针，着眼于受教育者及社会长远发展的要求，以面向全体学生、全面提高学生的基本素质为根本宗旨，以注重培养受教育者的态度、能力，促进他们在德智体等方面生动、活泼、主动地发展为基本特征的教育。"

2.素质教育的特点

(1)素质教育的全体性。所谓全体性，广义地说，是指素质教育必须面向全体人民，任何一名社会成员，都必须通过正规或非正规的途径接受一定时限、一定程度的基础教育。狭义地看，素质教育的全体性，是指为全体适龄儿童开放接受正规基础教育的大门。

全体性的特征由以下两个因素决定：①国民素质、民族素质的提高要求素质教育面向全体受教育者；②所有受教育者都有发展的可能性。"全体性"是素质教育最本质的规定、最根本的要求。它要求学校教师关心每一位学生素质的培养和提高，不能因种族、家庭、经济、智力及教育者主观好恶等因素的影响，而将一部分学生排除在素质教育之外。

(2)素质教育的全面性。所谓全面性，是指素质教育既要实现功能性的目标，又要体现形成性的要求，通过实现全面发展教育，促进学生个体的最优发展。素质教育的目标，就是国家教育方针中所规定的"德、智、体、美、劳等方面全面发展"。

在目标层面上，素质教育追求的是受教育者的素质全面发展、整体提高，培养其合理的、完善的素质结构；在内容和方法层面上，素质教育的内容和方法是全方位的，只有全方位的教育，才能促进素质的全面发展。素质教育不是某种单一素质的培养和提高，必须坚持全面教育、全面发展。在素质教育过程中，要实现全面性的要求，必须做到几个结合：认知、意志与情感相结合；智力因素与非智力因素相结合；科学与艺术相结合，最终实现德、智、体、美、劳等全面发展与知、情、意、行和谐发展相结合的全面发展教育。

【知识拓展】 关于"德、智、体、美"与"体、智、德、美"的表述

《中华人民共和国教育法》第五条规定，教育必须为社会主义现代化建设服务、为人民服务，必须与生产劳动和社会实践相结合，培养德、智、体、美等方面全面发展的社会主义建设者和接班人。

《幼儿园工作规程》第三条规定，幼儿园的任务是实行保育与教育相结合的原则，对幼儿实施体、智、德、美诸方面全面发展的教育，促进其身心和谐发展。幼儿园同时为家长参加工作、学习提供便利条件。

以上两种说法出处不同，均正确，由于幼儿教育存在特殊性，在专门探讨幼儿教育时使用《幼儿园工作规程》中的相关表述，在宏观探讨素质教育时使用《中华人民共和国教育法》中的表述。

(3)素质教育的基础性。所谓基础性，是相对于专业(职业)性、定向性而言的。素质教育是为人的生存与发展增强潜力的教育，是为提高全民族素质、未来劳动者素质和各级各类人才素质奠定基础的教育，而不是进行某一专业或职业的特殊训练。

素质教育的基础性要求：一方面必须使学生所接受的教育内容是当代社会要求每一个公民所必须掌握的；另一方面从社会发展的角度必须让每一个学生掌握"学会学习、学会健体、学会劳动、学会审美"等基本技能。

(4)素质教育的发展性。素质教育的发展性，是指要着眼于培养学生自我学习、自我教育、自我发展的知识与能力，真正把教育学生的重心转移到启迪心智、孕育潜力、增强后劲上来。这里强调的培养能力、促进发展是在正确处理知识和能力之间的关系这一前提下而言的。

素质教育的发展性意味着素质教育对于学生潜能开发和个性特长发展的高度重视。一是教师要相信每一个学生的发展潜能，每个人都是有潜能的；二是教师要创造各种条件，引发学生的这种无限的创造力和潜能，使每个学生都有机会在他天赋所及的一切领域最充分地展示并发展自己的才能。

(5)素质教育的主体性。素质教育是一种以受教育者为主体的教育。素质教育的目的就是培养受

教育者积极、主动的精神，挖掘和调动每个受教育者的内在潜能，实现受教育者的个性的全面发展。素质教育的主体性，从根本上说，就是教师要尊重学生的自觉性、自主性和创造性。一是教师要尊重学生独立的人格，这是教育的前提，也是对待学生最基本的态度。二是要把学习的主动权交给学生。在教育教学过程中教师要激发和调动学生学习的积极性，要教会学生学习，要让学生有自主学习的时间和空间。

(6)素质教育的开放性。素质教育的开放性，一方面要求拓宽原有的教育教学空间，真正建立起学校教育、家庭教育和社会教育相结合的教育网络；另一方面要求拓宽原有的教育教学途径，建立学科课程、活动课程和潜在课程相结合的课程体系。

(7)素质教育的未来性。所谓未来性，是指立足于未来社会的需要，而不是眼前的升学目标或就业需要。一般来说，教育具有较强的惰性和保守性，它总是在努力使年轻一代学会老一代的思维、生活和工作方式，因而人们在批评现代学校教育体系的局限性或弊端的时候，往往批评它是根据"昨天"的需要而设计的。素质教育就是要改变教育的惰性和保守性，它的目标是使年轻一代适应未来发展的需要。

(8)素质教育的合作性。素质教育是合作性教育，而不是竞争性教育。素质教育是一种民主型的教育，是以受教育者为主体、以师生合作为基础、以教师为主导的现代教育。素质教育提倡两种合作：教师与学生的合作，学生与学生的合作。素质教育以学生为本，教的目的是为了学，为了让学生更愉快、更有效地学。素质教育的合作性也体现在学生的个别差异上。正因为学生能力有高有低，才应该相互协作、相互帮忙，以达到共同提高和发展的目的。

二、实施素质教育的基本要求

1. 面向全体

面向全体的教育是素质教育坚持面向全体学生，依法保障义务教育阶段儿童和青少年学习发展的基本权利，努力开发每个学生的特长和潜能，改变以分数衡量学生的做法。素质教育是一种使每个人都得到发展的教育，是为了使每个人都在他原有的基础上有所发展，都在他天赋允许的范围内充分发展。

【2018年上半年真题】 中班的浩浩组织能力和语言表达能力都很强，王老师每次都让他在表演游戏中扮演主角。王老师的做法违背的教育理念是(　　　)。

A. 促进学生发展
B. 促进全体学生发展
C. 促进学生主动发展
D. 促进学生个性发展

网校答案：B。

网校解析：王老师每次都让浩浩扮演主角说明没有做到面向全体同学。

2. 促进学生全面发展

素质教育要求全面发展和整体发展，要求从学生身心发展的不同特点出发，因地因校制宜，着眼于教育教学全过程与各个环节，运用多种方式着力培养学生学习的主动性和创造精神，使德、智、体、美、劳五育并举；要求全面发展学生的思想政治素质、文化科学素质、劳动技能素质、身体心理素质和审美素质等，倡导为学生的全面发展创造良好的条件，促进学生生动活泼地全面成长。素质教育重视"人"的各方面的均衡发展，要求提高学生的综合素质，为社会主义现代化建设培养合格的、全面的建设者和接班人。

【2017年上半年真题】 吃橘子时，岚岚说："老师，你给我剥皮。"王老师大声说："咱们来帮小橘子脱衣服吧，看谁做得又快又好!"小朋友们争着说："好，我来!"大家争相动起手来。岚岚在模仿中学会了剥橘子皮。王老师的行为体现在善于(　　　)。

A. 综合组织各领域教学内容
B. 创设与教育相适应的物质环境
C. 维护每一个幼儿的人格与权力
D. 培养幼儿的初步生活自理适应力

网校答案：D。

网校解析：老师应善于培养学生初步的生活自理能力。

3. 促进学生创新精神和实践能力的培养

素质教育要以培养学生的创新精神和实践能力为重点。创新能力是民族进步的灵魂，是国家兴旺发展的不竭动力。素质教育与应试教育本质上的不同就是其能够激发并培养学生的创新精神和实践能力。教师在重视培养学生创新精神的同时，还要改变那种只重视教授书本知识、忽视实践能力培养的现象。每个教师都要爱护和培养学生的好奇心、求知欲，帮助学生自主学习、独立思考，保护学生的探索精神、创新思维，营造崇尚真知、追求真理的氛围，为学生的禀赋和潜能的充分开发创造宽松的环境，最终促使学生的创新思维、实践技能得到充分的发展。

【2017 年下半年真题】 手工制作后，孩子们都开心地把作品拿在手里。小明兴高采烈地奔向老师，举起手里的作品向老师炫耀，可是老师瞟了一眼说："看你做的是什么呀，难看死了。"老师的做法(   )。

A. 正确，从小培养幼儿的认真态度　　　　B. 正确，从小对幼儿进行挫折教育

C. 不正确，挫伤了幼儿的创造热情　　　　D. 不正确，扼杀了幼儿的竞争欲望

网校答案：C。

网校解析：教师应该用发展的眼光鼓励幼儿的探索，因此题干中教师的反应错误，会因此挫伤孩子的积极性。答案为 C。

4. 发展学生的主动精神，促进学生个性健康发展

素质教育强调教育要尊重和发挥学生的主体意识和主动精神，培养和形成学生的健全个性和精神，使学生活泼地成长。从促进学生主动精神和个性健康发展出发，素质教育应把学生看作知识的主人，要指导学生怎样做人，要为学生指导完整人生，要形成学生的人格力量和精神面貌。从促进学生主动精神和个性健康发展出发，素质教育必然要遵循教育的个性化原则，在各级各类教育中都要坚持因材施教。

【2018 年下半年真题】 铭铭问吴老师："天上哪颗星星最亮?"吴老师说："老师也不知道，回家后我们都去想办法找答案，好不好?"这说明吴老师能做到(   )。

A. 尊重个体差异　　　　　　　　　　　B. 公平对待幼儿

C. 面向全体幼儿　　　　　　　　　　　D. 引导幼儿探索

网校答案：D。

网校解析：题干中吴老师没有直接告诉孩子答案，而是引导幼儿积极探索，这种做法有利于调动幼儿的主动精神。因此选择 D 项。

5. 着眼于学生的终身可持续发展

终身教育是现代教育的重要标志。素质教育要着眼于学生的终身可持续发展，不仅要重视学生现在一般发展对于未来的发展价值和迁移价值，而且要重视直接培养学生的自我发展能力。教育不是一个学期或者一个阶段的事情，而是伴随学生一生发展的活动。素质教育要求要以学生的终身可持续发展为着眼点，教会学生学习的同时还要教会学生掌握学习的方法，教师不仅要"授人以鱼"，还要"授之以渔"。因此，我们的基础教育一定要培养学生终身可持续发展的能力。

三、幼儿教育概述

(一)幼儿教育的内涵

广义上说，凡是能够影响幼儿身体成长和认知、情感、性格等方面发展的有目的的活动，如幼儿在成人的指导下看电视、做家务、参加社会活动等，都可以说是幼儿教育。

狭义的幼儿教育则特指幼儿园和其他专门开设的幼儿教育机构的教育。我国颁布的《幼儿园工作规程》明确指出，"幼儿园是对 3 周岁以上学龄前幼儿实施保育和教育的机构，是基础教育的有机组成

部分,是学校教育制度的基础阶段"。

(二)幼儿教育的意义

1.促进幼儿生长发育,提高身体素质

幼儿的身体正在迅速发育,一方面,幼儿感受到自己身体的力量在增强,并在活动中不断地显现这种力量;另一方面,他们的身体还极不成熟,动作发展还不协调,自我保护能力还很差,易受疾病、事故的伤害。

2.幼儿时期是智力开发的最佳时期

研究表明,幼儿期是大脑发育最快的时期。大脑与智力密切相关,因此,在儿童大脑迅速发展的时期,早期教育对智力的影响特别大。若在这一时期内,对幼儿用正确的方法施以适当的早期教育,其智力水平能得到明显提高。

3.幼儿时期是人格健全的关键期

幼儿时期,儿童的个性品质开始萌芽并逐渐形成。这时他们的可塑性强,自我评价尚未建立,往往以家长、老师的评价来评价自己。因此,幼儿教育对幼儿的个性品质形成具有重要作用。

4.幼儿时期是性教育的关键期

3 岁左右的儿童,开始产生性别意识,这是一个特殊的性心理发育阶段,心理学上称为"性蕾期"。如果幼儿能够正确将自己的性别与社会要求的性别角色对应起来,他们的心理就能够正常发展。

5.培育美感,促进创造力和想象力的发展

由于幼儿思维、情感的特点,他们喜欢用形象、声音、色彩、身体动作等来思考和表达。从这一特点出发,幼儿教育以美熏陶、感染幼儿,满足其爱美的天性,萌发其美感和审美情趣,激发他们表现美、创造美的欲望,发展他们艺术的想象力、创造力,促进健全人格的形成。

【2016 年上半年真题】 为了培养幼儿想象力,老师让幼儿画蝴蝶,下列做法恰当的是( )。

A.老师画好左半边蝴蝶,幼儿模仿完成右半边　B.老师在黑板上逐笔示范,让幼儿跟着画

C.幼儿先观察蝴蝶,然后让幼儿自己画　　　　D.老师先画蝴蝶,然后让幼儿照着画

网校答案:C。

网校解析:C 选项中该老师先让学生进行观察,然后再进行画画,这样不仅能够发挥孩子的想象力和创造力,还能促进孩子思维能力的进一步提升与发展。

6.促进幼儿身心全面健康和谐发展,为适应学校生活做准备

幼儿教育是以促进幼儿身心全面健康和谐发展为目的的素质教育,而不是偏重某个方面诸如智力发展的片面教育。

理论与实践经验表明,真正能够帮助幼儿适应学校生活的并不是在学前期所习得的读写算等学业知识技能,而是与人交往、相处的社会性交往技能及良好的学习兴趣与习惯。社会性发展及良好的学习兴趣与习惯的培养不是一朝一夕能完成的任务,而是贯穿于整个学前期的任务。因此,幼儿教育应当在促进幼儿身心全面健康发展的基础上,为幼儿入小学做好准备,而不是仅仅局限于读写算知识技能的训练。

【2016 年上半年真题】 某幼儿园将识字和算数作为基本活动,得到了家长的支持,该幼儿园的做法( )。

A.不正确,幼儿园应以游戏为基本活动　　　B.不正确,幼儿园应以体育为基本活动

C.正确,有助于培养幼儿的阅读能力　　　　D.正确,有助于办出幼儿园的特色

网校答案:A。

网校解析:根据幼儿身心发展特点,应该采取适当的教学内容为学生所学习。识字和算术属于小学的教学内容,幼儿园的教学不能加入小学教学内容,这样不利于幼儿的成长与发展。

【2015 年下半年真题】 某幼儿园将识字作为本园基本活动,这种做法( )。

A. 正确, 有利于帮助幼儿获得知识　　B. 正确, 有利于提高教育水平

C. 不正确, 幼儿园不能进行教学活动　　D. 不正确, 幼儿园应当以游戏为基本活动

网校答案: D。

网校解析:《3~6 岁儿童学习与发展指南》明确指出幼儿园严禁进行小学内容学习, 并且明确规定幼儿园的教学应该以游戏为基本活动内容。

(三)幼儿教育的特点

1. 生活化

幼儿的年龄特点和身心发展需要, 决定了幼儿园教育目标和内容的广泛性, 也决定了保教合一的教育教学原则。对于幼儿来讲, 除了认识周围世界、启迪其心智的学习内容以外, 一些基本的生活和"做人"所需要的基本态度和能力, 如卫生习惯、生活自理能力、交往能力等, 都需要学习。但是这样广泛的学习内容不可能仅仅依靠教师设计、组织的教育教学活动来完成, 也不可能通过口耳相传的方式来实现, 儿童只能在生活中学习生活, 在交往中学习交往。因此幼儿园课程具有浓厚的生活化的特征——课程的内容来自幼儿的生活, 课程实施贯穿于幼儿的每日生活。

【2017 年下半年真题】　某幼儿园一直注重教育质量, 选择"唐诗三百首"对幼儿进行详细讲解、认读、听写, 部分家长对此很满意。该幼儿园的做法( )。

A. 不正确, 忽视了幼儿教育的生活化　　B. 不正确, 忽视了幼儿教育的均衡化

C. 正确, 提升了幼儿的语言能力　　D. 正确, 打牢了幼儿的知识基础

网校答案: A。

网校解析: 幼儿园教育强调保教结合, 过早呈现没有生活常识相衔接的唐诗, 不契合儿童的认知方式, 违背了保教结合的原则, 因此答案是 A。

2. 游戏化

游戏符合幼儿的年龄特征, 能够满足幼儿的各种身心需要, 是幼儿园的基本活动, 也是幼儿教育的基本原则之一。游戏从本质上来看, 是幼儿自身的一种自由自发的主体性活动, 对幼儿的发展有着多方面的价值。游戏是幼儿基本的活动形式, 也是幼儿基本的学习方式。所以, 游戏在幼儿园课程当中居于非常重要的位置。

3. 活动性和直接经验性

幼儿主要通过各种感官来认识世界。只有在获得丰富的感性经验的基础上, 幼儿才能理解事物, 才能对事物形成相对比较抽象概括的认识。幼儿的这种具有行动性和形象性的认知方式和认知特点, 使得幼儿园课程必须以幼儿主动参与的教育性活动为其基本的存在形式和构成成分。对幼儿来讲, 只有在活动中的学习才是有意义的学习, 只有在直接经验基础上的学习才是理解性的学习。

【2018 年下半年真题】　刚进园时, 小朋友们试图用旋转的方法打开水龙头, 不出水就大声叫老师。这时蒋老师没有急于出手帮助, 而是鼓励他们自己去试。很快, 小朋友们发现提起开关水就流出来, 按下去水就关上了, 小朋友们高兴得不得了。这体现了蒋老师注重( )。

A. 教师的主体作用　　B. 游戏的促进作用

C. 幼儿的亲身体验　　D. 环境的积极影响

网校答案: C。

网校解析: 蒋老师鼓励幼儿动手尝试亲身体验的做法, 不仅体现了幼儿教育的活动性, 更有利于幼儿获得直接经验, 体现了幼儿教育的特点。

4. 潜在性

怎样创设环境、怎样支持幼儿的探索学习, 都是教师根据幼儿园课程的目的、内容要求精心设计的, 但这些内容、目的和要求仅仅存在于教师的意识和行动中, 幼儿并不能清楚地认识到。幼儿感受到的更多的是环境、活动、材料和教师的行为, 而不是教育者的教育目的和期望。也就是说, 幼儿园

课程蕴含在环境、材料、活动和教师的行为中,潜移默化地对幼儿起作用。

(四)幼儿教育的原则

1. 保教结合的原则

保育即精心照管幼儿,使幼儿好好成长,主要是为幼儿的生存、发展创设有利的环境和提供物质条件,给予幼儿精心的照顾和养育,帮助其身体和机能良好地发育,促进其身心健康地发展。

保育和教育不是分别孤立地进行,而是在统一的教育目标指引下,在同一教育过程中实现的。有些保育员在护理幼儿生活时,会随机地、有意识地实施教育,结果无意识地影响了幼儿的发展。这可能会助长幼儿的依赖思想,使他们失去自信,失去锻炼自己能力的实践机会。《幼儿园工作规程》和《幼儿园管理条例》反复强调了保教结合的原则,明确指出,"幼儿园应该贯彻保育和教育相结合的原则,创设与幼儿的教育和发展相适应的和谐环境""促进幼儿身心和谐发展"。这就进一步将保教结合确定为幼儿园教育工作的根本原则。幼儿园教育工作者和管理工作者必须深刻领会保教结合的原则,并将这一原则贯彻到实际工作中,这是做好保教管理工作的关键。

2. 以游戏为基本活动的原则

游戏是儿童活动的基本形式之一,它通过虚拟情境以再现成人的社会经验与人际关系,从而使儿童达到认识周围世界的目的。因此,游戏体现了儿童与现实的一种特殊关系,它通过某种虚拟的情境把某一类实物的特征转移到另一类实物之上。幼儿是具有独立人格的社会的人,是不同于成人的正在成长发展中的人。就像成年人需要工作一样,幼儿也需要游戏,哪里有幼儿,哪里就有游戏。游戏在儿童世界中的存在非常普遍,对儿童的魅力更为独特。游戏最符合幼儿身心发展的特点,最能满足幼儿的需要,能有效地促进幼儿发展,具有其他活动所不能替代的教育价值。

3. 教育的活动性和活动的多样性原则

教师应从幼儿身心发展的特点出发,以活动为基础展开教育过程。与此同时,活动形式应该多样化,激发幼儿的活动兴趣,在多种多样的活动中,促进幼儿的发展。

4. 发挥一日活动整体教育功能的原则

幼儿园一日活动是指幼儿园每天进行的所有保育、教育活动。幼儿园应充分认识和利用一日生活中各种活动的教育价值,通过合理组织、科学安排,让一日活动发挥一致的、连贯的、整体的教育功能,寓教育于活动之中。

四、幼儿园素质教育

(一)幼儿素质教育的特点

(1)基础性:幼儿阶段是为人生打基础的关键时期。

(2)发展性:素质教育的内容和任务是促使每一个教育对象在原有的基础上得到发展。

(3)自主性:受教育者主动发展,教育者进行引导。

(二)幼儿园阶段开展素质教育的途径

1. 树立正确的素质教育理念

在新课改的背景下,幼儿教师必须改变传统的教育认知与观念,树立素质教育的新观念。园长与教师要面向全体幼儿,确立正确的办学目标与培养目标,在提高群体素质的同时,也不能忽视个体的素质,应该针对幼儿的个体差异因材施教。

2. 提高幼儿教师队伍的水平

园长是幼儿园教育教学的管理者,是教师的榜样,提高教师的素质必须有高素质的园长。园长不但要成为幼儿园管理的高手,而且要成为幼儿园教育教学活动设计和组织的能手。教育者的综合素质将直接影响到教育质量，也就是说，素质教育的成败，相当程度上取决于教师。

3. 将素质教育落实到教学之中

如果不将素质教育落实到教学中，那么素质教育只能是一个抽象概念。幼儿素质教育可通过开展多种活动和游戏来进行。积极开展多种形式的实践活动，是实施素质教育的重要方法。

4. 在日常生活中逐渐培养幼儿的素质

幼儿素质的提高，需要潜移默化、循循善诱、循序渐进的培养，对幼儿的品德教育，要贯穿在教师的言行中，无论大小事，教师要用自身良好的理想、信念、道德品质、言行举止去影响幼儿，作幼儿的楷模。

5. 幼儿园、家庭和社会相互配合

在对幼儿进行素质教育的过程中，除了幼儿园的教育，还需要家庭和社会的配合。只有将三方面的力量结合起来，才能形成合力，保证幼儿健康茁壮地成长。

实施素质教育是时代发展的需要，也是社会发展的需要，更是教育自身发展的需要。在新课改的背景下，幼儿园实施素质教育是幼儿教育的核心和改革的方向，幼儿教师必须改变传统的教育认知与观念，树立素质教育的新观念，针对幼儿的差异因材施教。

【2017 年上半年真题】 分组活动时，琦琦跑过来说："老师，元元他们往滑梯里吐唾沫，不让我们滑。"姜老师急忙走了过去。忽然听到元元嚷道："快看，唾沫下滑了。"姜老师把要说的话咽了回去，站到这群男孩背后。"真的在滑，就是太慢了。"恺恺头也不抬地说。迪迪问："唾沫为什么会滑下去呢？""这个问题提得好，谁知道为什么呀？"姜老师插话道。听见姜老师说话，几个男孩转过头，懵懂地看着姜老师。姜老师笑了笑说："想一想……"见姜老师没批评他们，孩子们活跃起来。迪迪说："我知道，因为滑梯是斜的，很光滑，唾沫像水一样，所以就滑下来了。"姜老师摸了摸迪迪的头说："迪迪说得对。但是，你们往滑梯上吐唾沫，对不对呢？""不对！""随地吐痰不对，往滑梯上吐也不对！""不讲卫生！"小朋友们抢着回答。那几个男孩说："我们以后不随便吐了，咱们把滑梯擦干净吧！"恺恺从口袋里拿出纸将滑梯上的唾沫擦干净，滑梯前又排起了队。

问题：请结合材料，从教育观的角度，评析姜老师的教育行为。（14 分）

网校答案：

姜老师的做法是正确的，符合素质教育观的教育理念。

首先，素质教育促进幼儿德、智、体、美方面全面发展的理念。

素质教育强调把幼儿园办成人人讲道德、处处见精神的家园；开启智慧、丰富知识的学园；提高体质、增强体魄的乐园。材料中，姜老师从学生往滑梯上吐唾沫的行为出发，在大家面前渗透品德教育，体现了素质教育促进全体学生全面发展。

其次，素质教育尊重学生主体性和主动精神。

素质教育应以注重开发人的智慧潜能，注重形成人的健全个性根本特征的教育。材料中，姜老师针对学生的行为没有直接地批评指责，而是因势利导，让学生自己认识到错误并加以改正，培养学生良好的道德，做到了尊重学生主体性和主动精神。

总之，姜老师的教育行为是正确的，做到了面向全体学生，促进学生全面发展和尊重学生的主体性和主动精神。

【2016 年下半年真题】 白老师班上的小楷是农民工的孩子，小楷担心自己说话有口音，不愿意开口说话，性格非常腼腆。白老师对小楷耐心细致地关怀，夸赞他说话的声音好听，逐步引导小楷说话。慢慢地，小楷愿意多说话了。白老师还找到小楷的家长，建议家长多鼓励小楷说话，让小楷多和同龄人玩耍。小楷越来越愿意和他人交流，性格开朗多了。

问题：从教育观的角度，评价白老师的行为。

网校答案：

白老师的做法是正确的，符合新课程背景下所倡导的培养适合儿童教育素质教育观。

首先，素质教育要求面向全体学生。

素质教育不是只关注一个人或者一部分人,而是促进每一位学生的发展。材料中,白老师没有因为小楷腼腆不爱说话就忽视对他的培养,而是积极关注小楷的成长,并夸赞小楷说话的声音很好听,关注班级内每一位学生的成长。

其次,素质教育观是促进学生个性发展的教育。

素质教育要求承认学生与学生之间存在差异性。材料中,白老师针对小楷说话声音好听的特点,鼓励小楷多进行表达,做到了因材施教,使小楷得到了充分的发展。

再次,素质教育是促进学生全面发展的教育。

素质教育要求促进学生各方面的发展。材料中,白老师关注小楷各个方面的发展,并且跟踪小楷的情绪生活和情感体验,关注小楷的道德生活和人格养成,更加反映出素质教育的相关要求。

总之,白老师的做法是正确的,完全践行了课程背景下的幼儿教育观,值得我们每一位老师学习。

【2016年上半年真题】 幼儿园托班吃饭时普遍存在以下情况:幼儿不肯张嘴或不肯咀嚼吞咽。为解决这个问题,张老师想了很多办法。一天中午吃饭时,张老师端了一碗饭菜,边示范边夸张地说:"我是大老虎,嘴巴张得大,牙齿咬得快,一会饭菜吃光光!"鼓励幼儿和老师一样做大老虎,在进餐巡视时,张老师一会儿对吃得快的宝宝说:"嗯,原来这里有一只大老虎,我喜欢你!"一会儿又走到另外一个宝宝身边说:"这只老虎吃得真香呀!"有时还在"大老虎"身上贴个贴纸……慢慢地,幼儿爱吃饭了,也会吃饭了,把饭含在嘴里的现象明显减少了。

张老师还发现,每次吃饭璐璐还习惯用手擦嘴巴,所以吃完饭后,她的衣袖总是沾有很多菜汁。一天吃鸡腿,张老师特意在璐璐的桌子上放一条干净的小毛巾,让璐璐记得将沾满油腻的小手在毛巾上擦一擦,所以那天璐璐的衣袖很干净。从那以后,每到吃饭时张老师总会给璐璐准备一条毛巾,璐璐养成了随时用毛巾擦拭嘴和手的习惯,衣袖总是干干净净的。

问题:请结合材料,从教育观的角度分析张老师的教育行为。(14分)

网校答案:

张老师的行为符合素质教育观,值得肯定。

首先,张老师的行为体现了素质教育是以培养学生的创新精神和实践能力为重点的教育。

创新教育是素质教育的核心,在教育活动中,要求教师培养幼儿的创新精神和实践能力。材料中,张老师为了让幼儿养成好好吃饭的习惯,通过老师示范,学生模仿,并辅助小动物角色扮演的方式,增加了幼儿自己动手吃饭的机会,鼓励幼儿克服困难,培养幼儿良好品质,激发幼儿的主动性与积极性。

其次,张老师确立幼儿学习的主体地位,实施启发教学。

张老师采用各种教育方法,变"注入"教育为"启发"教育,激发幼儿学习如何大口吃饭的兴趣,引导幼儿动脑、动手、动口。材料中,张老师通过强化幼儿正确吃饭的行为,使幼儿主动、活泼、愉快地吃饭,培养幼儿良好的行为习惯。

再次,张老师不仅关注全体幼儿,还关注不同幼儿的个体差异,从幼儿的个性出发,对其进行教育。材料中的璐璐吃饭容易弄脏小手,张老师有针对性地给璐璐毛巾擦手,体现了针对不同幼儿采取不同方式进行良好习惯的培养。

总之,张老师的行为促进了幼儿主动、活泼、主动地发展,通过实践活动培养了学生的良好习惯,很好地贯彻了素质教育的教育观。

章节课后习题——教育观

1.我国幼儿教育的基本出发点是(　　　　)。

A.对幼儿实施全面发展教育　　　　　　　　B.对幼儿开展智力教育

C.保护幼儿健康成长　　　　　　　　　　D.对幼儿进行道德教育

网校答案：A。

2.强调素质教育面向全体国民和全体适龄儿童，反映了素质教育的(　　)。

A.主体性　　　　　　　　　　　　　　　B.全体性

C.发展性　　　　　　　　　　　　　　　D.全面性

网校答案：B。

网校解析：素质教育是一种以全面提高全体学生的基本素质为根本目的的教育。强调素质教育面向全体国民和全体适龄儿童，反映了素质教育的全体性。

3.下列关于幼儿教育的意义表述不正确的是(　　)。

A.促进生长发育，提高身体素质　　　　　B.开发智力，促进知识的积累

C.发展个性，促进人格的健康发展　　　　D.培育美感，促进想象力、创造力的发展

网校答案：B。

网校解析：幼儿教育能促进幼儿生长发育，提高身体素质；开发大脑潜力，促进智力发展；发展个性，促进人格的健康发展；培育美感，促进想象力、创造力的发展。积累知识不是幼儿教育的主要工作，所以本题的正确答案为B。

4.素质教育把(　　)作为重点，反映了新时代的要求。

A.培养自主学习的能力　　　　　　　　　B.培养学生的创新意识

C.培养创新精神和实践能力　　　　　　　D.培养学生的价值观、人生观

网校答案：C。

网校解析：《中共中央国务院关于深化教育改革全面推进素质教育的决定》指出，实施素质教育要"以培养学生的创新精神和实践能力为重点"。所以本题的正确答案为C。

5.一个民族是否具有竞争能力、是否能够立于不败之地的关键是(　　)。

A.创新能力　　　　　　　　　　　　　　B.学习能力

C.拼搏精神　　　　　　　　　　　　　　D.团结精神

网校答案：A。

网校解析：创新能力已经成为一个民族是否具有竞争能力、是否能够立于不败之地的关键。

6.某幼儿园分班布置画展。张老师精心挑选部分"好的幼儿作品"展出，李老师则将每个孩子的作品展出。两位老师的做法中(　　)。

A.张老师对，应支持优秀儿童的绘画表现　　B.李老师对，应支持每个儿童的绘画表现

C.张老师对，班级画展需要体现最高水平　　D.李老师对，班级画展需要平衡家长关系

网校答案：B。

7.下列对素质教育的理解，存在片面性的是(　　)。

A.促进学生专业发展　　　　　　　　　　B.尊重学生个性发展

C.教育面向全体学生　　　　　　　　　　D.引导学生协调发展

网校答案：A。

网校解析：素质教育观的内涵要求素质教育是面向全体学生的教育，促进学生全面发展的教育，促进学生个性发展的教育，以培养学生的创新精神和实践能力为重点的教育。促进学生专业发展只强调了某一方面的发展，存在片面性。故本题选A。

8.(　　)是保证幼儿各方面健康发展的前提。

A.促进幼儿身体正常发育

B.培养幼儿求知的兴趣和欲望

C.根据幼儿身心发展的特点和实际情况，对幼儿实施品德教育

D.培养幼儿发现美、欣赏美的能力

网校答案：A。

网校解析：健康的身体是孩子全面发展的物质基础，智力的发展，道德品质、意志的培养在很大程度上取决于健康状况。所以，促进幼儿身体正常发育，是保证幼儿各方面健康发展的前提，也是幼儿体育的基本要求。

9.下列关于幼儿体育说法错误的是(　　)。

A.幼儿体育的过程是促进幼儿身体素质均衡发展的过程

B.幼儿体育中没有专项技术动作的训练

C.幼儿体育过程具有趣味性、直观性、游戏性强的特点

D.幼儿体育过程具有持续时间短、强度大、节奏性强的特点

网校答案：D。

网校解析：幼儿体育的过程是促进幼儿身体素质均衡发展的过程，其中没有专项技术动作的训练。幼儿体育的过程具有趣味性、直观性、游戏性、生活性强；活动强度小，但密度大；持续时间较短，但节奏性强；约束小，要求低，不追求一致目标(不达标、不考试)；年龄分期明显等特点。

10.一位教师走进教室时，刚刚推开虚掩着的教室门，忽然一把扫帚掉了下来，不偏不倚，正好打在教师的讲义夹上，课堂上一片哗然，这分明是学生搞的恶作剧。下列处理方式，最恰当的一项是(　　)。

A.老师大发雷霆，立即查找恶作剧的人

B.自我解嘲地笑着说："看来我工作中的问题不少，连扫帚都向我表示不满了。希望你们在课后也给我提提意见，帮助我改进工作吧！"

C.稍做整理批评训斥学生

D.认真地说："我就喜欢接受他人的挑战。"

网校答案：B。

网校解析：教师面对损害自己的行为以幽默带过，既显示了教师的诙谐大度，又让自己摆脱了尴尬境地，还为学生创设了自我教育的氛围。

11.阅读下面材料，回答问题。

王老师教"声音大小"这一单元主题活动时，发现幼儿的知识基础差别较大，于是对8位程度较高的幼儿提出了不同的要求，让他们用不同的方法研究声音。这8位幼儿不仅探讨了声音大小的规律，还合作探讨了怎样使声音变大、怎样使声音变小的规律，并将探究方法介绍给其他同学，进一步推动了全班的学习。

请结合教育观的相关理论，分析该案例中教师的行为。

网校答案：

该案例中教师的行为是合理的，坚持了正确的素质教育的教育观。

素质教育的内涵是：面向全体、促进学生全面发展、促进学生个性发展、弘扬学生主动性、着眼于学生终身可持续发展以培养学生创新精神和实践能力为重点。其中，全面发展的实质是最优发展、面向全体、全面发展，不是平均发展，不是齐步走。应该说，分层教学、能力分组是一种既能适应个别差异又有较高效率效益的教学组织形式。

案例中的教师在教学中发现学生基础差别比较大，采取分层教学、能力分组的方式，保证了教学既面向全体，又促进不同层次学生的发展，促进学生个性的发展。而且幼儿在学习过程中，教师鼓励他们合作探究，充分发挥学生学习的主动性，培养了学生的创新意识。

第二节　儿童观

考点聚集

一、"人的全面发展"的思想

(一)"人的全面发展"的含义

人的全面发展是指人的劳动能力的全面发展,即人的智力和体力的全面、和谐、充分的发展。同时,也包括人的个性和道德品质的多方面发展。

(二)"人的全面发展"思想的发展

1. 古代东西方"人的全面发展"萌芽

古希腊哲学家亚里士多德曾经明确地指出,德育、智育和体育是人发展过程中不可缺少的三个部分,人是由德、智、体诸多要素共同构成的有机统一体。我国古代所推崇的"六艺",即射、御、礼、乐、书、数,是对人全面发展的一种诠释。

2. 马克思主义关于"人的全面发展"学说的观点

马克思阐述了关于"人的全面发展"学说,这一学说是我国确立教育目的的理论依据和基础。它的主要内容有以下几点:

(1)人的发展同其所处的社会生活条件是相联系的。人的发展从根本上说,取决于其所处的社会物质生活条件,人们在社会生产和生活中所处的地位不同,其获得的发展机会也不相同。

(2)旧式分工造成了"人的片面发展"。旧的社会生产分工和不合理的生产关系是"人的片面发展"的原因。"人的片面发展"的基本特征是脑力劳动与体力劳动的分离和对立。"人的片面发展"在资本主义手工工厂中到了极端的地步。

(3)机器大工业生产提供了"人的全面发展"的基础和可能。资本主义机器大工业生产的出现与发展,为"人的全面发展"开辟了道路。首先,机器大工业生产对"人的全面发展"提出了客观需要。其次,机器大工业生产也为"人的全面发展"提供了可能和条件。因为机器大工业生产创造了极高的劳动生产率和社会财富,缩短了劳动时间,使工人有物质条件、时间、精力去从事学习,发展自己。

(4)社会主义制度是实现"人的全面发展"的社会制度条件。机器大工业生产所提供的"人的全面发展"的可能性,在资本主义社会并不能充分地实现。只有消灭剥削,实现生产资料公有制,为全体劳动者提供物质的和精神的条件,才能使他们全面发展。社会主义制度是实现"人的全面发展"的社会条件。

(5)实现"人的全面发展"的根本途径是教育同生产劳动相结合。马克思说:"教育与生产劳动相结合,不仅是提高社会生产的一种方法,而且是造就'全面发展的人'的唯一方法。"教育与生产劳动相结合是培养"全面发展的人"的根本途径,也是唯一途径。

(三)我国的全面发展教育

在党的十七大上,胡锦涛在《高举中国特色社会主义伟大旗帜,为夺取全面建设小康社会新胜利而奋斗》的报告中提出了科学发展观,在具体内容阐述中,明确地提出了以人为本的全面发展观,要求以促进"人的全面发展"为根本要求。

《国家中长期教育改革和发展规划纲要(2010—2020年)》对坚持全面发展有这样的阐释:"全面加

强和改进德育、智育、体育、美育。坚持文化知识学习与思想品德修养的统一、理论学习与社会实践的统一、全面发展与个性发展的统一。加强体育，牢固树立健康第一的思想，确保学生体育课程和课余活动时间，提高体育教学质量，加强心理健康教育，促进学生身心健康、体魄强健、意志坚强；加强美育，培养学生良好的审美情趣和人文素养。加强劳动教育，培养学生热爱劳动、热爱劳动人民的情感。重视安全教育、生命教育、国防教育、可持续发展教育。"

(四)"人的全面发展"的思想与素质教育的关系

"人的全面发展"的思想与素质教育二者之间有着密切的联系，总体来说，"人的全面发展"是素质教育的目的，素质教育是实现"人的全面发展"的保障和措施。

1."人的全面发展"是素质教育的目的

素质教育不仅坚持对学生进行应用知识的传授，而且注重对学生能力的培养，注重开发学生的智慧和潜能，要求学生德、智、体、美、劳等方面并重，要求全面发展学生的生理素质、心理素质和文化素质，重视培养学生的自我发展能力、分析和解决问题的能力，尤其是素质教育重视全体学生，是真正的全面发展。所以说，"人的全面发展"是素质教育的目的。

2.素质教育是实现"人的全面发展"的重要途径

要使受教育者获得全面发展，就必须不断提高受教育者的综合素质，而无论是个人还是整个民族综合素质的提高，都离不开教育。良好的教育是提高个人和社会整体素养的重要手段。要实现"人的全面发展"，就必须实施多方面的教育，促进个人在德、智、体、美、劳等诸方面的全面发展。所以说，素质教育是实现"人的全面发展"的重要途径。

3.素质教育体现了"人的全面发展"和个性化的统一

素质教育不但要促进"人的全面发展"，而且要在此基础上，针对受教育者的个性特征展开教育，使"人的全面发展"与其兴趣爱好结合起来，促进个人的特长得到最大程度的发展，从而实现人人都能尽其才的目的。

二、"育人为本"的儿童观

(一)儿童观的概念

儿童观是人们对儿童的根本看法和态度。儿童观是教育观的基础，也是影响教师观的重要因素。在人类社会漫长的发展过程中，人们对幼儿的认识不尽相同，包括把幼儿看作"小大人""白板""花草树木""私有财产""未来的资源""有能力的主体"等。这些儿童观既有时代的烙印，又存于一个时代，既有非理性、不科学的一面，也有较为合理、科学的一面。我们应当实事求是地进行分析，批判地加以继承与借鉴，从而正确地认识幼儿。

(二)育人为本

育人为本是以培养人才作为学校的根本任务，以幼儿为主体，促进幼儿的全面发展，培养社会主义建设所需要的合格的建设者和接班人。育人为本是教育的生命和灵魂，是教育的本质要求和价值诉求。育人为本的教育思想，要求教育不仅要关注人的当前发展，还要关注人的长远发展，更要关注人的全面发展；不仅要关注被育之人、育人之人，还要关注所服务的对象——国家和人民，为国家服务、为人民服务，不断满足国家和人民群众的需要。

第一，育人为本要坚持德育为先，把立德树人作为教育的根本任务。德是做人的根本，只有树立崇高理想和远大志向，从小打牢思想道德基础，学习才有动力，前进才有方向，成才才有保障。

第二，育人为本重点要面向全体幼儿，促进幼儿全面发展，着力提高幼儿服务国家、服务人民的社会责任感、勇于探索的创新精神和善于解决问题的实践能力。

第三，育人为本就是要大幅提高教育培养创新人才的能力和水平。在教育的各个阶段都要重视打牢创新基础、倡导创新精神、激发创新活力。

第四，育人为本就是要以幼儿为主体，以教师为主导，充分发挥幼儿的主动性。以幼儿为主体就是要遵循教育规律和幼儿身心发展规律，把促进幼儿健康成长作为一切工作的出发点和落脚点。

(三)"育人为本"的儿童观

1.幼儿是发展中的人，要用发展的观点认识幼儿

幼儿是发展中的人是指幼儿有发展的潜能和发展的需要，幼儿成长的过程就是不断发展的过程。幼儿不同于成人，正处于发展之中，他们有自己独特的认知方式、成长特点，有巨大的发展潜能和被塑造与自我塑造的潜力，人们要用发展的眼光来认识和看待幼儿。

(1)幼儿的身心发展是有规律的。把握幼儿身心发展的规律是教师开展教学活动的前提。幼儿发展的规律性主要体现在身心发展上，不同阶段的幼儿具有不同的身心特征，教育者是主导性的因素。作为教育活动的组织者和领导者，教师依据幼儿教育目的，采用适当的教育手段，创设必要的教育环境，调控幼儿和整个教育过程，从而促进幼儿的身心发展，使其达到预期的目的。

①身心发展具有方向性和顺序性。正常情况下，幼儿的发展具有一定的方向性和顺序性，既不能逾越，也不会逆向发展，按由低级到高级、由简单到复杂的顺序进行。

②身心发展具有连续性和阶段性。幼儿心理的发展是一个不断的矛盾的运动过程，是一个不断从量变到质变的发展过程。幼儿心理发展的连续性表现在：先前的较低级的发展是后来较高级的发展的前提。幼儿心理时刻都在发生量的变化，随着量变的积累，到了一定程度，就会发生质变，从而使幼儿心理发展呈现出阶段性。

③身心发展具有不平衡性。人的发展不是等速的，学前期和青春期是发展的两大加速期。在学前期的不同时间内，幼儿的发展速度也不同。幼儿年龄越小，发展的速度就越快，这是学前期幼儿心理发展的规律。关键期和危机期是发展不平衡的表现。幼儿各种心理机能的发展有一个最佳年龄段，称为"关键期"。如果在这个最佳年龄段为幼儿提供适当的条件，就会有效促进这方面的发展，如果错过了这一时期，将来就很难弥补。儿童在某些特定的年龄时期，心理常常发生紊乱，表现出各种否定和抗拒的行为，称之为"危机期"。另外，学前儿童心理活动各个方面的发展也不平衡。

④个体发展的差异性。个别差异性是指在幼儿发展具有共同特征的前提下，每个幼儿的身心发展在表现形式、内容和水平方面，都具有独特之处。这一特征也是实行"因材施教、长善救失"教育原则的基础。

(2)幼儿具有巨大的发展潜能。幼儿的发展潜能极大，教师应当把幼儿看作是发展过程中的客观存在，用发展的眼光去看待幼儿，倡导对幼儿进行形成性评价。

(3)幼儿是处于发展初期的幼稚个体。幼儿身心的发展速度极快，变化很大，因而具有未定型性。幼儿身心的各方面都是可以改变的。教师不能以静止的观点看待幼儿现有的身心特点和水平，而要以发展的眼光看待幼儿。幼儿的身心发展尽管很快，但毕竟还处在人生发展的初期，因此具有幼稚性。幼儿身心的各个方面都非常不完善，极易受到伤害。因此，幼儿教师应努力地呵护、照料和关心他们。

(4)幼儿的发展是全面的发展。幼儿机体的各个部分相互联系、不可分割，幼儿心理的各个方面也相互影响、相互制约，幼儿的生理和心理需要完整和谐地发展。因此，幼儿教师必须高度重视其在身体、认知、品德、情感、个性等方面的全面发展。

2.幼儿是独特的人

(1)幼儿是一个完整的人。幼儿是一个完整的人，是有着丰富个性的人。在教育活动中，作为完整的人而存在的幼儿，不仅具备智慧和人格力量，而且体验着全部的教育生活。要把幼儿作为完整的人来对待，就必须给幼儿完整的生活世界，给予幼儿全面发展个性力量的时间与空间。

(2)幼儿是独一无二的人。由于遗传、环境、教育等方面的影响，每个幼儿身心发展的速度都各

不相同，其身心素质的组合特征也不同。每个幼儿与外界相互作用的方式、风格等都不同，都有其优势领域和劣势领域。教师应当将幼儿看成独特的个体，因材施教，促进幼儿的全面发展。

3.幼儿作为学习的主体，是具有主观能动性的教育对象

幼儿是受教育的对象，幼儿在受教育过程中并不是对教师完全盲从，而是具有在教育活动中的主观能动性和自我教育的可能性。现代教育观强调幼儿既是教育的客体，也是实施教育的对象，同时也是教育的主体。

【2016年上半年真题】 为体现"育人为本"的教育理念，教师不正确的做法是（   ）。

A.尊重幼儿人格　　　　　　　　　　　B.为幼儿提供适合教育

C.调动幼儿的主动性　　　　　　　　　D.让幼儿主动选择课程

【答案】D。

【解析】根据《幼儿园教师专业标准（试行）》基本理念中的育人为本的要求，尊重幼儿权益，以幼儿为主体，充分调动和发挥幼儿的主动性；遵循幼儿身心发展特点和保教活动规律，提供适合的教育，保障幼儿快乐健康成长。

4.幼儿是权利的主体

（1）幼儿作为权利主体拥有权利，并且和成人一样，彼此平等，具有相同的价值。幼儿是权利主体，意味着把幼儿看作与成人人格平等、具有相同的社会地位、享有基本人权的积极主动的、人格独立的人，是拥有权利并能行使自己权利的自由主体。

（2）幼儿作为权利主体的特殊性。幼儿和成人一样平等地拥有法律保护的权利。但是，幼儿毕竟是发展中的人，身心处于发育成熟的过程中，与成人相比，在体力、心理上都处于弱势，这决定了幼儿作为权利主体的特殊性。

①幼儿权利的行使需要社会的教育和保护。幼儿是未来社会发展的基础，尽管幼儿群体不直接参与社会生产，但幼儿仍是社会体系中不可或缺的有机组成部分，因此，在精神上和物质上应给予幼儿特殊的照顾和法律保护。

②幼儿作为权利主体拥有权利，但不连带与成人一样的责任和义务。幼儿作为一个特殊的群体，他们不仅需要特殊的法律保护，而且他们只能在未来才能履行法律上的义务。社会和成人不仅要承认幼儿的权利，而且要保护幼儿权利的实现。

【2015年下半年真题】 绘画时飞飞在纸上画了一个黑色的太阳，对此李老师恰当的做法是（   ）。

A.批评飞飞的画不合常理　　　　　　　B.耐心地询问飞飞的想法

C.帮飞飞把太阳涂成红色　　　　　　　D.要求飞飞重新画红太阳

网校答案：B。

网校解析："育人为本"的幼儿观强调幼儿作为学习的主体，是具有主观能动性的教育对象。幼儿是受教育的对象，幼儿在受教育过程中并不是对教师的完全盲从，而是具有在教育活动中的主观能动性和自我教育的可能性。面对题干中的情况，教师不能按自己的意志要求飞飞修改或批评飞飞，而是应该了解他的想法。因此答案选B。

三、"育人为本"的儿童观在教育教学活动中的运用

（一）以幼儿的全面发展为根本，用全面的眼光看待幼儿的发展

以幼儿的全面发展为本，不仅以幼儿的个性为本，同时还要在以幼儿为本的基础上，给予幼儿充分的指导，有目的、有计划、有组织地培养幼儿，遵循幼儿的个性发展。

用全面的眼光看待幼儿的发展，就不能只孤立地、片面地强调某方面的发展，忽视人的整体和谐发展，而是应体现幼儿的主体地位，善于发现每个幼儿的特点。在教育实践中要杜绝只重视智力而忽

视德育、体育的片面做法。充分尊重幼儿的主体地位，就要求教育教学活动的组织者要尊重幼儿的感受，调动幼儿学习的积极性和能动性，鼓励幼儿的创造性。

(二)公平、公正对待每一位幼儿

教育机会均等应当包括两个方面：一是入学机会均等，二是教育过程中机会均等。入学机会均等就是无论学生的性别、民族、地域、经济状况、家庭背景和身心发展状况如何，都享有同样的入学机会。在确保入学机会均等的情况下，教育过程中的教育机会均等更加重要。教育机会均等原则的提出，是因为受教育者之间存在着差异。这些差异包括：性别、民族、地域、经济状况、家庭背景和身心发展状况等。教育机会均等，就是要求公正地对待学生，不因性别、民族、地域、经济状况、家庭背景和身心发展状况而受到不同的对待。换句话说，无论学生有怎样的差异，给予他们受教育的机会都应当是均等的。

(三)因材施教，设计丰富多样的保教活动，促进幼儿的个性发展

因材施教是指教师要从学生的实际情况出发，使教学的深度、广度、进度既适合大多数学生的知识水平和接受能力，同时又要照顾到学生的个性特点和个性差异，使每个学生都能扬长避短，获得最佳发展。因材施教是实施素质教育、促进学生全面发展最基本的要求。

因材施教并非是要(也不可能)减少学生的差异。实际上，在有效的因材施教策略影响下，学生学习水平的发展差异可能会更大，因为能否更充分地得益于受教育条件，这本身就是潜能高低的一个表现。

(四)理解关心幼儿，构建平等的师幼关系

幼儿是成长中的人，不像大人那样成熟，在他们身上会有这样或那样的缺点和错误，需要教师引导、帮助、教育。教师一定要理解和宽容幼儿，给予他们更多的关注，谨言慎行。同时，幼儿的人格和教师的人格是平等的，教师必须尊重幼儿的人格，这样才能建立一种平等的师幼关系。

(五)构建终身学习理念，不断提高自身修养

做一名终身学习型教师，就是要坚持思考和学习，要不断转变教育观念，更新储备知识，摸索教学方法，尤其要加强学习并熟练运用现代化教学技术和手段，教师要想真正地成为学生成长的引领者，成为学生潜能的唤醒者，就必须树立终身学习的观念，不断付诸实施，努力提高自身修养。

(六)树立全心全意为幼儿服务的意识

"育人为本"的儿童观强调教育以服务幼儿为前提，为每个人的全面发展服务，为发掘每个人的潜能和创造力服务。为此，教育应该了解幼儿心理变化和认知特点，为幼儿的终身成长提供最好的、最优质的条件。服务意识主要有四个方面：一是服务于幼儿的身心，提高他们的身心素质；二是服务于幼儿的学习；三是服务于幼儿的生活；四是服务于幼儿的终身发展，使教育成为促进幼儿可持续发展的手段，增强幼儿面向未来的适应能力。

【2017 年上半年真题】　活动课上，赵老师特意邀请几个平时不太合群的孩子表演"找朋友"，被邀请的孩子面带微笑与其他小朋友愉快地完成表演。赵老师的行为(　　　)。

A.恰当，教师应当培养幼儿遵守纪律习惯　　　B.不恰当，教师应当遵循幼儿身心发展规律

C.恰当，教师应当关注每个幼儿发展　　　D.不恰当，教师应当保护幼儿的自尊心

网校答案：C。

网校解析：教师应当关注每个幼儿的发展。

【2017年下半年真题】 下面是某幼儿园小班张老师的教学片段：

(张老师的铃鼓响起来了，孩子们回到座位上)

师：我们都是机器人。

幼：一不许动，二不许笑，三不许露出大门牙。

师：小朋友们，我们先来看看电视上播放的是什么？

(老师按下播放键，电视里出现了新华书店的宣传片)

师：小朋友们去过这个地方吗？

幼：去过。

师：这是什么地方呀？

幼：新华书店。

师：你们真棒，你们看新华书店有许多许多的书，是不是？这些书都是分门别类放在一起的，咱们一起来看看有哪些种类呢？

(老师指着"教育类"这块牌子问幼儿是哪个区，大多数孩子都不识字，都没有反应。)

师：你们可能不认识这些字，那我们让咱们班的"识字大王"江江来帮帮我们，你们说好不好？

幼：好！

(江江站起来念出字后，老师放弃了与孩子一起探索书的种类，自己看着电视屏幕一类接着一类给孩子认真讲解，教孩子认字，孩子们在下面念着、听着。)

问题：请结合材料，从儿童观的角度，评析张老师的教育行为。(14分)

网校答案：

张老师的教育行为，违背了科学的儿童观，具体表述如下：

(1)孩子身上蕴藏着巨大的潜能。因此，教师需要相信孩子，给予孩子期望，多表扬孩子、鼓励孩子。而题干中的张老师一开始上课的"三不许"以及在面对孩子不识字、没有反应的情况下，直接放弃与孩子一起探索书的种类的做法都是不对的，会导致孩子不自信，不愿意参与活动。

(2)孩子个体之间是存在巨大差异的。因此，教师要用发展的观点认识孩子、悦纳错误、多包容。但是张老师面对很多孩子不认识生字时，直接请"识字大王"江江来认读，随后结束了探索活动，体现教师没有注意不同孩子发展的差异性，没有做到因材施教，也没有包容幼儿的不足。

(3)孩子的成长需要人文的关怀，因此，教师教育过程中要把孩子当成孩子，爱护尊重孩子，善于倾听孩子的意见。但题干中张老师一开始就让小班的孩子"三不许"，这严重违背了孩子的天性，没有把孩子当成孩子看。另外，对于孩子的识字问题，没有积极主动鼓励孩子学习，而是采用放弃活动以及孩子跟读的方式，没有尊重、爱护孩子。

【2018年下半年真题】 班上的一些小朋友不喜欢洗手，有些小朋友虽然洗手，也只是简单地冲冲水就算了。户外活动后，韩老师把小朋友分成两组：一组念着儿歌认真地洗手，另一组暂时不洗手。韩老师拿出两块柚子皮，一组一块，让小朋友分别摸柚子皮内层，红红突然叫起来："黑了，黑了！"

果然，没洗手的那组小朋友摸过的柚子皮内层已经黑乎乎了。韩老师趁机提问："柚子皮为什么会变黑呀？"孩子们抢着说："他们没洗手，手很脏。""手上有土，把柚子皮弄脏了。"韩老师连忙引导："这是我们能看见的，还有我们看不见的呢？""细菌、病毒！"孩子们大声说。韩老师趁热打铁："如果我们不洗手就拿东西吃，手上的脏东西会沾到食物上，脏东西进入我们的肚子，身体会怎么样？我们应该怎样做呢？"孩子们叽喳地讨论开来，最后得出了"一定要认真洗手，做健康的小主人"的结论。活动结束后，没洗手的小朋友立刻跑到洗手池边洗手，洗得格外认真；洗了手的小朋友中，有人感觉自己没洗干净，就认真地又洗了一遍。

自此，小朋友们大都能自觉地去洗手，如果某个小朋友忘记洗手，其他的小朋友也会提醒他。

问题：请结合材料，从儿童观的角度评析韩老师的教育行为。

网校答案：韩老师的行为是正确的，体现了"育人为本"的儿童观。

（1）儿童是发展中的人，具有巨大的发展潜能。材料中韩老师并没有因为幼儿不会洗手而放弃此方面的培养，而是结合"儿歌"和自主探究的形式，相信孩子能够明白洗手的重要性并掌握技巧和方法，体现了儿童是发展中的人的儿童观。

（2）儿童是独特的人。每个幼儿都有自身的独特性，幼儿与成人之间存在巨大的差异。材料中韩老师根据学生的年龄特点开展一系列生动有趣的直观教育活动，没有用讲大道理的方式，而是适应了幼儿的年龄特点，做到了因材施教，体现了对幼儿独特性的尊重。

（3）幼儿是学习的主体，是具有能动性的教育对象。每个幼儿都是教育活动的主体，有学习的主动性和积极性。材料中韩老师并没有直接讲解洗手的重要性，而是让幼儿自己实际操作，不仅让幼儿懂得洗手的重要性以及不洗手的危害，还激发了幼儿自觉洗手的主动性和积极性，体现了儿童的主体地位。

综上所述，韩老师的行为值得我们学习，要树立正确的儿童观，促进幼儿更好地发展。

章节课后习题——儿童观

1.活动课上，赵老师特意邀请几个平时不太合群的孩子表演"找朋友"，被邀请的孩子面带微笑与其他小朋友愉快地完成表演。赵老师的行为（　　）。

A.恰当，教师应当培养幼儿遵守纪律的习惯　　B.不恰当，教师应当遵循幼儿身心发展规律

C.恰当，教师应当关注每个幼儿发展　　D.不恰当，教师应当保护幼儿的自尊心

网校答案：C。

2.（　　）是幼儿园的基本活动，也是德育教育的基本形式。

A.上课　　　　　　　　　　　　　　B.游戏

C.练习　　　　　　　　　　　　　　D.运动

网校答案：B。

3.留守儿童小华身上有一些不良习惯，班主任应（　　）。

A.关心爱护小华，加强对他的行为养成教育　　B.宽容理解小华，降低对他的要求并顺其自然

C.严厉责罚小华，令其尽快改变不良习惯　　D.联系小华家长，责令其督促小华改变不良习惯

网校答案：A。

网校解析：留守儿童是班主任需要重点关注的教育对象，班主任应当以爱为工作的基础，帮助小华纠正不良习惯。故选A。

4.美国华盛顿儿童博物馆的格言"我听见就忘记了，我看见就记住了，我做了就理解了"，主要说明了在教育过程中应（　　）。

A.尊重儿童的个性　　　　　　　　　B.培养儿童积极的情感体验

C.重视儿童学习的自律性　　　　　　D.重视儿童的主动操作

网校答案：D。

网校解析：华盛顿儿童博物馆的格言通过对比主要强调了最后一句"我做了就理解了"，说明儿童只有经过动手操作才能有更深刻的认识。所以本题的正确答案为D。

5.在教育中采用"一刀切""一锅煮""整齐划一"的方法，违背了个体身心发展的（　　）规律。

A.不平衡性　　　　　　　　　　　　B.阶段性

C.顺序性　　　　　　　　　　　　　D.个别差异性

网校答案：D。

网校解析："一刀切""一锅煮""整齐划一"的教育方法完全忽视了个体身心发展的个别差异性规律，不利于达到良好的教育效果。

6.上课时遇到幼儿尿裤子的情况，幼儿教师采取以下哪种做法最为恰当？（　　）。

A. 一边组织教学一边给孩子换裤子

B. 责备孩子该上厕所时不去上

C. 把孩子领到寝室或卫生间帮他换好裤子，并叮嘱他以后想尿尿要告诉老师

D. 如果天气比较热就让其自然干

网校答案：C。

7. 王老师得知红红偷拿了同伴的玩具，他没有当着全班幼儿的面批评红红，而是把红红叫到办公室耐心引导。王老师的做法（　　　）。

A. 正确，幼儿需要赏识

B. 不正确，幼儿是有个性的人

C. 正确，幼儿需要尊重

D. 不正确，幼儿是有发展潜能的人

网校答案：C。

8. 老师在组织规则游戏时，发现有孩子开小差。老师应采取的措施是（　　　）。

A. 点名批评，制止这种行为

B. 继续游戏，完全视而不见

C. 大发雷霆，把幼儿赶出活动室

D. 轻拍幼儿，提醒幼儿集中精力

网校答案：D。

9. 午餐时，有些幼儿边吃边玩，为了让幼儿专心就餐，李老师正确说法是（　　　）。

A. 没吃完的不许睡觉

B. 比比谁吃的最快

C. 我看看谁吃的最香

D. 看看谁还在那墨迹

网校答案：C。

10. 在课堂上，有位同学未经许可离开教室。对此，最不恰当的处理方式是（　　　）。

A. 在几分钟内如果不能找到该学生，应当立刻报告给校长

B. 发动全班同学一起去找他

C. 立刻把他带回教室，但不要太关注他

D. 事后和他进行谈话，严肃地对他说清楚不经许可不能擅自离开教室

网校答案：B。

网校解析：学生未经许可离开教室通常有三种原因：一是对教室里的事情感到不愉快，二是想去更感兴趣的地方，三是想引起老师的注意。当学生离开教室，老师首先要做的是放下手中的事情去寻找他。在大多数情况下，他不会走得太远，如果不能马上找到他，应该通过内线电话告知办公室或叫一个学生报告校长，但一定要保持冷静，不要惊扰其他学生。故B项做法不合适。

11. 人们常说"聪明早慧""大器晚成"，这表明人的身心发展具有（　　　）。

A. 阶段性

B. 互补性

C. 顺序性

D. 差异性

网校答案：D。

12. 在教育教学的细节中如何做到尊重学生的个别差异？（　　　）

A. 对学生一视同仁，一样要求

B. 辩证地看待学生的优缺点，不绝对化

C. 在学生之间进行横向的比较与学习

D. 不同的学生犯了同样的错误，不考虑动机与原因就进行处理

网校答案：B。

13. 阅读下面材料，回答问题。

亮亮喜欢打人，经常有小朋友因此去找王老师告状。今天，小朋友们坐在餐厅等待吃饭时，明明经过亮亮身边，顺手戳了亮亮一下，亮亮还手打了明明一下。这时，王老师经过，看见亮亮打人一把抓住他，狠狠地戳他的头，推得他直摇晃，并生气地说："看你还打人！"见到此情景，小朋友纷纷数落亮亮曾经打了自己，王老师听后更生气了，她用力拍打亮亮的肩膀，同时生气地大声吼道："你真是讨

人嫌！长得人不像人！”

问题：请从儿童观的角度，评价王老师的教育行为(14分)。

网校答案：王老师的教育行为是不恰当的，没有体现“以人为本”的儿童观。

(1)王老师没有用发展的眼光看待亮亮的行为，只看到亮亮动手打人就用亮亮之前的行为来解释，而不会考虑这次事出有因。

(2)其次，王老师没有把亮亮当作具有主观能动性的教育对象，也没有把亮亮看成具有独立人格的人和权利的主体。王老师“狠狠地戳亮亮的头”“大声吼”，说亮亮“讨人嫌！长得人不像人”等侮辱性的言行侵犯了儿童的权利和尊严。

(3)最后，王老师应该考虑到儿童的独特性，意识到亮亮经常有打人的行为一定有背后的原因，作为老师应该因材施教，找出亮亮行为的原因，帮助亮亮取得进步。

第三节　教师观

考点聚集

一、教师职业认识

(一)教师观的内涵

教师观是指关于教师职业的基本观念，是人们对教师职业的认识、看法和期望的反映。它既包括对教师职业性质、职责和价值的认识，也包括对教师这种专门职业的基本素养及其专业发展的理解。

(二)教师职业的性质

1. 教师职业是一种专业性职业，教师是专业人员

1966年，联合国教科文组织在《关于教师地位的建议》中提出，应该把教师工作视为专门职业，认为它是一种要求教师具有经过严格训练而持续不断地研究才能获得并维持专业知识及专门技能的公共业务。

我国颁布的《中华人民共和国教师法》明确规定，教师是履行教育教学职责的专业人员，承担着教书育人，培养社会主义事业的建设者和接班人，提高民族素质的使命。

2. 教师是教育者，教师职业是促进个体社会化的职业

教师是教育者，承担了培养合格的社会人员，延续人类社会发展的重要职责。个体从自然人发展成为社会人是在学习、接受人类经验与消化、吸收人类文化的过程中逐渐实现的，这一过程是社会教化的结果。个体只有通过社会教化，才能适应社会生活，实现个体的社会化。

(三)教师职业的劳动特征

1. 教师劳动的复杂性

教师劳动不仅有体力的付出，还有脑力的付出，是复杂的脑力劳动。具体表现在：

(1)教育目的的全面性。教师劳动的目的是培养德智体全面发展的人，而不是单方面发展的人。

(2)教育任务的多样性。教师不仅要教书还要育人，不仅要传授科学文化知识、训练学生的技能、发展学生的智力，还要培养学生的思想品德，促进学生的身心健康。

(3)劳动对象的差异性。教师的劳动对象是千差万别的人，学生不仅有先天素质的差异，还有后

天环境造成的个性差异。教师不仅要经常在同一时空条件下面对全体学生,实施统一的课程计划、课程标准,还要根据每个学生的实际情况因材施教。

2.教师劳动的创造性

创造性主要表现在教师创造性地运用教育教学规律。具体表现在:

(1)因材施教。教师的教育对象是千差万别的,教师必须灵活地针对每个学生的特点,对他们提出不同的要求,采用不同的教育教学方法。做到"一把钥匙开一把锁",使每个学生都能够扬长避短得到最好的发展。

(2)教学方法上的不断更新。为了提高教学效果,教师要尝试新的教学方法,进行教学方法的变换或改革。即使是同样的教学内容,也要结合实际情况的变化以及教师自身认识的提高,在教学方法上不断调整、改进、创新。

(3)教师需要"教育机智"。"教育机智"是教师在教育教学过程中的一种特殊定向能力,也是指教师对学生活动的敏感性,即教师能根据学生新的特别是意外的情况,迅速而正确地做出判断,随机应变地采取及时、恰当而有效的教育措施解决问题的能力。"教育机智"是教师良好的综合素质和修养的外在表现,是教师娴熟运用综合教育手段的能力。"教育机智"可以用四个词语概括:因势利导、随机应变、掌握分寸、对症下药。

【2015年下半年真题】 万老师教学很认真,经常辛辛苦苦地从上课讲到下课,嗓门特别大,被同事戏称为"全天候广播员",可教学效果一直不好,万老师需要反思的是( )。

A.教学态度 　　　　　　　　　　　B.教学方式

C.教学目的 　　　　　　　　　　　D.教学条件

网校答案:B。

网校解析:从题干中可以看出,该老师教学态度没有任何问题,认真、耐心,但效果不好。显然是教学行动出现问题,即教学方式有误,所以该老师急需进行反思。

3.教师劳动的主体性

教师劳动的主体性指教师自身可以成为活生生的教育因素和具有影响力的榜样。对教师来说,一方面,教育教学过程就是教师直接用自身的知识、智慧、品德影响学生的过程;另一方面,教师劳动工具的主体化也是教师劳动主体性的表现。教师所使用的教具、教材,也必须为教师自己所掌握,成为教师自己的东西,才能向学生传授。

4.教师劳动的示范性

教师劳动的示范性指教师的言行举止会成为学生效仿的对象,教师的人品、才能、治学态度都可能成为学生学习的楷模。教师劳动的示范性特点是由学生的可塑性、向师性心理特征决定的。同时,教师劳动的主体性也要求教师的劳动具有示范性特点。

5.教师劳动时间的延续性和教师劳动空间的广延性

教师劳动时间的延续性是指教师的劳动没有严格的交接班时间界限,这个特点是由教师劳动对象的相对稳定性决定的。教师要不断地了解学生的过去与现状,预测学生的发展与未来,检验教育教学效果,获取教育教学反馈信息,准备新一轮的教育教学活动。

教师劳动空间的广延性是指教师没有严格界定的劳动场所,课堂内外、学校内外都可能成为教师劳动的空间,这个特点是由影响学生发展因素的多样性决定的。学生的成长不仅受学校的影响,还受社会和家庭的影响。教师不能只在课内、校内发挥影响力,还要走出校门,协调学校、社会、家庭的教育影响,以便形成教育合力。

6.教师劳动的长期性

教师劳动的长期性是指人才培养的周期比较长,教育的影响具有滞后性。

(1)教师的劳动成果是人才,而人才培养的周期比较长。

(2)教师对学生所施加的影响,往往要经过很长的时间才能见效。

7.教师劳动的间接性

教师劳动的间接性是指教师的劳动不直接创造物质财富，而是以学生为中介实现教师劳动的价值。教师劳动的结晶是学生，是学生的品德、学识和才能，待学生走上社会，由他们来为社会创造财富。

8.教师劳动方式的个体性和教师劳动成果的群体性

教育教学活动主要是通过一个个教师的个体劳动来完成的。每个教师在一定的时间和空间上，在一定的目标上，都具有很强的个体性特点。所以，从劳动手段角度来看，教师的劳动主要是以个体劳动的形式进行的。

教师的劳动成果又是集体劳动和多方面影响的结果。由于学校教育是分阶段进行的，每一阶段教师所面对的学生几乎都是前一阶段教师劳动的产物，所以，教师的个体劳动最终都要融汇于教师的集体劳动中，教育工作需要教师的群体劳动。

(四)教师职业的角色特点

教师职业的最大特点就在于职业角色的多样性，一般而言，教师的职业角色主要有：

1.传道者角色

正所谓"道之所存，师之所存也"，充分说明，教师具有传递社会传统道德、正统价值观念的使命。进入现代社会后，虽然道德观、价值观呈现出多元化的特点，但教师的道德观、价值观总是代表着居社会主导地位的道德观、价值观，并且用这种观念引导年轻一代。

2.授业解惑者角色

唐代韩愈早在《师说》中言："师者，所以传道、授业、解惑也。"教师在掌握了人类长期社会实践所获得的知识经验、技能的基础上，对其进行加工整理，然后以特定的方式传授给年轻一代，并帮助他们解除学习中的困惑，启发他们的智慧，形成一定的知识结构和技能技巧。

3.示范者角色

夸美纽斯曾说过，教师的职务是用自己的榜样教育学生。学生具有向师性的特点，教师的言论行为、为人处世的态度是学生学习和模仿的榜样，会对学生产生耳濡目染、潜移默化的作用。

4.教育教学活动的设计者、组织者和管理者角色

教师是学校教育教学活动的设计者。好的教学设计可以使教学有序进行，并给教学提供好的环境，使学生养成循序渐进的习惯，全面地完成教学任务。

教师是教育教学活动的组织者，即教师在教学资源分配(包括时间分配、内容安排、学生分组)和教学活动展开等方面是具体的实施者。

教师是教育教学活动的管理者。教师需要担负起教育教学管理的职责，并对教育教学活动进行控制、检查和评价。

5.家长代理人和朋友、知己的角色

教师是儿童继父母之后所遇到的另一个社会权威。低年级的学生倾向于把教师作为父母的化身，对教师的态度类似于对父母的态度。而高年级学生则往往愿意把教师当作他们的朋友，也期望教师把他们当作朋友看待。

6.研究者、学习者角色

教师工作对象是充满生命力、千差万别的活的个体，传授的内容是不断发展变化着的人文、科学知识，这就决定了教师要以一种发展变化的态度来对待自己的工作对象、工作内容，要不断学习、不断反思、不断创新。

【2016年上半年真题】　某小学要求教师重视教学科研。卢老师抱怨道："搞研究有什么用，上课又用不着。"卢老师的说法(　　　)。

A.正确。教师须服从学校的一切安排　　　　　B.不正确。研究有利于教师专业发展

C.正确。小学教师搞研究没用　　　　　　　　D.正确。研究对应试帮助不大

网校答案：B。

网校解析：教师在教育过程中承担着研究者的角色。教师作为研究者是指教师应把教育教学工作中碰到的问题作为研究的课题，运用科学的方法进行研究，以寻找有效的解决方法。同时，教师也要树立终身学习的思想，不断提升自己的专业素养，促进自身的专业发展。

【2014年下半年真题】　下列关于家访的做法不恰当的是（　　　　）。

A.忌"指导"，对教育问题不要给家长提议　　　　B.忌"独白"，与家长交流不要唱独角戏

C.忌"教训"，不要居高临下教训家长　　　　D.忌"揭短"，不要当着儿童的面向家长告状

网校答案：A。

网校解析：本题主要考察教师在教育活动中要处理好的几大关系，教师应及时与家长沟通，对教育问题要给家长提议。

7.新近提出的教师职业角色

（1）"心理调节者"角色。随着对心理健康的重视和儿童心理卫生工作的展开，人们对教师产生了"儿童心理卫生顾问""心理咨询者"等角色期待。教师要做好学生的心理健康教育工作，担当学生的心理保健者的角色。

（2）"学生心灵的培育者"角色（"学习的指导者"角色）。教育的目的是使学生变得更聪明、更高尚、更成熟。仅传授知识的教师是"经师"，只有那些使学生能生动活泼地、主动地得到较好发展的教师，才是最好的教师。教师不但要教学生学习知识，而且要教学生学会学习。

（五）教师职业的责任与价值

1.教师职业的责任

教师职业的责任是指教师必须承担的职责和任务，是随着社会的发展而不断变化更新的。在社会主义条件下，教师的根本职责是教书育人，提高民族素质，培养社会主义事业建设者和接班人。

2.教师职业的价值

教师职业的价值在于追求教师职业生活的幸福，并将教师职业的幸福引向人生的价值和归宿的思想轨道上来。教师职业的价值主要包括社会价值和自我价值两方面。

（1）教师职业的社会价值。教师职业的社会价值是指教师教学过程中耗费劳动而产生的满足社会需要的意义和作用。它是教师劳动价值的主要属性，也是体现教师社会地位和教师个人价值的主要标志。

（2）教师职业的自我价值。教师职业的自我价值，也称教师职业的个人价值，是指教师职业可以满足教师的个体自我生存和发展的需要，是教师获取主要生活来源的社会劳动。教师职业的个人价值主要通过其社会价值的实现而实现，教师的个人价值和社会价值是统一的。

二、教师专业发展

（一）教师职业的发展历史

教师职业是伴随着人类社会的产生而产生的，是人类社会古老而永恒的职业活动之一。在人类漫长的历史上，很早就存在着教的活动。

1.非职业化阶段

在这一时期，还不至于非得有培养教师的教育机构不可，也没有进行专业化训练的师范教育或教师教育，基本上是"长者为师"或"能者为师"。

2.职业化阶段

教师职业由兼职到独立的发展，一方面是社会发展推动的结果，另一方面是由于社会发展所带来

的独立师范教育的诞生。

随着普及义务教育和班级授课制的实施，人们对原来的教育表现了越来越强的不满。人们已经认识到，一个有知识的人可以做教师，但如果没有或缺乏职业训练，就会直接影响教育的质量和效果，这样的人也难以成为好的教师。设立专门的教师培训机构以培养专职的教师提上社会议事日程。在这一背景下，1681 年，法国天主教神父拉萨尔创立了第一所师资训练学校，这成为世界独立师范教育的开始。我国最早的师范学校则是出现在 1897 年的上海，名为"南洋公学"，其中内设的师范院是我国最早的师范教育机构。

3. 专业化阶段

1993 年 10 月 31 日，第八届全国人民代表大会常务委员会第四次会议通过的《教师法》明确规定，"教师是履行教育教学职责的专业人员"。这是我国第一次以法律的形式确认了教师的专业地位和专业性要求。

1996 年，联合国教科文组织召开的第 45 届国际教育大会提出，"在提高教师地位的整体政策中，专业化是最有前途的中长期策略"。教师的工作是一种专门的职业，具有专业的基本特征，主要表现在教师职业的声望、教师需要经过严格的岗前训练、教师具有专业自主性、教师职业有自己的专业标准以及教师实践是现代教育科学最重要的专业研究领域。

（二）教师专业发展的阶段理论

美国学者福勒和布朗根据教师的需要和不同时期所关注的焦点问题，把教师的成长划分为关注生存、关注情境和关注学生三个阶段。

1. 关注生存阶段

这是教师成长的起始阶段，处于这个阶段的一般是新手型教师，他们非常关注自己的生存适应性。他们经常注重自己在学生、同事以及学校领导心目中的地位，处于这种生存忧虑，教师会把大量的时间用于处理人际关系或者管理学生。

2. 关注情境阶段

当教师感到自己在新的教学岗位上已经站稳了脚跟后，会将注意力转移到提高教学工作的质量上来，如关注学生学习成绩的提高、关心班集体的建设、关注自己备课是否充分等。一般来说，有经验的教师比新手型教师更关注这个阶段。

3. 关注学生阶段

在这一阶段，教师能够考虑到学生的个别差异，认识到不同年龄阶段的学生有不同的发展水平，具有不同的情感和社会需要，因此，教师应该因材施教。可以说，能否自觉关注学生是衡量一个教师是否成熟的重要标志。

（三）教师的专业素养

1. 良好的学科专业素养

（1）本体性知识。教师的本体性知识，也称学科专业知识，是指教师所具有的任教学科的知识。具体包括：掌握该学科的基本知识和基本技能、掌握该学科的知识结构体系及相关知识、学科发展的历史及趋势以及学科的思维方式和方法论。

（2）条件性知识。教师的条件性知识，也称必备的教育科学知识，主要是指教师必须具备的教育学、心理学和教育管理的知识。这类知识是用来支撑学科内容的本体性知识的，为教师的教学设计和实施提供教育学和心理学的基础。

（3）实践性知识。教师的实践性知识是教师在实现有目的的教学行为中所具有的课堂情境知识以及相关的学科教学法知识。这类知识包含着对具体教学目标、教学情境、教学策略和方法的相互关系的认识，它帮助教师解决"具体怎么教"的问题。

(4)文化知识。教师的文化知识是教师专业知识结构的基础，是指教师应具备的一般的人文知识、社会科学和自然科学知识，以及基本的艺术素养。

2.良好的教育专业素养

(1)具有先进的教育理念。教育理念是指教师在对教育工作本质理解基础上形成的关于教育的观念和理性信念。教育理念即教育教学观念，它是教师教学行为的灵魂和支点，是教师教学行为的指南。

(2)具有良好的教育能力。教育能力是指教师完成一定的教育教学活动的本领，具体表现为完成一定的教育教学活动的方式、方法和效率。具体包括：加工教学内容的能力；选择教学方法的能力；语言表达能力；组织管理能力和交往能力。

(3)具有一定的研究能力。研究能力是综合地、灵活地运用已有的知识进行创造性活动的能力，是对未知事物探索性、发现性的心智和情感主动投入的过程。

3.良好的职业道德素质

(1)对待事业：忠诚于人民的教育事业。教师忠诚于人民的教育事业要做到：依法执教，严谨治教，爱岗敬业，廉洁从教。这是教师对待教育事业必须具备的行为准则，是教师做好工作的基本能力。

(2)对待学生：热爱学生。热爱学生是教师忠诚于人民教育事业的具体表现。热爱学生，教师要做到：全面关心学生；尊重和信任学生；严格要求学生；理解和宽容学生；解放和放飞学生。

(3)对待集体：具有团结协作精神。尊重同事及领导，跟同事勤于沟通，互帮互助，服从领导安排。

(4)对待自己：良好的师德修养，为人师表。教师劳动具有示范性特点，在教育、教学中教师要做到：高度自觉；自我监控；身教重于言教。

4.良好的职业心理素养

(1)良好的情感特征。教师热爱教育事业和关心学生的程度对学生的发展影响极大，爱心是教育的前提。

(2)积极稳定的情绪特征。教师的工作性质使得其情绪波动会直接影响学生，因此，教师在任何时候都应以积极稳定的情绪状态投入教育活动中，积极调适不良情绪。

(3)良好的性格特征。教师应该保持积极乐观的人生态度、开朗豁达的良好性格和对己对人的宽容态度。

(四)教师专业发展的要求

1.学会学习，成为终身学习者

教师的任务不仅仅是"教"，学习对教师来说同样重要。教师必须不断地更新观念、知识和能力，掌握现代教育技术，并运用于自己的教育教学，以适应不断变化的时代对教育提出的要求。每个教师都必须成为终身学习者，不断地学习，提高自己的知识水平。

2.勤于反思，成为反思的实践者

教育反思，就是教育者把自己已有的教育实践作为思考的对象，对已有的教育实践成败原因进行探求，从而获得解决教育实际问题的心智。教师的教学反思一般会涉及对教育教学观念的反思，对课程内容和具体教学内容选择的反思和对教学过程及其教学方法的反思。教师常用的反思工具有教学后记、教学日志、教育案例等。

3.恒于研究，成为教育教学的研究者

教师对于自己的专业教育教学是天然的研究者。教师应该不断向研究型教师的目标迈进，积极发现自己教育教学中存在的问题，深入研究、思考解决这些问题的方法，这样才能不断提高教育教学质量，促进自身的专业发展。

4.重视沟通,加强交往与合作能力

新课改要求教师高度重视交往与合作能力的培养。在现实情况下,教师之间存在竞争关系,但同时也有合作关系。新课改还提倡师生之间的交往与合作。

5.勇于创新,加强创新精神和实践能力

教师通过创新教育来培养学生的创新精神和创新能力,将学生培养成为具有创造能力的人,这首先要求教师培养起自己的创新能力。教师的专业发展是在不断地创新中实现的。

(五)教师专业发展的方法

1.终身学习

"终身教育"这个名词最早出现在 1956 年的法国,20 世纪 60 年代逐步被世界各国所认识。1965 年 12 月,在联合国教科文组织于巴黎召开的国际成人教育会议上,联合国教科文组织成人教育局局长法国的保罗·朗格朗以"终身教育"为题做了学术报告。终身教育的理论认为:教育应当贯穿人的一生。

作为现代教师,首先应该是一个具有终身学习意识和能力的人。教师的终身学习包括以下四个方面内容:学会学习;通晓自己所教学科,成为学科专家;学习有关教育的学问;学习信息技术。终身学习在教学中具有的作用包括:提高课堂教学效率;是教学发展的需要;带动学生树立终身学习的观念。

【2015 年下半年真题】 每年王老师都给自己制定读书计划,并严格执行。这体现了王老师注重( )。

A.团结协作   B.教学创新

C.循循善诱   D.终身学习

网校答案:D。

网校解析:题干在讲这位老师自己如何提升自己,体现该老师终身学习的理念。

2.行动研究

行动研究是指教师在实际的教育中,基于学校,源于教师的一种教育教学行为。研究的起点和对象是教学中出现的问题,研究的成果直接用于学校教学的改进和教师教学实践能力的提高,并以研究成果为依据,进行教育改革,提升教学质量,实现教师学习培训和教学过程相统一,促进教师专业化成长。

3.教学反思

教学反思是指教师以自己的教育教学实践活动为认知对象,有意识地对教育教学活动过程中的教育理念、教育思维方式和教育行为方式进行批判性地分析和再认知,从而实现自身专业发展的过程。波斯纳提出教师成长的公式:经验 + 反思 = 成长。布鲁巴奇等人在 1994 年提出四种反思的方法:反思日记;详细描述;交流讨论;行动研究。

4.同伴互助

同伴互助的方式可以不拘一格,例如,"磨课"、沙龙、展示等。

【2015 年上半年真题】 某校组织同一学科教师观摩教学,课后针对教学过程展开研讨,提出完善教学建议,这种做法体现了教师专业发展途径是( )。

A.进修培训   B.同伴互助

C.师德结对   D.自我研修

网校答案:B。

网校解析:题干中展现的场景即为同学科教师之间的相互交流,应体现的是同伴互助的教师专业发展途径。

【2014年下半年真题】 刚完成培训的张老师自费将资料印发给同事,并将自己的心得与同事分享。下列说法不正确的是(　　)。

A.张老师具有团结协作的精神　　　　B.张老师注重业务能力的提高

C.张老师具有循循善诱的品德　　　　D.张老师重视专业素养的提高

网校答案:C。

网校解析:本题主要考察小学教师的专业发展,刚完成培训的张老师自费将资料印发给同事,并将自己的心得与同事分享,体现了张老师具有团结协作的精神,题干中并没有体现循循善诱的内容。

5.专业引领

教师专业引领的基本要求包括:对教师的专业引领要目标明确、内容正确、方法适当;在专业引领中,要充分发挥引领人员和教师双方的能动性和积极性;对教师的专业引领要到位而不越位。

6.课题研究

课题研究可以促进教师专业理论水平的提升、促进教师专业知识的拓展、促进教师专业能力的提高、促进教师专业自我的形成。

三、新课程背景下的教师观

(一)教师角色的转变

1.从教师与学生的关系看,教师是学生学习的促进者

教师是学生学习的促进者,使教师从过去仅作为知识传授者这一核心角色中解放出来。促进者成为教师最明显、最直接、最富时代性的角色特征,是教师角色特征中的核心特征。其内涵主要包括以下两个方面:教师是学生学习能力的培养者;教师是学生人生的引路人。

2.从教学与课程的关系看,教师是课程的建设者和开发者

新课程倡导民主、开放、科学的课程观念,同时确立了国家课程、地方课程、校本课程三级课程管理体制,这就要求课程与教学相互整合,教师必须在课程改革中发挥主体性作用。教师不能只是课程的执行者,更应成为课程的建设者和开发者。

【2014年下半年真题】 常老师常用周末向农民请教农业知识,看科普书籍,并把内容融入到教学中,而且制作成册发给同事,说明该老师具有(　　)。

A.校本教研的意识　　　　　　　　　B.课程开发意识

C.课程评价的意识　　　　　　　　　D.校本培训的意识

网校答案:B。

网校解析:本题主要考察小学教师的专业发展,常老师的做法体现了极强的课程开发意识。

【2016下半年真题】 沈老师收集废旧轮胎、破篮球、废纸箱、塑料绳等废旧材料,"变废为宝",将之改造成各种合适的教具、学具,这表明老师具有(　　)。

A.教学资源开发能力　　　　　　　　B.课程组织实施能力

C.教学程序设计能力　　　　　　　　D.教育科学知识

网校答案:A。

网校解析:将废旧轮胎、篮球等废物改造,变成新的课程教具,属于资源开发。

3.从教学与研究的关系看,教师是教育教学的研究者

教师在教学过程中要以研究者的心态置身于教学情境之中,以研究者的眼光审视和分析教学理论与教学实践中的各种问题,对自身的行为进行反思,对出现的问题进行探究、对积累的经验进行总结,使其形成规律性的认识。

4.从学校与社区的关系看,教师是开放的"社区型"教师

新课程特别强调学校与社区的互动,重视挖掘社区的教育资源。在这种情况下,教师的教育工作不能局限于学校、课堂,教师的角色必须从专业型教师、学校型教师,拓展为"社区型"教师。教师角色是开放的,要特别注重利用社区资源来丰富学校教育的内容。

(二)教师行为的转变

1.在对待师生关系上教师应尊重、赞赏学生

"一切为了每一位学生的发展"是新课程的核心理念。为了实现这一理念,教师必须要做到:尊重每一位学生做人的尊严和价值;不伤害学生的自尊心;要学会发现学生的闪光点,学会欣赏每一位学生。

【2015年下半年真题】　小红怀疑同桌小刚偷了她新买的文具盒,并报告了老师,老师让班干部搜查小刚的书包和抽屉。小刚再三辩白,拒绝被搜。该老师的做法(　　)。

A.错误,应该充分尊重信任小刚　　　　　B.错误,应该搜查所有学生的书包

C.错误,应不当着学生的面搜查　　　　　D.错误,应该通知学生家长再搜查

网校答案:A。

网校解析:从题干中可以看出,该老师的行为本身就是错误的,关键是要找出老师错误的点,即没有尊重、信任学生。

2.在对待教学关系上教师应帮助、引导学生

教师的职责在于帮助,教育的本质在于引导。引导的内容不仅包括方法和思维,同时也包括价值观和做人。在这里,引导表现为教师对学生的启迪与激励。

3.在对待自我上教师应注重反思

教学反思是教师专业发展和自我成长的核心因素。新课程非常强调教师的教学反思,按教学进程可以将教学反思分为教学前、教学中和教学后三个阶段。教学反思有助于教师形成和培养自我反思的意识和自我监控的能力。

4.在对待与其他教育者的关系上教师应加强合作

在教育教学过程中,教师除了面对学生外,还要与其他教师发生联系,与学生家长沟通、配合。课程的综合化趋势特别需要教师之间的合作,不同年级、不同学科的教师要相互配合,齐心协力地培养学生。教师必须处理好与家长的关系,加强与家长的联系与合作,共同促进学生的健康成长。

章节课后习题——教师观

1.作为教师,必须了解幼儿的年龄特征,这就要求幼儿教师的知识结构应有(　　)。

A.广博的文化基础知识　　　　　　　　B.精深的专业知识

C.必备的教育科学知识　　　　　　　　D.所教学科知识

网校答案:C。

2.国际体育比赛中得了金牌,奖励一直追溯到运动员的启蒙教练,这说明教师的劳动具有(　　)。

A.复杂性　　　　　　　　　　　　　　B.示范性

C.创造性　　　　　　　　　　　　　　D.长期性

网校答案:D。

3.毛泽东在写给他的老师徐特立的信中说:"你是我二十年前的先生,你现在仍然是我的先生,你将来必定还是我先生。"这说明教师对学生的影响具有(　　)。

A.层次性　　　　　　　　　　　　　　B.自觉性

C.深远性   D.规范性

网校答案：C。

4.李老师为了赢得学生的喜爱，把大量的时间花在与学生搞好关系上。从教师职业成长看，李老师的做法表明他着重关注的是（   ）。

A.职业发展   B.职业生存

C.教学效果   D.教学氛围

网校答案：B。

5.衡量教师是否成熟的主要标志是（   ）。

A.能否充分考虑教学情境   B.能否更多地考虑课堂的管理

C.能否自觉地关注学生   D.能否关注自身的生存适应性

网校答案：C。

6.尽管工作压力大，事务繁杂，朱老师始终保持积极的工作态度，用微笑面对每一个学生，这体现了朱老师（   ）。

A.身体素质良好   B.职业心理健康

C.教学水平高超   D.学科知识丰富

网校答案：B。

7.常老师常用周末向农民请教农业知识，并把内容融入教学且制成册发给同事，说明该老师具有（   ）。

A.课程开发意识   B.校本教研

C.课程评价意识   D.团体培训

网校答案：A。

8.学生具有向师性的特点，教师的言论、行动、为人处世的态度，对学生具有耳濡目染、潜移默化的作用。这体现了教师的（   ）角色。

A.传道者   B.解惑者

C.管理者   D.示范者

网校答案：D。

9.教师提高对自己教学活动的自我观察，发现和改进其中的问题，提出改进方案，是教师作为（   ）的角色。

A.设计者   B.指导者

C.组织者和管理者   D.反思者和研究者

网校答案：D。

网校解析：教师要不断对自己的教学进行反思和评价，反思是教师提高教学能力的重要途径。

10.邱老师经常梳理教育工作中遇到的问题，并运用教育学、心理学知识分析问题的成因，寻找解决策略，邱老师在这一过程中扮演的主要角色是（   ）。

A.教育教学的研究者   B.行为规范的示范者

C.心理健康的维护者   D.学生学习的组织者

网校答案：A。

网校解析：本题考察的知识点为教师的职业角色，题干中指出该老师经常梳理教学中出现的问题并刻苦钻研，体现了教师教育教学研究者的角色。

11.阅读下面材料，回答问题。

新课改来了，几家欢喜几家忧。一些中老年教师对新课改一时难以适应，他们在教学岗位上用自己的一套方式教了几十年，突然说要课改，几十年的老习惯一下子扭转不过来。

问题：请给这些教师完成角色的转变提出建议。

网校答案：

(1)教师由知识的传授者转变为学生学习的引导者和学生发展的促进者。

首先，教师应该把激发学生学习的动机，指导学生的学习方法，组织管理和指导学生的学习过程，培养学生自主学习、合作学习的能力作为自己工作的主要目标。

其次，现代社会的发展要求教师不仅仅是向学生传播知识和社会规范，更要关注学生人格的健康成长与个性发展，真正成为学生发展的促进者。

(2)教师从课程的忠实执行者转变为课程的建设者和开发者。新课程要求教师具有强烈的课程意识和参与意识，改变以往学科本位的观念和被动实施课程的做法，创造性地使用国家课程教材，积极进行国家课程地方化、校本化的实践探索。同时，积极参与地方课程和校本课程的建设，培养开发课程、评价课程、主动选择和创造性地使用新课程教材的能力。

(3)教师要从"教书匠"转变为教育教学的研究者和反思的实践者。新课程要求教师应该是一个研究者，在教学过程中以研究者的心态置身于教学情境中，以研究者的眼光审视和分析教学理论与教学实践中的各种问题，对出现的教学问题进行研究，总结经验，并形成规律性的认识。

【补充】中国学生发展核心素养

学生发展核心素养，主要指学生应具备的，能够适应终身发展和社会发展需要的必备品格和关键能力。

研究学生发展核心素养是落实立德树人根本任务的一项重要举措，也是适应世界教育改革发展趋势、提升我国教育国际竞争力的迫切需要。

一、"核心素养"的提出

(一)"核心素养"提出过程

(1)1978 年，国家提出"双基"——基础知识、基本技能。

(2)"三维目标"。2001 年，国家教育部颁布《基础教育课程改革纲要(试行)》提出：国家课程标准是教材编写、教学、评估和考试及命题的依据，是国家管理和评价课程的基础，应体现国家对不同阶段的学生在知识与技能、过程与方法、情感态度与价值观等方面的基本要求，规定各门课程的性质、目标、内容框架，提出教学和评价建议，尤其关注具有方法论意义的学习方式和学习能力，关注更加深远、更加本质的学生情感、态度与价值观等品质的发展。

(3)中国学生发展核心素养。2015 年 3 月 30 日，教育部在《教育部关于全面深化课程改革落实立德树人根本任务的意见》中提出了"核心素养体系"这一概念，将其置于深化课程改革、落实立德树人目标的基础地位，成为下一步深化教育改革工作的"关键"因素。

(4)2016 年 9 月 13 日，中国学生发展核心素养研究成果发布会在北京师范大学举行，公布了新的核心素养总体框架：一个核心、三大维度、六个核心要素、十八个基本要点。

从"双基"到"三维目标"，再到"核心素养"，是从教书走向育人这一过程的不同阶段。

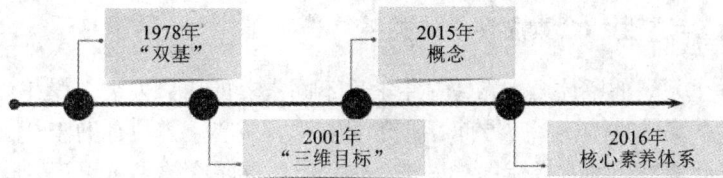

(二)"核心素养"提出背景

经过多年教育改革,素质教育成效显著,但与立德树人的要求还存在一定差距,主要表现为"重智轻德,单纯追求分数和升学率,学生的道德建设较为薄弱"。

学生全面发展、个性发展得不到真正落实。具体到课程领域,体现为"高校、中小学课程目标有机衔接不够,部分学科内容交叉重复,课程教材的系统性、适应性不强;与课程改革相适应的考试招生、评价制度不配套,制约着教学改革的全面推进;教师育人意识和能力有待加强,课程资源开发利用不足,支撑保障课程改革的机制不健全"。

教育要回应发展的难题和挑战,必须有新的应对措施。构建核心素养体系便是试图从顶层设计上解决这些难题,它的构建"使学生发展的素养要求更加系统、更加连贯"。可重点解决两个问题:"一是把对学生德智体美全面发展总体要求和社会主义核心价值观的有关内容具体化、细化,转化为具体的品格和能力要求,进而贯穿到各学段,融合到各学科,最后体现在学生身上,深入回答'培养什么人、怎样培养人'的问题。二是为衡量学生全面发展状况提供评判依据,引导教育教学评价从单纯考查学生的基本知识和基本技能转向考查学生的综合素质"。

核心素养体系的构建,成为顺应国际教育改革趋势,增强国家核心竞争力,提升我国人才培养质量的关键环节。

二、"核心素养"的概念

(一)"核心素养"的内涵

学生发展核心素养,主要是指学生应具备的,能够适应终身发展和社会发展需要的必备品格和关键能力。核心素养是关于学生知识、技能、情感、态度、价值观等多方面要求的综合表现;是每一名学生获得成功生活、适应个人终身发展和社会发展都需要的、不可或缺的共同素养;其发展是一个持续终身的过程,可教可学,最初在家庭和学校中培养,随后在一生中不断完善。

(二)"核心素养"与素质教育的关系

"素质"的主体是"教育",主要是指"身心特征和基本品质结构";而"素养"的主体则是"人"或"学生",主要是指"教育过程中形成的知识、能力、态度等方面的综合表现"。

由此,是否可以这样考虑:提出"素养",主要是要回答"培养出来的人究竟是什么样的",而"素质"则侧重于回答"学校提供什么来塑造人",两者的立足点、出发点不一样。

素质教育作为一种具有宏观指导性质的教育思想,主要是相对于应试教育而言的,重在转变教育目标指向,从单纯强调应试应考转向更加关注培养全面健康发展的人。

核心素养是对素质教育内涵的具体阐述,可以使新时期素质教育目标更加清晰,内涵更加丰富,也更加具有指导性和可操作性。

此外,核心素养也是对素质教育过程中存在的问题的反思与改进。尽管素质教育已深入人心并取得了显著成效,但我国长期存在的以考试成绩为主要评价标准的问题影响了素质教育的实效。解决这一问题,要从完善评价标准入手,全面系统地凝练和描述学生发展核心素养指标,建立基于核心素养发展情况的评价标准,有助于全面推进素质教育,深化教育领域的综合改革。

(三)"核心素养"与学生综合素质评价的关系

综合素质是对学生发展的整体要求,是关注学生不同素养的协调发展。学生发展核心素养是对学生综合素质具体的、系统化的描述。一方面,研究学生发展核心素养,有助于全面把握综合素质的具体内涵,科学确定综合素质评价的指标;另一方面,综合素质评价结果可以反映学生核心素养发展的状况和水平。

三、"核心素养"的内容

中国学生发展核心素养以培养"全面发展的人"为核心，分为文化基础、自主发展、社会参与三个方面，综合表现为人文底蕴、科学精神、学会学习、健康生活、责任担当、实践创新六大素养，具体细化为国家认同等十八个基本要点。文化基础、自主发展、社会参与三个方面构成的核心素养总框架充分体现了马克思主义关于人的社会性等本质属性的观点，与我国治学、修身、济世的文化传统相呼应，有效整合了个人、社会和国家三个层面对学生发展的要求。责任担当等六大素养均是实证调查和征求意见中各界最为关注和期待的内容，其遴选与界定充分借鉴了世界主要国家、国际组织和地区核心素养的研究成果。六大素养既涵盖了学生适应终身发展和社会发展所需的品格与能力，又体现了核心素养"最关键、最必要"这一重要特征。六大素养之间相互联系、相互补充、相互促进，在不同情境中整体发挥作用。为方便实践应用，将六大素养进一步细化为十八个基本要点，并对其主要表现进行了描述。根据这一总体框架，可针对学生年龄特点进一步提出各学段学生的具体表现要求。

核心素养	三个维度	六大素养	十八大要点	重点
全面发展的人	一、文化基础	1.人文底蕴	人文积淀	具有古今中外人文领域基本知识和成果的积累，能理解和掌握人文思想中所蕴含的认识方法和实践方法等
			人文情怀	具有以人为本的意识，尊重维护人的尊严和价值，能关切人的生存、发展和幸福等
			审美情趣	具有艺术知识、技能与方法的积累，能理解和尊重文化艺术的多样性，具有发现、感知、欣赏、评价美的意识和基本能力，具有健康的审美价值取向，具有艺术表达和创意表现的兴趣和意识，能在生活中拓展和升华美等
		2.科学精神	理性思维	崇尚真知，能理解和掌握基本的科学原理和方法；尊重事实和证据，有实证意识和严谨的求知态度；逻辑清晰，能运用科学的思维方式认识事物、解决问题、指导行为等
			批判质疑	具有问题意识；能独立思考、独立判断；思维缜密，能多角度、辩证地分析问题，做出选择和决定等
			勇于探究	具有好奇心和想象力；能不畏困难，有坚持不懈的探索精神；能大胆尝试，积极寻求有效的解决问题的方法等
	二、自主发展	3.学会学习	乐学善学	能正确认识和理解学习的价值，具有积极的学习态度和浓厚的学习兴趣；能养成良好的学习习惯，掌握适合自身的学习方法；能自主学习，具有终身学习的意识和能力等
			勤于反思	具有对自己的学习状态进行审视的意识和习惯，善于总结经验；能够根据不同情境和自身实际，选择或调整学习策略和方法等
			信息意识	能自觉、有效地获取、评估、鉴别、使用信息；具有数字化生存能力，主动适应"互联网＋"等社会信息化发展趋势；具有网络伦理道德与信息安全意识等
		4.健康生活	珍爱生命	理解生命意义和人生价值；具有安全意识与自我保护能力；掌握适合自身的运动方法和技能，养成健康文明的行为习惯和生活方式等
			健全人格	具有积极的心理品质，自信自爱，坚韧乐观；有自制力，能调节和管理自己的情绪，具有抗挫折能力等
			自我管理	能正确认识与评估自我；依据自身个性和潜质选择适合的发展方向；合理分配和使用时间与精力；具有达成目标的持续行动力等

续上表

核心素养	三个维度	六大素养	十八大要点	重点
全面发展的人	三、社会参与	5.责任担当	社会责任	自尊自律，文明礼貌，诚信友善，宽和待人；孝亲敬长，有感恩之心；热心公益和志愿服务，敬业奉献，具有团队意识和互助精神；能主动作为，履职尽责，对自我和他人负责；能明辨是非，具有规则与法治意识，积极履行公民义务，理性行使公民权利；崇尚自由平等，能维护社会公平正义；热爱并尊重自然，具有绿色生活方式和可持续发展理念及行动等
			国家认同	具有国家意识，了解国情历史，认同国民身份，能自觉捍卫国家主权、尊严和利益；具有文化自信，尊重中华民族的优秀文明成果，能传播弘扬中华优秀传统文化和社会主义先进文化；了解中国共产党的历史和光荣传统，具有热爱党、拥护党的意识和行动；理解、接受并自觉践行社会主义核心价值观，具有中国特色社会主义共同理想，有为实现中华民族伟大复兴中国梦而不懈奋斗的信念和行动
			国际理解	具有全球意识和开放的心态，了解人类文明进程和世界发展动态；能尊重世界多元文化的多样性和差异性，积极参与跨文化交流；关注人类面临的全球性挑战，理解人类命运共同体的内涵与价值等
		6.实践创新	劳动意识	尊重劳动，具有积极的劳动态度和良好的劳动习惯；具有动手操作能力，掌握一定的劳动技能；在主动参加的家务劳动、生产劳动、公益活动和社会实践中，具有改进和创新劳动方式、提高劳动效率的意识；具有通过诚实合法劳动创造成功生活的意识和行动等
			问题解决	善于发现和提出问题，有解决问题的兴趣和热情；能依据特定情境和具体条件，选择制订合理的解决方案；具有在复杂环境中行动的能力等
			技术应用	理解技术与人类文明的有机联系，具有学习掌握技术的兴趣和意愿；具有工程思维，能将创意和方案转化为有形物品或对已有物品进行改进与优化等

四、"核心素养"的培养

(一)开展"核心素养"遵循的基本原则

中国学生发展核心素养的培养，主要遵循三个原则。

1.坚持科学性

紧紧围绕立德树人的根本要求，坚持以人为本，遵循学生身心发展规律与教育规律，将科学的理念和方法贯穿全过程，重视理论支撑和实证依据，确保研究过程严谨规范。

2.注重时代性

充分反映新时期经济社会发展对人才培养的新要求，全面体现先进的教育思想和教育理念，确保研究与时俱进、具有前瞻性。

3.强化民族性

着重强调中华优秀传统文化的传承与发展，把核心素养植根于中华民族的文化历史土壤，系统落实社会主义核心价值观的基本要求，突出强调社会责任和国家认同，充分体现民族特点，确保立足中国国情、具有中国特色。

(二)"核心素养"在教育实践中落实的途径

学生发展核心素养是一套经过系统设计的育人目标框架,其落实需要从整体上推动各教育环节的变革,最终形成以学生发展为核心的完整的育人体系。

具体而言,主要有三个落实途径。

1.通过课程改革落实核心素养

基于学生发展核心素养的顶层设计,指导课程改革,把学生发展核心素养作为课程设计的依据和出发点,进一步明确各学段、各学科具体的育人目标和任务,加强各学段、各学科课程的纵向衔接与横向配合。

2.通过教学实践落实核心素养

学生发展核心素养明确了"21世纪应该培养学生什么样的品格与能力",可以通过引领和促进教师的专业发展,指导教师在日常教学中更好地贯彻落实党的教育方针,改变当前存在的"学科本位"和"知识本位"现象。此外,通过学生发展核心素养的引领,可以帮助学生明确未来的发展方向,激励学生朝着这一目标不断努力。

3.通过教育评价落实核心素养

学生发展核心素养是检验和评价教育质量的重要依据。建立基于核心素养的学业质量标准,明确学生完成不同学段、不同年级、不同学科学习内容后应该达到的程度要求,把学习的内容要求和质量要求结合起来,可以有力地推动核心素养的落实。

第二章 教育法律法规

考纲要求

1. 有关教育的法律法规

了解国家主要的教育法律法规，如《中华人民共和国教育法》《中华人民共和国义务教育法》《中华人民共和国教师法》《中华人民共和国未成年人保护法》《幼儿园工作规程》等。

了解《国家中长期教育改革和发展规划纲要（2010—2020 年）》的相关内容。

了解联合国《儿童权利公约》的相关内容。

2. 教师权利和义务

熟悉教师的权利和义务，熟悉国家有关教育法律法规所规范的教师教育行为，依法从教。

依据国家教育法律法规，分析评价幼儿教学实践中的实际问题。

3. 幼儿保护

熟悉幼儿权利保护的相关教育法规，保护幼儿的合法权利。

依据国家教育法律法规，分析评价幼儿教育工作中幼儿权利保护等实际问题。

知识框架图

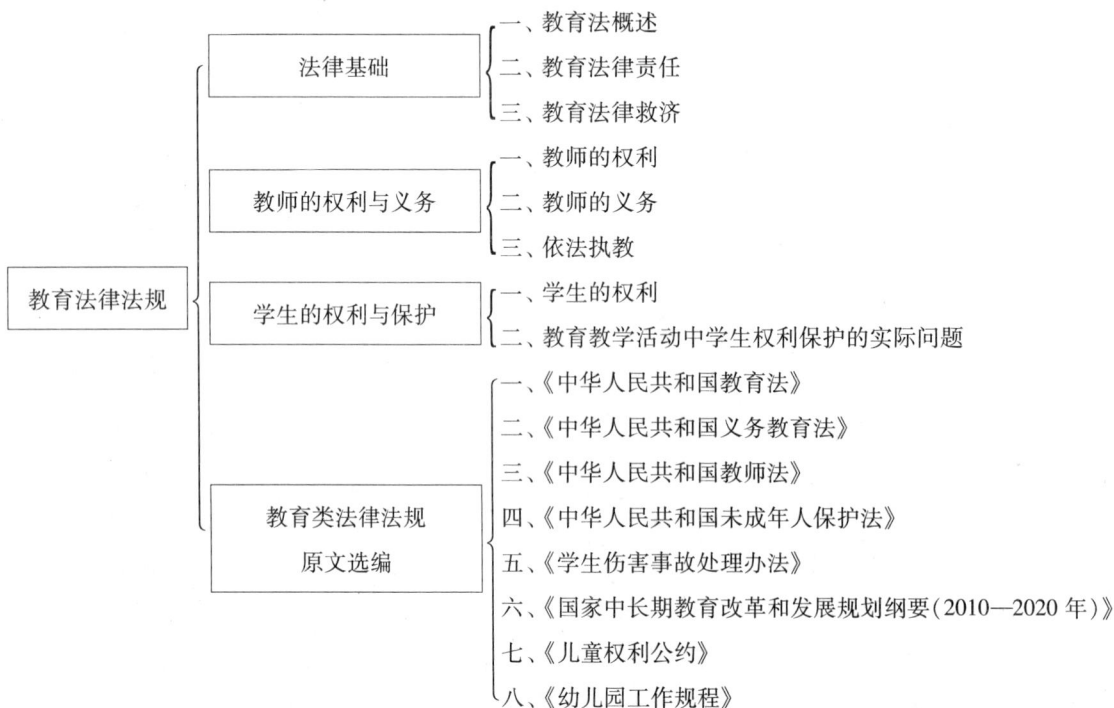

模块	分值比例	分值	题型	重点提示
教育法律法规	10.66%	16	单项选择题	"六法一纲要"主要法条

第一节　法律基础

【考点聚集】

一、教育法概述

(一)教育法的含义

教育法具有广义和狭义之分。广义的教育法是指由国家权力机关依照法定的权限和程序制定或认可的,以国家强制力保证实施的教育行为规范体系及其实施所形成的教育法律关系和教育法律秩序的总和。广义的教育法既包括国家各级权力机关制定的法律、法规,也包括国家各级行政机关制定和发布的命令、决定、条例、规定、办法、指示和规章等规范性文件。

狭义的教育法则专指由国家权力机关(或立法机关)制定的教育法律,在我国是指由全国人民代表大会及其常务委员会制定的教育法律。本书教育法律的概念就是指狭义上的教育法律。

(二)教育法的体系

所谓教育法的体系,是指不同形式的教育法律、法规按照一定的原则有机结合的、协调统一的法律规范体系。

教育法律的体系分为纵向结构和横向结构。

1.纵向结构

教育法律体系的纵向结构是指由不同层级的教育法律文件组成的等级、效力有序的纵向体系。由于制定机关的性质和法律地位不同,上下层次的教育法规之间具有从属关系。我国教育法律体系的纵向结构为:

(1)《中华人民共和国宪法》中有关教育的条款。《中华人民共和国宪法》(以下简称《宪法》)是中华人民共和国第五届全国人民代表大会第五次会议于 1982 年 12 月 4 日通过的。它具有最高的法律地位和法律效力,是国家的根本大法,是其他一切法律法规制定的依据。《宪法》规定了我国教育法的基本指导思想、教育立法的基本原则和教育教学活动的基本法律规范。

(2)教育基本法律。教育基本法律是由全国人民代表大会制定,调整教育内部、外部相互关系的基本法律准则。它对整个教育起宏观调控作用,或称为"教育宪法""教育母法"。我国的教育基本法律为 1995 年第八届全国人民代表大会第三次会议通过的《中华人民共和国教育法》。

(3)教育单行法律。教育单行法律是根据宪法和教育基本法确立的原则制定的,用于调整某类教育或教育的某一具体部分的教育法规。我国先后已经制定并公布实施的教育单行法有六部:《中华人民共和国学位条例》《中华人民共和国义务教育法》《中华人民共和国教师法》《中华人民共和国职业教育法》《中华人民共和国高等教育法》《中华人民共和国民办教育促进法》。

(4)教育行政法规。教育行政法规是行政法规的形式之一,是由国家最高行政机关依据《中华人民共和国宪法》和教育法律制定的关于教育行政管理的规范性文件。其效力低于《中华人民共和国宪法》和教育法律，高于地方性教育法规和教育规章。它们内容广泛、数量众多，在实际工作中起主要作用。教育行政法规的名称一般有三种：条例、规定、办法或细则，如《中华人民共和国义务教育法实施细则》《教师资格条例》等。

（5）地方性教育法规。地方性教育法规是地方国家权力机关制定的规范性文件的专称。由省、自治区、直辖市以及省级人民政府所在地的市和经国务院批准的较大的市的人民代表大会及其常务委员会制定。制定地方性教育法规，须报全国人大常委会备案。地方性教育法规只在该行政区域内有效，不得同宪法、法律、行政法规相抵触，其名称通常有条例、办法、规定、规则、实施细则等。如《山东省职业教育条例》《河南省义务教育实施办法》等。

（6）教育规章。教育规章是中央和地方有关国家行政机关依照法定权限和程序制定颁布的有关教育的规范性文件，有的称为教育行政规章，包括部门教育规章和地方政府教育规章。部门教育规章是国务院所属各部、各委员会发布的有关教育的规范性文件。这类文件主要是就国家有关教育的法律、行政法规的实施问题制定出相应的实施办法、条例、大纲、标准等，以保证相关法律、法规的实施，如《教育行政处罚暂行实施办法》。

地方政府教育规章是省、自治区、直辖市以及省、自治区的人民政府所在地和经国务院批准的较大的市的人民政府所制定的有关教育的规范性文件。地方政府教育规章只在本行政区域内有效，其效力低于《中华人民共和国宪法》、教育法律、教育行政法规和地方性教育法规。地方政府教育规章是整个教育法规体系的重要组成部分。

2. 横向结构

教育法律体系的横向结构是指依据教育法规所调整的教育社会关系的特点或教育关系构成要素的不同，划分出若干处于同一层级的部门教育法，形成法规调整的横向体系。我国教育法律体系的横向结构主要包含教育基本法、基础教育法、高等教育法、职业教育法、成人教育或社会教育法、学位法、教师法、教育投入法或教育财政法等。

(三) 教育法的基本原则

1. 方向性原则

《中华人民共和国教育法》(以下简称《教育法》)第三条规定："国家坚持以马克思列宁主义、毛泽东思想和建设有中国特色社会主义理论为指导，遵循宪法确定的基本原则，发展社会主义的教育事业。"这一规定既指明了我国教育的指导思想、基本原则和性质，又指明了我国教育应当坚持的社会主义方向。

2. 公共性原则

第一，《教育法》第八条第一款规定："教育活动必须符合国家和社会公共利益。"这一规定确立了我国教育的公共性原则。

第二，《教育法》第二十六条第四款规定："以财政性经费、捐赠资产举办或者参与举办的学校及其他教育机构不得设立为营利性组织。"这说明，教育法要求国家举办的学校及其他教育机构，应以促进学生的身心发展和教育事业的发展为主要目的，坚持教育要符合社会的公共利益。

第三，《教育法》第八条第二款规定："国家实行教育与宗教相分离。任何组织和个人不得利用宗教进行妨碍国家教育制度的活动。"这一规定要求教育要对国家、人民和社会公共利益负责，保证教育制度的正常运转，并明确指出了宗教不得干涉教育活动。

第四，《教育法》第十二条第一款规定："国家通用语言文字为学校及其他教育机构的基本教学语言文字，学校及其他教育机构应当使用国家通用语言文字进行教育教学。"汉语言文字是我国普遍通用的语言文字，也是联合国工作语言文字之一。因此在教学语言文字上法律规定也体现了我国教育的公共性原则。

3. 保障性原则

国家为了发展教育事业，促进物质文明和精神文明的发展，必须保障教育事业的发展。

第一，《教育法》第四条规定："教育是社会主义现代化建设的基础，国家保障教育事业的优先发展。全社会应当关心和支持教育事业的发展。全社会应当尊重教师。"这条明确说明了教育的保障性原则，不仅国家保障教育事业的发展，全社会都应关心和支持教育事业，尊重教师，全方位保障教育事业的发展。

第二，《教育法》第十九条规定："国家实行九年制义务教育。各级人民政府采取各种措施保障适龄儿童、少年入学。"第三十四条规定："国家保护教师的合法权益，改善教师的工作条件和生活条件，提高教师的社会地位。"

在《教育法》第七章以专章的形式规定了教育投入和条件保障，明确说明了教育的物质条件保障问题，是教育保障原则的具体落实。

4. 平等性原则

《教育法》第九条规定："中华人民共和国公民有受教育的权利和义务。公民不分民族、种族、性别、职业、财产状况、宗教信仰等，依法享有平等的受教育机会。"这一规定确定了公民受教育机会平等的基本原则。

受教育机会平等原则一般包括受教育起点上的机会平等、受教育过程上的机会平等和受教育结果上的机会平等三个层面。

(1)受教育起点上的机会平等是指每个公民在入学机会上享有平等的权利。

(2)受教育过程上的机会平等是指公民在接受教育的过程中，有获得教育条件、教育待遇等方面的平等权利。

(3)受教育结果上的机会平等是指公民在接受教育后，有获得学校和社会公正评价的平等权利。

另外，扶持特殊地区和人群教育原则受教育机会平等在实践中的体现并不是绝对的，而是相对的。我国地域辽阔，人口众多，区域之间的经济、文化、教育的发展很不平衡，这直接或间接地造成了受教育机会不平等的现象。针对我国目前经济、教育发展水平不高，各地发展水平不平衡的状况，教育法需要根据不同的实际情况，采取不同的策略，以尽快实现教育的平等性原则。

我国少数民族地区和边远的贫困地区，经济发展较为落后，教育水平相对较低，教育法则规定国家对这些地区及人群给予特殊的帮助和扶持。

此外，女童、流动人口子女、有违法犯罪行为的未成年人，也应享有平等的受教育权。

5. 终身性原则

《教育法》以法律的形式肯定了终身教育原则，其中第十一条第一款规定："国家适应社会主义市场经济发展和社会进步的需要，推进教育改革，推动各级各类教育协调发展、衔接融通，完善现在国民教育体系，健全终身教育体系，提高教育现代化水平。"另外，第二十条第三款规定："国家鼓励发展多种形式的继续教育，使公民接受适当形式的政治、经济、文化、科学、技术、业务等方面的教育，促进不同类型学习成果的互认和衔接，推动全民终身学习。"第四十二条规定："国家鼓励学校及其他教育机构、社会组织采取措施，为公民接受终身教育创造条件。"

【2013年下半年真题】　"教育活动必须符合国家和社会公共利益"，这句话体现的原则是（　　　）。

A. 国家性原则　　　　　　　　　　B. 公共性原则

C. 方向性原则　　　　　　　　　　D. 强制性原则

网校答案：B。

网校解析：《教育法》第八条第一款规定："教育活动必须符合国家和社会公共利益。"这一规定确立了我国教育的公共性原则。

二、教育法律责任

(一)教育法律责任的概念

法律责任有广义和狭义之分。广义的法律责任和法律义务是同义语。狭义的法律责任是指法律关系的主体实施了违法行为而必须承担的惩罚性的法律后果。教育法律责任是教育法律关系主体因实施了违反教育法的行为,依照有关法律、法规的规定应当承担的惩罚性的法律后果。

(二)教育法律责任的构成要件

教育法律责任的构成要件是指行为人承担教育法律责任须具备的标准或必要条件。教育法律关系主体只有具备教育法律责任的归责要件,才被认定为教育法律责任主体,承担相应法律后果。教育法律责任的构成要件主要有以下几个方面。

1.有损害事实

有损害事实即有侵害教育管理、教学秩序及从事教育教学活动的公民、法人和其他组织的合法权益的客观事实存在。这是构成教育法律责任的基本前提条件。

违法对社会所造成的损害,有两种情况:一种是违法行为造成了实际的损害,如体罚学生致学生身体受到伤害;另一种是违法行为虽未实际造成损害,但已存在这种可能性,如有关部门明知学校房屋有倒塌的危险,却拒不拨款维修。

违法行为造成的损害后果,表现为物质性的后果和非物质性的后果。物质性的后果具体、有形、能够计量,如挪用学校建设经费,其数额可以计算。非物质性的后果抽象、无形、难以计量,如教师侮辱学生,造成学生精神上、心理上长期的伤害,则无法计量。

2.损害行为必须违法

损害行为即责任人实施了违反教育法律法规规定的行为。这是构成教育法律责任的前提条件。

这个条件包括两个方面的含义:一方面,行为的违法性。只有行为违犯了现行法律的规定才是违法行为。这种违法行为可以是积极的作为,如考试作弊、殴打侮辱教师、侵占学校财产;也可以是消极不作为,如不及时维修危房、拖欠教师工资等。另一方面,违法必须是一种行为。人的行为虽然受思想支配,但是如果思想不表现为行为,则并不构成违法。内在的思想,只有表现为外在的行为时,才可能构成违法。社会主义法制原则不承认思想违法。

3.行为人有过错

这里的过错是就行为人造成他人损害时的心理状态。它是构成教育法律责任的主观要件。过错分为故意和过失两种。

所谓故意的心理状态,是指行为人明知自己的行为会发生危害社会的结果,但希望或放任这种结果的发生。例如,招生办公室主任收受贿赂后,有意招收分数低的学生,不招收分数高的学生,致使分数高的学生落榜。

所谓过失的心理状态,是指行为人在本应避免危害结果发生时,但由于疏忽大意或者过于自信而没有避免,以致发生危害结果。例如,教师教育方式不当对学生进行人格侮辱,学生因不堪忍受而自杀。该教师的行为即有过失的因素。

4.违法行为与损害事实之间具有因果关系

违法行为是导致损害事实发生的原因,损害事实是违法行为造成的必然结果,二者之间存在着必然的因果联系。前者决定后者的发生,后者是前者的必然结果。

如某校初一班主任张老师上英语课时,学生李某在下面做鬼脸,引起同学哄笑,张教师非常生气,走下讲台打了李某三个耳光,导致李某鼓膜破裂,左耳听力受损害。这一损害事实发生的直接原因是张老师的体罚行为,二者存在直接的因果关系。因果关系是承担法律责任的重要条件之一。

(三)教育法律责任的类型

教育法根据违法主体的法律地位和违法行为的性质,规定了承担法律责任的三种主要方式,即行政法律责任、民事法律责任和刑事法律责任。

1.行政法律责任

行政法律责任指行政法律关系主体由于违反行政法律规范,构成行政违法而应当依法承担法律后果。

(1)违反教育法的行政法律责任的承担方式。主要有两类,即行政处罚和行政处分。

①行政处罚是国家行政机关依法对违反行政法律规范的组织或个人进行惩戒、制裁的具体行政行为。

②行政处分是根据法律或国家机关、企事业单位的规章制度,由国家机关或企事业单位给予犯有违法失职行为或违反内部纪律的人员的一种制裁。行政处分有时也称"纪律处分",共有8种:警告、记过、记大过、降级、降职、撤职、留校察看、开除。

(2)行政法律责任的特征。

①行政责任是基于违法行政法律规定的义务而产生的法律责任,主要包括四个方面:

a.行政机关的行政责任。国家的行政机关应依照法定的授权,履行行政管理的职责。国家行政机关在行使管理权力时,也有保障相对人合法权益的义务。滥用职权和不履行义务将导致承担相应的法律责任。

b.行政相对人的行政责任。行政机关在依法对相对人进行管理时,相对人应服从行政机关的命令和决定。否则,行政管理机关可以追究其行政责任。

c.国家行政机关内部工作人员的行政责任。国家行政机关工作人员是代表国家行政机关行使国家权力的,如果有滥用职权和违反职责的行为,表明他们的行为已超出法定的限度,为此他们将承担个人责任。

d.行政受托人的行政责任。公民和组织受行政机关委托进行一定的行政活动,必须在规定的授权范围内行使权利和承担义务,如果超出这个范围将承担一定的行政责任。

②行政责任应由国家机关依照相关行政法规定的条件和程序追究。

③追究行政责任主要适用于行政程序,如行政复议制度、教师申诉制度。在必要时,也可采用诉讼程序,如行政诉讼等。

2.民事法律责任

民事法律责任是指行为人由于民事违法行为而承担的法律后果。民事责任的重要特点之一是它主要表现为一种财产上的责任。教育法上的民事责任是教育法律关系的主体违反教育法律、法规,破坏了平等主体之间正常的财产关系和人身关系,依法承担的民事责任,是一种以财产为主要内容的责任。

(1)在义务教育方面,应承担相应的民事法律责任的行为。

①侵占、破坏学校的场地、房屋和设备的;

②侮辱、殴打教师、学生的;

③体罚学生的;

④将学校校舍、场地出租、出让或者移作他用,妨碍义务教育实施。

(2)民事法律责任的特征。

①民事法律责任是民事主体违反民事法律的后果。民事法律责任就是基于民事违法行为而产生的,具体包括违反合同的民事法律责任和侵权的民事法律责任两类。

②民事法律责任可以在允许的范围内自愿和解。强制性是一切法律责任共有的特性，民事法律责任也不例外。但应该注意的是，在一定条件下，民事法律责任不一定要求国家相关的权力机关的干预，可以不经过诉讼程序，而直接由当事人在国家和政策允许的范围内自愿和解，协商解决。

③民事法律责任主要是财产责任。在民事活动中，违反民事责任往往与财产损害有关，这就决定了民事法律责任主要是具有经济内容的财产责任。但这些财产责任的承担并不影响某些非财产责任的承担，比如赔礼道歉、消除影响、恢复名誉等。

3. 刑事法律责任

刑事法律责任指行为人实施刑事法律禁止的行为所必须承担的法律后果。教育法的刑事法律责任是指行为人实施的违反教育法的行为，同时触犯了刑法，达到犯罪的程度时，所必须承担的法律后果。

（1）依法应当追究刑事责任的行为。

①侵占、克扣、挪用义务教育经费；

②扰乱实施义务教育学校教学秩序，情节严重的；

③侵占或者破坏学校校舍、场地和设备情节严重的；

④侮辱、殴打教师、学生情节严重的；

⑤体罚学生情节严重的；

⑥玩忽职守致使校舍倒塌，造成师生伤亡事故情节严重的。

追究刑事法律责任往往表现为给予行为人以刑事制裁，即人民法院依法对犯罪人运用刑罚。

（2）刑事法律责任的特征。

①承担刑事法律责任的根据是严重的违法行为。一般来说，只有当违法行为人实施了《中华人民共和国刑法》所禁止的行为，也就是实施了犯罪行为才能受到刑事制裁。

②刑事法律责任是最严重的法律责任。从责任形式上不仅包括管制、拘役、有期徒刑、无期徒刑等主刑和剥夺政治权利、没收财产等附加刑，而且包括剥夺犯罪人生命权利的死刑。

③刑事法律责任具有法定性。一方面，犯什么罪，承担何种刑事责任，应当依法确定，即有法可依。另一方面，根据犯罪人的自身悔过程度，可以对其加刑或减刑，以加重或减轻刑事法律责任的程度，但这些变更也应是有法可依的。

三、教育法律救济

（一）教育法律救济的含义

所谓教育法律救济，是指教育法律关系主体的合法权益受到侵犯并造成损害时，获得恢复和补救的法律制度。

（二）教育法律救济的途径

教育法律救济的途径，是指在教育活动中认为其合法权益受到侵害时，请求法律救济的途径和方式。法律救济的渠道有四种：行政渠道、司法渠道、仲裁渠道和调解渠道。其中，行政渠道、仲裁渠道和调解渠道统称为非诉讼渠道。

1. 行政渠道

行政救济是教育法律救济的主要方式。行政救济渠道主要有行政申诉和行政复议两种方式。

（1）教育行政申诉制度。教育行政申诉制度是指作为教育法律关系主体的公民，在其合法权益受到侵害时，向教育行政机关申诉理由，请求获得救济的制度。主要包括教师申诉制度和受教育者申诉制度。

①教师申诉制度。

a.教师申诉制度的含义。教师申诉制度是指教师对学校或者其他教育机构以及政府有关行政部门的处理不服，或认为其侵犯了他们的合法权益，依法向主管的行政机关申诉，请求处理的制度。

b.教师申诉的范围。根据《中华人民共和国教师法》的规定，教师申诉的范围包括：教师对学校或者其他教育机构侵犯其合法权益的，或者对学校或者其他教育机构作出的处理不服的，可以向教育行政部门提出申诉，教育行政部门应当在接到申诉的三十日内，作出处理。教师认为当地人民政府有关行政部门侵犯其根据本法规定享有的权利的，可以向同级人民政府或者上一级人民政府有关部门提出申诉，同级人民政府或者上一级人民政府有关部门应当作出处理。

c.教师申诉制度的受理机关。根据《中华人民共和国教师法》的规定，受理教师申诉的机关有两个：一个是教育行政部门，另一个是同级人民政府或上一级人民政府有关部门。

d.教师申诉的程序。教师申诉的程序包括提出、受理和处理三个环节，并依次进行。

提出申诉。提出申诉必须符合三个条件：符合法定申诉范围；有明确的理由和请求；以法定形式提出。另外，申诉应当以书面形式提出。

申诉的受理。在对教师申诉的受理上，主管教育行政部门接到申诉书后，要对申诉人的资格和申诉条件进行认真审查，并就不同情况做出相应处理。

申诉的处理决定。受理机关对于受理的申诉案件，在进行调查研究，全面核查的基础上，应区别不同情况，分别做出处理决定。教育行政部门应当在接到申诉书的次日起30日内，做出处理。

②受教育者申诉制度。

a.受教育者申诉制度的含义。受教育者申诉制度，是指受教育者在其合法权益受到侵害时，依照《教育法》及其他法律的规定，向主管的行政机关申诉理由，请求处理的制度。我国《教育法》规定，受教育者享有对学校给予的处分不服向有关部门提出申诉，对学校、教师侵犯其人身权、财产权等合法权益，提出申诉或者提起诉讼的权利。

b.受教育者申诉制度的范围。《教育法》对受教育者申诉范围的规定比较宽，这对维护受教育者在学校或其他教育机构中的合法权益是十分有利的。依法提起申诉的对象和内容可分为如下几种：

受教育者对学校给予的处分不服的，包括学籍、考试、校规等方面，有权申诉。

受教育者对学校侵犯其合法财产权利的可以提出申诉。例如，对学校违反《义务教育法》实施细则和地方性法规的规定乱收费的，学生有权申诉。

受教育者对学校侵犯其人身权利的可以提出申诉。例如，受教育者对学校在校纪管理中处理不当而侵害了名誉权的，受教育者有权申诉。

受教育者对教师侵犯其合法财产权利的可以提出申诉。例如，学生对教师强迫其购买与教学无关的东西，有权申诉。

受教育者对教师侵犯其人身权利的可以提出申诉。例如，学生对教师私拆其信件而导致身心伤害的，有权申诉。

受教育者对学校或教师侵犯其知识产权的可以提出申诉。例如，教师剽窃学生的著作权、发现权、发明权或其他科技成果权，学校强行将学生的知识产权收归学校等，这不仅侵犯了学生的人身权，同时也侵犯其财产权，有权申诉。

c.受教育者申诉制度的申诉人和被申诉人。

申诉人。受教育者申诉制度的申诉人，主要包括其合法权益受到侵害的受教育者本人及其监护人。

被申诉人。受教育者申诉制度的被申诉人，一般是指受教育者所在的学校或者其他教育机构、学校工作人员以及教师。这里包含两层含义：一是受教育者对学校或其他教育机构按照学生管理规定给予的处分不服提出申诉,其被申诉人只限于学校及其他教育机构,而不涉及学校负责人;二是学校、学校工作人员、教师侵犯受教育者人身权、财产权等合法权益时,作为被申诉人。

d. 申诉程序的环节。

提出申诉。提出申诉可以通过口头或书面形式。以口头形式提出的要讲明被申诉人的状况,申诉的理由和事件发生的基本事实经过,最后提出申诉要求。书面形式的申诉要求载明申诉人、被申诉人、申诉要求、申诉理由和事实经过。

申诉受理。主管机关接到申诉后,依据具体情况经审查后做出不同处理。

申诉处理。如果主管机关对申诉进行受理,则在对事件调查核实后,根据不同情况做出不同处理。

(2)教育行政复议。教育行政复议,是指教育管理相对人认为教育行政机关作出的具体行政行为侵犯其合法权益,向作出该行为的机关的上一级教育行政机关或该机关所属的本级人民政府提出申请,受理申请的行政机关对发生争议的具体行政行为进行复查并作出决定的活动。

①特点。教育行政复议作为非诉讼的行政救济手段,具有如下特点:

a. 教育行政复议以教育行政争议为处理对象。只有教育行政机关依法行使其法定职权活动中与相对人产生的纠纷,才属于教育行政复议的范围。这也是教育行政复议与一般行政复议最重要的区别。

b. 教育行政复议的双方当事人是固定的。与其他行政复议一样,教育行政复议总是以行政相对人为复议申请人,以作出具体行政行为的教育行政机关为复议被申请人。

c. 教育行政复议是基于教育管理相对人申请的行政行为。如果被处理的相对人不依法提请复议,行政复议机关就不能主动地实施行政复议行为。

d. 教育行政复议必须依照一定的法律程序进行。教育行政复议是解决教育行政争议的法律行为,解决争议的活动必须遵循一定的法律程序,否则,就无法保证行政争议得到公正合法的解决。并且,解决行政争议的行政复议是遵循行政法律程序进行的,这也使其有别于教育申诉和按照司法程序解决争议的行政诉讼活动。

②程序。

a. 申请。既可以进行书面申请,也可以口头申请。书面形式申请应在60日内提出复议申请书。

b. 受理。指教育行政复议机关基于相对人的申请,经审查认为符合法律规定的申请条件,决定立案并准备审理的行为。

c. 审理。这是教育行政复议的中心阶段,复议机关应当在受理之日起7日内将复议申请书副本发送被申请人。

d. 决定。复议机关应在复议期限内(自受理之日起60日内)做出决定。

e. 执行。复议决定生效后就具有国家强制力,复议双方应自觉履行,否则强制执行。

2. 司法渠道

司法渠道又称诉讼渠道,是指相对人就特定的侵权行为向人民法院提起诉讼,请求救济。教育上的行政诉讼,是指教育行政管理相对人认为教育行政机关或教育法律、法规授权的组织的具体行政行为侵犯其合法权益,依法向人民法院起诉,请求给予法律补救;人民法院对教育行政机关或教育法律、法规授权的组织的具体行政行为的合法性进行审查,维护和监督行政职权的依法行使,矫正或撤销违法侵权的具体行政行为,给予相对人的合法权益以保护的法律救济活动。

①行政诉讼与行政复议的区别。行政诉讼和行政复议作为两种不同的行政救济制度,其区别主要表现在:

a. 性质不同。行政复议是行政活动,而行政诉讼是人民法院行使审判权的司法活动。

b. 受理机关不同。行政复议的受理机关是行政机关,而行政诉讼的受理机关是人民法院。

c.适用程序不同。行政复议适用行政程序，实行一级复议制，进行书面审理，程序简便；而行政诉讼适用司法程序，实行两级终身制，以公开审理为主，程序严格。

d.审查范围不同。行政复议对具体行政行为合法性与适当性进行审查，而行政诉讼只对其合法性进行审查。

e.法律效力不同。除有法律明文规定之外，行政复议决定不具有最终的法律效力，即复议申请人不服复议决定的，可依法向人民法院提起行政诉讼，行政诉讼的终审判决则具有最终的法律效力。

②程序。

a.起诉和受理。起诉是公民、法人或其他组织依法向人民法院提出诉讼请求的诉讼行为，将产生一定的法律后果。对于当事人的起诉，人民法院经审查，应当在接到起诉状之日起7日内立案或裁定不予受理，当事人对不予受理的裁定不服，可以提起上诉。

b.审理和判决。我国行政诉讼实行两审终审制，二审做出的判决和裁定为终审的判决裁定，案件到此为止最后审结，如果发现确有错误，可以再经审判监督程序予以纠正。

c.执行。执行程序是诉讼活动的最后阶段。人民法院对发生法律效力的判决裁定，在义务人逾期不执行时，有权依法采取强制措施，迫使其履行义务。

3.仲裁渠道

仲裁是建立在纠纷双方自愿平等的基础上，由非国家机关的仲裁机构以平等的第三者身份进行的活动。

4.调解渠道

调解是指纠纷的双方或多方当事人，在人民法院、行政机关、群众调解组织的排解疏导下，当事人互相谅解，在民主协商的基础上解决纠纷的活动。调解有司法调解、行政调解、民间调解三种形式。

第二节　教师的权利和义务

考点聚集

一、教师的权利

教师的权利是指教师在教育教学活动中依法享有的权益，是国家对教师能够做出或不做出一定行为，以及要求他人相应做出或不做出一定行为的许可和保障。

《中华人民共和国教师法》第七条对教师的权利做出了明确的规定。

(一)教育教学权

教师有进行教育教学活动，开展教育教学改革和实验的教育教学权，这是教师为履行教育教学职责必须具备的基本权利。《教师法》第七条第一款规定，教师享有"进行教育教学活动，开展教育教学改革和实验"的权利，它主要包括：

(1)教师可以依据其所在学校的培养目标组织课堂教学。

(2)按照课程计划、课程标准的要求确定其教学内容和进度，并不断完善教学内容。

(3)针对不同的教育、教学对象，在教育、教学的形式、方法、具体内容等方面进行自主改革，实验和完善。任何人不得非法剥夺在聘教师行使教育教学权。同时，不具备教师资格的人不得享有这项权利。

(二)学术研究权

《教师法》第七条第二款规定,教师享有"从事科学研究、学术交流,参加专业的学术团体,在学术活动中充分发表意见"的权利,这是教师作为专业技术人员的一项基本权利。它主要包括:教师在完成规定的教育、教学任务的前提下,有权进行科学研究、技术开发、技术咨询、撰写学术论文或者著书立说,依法成立或参加学术团体、发表自己的观点、开展学术争鸣等权利。

(三)管理学生权

教师有指导学生的学习和发展、评定学生的品行和学业成绩的指导评价权,这是教师在教育教学活动中居于主导地位的基本权利。《教师法》第七条第三款规定,教师享有"指导学生的学习和发展,评定学生的品行和学业成绩"的权利,它主要包括:

(1)教师有权依据学生的身心发展状况和特点因材施教,针对学生的特长、就业、升学等方面的发展给予指导。

(2)教师有权对学生的思想、品德、学习、劳动等方面给予客观、公正和恰如其分的评价。

(3)教师有权运用一定的方式、方法,促使学生的个性和能力得到充分的发展。任何组织和个人都不得非法干预教师这项权利的行使。

(四)获取报酬权

《教师法》第七条第四款规定,教师享有"按时获取工资报酬,享受国家规定的福利待遇以及寒暑假期的带薪休假"的权利,这是教师的基本物质保障权利。它主要包括:

(1)获取工资报酬。教师完成教育教学任务后有权要求所在单位及其主管部门根据教师聘任合同规定,按时、足额地支付工资报酬的权利,任何单位和个人均无权挪用、克扣和拖欠教师的工资报酬。

(2)享受国家规定的福利待遇权。它是指教师有权获得国家规定的福利待遇,任何单位和个人都无权减少国家规定的给予教师的福利项目和福利金额。教师的福利待遇一般包括医疗保健、住房、退休等方面依照《中华人民共和国教师法》及国家其他有关规定享有的各种待遇和优惠。

(3)寒暑假期的带薪休假权。

(五)民主管理权

《教师法》第七条第五款规定,教师享有"对学校教育教学、管理工作和教育行政部门的工作提出意见和建议,通过教职工代表大会或者其他形式,参与学校的民主管理"的权利,它主要包括:

(1)提出意见和建议权,它是指教师对学校教育教学、管理工作和教育行政部门的工作直接或间接地提出意见和建议的权利。

(2)通过教职工代表大会、工会组织等形式以及其他适当方式,参与学校民主管理,讨论学校改革、发展等方面的重大事项,保障自身的民主权利和切身利益,推进学校的民主建设。

(六)进修培训权

这是教师享有的接受继续教育,不断获得充实和发展的基本权利。《教师法》第七条第六款规定,教师享有"参加进修或者其他方式的培训"的权利,它主要包括:

(1)教师有权参与进修和接受其他多种形式的培训,不断更新知识,调整知识结构,提高自己的思想品德和业务素质,保障教育教学质量。

(2)教育行政部门和学校及其他教育机构应当采取多种形式,开辟多种渠道,保证教师进修培训权的顺畅行使。

（3）教师有权参加达到法定学历标准和达到高一级学历的进修或以拓宽知识为主的继续教育培训等。学校和教育行政部门应当做出规划，采取各种方式，开辟多种渠道，为教师参加进修和培训创造条件，提供机会，切实保障教师权利的实现。

二、教师的义务

教师的义务是指依照法律规定，教师从事教育教学工作必须履行的责任。

1. 遵纪守法义务

《教师法》第八条第一款规定，教师有"遵守宪法、法律和职业道德，为人师表"的义务，简称遵纪守法义务。此项义务是教师所担负的"育人"职责和教师的劳动"示范性"特点对教师提出的基本要求，是对教师提出的遵守法律法规和践行职业道德两个层面的法律要求。

2. 教育教学义务

教育教学工作是教师的本职工作，也是教师的基本义务。《教师法》第八条第二款规定，教师有"贯彻国家的教育方针，遵守规章制度，执行学校的教学计划，履行教师聘约，完成教育教学工作任务"的义务，简称教育教学义务。因此，教师在教育教学活动中应全面贯彻国家教育方针，遵守学校的各项规章制度，履行聘任合同中约定的教育教学职责。

3. 对学生进行思想政治教育义务

《教师法》第八条第三款规定，教师有"对学生进行宪法所确定的基本原则的教育和爱国主义、民族团结教育、法制教育以及思想品德、文化、科学技术教育，组织带领学生开展有益的社会活动"的义务，简称对学生进行思想政治教育义务。也就是有关教师应当对学生进行政治思想教育，组织学生开展有益的社会活动的义务规范。

4. 爱护尊重学生义务

《教师法》第八条第四款规定，教师有"关心、爱护学生，尊重学生人格，促进学生在品德、智力、体质等方面全面发展"的义务，简称爱护尊重学生义务。

5. 保护学生合法权益义务

《教师法》第八条第五款规定，教师有"制止有害于学生的行为或者其他侵犯学生合法权益的行为，批评和抵制有害于学生健康成长的现象"的义务，简称保护学生合法权益义务。

6. 提高业务水平义务

《教师法》第八条第六款规定，教师有"不断提高思想政治觉悟和教育教学业务水平"的义务，简称提高业务水平义务。该项义务与教师的"进修培训权"相互对应，构成权利与义务的鲜明统一。

三、依法执教

依法执教就是要求教师在教育教学活动中，按照教育法律法规使自己的教育教学活动法制化和规范化。依法执教是依法治教在教师工作中的具体体现，也是对教师的基本要求。

（一）依法执教的基本要求

1. 教师要模范地遵守宪法及其他各种法律法规

教师是人类文化的传播者，是我国社会主义现代化建设人才的培育者。教师的劳动具有高度的示范性和感染性，教师对学生产生着潜移默化的作用。虽然在我国人人都应当遵守宪法及其他各项法律、法规，依法进行生活、学习和工作，但教师更应当模范地做到这一点。

2. 教师要依法进行教育教学活动

（1）教师要认真贯彻执行教育方针，遵守各种规章制度，执行学校的教学计划，完成教育教学工作任务。

(2)教师要对学生进行宪法所确定的关于四项基本原则的教育、爱国主义教育、民族团结教育以及法制教育。

(3)教师要关心、爱护全体学生,尊重学生人格,保证学生在德、智、体等方面全面发展。

(4)教师要制止有害于学生的行为或者其他侵犯学生合法权益的行为,批评和抵制有害于学生健康成长的现象。

(二)依法执教的意义

1.依法执教是依法治国的必然要求

教师从事教育工作,只有做到依法执教,才能更好地为国家培养依法治国的人才,才能不断提高全民族的法律意识。

2.依法执教是依法治教的重要内容

依法治教,是指国家机关以及有关机构依照有关教育的法律规定,在其职权范围内从事有关教育的治理活动,以及各级各类学校及其他教育机构、社会组织和公民依照有关教育的法律规定,从事办学活动、教育教学活动及其他有关教育的活动。教师在从教过程中,必须做到依法执教,否则,依法治教就不能实施。

3.依法执教是人民教师之必须

人民教师的法律素质高低直接决定着依法执教能否顺利实施,进而影响到教育质量和效果的优劣。一些教师在教学过程中还不同程度地存在着歧视学生,甚至体罚学生的现象,说明教师的法律意识还很淡薄,还必须加强相关法律学习。此外,有些地方还存在着侵犯教师合法权益的现象,这更需要教师提高法律意识,依法维护自身合法权益。

第三节　学生权利和保护

考点聚集

一、学生的权利

根据《中华人民共和国教育法》规定,学生享有以下五项权利,分别简称为:参加教育教学权、获得经济资助权、获得学业证书权、申诉起诉权和法定其他权。

(一)参加教育教学权

《中华人民共和国教育法》第四十三条规定,学生享有学生享有"参加教育教学计划安排的各种活动,使用教学设施、设备、图书资料"的权利,简称"参加教育教学权"。这是学生的基本权利。这项权利主要包括以下两方面:

1.参加教育教学活动权

在教学过程中,学生有权参加教育教学计划安排的各种课堂教学、讲座、课堂讨论、观摩、实验、见习、实习、测验和考试等活动。任何组织和个人都不得以任何借口非法剥夺学生参加教育教学活动的权利。

2.使用教育教学设施权

学生有平等使用教育教学设施、设备和图书资料的权利。

（二）获得经济资助权

《中华人民共和国教育法》第四十三条规定："学生按照国家有关规定可以获得奖学金、贷学金、助学金"。奖学金和贷学金主要用于高等教育和中等教育的在校学生，助学金主要是适用于义务教育阶段的学生。

（三）获得学业证书权

《中华人民共和国教育法》第四十三条规定，学生享有"在学业成绩和品行上获得公正评价，完成规定的学业后获得相应的学业证书、学位证书"的权利，简称"获得学业证书权"。

1.获得公正评价

公正评价就是对学生的学业成绩和思想品德进行实事求是、合情合理的判断。

2.获得学业证书

学生完成了某一阶段的学业并达到了规定的标准，可以获得相应毕业证书、学位证书，职业技术学校也要颁发相应的资格证书。

（四）申诉起诉权

《中华人民共和国教育法》第四十三条规定，学生享有"对学校给予的处分不服，向有关部门提出申诉，对学校、教师侵犯其人身权、财产权等合法权益，提出申诉或者依法提出诉讼"的权利，简称"申诉起诉权"。这项权利主要包括两方面：申诉权和起诉权。

（五）法定其他权

学生除了享有以上四项权利外，还享有"法律、法规规定的其他权利"，简称"法定其他权"。法律、法规规定的其他权利主要有以下两项。

1.人身权

人身权又称非财产权利，是指不直接具有财产的内容，与主体人身不可分离的权利。人身权是学生权利中最基本、最重要的一项权利。因为人身权的正常享有与否，关系到学生公民能否进行正常的学习、工作和生活。

一般而言，学生人身权包括生命健康权、姓名权、肖像权、名誉权、荣誉权、隐私权等。

（1）生命健康权。生命健康权是人身权的最基本权利，主要包括学生的生命健康、人身安全、人身自由等方面的内容。学生的生命健康权应受到法律的保护。我国《中华人民共和国民法通则》（以下简称《民法通则》）第九十八条规定："公民享有生命健康权。"其中，生命权指公民维持自己生命延续，不受他人非法剥夺的权利；健康权则指公民保持身体组织的完整和生理机能的健全，使机体生理机能正常运作和功能完整发挥，从而维持人体生命活动的权利。

（2）姓名权。姓名权就是公民就其姓名所享有的权利。我国《民法通则》第九十九条规定："公民享有姓名权，有权决定、使用和依照规定改变自己的姓名，禁止他人干涉、盗用、假冒。"

（3）肖像权。肖像权是学生所享有的在自己的肖像上所体现的以人格利益为内容的权利，也就是学生就自己的肖像上的利益所享有的权利。我国《民法通则》第一百条规定："公民享有肖像权，未经本人同意，不得以营利为目的使用公民的肖像。"具体内涵有：第一，学生拥有自己的肖像，并有权通过对肖像的利用取得精神上、财产上的利益；第二，经学生监护人的书面同意，允许他人使用未成年人的肖像，并有权取得适当的报酬；第三，未经学生监护人的书面同意，任何人不得以营利为目的使用学生的肖像；第四，学生及其监护人有权禁止他人非法毁损、侮辱、玷污学生的肖像。

(4)名誉权。名誉权就是学生享有的维持自己获得公正的社会评价的权利，是每个人对自己在名誉上的利益所享有的权利。我国《民法通则》第一百零一条规定："公民、法人享有名誉权，公民的人格尊严受法律保护，禁止用侮辱、诽谤等方式损害公民、法人的名誉。"

(5)荣誉权。荣誉权指学生对自己在社会生活中所获得的社会评价依法享有的不可侵犯的权利。在生活中，每个公民都有荣誉权。我国《民法通则》第一百零二条规定："公民、法人享有荣誉权，禁止非法剥夺公民、法人的荣誉称号。"

(6)隐私权。隐私权一般是指自然人享有的对自己的个人秘密和个人私生活进行支配并排除他人干涉的权利。隐私权与生俱来，是一种典型的私权，学生同样依法享有维护自身的合法隐私权，不能因为学生缺乏某种权利意识，成人就有剥夺学生此项权利的理由。

2.财产权

一般而言，学生财产权包括财产所有权、继承权、受赠权以及知识产权中的财产权利等。

(1)财产所有权，是指所有人依法对其财产享有占有、使用、收益、处分的权利。学生年龄虽小，但任何人不得随意剥夺、侵犯其权利。

(2)继承权，是指依法享有的、能够无偿取得死亡公民遗留的个人合法财产的权利。

(3)受赠权，是指接受别人赠予的财物的权利。

(4)知识产权中的财产权，著作权、专利权之中的财产权利。

二、教育教学活动中学生权利保护的实际问题

(一)语言粗暴，侵犯学生人格权和名誉权

【案例】 某小学三年级(2)班的班主任牛老师教学水平突出，在教学方面严格要求自己，同时对待学生也异常严格，看到学生不好好学习，经常恨铁不成钢。

一天，牛老师组织学生进行朗诵比赛，大家都表现得十分积极，小强也不例外。但到了比赛当天，小强站在讲台上朗诵时由于紧张，朗诵变得磕磕巴巴，声音特别小，甚至朗诵没有结束便跑下讲台，回到座位上哭了起来。牛老师看到这种情况十分恼火，当着全班同学的面说："没出息，哭有什么用，真搞不明白你紧张什么，连朗诵都紧张，就这还小小男子汉呢，都不如人家女同学胆子大，要哭就回家哭，别在这影响其他同学!"牛老师说完之后全班同学都开始嘲笑小强胆子小，甚至有同学给小强起绰号叫"母蚊子"。小强回到家除了哭什么也说不出来，但无论家人再怎么劝说，他都坚持不来上学了。

这类行为是指教师在学校的各种教学活动乃至社会生活中，直接或间接地针对学生使用谩骂、诋毁、蔑视、嘲笑等侮辱歧视性的言语，致使学生的人格尊严、个人名誉和心理健康遭到损害。一些教师常常对所谓的"问题学生"使用"笨蛋、傻瓜、蠢猪、没出息"等粗俗的言语，甚至恶言秽语、破口大骂，均属于这类现象。

(二)暴力行为，侵害学生身体健康权

【案例】 上小学五年级的小刚经常上课玩手机，一天在上语文课时，语文教师王某要求学生朗读课文，发现小刚低着头一句话不说，便过去一看究竟。原来，小刚在课桌下面用手机玩王者荣耀，根本没看课本。王老师伸手去夺小刚的手机，结果被小刚发现及时闪躲过去，王老师厉声呵斥他并要求小刚把手机交给他，但小刚拒绝了，于是王老师上前一步给了小刚一个耳光，一脚把小刚踹倒在地，从小刚的手里夺过手机，并对小刚说敬酒不吃吃罚酒。事后，小刚去医院检查，发现小腿骨折并且耳膜穿孔。

该类行为主要体现在体罚、变相体罚或唆使他人侵犯学生的身体安全。现代学校此类事件仍然经常出现，对受侵犯学生的身体和心里都会造成极大伤害，令人痛心。教师的这种行为十分可耻，不单单是损害教师形象，更是构成了故意伤害罪。

(三)驱逐学生,侵犯学生受教育权

【案例】　某小学四年级(3)班的小维性格调皮,上课总是做小动作不认真学习,甚至影响周围学生上课,班主任周某得知此事之后责令小维把座位搬到楼道里,不允许其上课,并对小维说"你不是爱玩吗? 我就让你玩个够,这学期都别进班听课了,以后你都坐在这里!"各任课老师知道此事后,都佩服周老师的做法,班里的上课秩序果然好多了。

受教育权是公民的一项基本权利,然而许多教师无视学生的这一基本权利,常常将一些调皮捣蛋不听教诲的学生赶出教室,以使自己眼不见心不烦。这一做法不仅伤害了学生的自尊心,而且剥夺了学生的上课权利,侵犯了学生的受教育权。甚至有的学校自订与法律相抵触的规章制度,随意开除学生,更是严重侵犯了学生有权接受教育的法定权利。

(四)过度干预,侵犯学生隐私权

【案例】　某中学老师张某发现自己班里的小丽和隔壁班的小强经常放学之后互相等待对方一起回家,甚至有时候行为十分亲密。为了避免学生出现早恋现象影响学习,张老师便在小丽走后偷偷翻阅小丽的日记本,这才发现,原来小丽和小强是表兄妹,而且两家是邻居,这才放学一起走,于是张老师便放心了。

该类行为主要体现在教师为着所谓的更好地管理学生,打着为了学生好的口号,堂而皇之的干预学生的私生活,如强行检查学生日记,私自拆开学生信件等,这是严重地侵犯了学生的隐私权的行为。

(五)侵害学生的人身自由权

【案例】　某学校一名英语老师在上课期间弄丢了自己的结婚戒指,在地上寻找无果后责令所有的学生不许走,放学之后进行逐个的搜身检查,但仍然没有找到,这才允许所有的学生回家。许多家长听到此事十分气愤,并把老师投诉到了教育主管部门。

人身自由权是我国公民最基本的权利,侵犯学生的人身自由权的主要表现有:

(1)以未完成作业或不遵守纪律为由,罚站或不让学生按时放学,或剥夺学生课外自由活动时间。

(2)有时也有非法搜身行为的发生。如有时学生的财物丢失,班主任为了搜寻被偷财物,由自己或学生干部对班里学生进行非法搜身。

【2018 年下半年真题】　未成年学生孔某在逛超市的时候,管理人员怀疑他偷拿物品,并对他进行了强制搜身。该超市侵犯了孔某的(　　　)。

A.名誉权　　　　　　B.人身自由权　　　　C.生命健康权　　　　D.隐私权

网校答案:B。

网校解析:人身自由权,是指公民在法律范围内有独立行为而不受他人干涉,不受非法逮捕、拘禁,不被非法剥夺、限制自由及非法搜查身体的自由权利。

(六)过度安排,侵害学生的休息权

【案例】　小红每次上数学课都很郁闷,因为数学老师太爱拖堂了,有时候甚至根本不休息,直接上到下节课上课,同学们连上厕所的时间都没有,不少同学都讨厌数学老师的拖堂习惯,并对此有很强的怨气。

休息权是公民的一项基本权利,侵犯学生休息权的主要表现有:

(1)一些教师不按时下课,经常拖堂。

(2)学校不按时放学,占用课余时间给学生集体补课或训练。

(3)学校占用学生午饭后休息时间,组织诸如比赛、大扫除等活动。

(4)学校占用学生周末时间组织大型活动等。

第四节　教育类法律法规原文选编

一、《中华人民共和国教育法》

(一)《中华人民共和国教育法》的性质及地位

《中华人民共和国教育法》(以下简称《教育法》)是我国教育工作的根本大法,是依法治教的根本大法。

《教育法》是我国最高权力机关——全国人民代表大会审议通过的基本法。《教育法》是国家全面调整各类教育关系,规范我国教育工作的基本法律,在我国教育法律体系中处于"母法"地位,具有最高的法律权威。各种单行教育法的制定和实施,应以《教育法》为依据,不得与《教育法》确立的原则和规范相抵触。我国教育工作应当全面置于《教育法》的规范之中,它所规定的内容是我们全面依法治教的基本法律依据,是我国依法治教之本。

(二)《教育法》的颁布及意义

《中华人民共和国教育法》于1995年3月18日由第八届全国人民代表大会第三次会议通过,1995年9月1日起施行。它的颁行,标志着我国进入全国依法治教的新时期,对我国教育事业的改革和发展以及物质文明、精神文明建设,将产生巨大而深远的影响。

(三)《教育法》的基本结构与主体内容

《教育法》总共十章,由总则、分则和附则三个部分构成。总则规定了《教育法》的立法目的、立法依据、指导思想等内容;分则对我国教育活动的各个领域分别进行了规定;附则是对《教育法》的补充规定和说明。《教育法》的主体内容节选如下:

第一章　总则

第一条　【立法目的】
为了发展教育事业,提高全民族的素质,促进社会主义物质文明和精神文明建设,根据宪法,制定本法。

第二条　【适用范围】
在中华人民共和国境内的各级各类教育,适用本法。

第三条　【指导思想】
国家坚持以马克思列宁主义、毛泽东思想和建设有中国特色社会主义理论为指导,遵循宪法确定的基本原则,发展社会主义的教育事业。

第四条　【教育的地位】
教育是社会主义现代化建设的基础,国家保障教育事业优先发展。全社会应当关心和支持教育事业的发展。全社会应当尊重教师。

第五条　【教育的目的】
教育必须为社会主义现代化建设服务、为人民服务,必须与生产劳动和社会实践相结合,培养德、智、体、美等方面全面发展的社会主义建设者和接班人。

第八条　【教育符合国家利益】
教育活动必须符合国家和社会公共利益。国家实行教育与宗教相分离。任何组织和个人不得利用宗教进行妨碍国家教育制度的活动。

第九条　【教育权利和义务】

中华人民共和国公民有受教育的权利和义务。公民不分民族、种族、性别、职业、财产状况、宗教信仰等，依法享有平等的受教育机会。

第十一条　【终身教育】

国家适应社会主义市场经济发展和社会进步的需要，推进教育改革，推动各级各类教育协调发展、衔接融通，完善现代国民教育体系，健全终身教育体系，提高教育现代化水平。国家采取措施促进教育公平，推动教育均衡发展。

第十二条　【语言文字】

国家通用语言文字为学校及其他教育机构的基本教育教学语言文字，学校及其他教育机构应当使用国家通用语言文字进行教育教学。民族自治地方以少数民族学生为主的学校及其他教育机构，从实际出发，使用国家通用语言文字和本民族或者当地民族通用的语言文字实施双语教育。国家采取措施，为少数民族学生为主的学校及其他教育机构实施双语教育提供条件和支持。

第十四条　【管理制度】

国务院和地方各级人民政府根据分级管理、分工负责的原则，领导和管理教育工作。中等及中等以下教育在国务院领导下，由地方人民政府管理。高等教育由国务院和省、自治区、直辖市人民政府管理。

第十五条　【主管部门】

国务院教育行政部门主管全国教育工作，统筹规划、协调管理全国的教育事业。县级以上地方各级人民政府教育行政部门主管本行政区域内的教育工作。县级以上各级人民政府其他有关部门在各自的职责范围内，负责有关的教育工作。

第二章　教育基本制度

第十七条　【学校教育制度】

国家实行学前教育、初等教育、中等教育、高等教育的学校教育制度。国家建立科学的学制系统。学制系统内的学校和其他教育机构的设置、教育形式、修业年限、招生对象、培养目标等，由国务院或者由国务院授权教育行政部门规定。

第十八条　【学前教育】

国家制定学前教育标准，加快普及学前教育，构建覆盖城乡，特别是农村的学前教育公共服务体系。各级人民政府应当采取措施，为适龄儿童接受学前教育提供条件和支持。

第十九条　【义务教育】

国家实行九年制义务教育制度。各级人民政府采取各种措施保障适龄儿童、少年就学。适龄儿童、少年的父母或者其他监护人以及有关社会组织和个人有义务使适龄儿童、少年接受并完成规定年限的义务教育。

第二十条　【职业教育和继续教育】

国家实行职业教育制度和继续教育制度。各级人民政府、有关行政部门和行业组织以及企业事业组织应当采取措施，发展并保障公民接受职业学校教育或者各种形式的职业培训。

国家鼓励发展多种形式的继续教育，使公民接受适当形式的政治、经济、文化、科学、技术、业务等方面的教育，促进不同类型学习成果的互认和衔接，推动全民终身学习。

第二十二条　【学业证书制度】

国家实行学业证书制度。经国家批准设立或者认可的学校及其他教育机构按照国家有关规定，颁发学历证书或者其他学业证书。

第二十三条　【学位制度】

国家实行学位制度。学位授予单位依法对达到一定学术水平或者专业技术水平的人员授予相应的学位，颁发学位证书。

第二十四条 【扫除文盲教育】

各级人民政府、基层群众性自治组织和企业事业组织应当采取各种措施，开展扫除文盲的教育工作。按照国家规定具有接受扫除文盲教育能力的公民，应当接受扫除文盲的教育。

第二十五条 【教育督导制度和教育评估制度】

国家实行教育督导制度和学校及其他教育机构教育评估制度。

第三章　学校及其他教育机构

第二十六条 【鼓励兴办教育机构】

国家制定教育发展规划，并举办学校及其他教育机构。国家鼓励企业事业组织、社会团体、其他社会组织及公民个人依法举办学校及其他教育机构。国家举办学校及其他教育机构，应当坚持勤俭节约的原则。以财政性经费、捐赠资产举办或者参与举办的学校及其他教育机构不得设立为营利性组织。

第二十七条 【办学条件】

设立学校及其他教育机构，必须具备下列基本条件：

(一)有组织机构和章程；

(二)有合格的教师；

(三)有符合规定标准的教学场所及设施、设备等；

(四)有必备的办学资金和稳定的经费来源。

第二十八条 【办学程序】

学校及其他教育机构的设立、变更和终止，应当按照国家有关规定办理审核、批准、注册或者备案手续。

第二十九条 【教育机构的权利】

学校及其他教育机构行使下列权利：

(一)按照章程自主管理；

(二)组织实施教育教学活动；

(三)招收学生或者其他受教育者；

(四)对受教育者进行学籍管理，实施奖励或者处分；

(五)对受教育者颁发相应的学业证书；

(六)聘任教师及其他职工，实施奖励或者处分；

(七)管理、使用本单位的设施和经费；

(八)拒绝任何组织和个人对教育教学活动的非法干涉；

(九)法律、法规规定的其他权利。国家保护学校及其他教育机构的合法权益不受侵犯

第三十条 【教育机构的义务】

学校及其他教育机构应当履行下列义务：

(一)遵守法律、法规；

(二)贯彻国家的教育方针，执行国家教育教学标准，保证教育教学质量；

(三)维护受教育者、教师及其他职工的合法权益；

(四)以适当方式为受教育者及其监护人了解受教育者的学业成绩及其他有关情况提供便利

(五)遵照国家有关规定收取费用并公开收费项目；

(六)依法接受监督。

第三十一条 【教育机构的管理机制】

学校及其他教育机构的举办者按照国家有关规定，确定其所举办的学校或者其他教育机构的管理

体制。学校及其他教育机构的校长或者主要行政负责人必须由具有中华人民共和国国籍、在中国境内定居、并具备国家规定任职条件的公民担任，其任免按照国家有关规定办理。学校的教学及其他行政管理，由校长负责。

学校及其他教育机构应当按照国家有关规定，通过以教师为主体的教职工代表大会等组织形式，保障教职工参与民主管理和监督。

【2018年下半年真题】 为解决新建小区幼儿入园难的问题，某房产开发公司在所建小区引入了一家由某教育发展集团独资举办的幼儿园。根据《中华人民共和国教育法》的规定，有权确立该幼儿园管理体制的是（　　）。

A.当地人民政府   B.当地教育行政部门

C.该教育集团   D.该房产开发公司

网校答案：C。

网校解析：根据《中华人民共和国教育法》第三十一条的规定："学校及其他教育机构的举办者按照国家有关规定，确定其所举办的学校或者其他教育机构的管理体制。"因此，有权确立该幼儿园管理体制的是独资举办幼儿园的该教育发展集团。

第三十二条 【教育机构的法人条件】

学校及其他教育机构具备法人条件的，自批准设立或者登记注册之日起取得法人资格。

学校及其他教育机构在民事活动中依法享有民事权利，承担民事责任。学校及其他教育机构中的国有资产属于国家所有。学校及其他教育机构兴办的校办产业独立承担民事责任。

第四章 教师和其他教育工作者

第三十三条 【教师权利和义务】

教师享有法律规定的权利，履行法律规定的义务，忠诚于人民的教育事业。

第三十四条 【教师待遇】

国家保护教师的合法权益，改善教师的工作条件和生活条件，提高教师的社会地位。教师的工资报酬、福利待遇，依照法律、法规的规定办理。

第三十五条 【教师队伍建设】

国家实行教师资格、职务、聘任制度，通过考核、奖励、培养和培训，提高教师素质，加强教师队伍建设。

第三十六条 【教育职员制度】

学校及其他教育机构中的管理人员，实行教育职员制度。学校及其他教育机构中的教学辅助人员和其他专业技术人员，实行专业技术职务聘任制度。

第五章 受教育者

第三十七条 【受教育者的平等权】

受教育者在入学、升学、就业等方面依法享有平等权利。学校和有关行政部门应当按照国家有关规定，保障女子在入学、升学、就业、授予学位、派出留学等方面享有同男子平等的权利。

第三十八条 【教育经济资助】

国家、社会对符合入学条件、家庭经济困难的儿童、少年、青年，提供各种形式的资助。

第四十三条 【受教育者的权利】

受教育者享有下列权利：

（一）参加教育教学计划安排的各种活动，使用教育教学设施、设备、图书资料；

（二）按照国家有关规定获得奖学金、贷学金、助学金；

（三）在学业成绩和品行上获得公正评价，完成规定的学业后获得相应的学业证书、学位证书；

(四)对学校给予的处分不服向有关部门提出申诉,对学校、教师侵犯其人身权、财产权等合法权益,提出申诉或者依法提起诉讼;

(五)法律、法规规定的其他权利。

第四十四条 【受教育者的义务】

受教育者应当履行下列义务:

(一)遵守法律、法规;

(二)遵守学生行为规范,尊敬师长,养成良好的思想品德和行为习惯;

(三)努力学习,完成规定的学习任务;

(四)遵守所在学校或者其他教育机构的管理制度。

第六章 教育与社会

第四十六条 【创设良好社会环境】

国家机关、军队、企业事业组织、社会团体及其他社会组织和个人,应当依法为儿童、少年、青年学生的身心健康成长创造良好的社会环境。

第四十八条 【提供帮助和便利】

国家机关、军队、企业事业组织及其他社会组织应当为学校组织的学生实习、社会实践活动提供帮助和便利。

第五十条 【家庭教育】

未成年人的父母或者其他监护人应当为其未成年子女或者其他被监护人受教育提供必要条件。未成年人的父母或者其他监护人应当配合学校及其他教育机构,对其未成年子女或者其他被监护人进行教育。学校、教师可以对学生家长提供家庭教育指导。

第五十一条 【社会教育】

图书馆、博物馆、科技馆、文化馆、美术馆、体育馆(场)等社会公共文化体育设施,以及历史文化古迹和革命纪念馆(地),应当对教师、学生实行优待,为受教育者接受教育提供便利。广播、电视台(站)应当开设教育节目,促进受教育者思想品德、文化和科学技术素质的提高。

第七章 教育投入与条件保障

第五十四条 【教育经费制度】

国家建立以财政拨款为主、其他多种渠道筹措教育经费为辅的体制,逐步增加对教育的投入,保证国家举办的学校教育经费的稳定来源。企业事业组织、社会团体及其他社会组织和个人依法举办的学校及其他教育机构,办学经费由举办者负责筹措,各级人民政府可以给予适当支持。

第五十五条 【教育经费所占比例】

国家财政性教育经费支出占国民生产总值的比例应当随着国民经济的发展和财政收入的增长逐步提高。具体比例和实施步骤由国务院规定。

全国各级财政支出总额中教育经费所占比例应当随着国民经济的发展逐步提高。

第五十七条 【专项资金】

国务院及县级以上地方各级人民政府应当设立教育专项资金,重点扶持边远贫困地区、少数民族地区实施义务教育。

第八章 教育对外交流与合作

第六十七条 【合作原则】

国家鼓励开展教育对外交流与合作,支持学校及其他教育机构引进优质教育资源,依法开展中外合作办学,发展国际教育服务,培养国际化人才。教育对外交流与合作坚持独立自主、平等互利、相互尊重的原则，不得违反中国法律，不得损害国家主权、安全和社会公共利益。

第九章　法律责任

第七十一条　【经费的法律责任】

违反国家有关规定，不按照预算核拨教育经费的，由同级人民政府限期核拨；情节严重的，对直接负责的主管人员和其他直接责任人员，依法给予处分。

违反国家财政制度、财务制度，挪用、克扣教育经费的，由上级机关责令限期归还被挪用、克扣的经费，并对直接负责的主管人员和其他直接责任人员，依法给予处分；构成犯罪的，依法追究刑事责任。

第七十二条　【刑事、民事责任】

结伙斗殴，寻衅滋事，扰乱学校及其他教育机构教育教学秩序或者破坏校舍、场地及其他财产的，由公安机关给予治安管理处罚；构成犯罪的，依法追究刑事责任。侵占学校及其他教育机构的校舍、场地及其他财产的，依法承担民事责任。

第七十三条　【刑事法律责任】

明知校舍或者教育教学设施有危险，而不采取措施，造成人员伤亡或者重大财产损失的，对直接负责的主管人员和其他直接责任人员，依法追究刑事责任。

第七十五条　【违法办学】

违反国家有关规定，举办学校或者其他教育机构的，由教育行政部门或者其他有关行政部门予以撤销；有违法所得的，没收违法所得；对直接负责的主管人员和其他直接责任人员，依法给予处分。

二、《中华人民共和国义务教育法》

(一)《中华人民共和国义务教育法》的性质及地位

《中华人民共和国义务教育法》(以下简称《义务教育法》)是教育单行法，依据《宪法》和《教育法》制定。《义务教育法》是我国历史上第一部关于基础教育的法律。它意味着我国将开始实施九年制义务教育，使我国普及义务教育事业开始走上依法治教的轨道。这一制度的确立，对于落实教育优先发展的战略地位和义务教育"重中之重"的地位，提高全民族的素质都具有十分重要的现实意义和深远的历史意义。

(二)《义务教育法》的颁布及意义

《中华人民共和国义务教育法》由 1986 年 4 月 12 日第六届全国人民代表大会第四次会议通过，自 1986 年 7 月 1 日起施行。2006 年 6 月 29 日第十届全国人民代表大会常务委员会第二十二次会议修订，2006 年 6 月 29 日中华人民共和国主席令第五十二号公布，自 2006 年 9 月 1 日起施行。

《义务教育法》指明了义务教育均衡发展这个根本的方向，明确了义务教育承担实施素质教育的重大使命，回归了义务教育免费的本质，对整个教育的发展具有奠基性意义和深远的历史作用。

(三)《义务教育法》的基本结构及主体内容

《义务教育法》共有八章，分为总则、分则和附则。总则对立法目的、适用范围、义务教育目的进行了规定；分则是对义务教育的各个方面进行规定；附则是对《义务教育法》进行的补充规定和说明。主体内容节选如下：

第一章　总则

第一条　【立法目的】

为了保障适龄儿童、少年接受义务教育的权利，保证义务教育的实施，提高全民族素质，根据宪法和教育法,制定本法。

第二条 【制度概说】

国家实行九年义务教育制度。义务教育是国家统一实施的所有适龄儿童、少年必须接受的教育,是国家必须予以保障的公益性事业。

实施义务教育,不收学费、杂费。国家建立义务教育经费保障机制,保证义务教育制度实施。

第四条 【适用对象】

凡具有中华人民共和国国籍的适龄儿童、少年,不分性别、民族、种族、家庭财产状况、宗教信仰等,依法享有平等接受义务教育的权利,并履行接受义务教育的义务。

第五条 【政府、家长、学校、社会的义务】

各级人民政府及其有关部门应当履行本法规定的各项职责,保障适龄儿童、少年接受义务教育的权利。适龄儿童、少年的父母或者其他法定监护人应当依法保证其按时入学接受并完成义务教育。依法实施义务教育的学校应当按照规定标准完成教育教学任务,保证教育教学质量。社会组织和个人应当为适龄儿童、少年接受义务教育创造良好的环境。

第六条 【保障措施】

国务院和县级以上地方人民政府应当合理配置教育资源,促进义务教育均衡发展,改善薄弱学校的办学条件,并采取措施,保障农村地区、民族地区实施义务教育,保障家庭经济困难的和残疾的适龄儿童、少年接受义务教育。国家组织和鼓励经济发达地区支援经济欠发达地区实施义务教育。

第九条 【问责制度】

任何社会组织或者个人有权对违反本法的行为向有关国家机关提出检举或者控告。发生违反本法的重大事件,妨碍义务教育实施,造成重大社会影响的,负有领导责任的人民政府或者人民政府教育行政部门负责人应当引咎辞职。

第二章 学生

第十一条 【入学年龄】

凡年满六周岁的儿童,其父母或者其他法定监护人应当送其入学接受并完成义务教育;条件不具备的地区的儿童,可以推迟到七周岁。

适龄儿童、少年因身体状况需要延缓入学或者休学的,其父母或者其他法定监护人应当提出申请,由当地乡镇人民政府或者县级人民政府教育行政部门批准。

第十二条 【免试入学】

适龄儿童、少年免试入学。地方各级人民政府应当保障适龄儿童、少年在户籍所在地学校就近入学。

父母或者其他法定监护人在非户籍所在地工作或者居住的适龄儿童、少年,在其父母或者其他法定监护人工作或者居住地接受义务教育的,当地人民政府应当为其提供平等接受义务教育的条件。具体办法由省、自治区、直辖市规定。

县级人民政府教育行政部门对本行政区域内的军人子女接受义务教育予以保障。

【2018年下半年真题】 亮亮是驻某地武警部队现役军人的子女,根据《中华人民共和国义务教育法》的规定,对亮亮的义务教育负有保障义务的是(　　　　)。

A.中央人民政府教育行政部门　　　　　　B.省级人民政府教育行政部门

C.市级人民政府教育行政部门　　　　　　D.县级人民政府教育行政部门

网校答案:D。

网校解析:《中华人民共和国义务教育法》第十二条规定:"县级人民政府教育行政部门对本行政区域内的军人子女接受义务教育予以保障。"因此,对亮亮的义务教育负有保障义务的是当地县级人民政府教育行政部门。

第十三条 【保障入学】

县级人民政府教育行政部门和乡镇人民政府组织和督促适龄儿童、少年入学，帮助解决适龄儿童、少年接受义务教育的困难，采取措施防止适龄儿童、少年辍学。

居民委员会和村民委员会协助政府做好工作，督促适龄儿童、少年入学。

第十四条 【社会的义务】

禁止用人单位招用应当接受义务教育的适龄儿童、少年。根据国家有关规定经批准招收适龄儿童、少年进行文艺、体育等专业训练的社会组织，应当保证所招收的适龄儿童、少年接受义务教育；自行实施义务教育的，应当经县级人民政府教育行政部门批准。

第三章　学校

第十六条 【学校建设标准】

学校建设，应当符合国家规定的办学标准，适应教育教学需要；应当符合国家规定的选址要求和建设标准，确保学生和教职工安全。

第十七条 【寄宿学校】

县级人民政府根据需要设置寄宿制学校，保障居住分散的适龄儿童、少年入学接受义务教育。

第十八条 【少数民族学校(班)】

国务院教育行政部门和省、自治区、直辖市人民政府根据需要，在经济发达地区设置接收少数民族适龄儿童、少年的学校(班)。

第十九条 【特殊教育】

县级以上地方人民政府根据需要设置相应的实施特殊教育的学校(班)，对视力残疾、听力语言残疾和智力残疾的适龄儿童、少年实施义务教育。特殊教育学校(班)应当具备适应残疾儿童、少年学习、康复、生活特点的场所和设施。

普通学校应当接收具有接受普通教育能力的残疾适龄儿童、少年随班就读，并为其学习、康复提供帮助。

第二十条 【未成年犯的义务教育】

县级以上地方人民政府根据需要，为具有预防未成年人犯罪法规定的严重不良行为的适龄少年设置专门的学校实施义务教育。

第二十一条 【未成年犯的义务教育】

对未完成义务教育的未成年犯和被采取强制性教育措施的未成年人应当进行义务教育，所需经费由人民政府予以保障。

第二十二条 【均衡发展】

县级以上人民政府及其教育行政部门应当促进学校均衡发展，缩小学校之间办学条件的差距，不得将学校分为重点学校和非重点学校。学校不得分设重点班和非重点班。县级以上人民政府及其教育行政部门不得以任何名义改变或者变相改变公办学校的性质。

第二十四条 【安全措施】

学校应当建立、健全安全制度和应急机制，对学生进行安全教育，加强管理，及时消除隐患，预防发生事故。县级以上地方人民政府定期对学校校舍安全进行检查；对需要维修、改造的，及时予以维修、改造。学校不得聘用曾经因故意犯罪被依法剥夺政治权利或者其他不适合从事义务教育工作的人担任工作人员。

第二十五条 【违法获利】

学校不得违反国家规定收取费用，不得以向学生推销或者变相推销商品、服务等方式谋取利益。

第二十六条 【校长负责制】

学校实行校长负责制。校长应当符合国家规定的任职条件。校长由县级人民政府教育行政部门依法聘任。

第二十七条 【批评教育】

对违反学校管理制度的学生,学校应当予以批评教育,不得开除。

第四章 教师

第二十八条 【教师的权利和义务】

教师享有法律规定的权利,履行法律规定的义务,应当为人师表,忠诚于人民的教育事业。全社会应当尊重教师。

第二十九条 【教师行为】

教师在教育教学中应当平等对待学生,关注学生的个体差异,因材施教,促进学生的充分发展。教师应当尊重学生的人格,不得歧视学生,不得对学生实施体罚、变相体罚或者其他侮辱人格尊严的行为,不得侵犯学生合法权益。

第三十条 【教师资格及职称】

教师应当取得国家规定的教师资格。国家建立统一的义务教育教师职务制度。教师职务分为初级职务、中级职务和高级职务。

第三十一条 【教师待遇】

各级人民政府保障教师工资福利和社会保险待遇,改善教师工作和生活条件;完善农村教师工资经费保障机制。教师的平均工资水平应当不低于当地公务员的平均工资水平。特殊教育教师享有特殊岗位补助津贴。在民族地区和边远贫困地区工作的教师享有艰苦贫困地区补助津贴。

第五章 教育教学

第三十五条 【素质教育】

国务院教育行政部门根据适龄儿童、少年身心发展的状况和实际情况,确定教学制度、教育教学内容和课程设置,改革考试制度,并改进高级中等学校招生办法,推进实施素质教育。

学校和教师按照确定的教育教学内容和课程设置开展教育教学活动,保证达到国家规定的基本质量要求。

国家鼓励学校和教师采用启发式教育等教育教学方法,提高教育教学质量。

第三十九条 【教科书审定制度】

国家实行教科书审定制度。教科书的审定办法由国务院教育行政部门规定。未经审定的教科书,不得出版、选用。

第四十一条 【教科书使用方法】

国家鼓励教科书循环使用。

第六章 经费保障

第四十二条 【经费的行政保障】

国家将义务教育全面纳入财政保障范围,义务教育经费由国务院和地方各级人民政府依照本法规定予以保障。

第四十四条 【经费责任主体】

义务教育经费投入实行国务院和地方各级人民政府根据职责共同负担,省、自治区、直辖市人民政府负责统筹落实的体制。农村义务教育所需经费,由各级人民政府根据国务院的规定分项目、按比例分担。

各级人民政府对家庭经济困难的适龄儿童、少年免费提供教科书并补助寄宿生生活费。义务教育经费保障的具体办法由国务院规定。

第四十八条　【义务教育基金】

国家鼓励社会组织和个人向义务教育捐赠，鼓励按照国家有关基金会管理的规定设立义务教育基金。

第四十九条　【经费的使用】

义务教育经费严格按照预算规定用于义务教育；任何组织和个人不得侵占、挪用义务教育经费，不得向学校非法收取或者摊派费用。

第七章　法律责任

第五十二条　【地方政府的法律责任】

县级以上地方人民政府有下列情形之一的，由上级人民政府责令限期改正；情节严重的，对直接负责的主管人员和其他直接责任人员依法给予行政处分：

（一）未按照国家有关规定制定、调整学校的设置规划的；

（二）学校建设不符合国家规定的办学标准、选址要求和建设标准的；

（三）未定期对学校校舍安全进行检查，并及时维修、改造的；

（四）未依照本法规定均衡安排义务教育经费的。

第五十三条　【教育行政部门的法律责任】

县级以上人民政府或者其教育行政部门有下列情形之一的，由上级人民政府或者其教育行政部门责令限期改正、通报批评；情节严重的，对直接负责的主管人员和其他直接责任人员依法给予行政处分：

（一）将学校分为重点学校和非重点学校的；

（二）改变或者变相改变公办学校性质的。县级人民政府教育行政部门或者乡镇人民政府未采取措施组织适龄儿童、少年入学或者防止辍学的，依照前款规定追究法律责任。

第五十四条　【侵占、挪用义务教育经费等行为的法律责任】

有下列情形之一的，由上级人民政府或者上级人民政府教育行政部门、财政部门、价格行政部门和审计机关根据职责分工责令限期改正；情节严重的，对直接负责的主管人员和其他直接责任人员依法给予处分：

（一）侵占、挪用义务教育经费的；

（二）向学校非法收取或者摊派费用的。

第五十五条　【学校教师的法律责任】

学校或者教师在义务教育工作中违反教育法、教师法规定的，依照教育法、教师法的有关规定处罚。

第五十六条　【非法获利的法律责任】

学校违反国家规定收取费用的，由县级人民政府教育行政部门责令退还所收费用；对直接负责的主管人员和其他直接责任人员依法给予处分。学校以向学生推销或者变相推销商品、服务等方式谋取利益的，由县级人民政府教育行政部门给予通报批评；有违法所得的，没收违法所得；对直接负责的主管人员和其他直接责任人员依法给予处分。国家机关工作人员和教科书审查人员参与或者变相参与教科书编写的，由县级以上人民政府或者其教育行政部门根据职责权限责令限期改正，依法给予行政处分；有违法所得的，没收违法所得。

第五十七条　【行政法律责任】

学校有下列情形之一的，由县级人民政府教育行政部门责令限期改正；情节严重的，对直接负责的主管人员和其他直接责任人员依法给予处分：

（一）拒绝接收具有接受普通教育能力的残疾适龄儿童、少年随班就读的；

（二）分设重点班和非重点班的；

（三）违反本法规定开除学生的；

（四）选用未经审定的教科书的。

第五十八条 【家长的法律责任】

适龄儿童、少年的父母或者其他法定监护人无正当理由未依照本法规定送适龄儿童、少年入学接受义务教育的，由当地乡镇人民政府或者县级人民政府教育行政部门给予批评教育，责令限期改正。

第五十九条 【行政法律责任】

有下列情形之一的，依照有关法律、行政法规的规定予以处罚：

（一）胁迫或者诱骗应当接受义务教育的适龄儿童、少年失学、辍学的；

（二）非法招用应当接受义务教育的适龄儿童、少年的；

（三）出版未经依法审定的教科书的。

三、《中华人民共和国教师法》

（一）《中华人民共和国教师法》的性质及地位

《中华人民共和国教师法》（以下简称《教师法》）是我国教育史上第一部关于教师的单行法律，它对教师培养、教师职业活动和教师管理等方面的法律关系进行了规范，是集合了教师的行业管理和教师的权益保护为一体的综合性的专门法律。

（二）《教师法》的颁布及意义

《教师法》于1993年10月31日第八届全国人民代表大会常务委员会第四次会议通过，1993年10月31日中华人民共和国主席令第十五号公布，自1994年1月1日起施行。《教师法》的制定和颁布体现了党和国家对人民教师的重视，有利于从根本上提高教师的社会地位，保障教师的合法权益，使教师成为受人尊重的职业；有利于加强教师队伍的建设，造就一批高素质的教师队伍，促进社会主义教育事业的发展。

（三）《教师法》的基本结构及主体内容

《教师法》共九章，包含总则、分则和附则。总则是对立法目的、适用对象等内容作了总体规定，分则是对教师的权利和义务、资格任用、待遇等具体问题进行的规定。主体内容节选如下：

第一章 总则

第二条 【适用对象】

本法适用于在各级各类学校和其他教育机构中专门从事教育教学工作的教师。

第五条 【管理体制】

国务院教育行政部门主管全国的教师工作。

国务院有关部门在各自职权范围内负责有关的教师工作。学校和其他教育机构根据国家规定，自主进行教师管理工作。

第六条 【教师节】

每年九月十日为教师节。

第二章 权利和义务

第七条 【教师权利】

教师享有下列权利：

（一）进行教育教学活动，开展教育教学改革和实验；

（二）从事科学研究、学术交流，参加专业的学术团体，在学术活动中充分发表意见；

（三）指导学生的学习和发展，评定学生的品行和学业成绩；

（四）按时获取工资报酬，享受国家规定的福利待遇以及寒暑假期的带薪休假；

（五）对学校教育教学、管理工作和教育行政部门的工作提出意见和建议，通过教职工代表大会或者其他形式，参与学校的民主管理；

（六）参加进修或者其他方式的培训。

第八条　【教师义务】

教师应当履行下列义务：

（一）遵守宪法、法律和职业道德，为人师表；

（二）贯彻国家的教育方针，遵守规章制度，执行学校的教学计划，履行教师聘约，完成教育教学工作任务；

（三）对学生进行宪法所确定的基本原则的教育和爱国主义、民族团结的教育，法制教育以及思想品德、文化、科学技术教育，组织、带领学生开展有益的社会活动；

（四）关心、爱护全体学生，尊重学生人格，促进学生在品德、智力、体质等方面全面发展；

（五）制止有害于学生的行为或者其他侵犯学生合法权益的行为，批评和抵制有害于学生健康成长的现象；

（六）不断提高思想政治觉悟和教育教学业务水平。

【2018 年下半年真题】　某幼儿园为提升教师专业水平，从所有教师工资中扣除100元用于订阅专业刊物。该园的做法（　　　　）。

A.合法，幼儿园有权管理和使用本单位经费

B.合法，幼儿园有按照章程自主管理的权利

C.不合法，侵犯了教师获取工资报酬的权利

D.不合法，侵犯了教师从事科学研究的自由

网校答案：C。

网校解析：《教师法》第七条规定教师享有"按时获取工资报酬，享受国家规定的福利待遇以及寒暑假期的带薪休假"的权利。幼儿园无权因订阅专业刊物而扣除教师的工资报酬。

第九条　【保障体系】

为保障教师完成教育教学任务，各级人民政府、教育行政部门、有关部门、学校和其他教育机构应当履行下列职责：

（一）提供符合国家安全标准的教育教学设施和设备；

（二）提供必需的图书、资料及其他教育教学用品；

（三）对教师在教育教学、科学研究中的创造性工作给以鼓励和帮助；

（四）支持教师制止有害于学生的行为或者其他侵犯学生合法权益的行为。

第三章　资格和任用

第十条　【教师资格制度】

国家实行教师资格制度。中国公民凡遵守宪法和法律，热爱教育事业，具有良好的思想品德，具备本法规定的学历或者经国家教师资格考试合格，有教育教学能力，经认定合格的，可以取得教师资格。

第十一条　【学历要求】

取得教师资格应当具备的相应学历是：

（一）取得幼儿园教师资格，应当具备幼儿师范学校毕业及其以上学历；

（二）取得小学教师资格，应当具备中等师范学校毕业及其以上学历；

（三）取得初级中学教师，初级职业学校文化、专业课教师资格，应当具备高等师范专科学校或者其他大学专科毕业及其以上学历；

（四）取得高级中学教师资格和中等专业学校、技工学校、职业高中文化课、专业课教师资格，应当具备高等师范院校本科或者其他大学本科毕业及其以上学历；取得中等专业学校、技工学校和职业高中学生实习指导教师资格应当具备的学历，由国务院教育行政部门规定；

（五）取得高等学校教师资格，应当具备研究生或者大学本科毕业学历；

（六）取得成人教育教师资格，应当按照成人教育的层次、类别，分别具备高等、中等学校毕业及其以上学历。不具备本法规定的教师资格学历的公民，申请获取教师资格，必须通过国家教师资格考试。国家教师资格考试制度由国务院规定。

第十三条　【资格认定】

中小学教师资格由县级以上地方人民政府教育行政部门认定。中等专业学校、技工学校的教师资格由县级以上地方人民政府教育行政部门组织有关主管部门认定。

普通高等学校的教师资格由国务院或者省、自治区、直辖市教育行政部门或者由其委托的学校认定。具备本法规定的学历或者经国家教师资格考试合格的公民，要求有关部门认定其教师资格的，有关部门应当依照本法规定的条件予以认定。取得教师资格的人员首次任教时，应当有试用期。

第十四条　【资格限制】

受到剥夺政治权利或者故意犯罪受到有期徒刑以上刑事处罚的，不能取得教师资格；已经取得教师资格的，丧失教师资格。

第十五条　【鼓励任教】

各级师范学校毕业生，应当按照国家有关规定从事教育教学工作。国家鼓励非师范高等学校毕业生到中小学或者职业学校任教。

第十六条　【职务制度】

国家实行教师职务制度，具体办法由国务院规定。

第十七条　【教师聘任】

学校和其他教育机构应当逐步实行教师聘任制。教师的聘任应当遵循双方地位平等的原则，由学校和教师签订聘任合同，明确规定双方的权利、义务和责任。实施教师聘任制的步骤、办法由国务院教育行政部门规定。

第四章　培养和培训

第十八条　【教师培训】

各级人民政府和有关部门应当办好师范教育，并采取措施，鼓励优秀青年进入各级师范学校学习。各级教师进修学校承担培训中小学教师的任务。非师范学校应当承担培养和培训中小学教师的任务。各级师范学校学生享受专业奖学金。

第五章　考核

第二十二条　【考核内容】

学校或者其他教育机构应当对教师的政治思想、业务水平、工作态度和工作成绩进行考核。教育行政部门对教师的考核工作进行指导、监督。

第二十三条　【考核要求】

考核应当客观、公正、准确，充分听取教师本人、其他教师以及学生的意见。

第二十四条　【考核效用】

教师考核结果是受聘任教、晋升工资、实施奖惩的依据。

第六章　待遇

第二十五条　【教师工资】

教师的平均工资水平应当不低于或者高于国家公务员的平均工资水平，并逐步提高。建立正常晋级增薪制度，具体办法由国务院规定。

第二十九条　【医疗保险】

教师的医疗同当地国家公务员享受同等的待遇；定期对教师进行身体健康检查，并因地制宜安排教师进行休养。医疗机构应当对当地教师的医疗提供方便。

第八章　法律责任

第三十五条　【侮辱、殴打教师的法律责任】

侮辱、殴打教师的，根据不同情况，分别给予行政处分或者行政处罚；造成损害的，责令赔偿损失；情节严重，构成犯罪的，依法追究刑事责任。

第三十七条　【教师不当行为的处理】

教师有下列情形之一的，由所在学校、其他教育机构或者教育行政部门给予行政处分或者解聘。

（一）故意不完成教育教学任务给教育教学工作造成损失的；

（二）体罚学生，经教育不改的；

（三）品行不良、侮辱学生，影响恶劣的。

教师有前款第（二）项、第（三）项所列情形之一，情节严重，构成犯罪的，依法追究刑事责任。

第三十八条　【拖欠工资的法律责任】

地方人民政府对违反本法规定，拖欠教师工资或者侵犯教师其他合法权益的，应当责令其限期改正。违反国家财政制度、财务制度，挪用国家财政用于教育的经费，严重妨碍教育教学工作，拖欠教师工资，损害教师合法权益的，由上级机关责令限期归还被挪用的经费，并对直接责任人员给予行政处分；情节严重，构成犯罪的，依法追究刑事责任。

第三十九条　【教师申诉】

教师对学校或者其他教育机构侵犯其合法权益的，或者对学校或者其他教育机构作出的处理不服的，可以向教育行政部门提出申诉，教育行政部门应当在接到申诉的三十日内，作出处理。

教师认为当地人民政府有关行政部门侵犯其根据本法规定享有的权利的，可以向同级人民政府或者上一级人民政府有关部门提出申诉，同级人民政府或者上一级人民政府有关部门应当作出处理。

四、《中华人民共和国未成年人保护法》

（一）《中华人民共和国未成年人保护法》的性质及地位

《中华人民共和国未成年人保护法》（以下简称《未成年人保护法》）一般作为教育单行法看待，未成年人的保护问题，不仅仅是教育活动领域中的问题，同时也是社会生活领域中的问题。《未成年人保护法》从未成年人的健康成长需要出发，制定了保护未成年人成长的法律规范，涉及学校、家庭、社会和司法部门。

（二）《未成年人保护法》的颁布及意义

《中华人民共和国未成年人保护法》经 1991 年 9 月 4 日七届全国人大常委会第二十一次会议通过，2006 年 12 月 29 日第十届全国人民代表大会常务委员会第二十五次会议修订，自 2007 年 6 月 1 日起施行。

《未成年人保护法》的立法宗旨为：保护未成年人的身心健康；保障未成年人的合法权益；促进未成年人全面发展，培养合格人才。

(三)《未成年人保护法》的基本结构及主体内容

《未成年人保护法》共有七章，分别是总则、家庭保护、学校保护、社会保护、司法保护、法律责任、附则，共七十二条。主体内容节选如下：

第一章 总则

第二条 【适用范围】

本法所称未成年人是指未满十八周岁的公民。

第三条 【享有权利】

未成年人享有生存权、发展权、受保护权、参与权等权利，国家根据未成年人身心发展特点给予特殊、优先保护，保障未成年人的合法权益不受侵犯。未成年人享有受教育权，国家、社会、学校和家庭尊重和保障未成年人的受教育权。未成年人不分性别、民族、种族、家庭财产状况、宗教信仰等，依法平等地享有权利。

第四条 【国家、社会、学校和家庭的教育和保护】

国家、社会、学校和家庭对未成年人进行理想教育、道德教育、文化教育、纪律和法制教育，进行爱国主义、集体主义和社会主义的教育，提倡爱祖国、爱人民、爱劳动、爱科学、爱社会主义的公德，反对资本主义的、封建主义的和其他的腐朽思想的侵蚀。

第五条 【工作原则】

保护未成年人的工作，应当遵循下列原则：

(一)尊重未成年人的人格尊严；

(二)适应未成年人身心发展的规律和特点；

(三)教育与保护相结合。

第二章 家庭保护

第十条 【监护和抚养义务】

父母或者其他监护人应当创造良好、和睦的家庭环境，依法履行对未成年人的监护职责和抚养义务。

禁止对未成年人实施家庭暴力，禁止虐待、遗弃未成年人，禁止溺婴和其他残害婴儿的行为，不得歧视女性未成年人或者有残疾的未成年人。

第十一条 【保障身心健康的责任】

父母或者其他监护人应当关注未成年人的生理、心理状况和行为习惯，以健康的思想、良好的品行和适当的方法教育和影响未成年人，引导未成年人进行有益身心健康的活动，预防和制止未成年人吸烟、酗酒、流浪、沉迷网络以及赌博、吸毒、卖淫等行为。

第十二条 【家庭指导责任】

父母或者其他监护人应当学习家庭教育知识，正确履行监护职责，抚养教育未成年人。

有关国家机关和社会组织应当为未成年人的父母或者其他监护人提供家庭教育指导。

第十三条 【保障未成年人接受义务教育责任】

父母或者其他监护人应当尊重未成年人受教育的权利，必须使适龄未成年人依法入学接受并完成义务教育，不得使接受义务教育的未成年人辍学。

第十四条 【保护未成年人权益责任】

父母或者其他监护人应当根据未成年人的年龄和智力发展状况，在作出与未成年人权益有关的决定时告知其本人，并听取他们的意见。

第十六条　【委托监护责任】

父母因外出务工或者其他原因不能履行对未成年人监护职责的，应当委托有监护能力的其他成年人代为监护。

第三章　学校保护

第十八条　【保护未成年人受教育权】

学校应当尊重未成年学生受教育的权利，关心、爱护学生，对品行有缺点、学习有困难的学生，应当耐心教育、帮助，不得歧视，不得违反法律和国家规定开除未成年学生。

第十九条　【保护未成年人身心健康】

学校应当根据未成年学生身心发展的特点，对他们进行社会生活指导、心理健康辅导和青春期教育。

第二十条　【保证未成年学生适度学习】

学校应当与未成年学生的父母或者其他监护人互相配合，保证未成年学生的睡眠、娱乐和体育锻炼时间，不得加重其学习负担。

第二十一条　【尊重未成年人人格尊严】

学校、幼儿园、托儿所的教职员工应当尊重未成年人的人格尊严，不得对未成年人实施体罚、变相体罚或者其他侮辱人格尊严的行为。

第二十二条　【保护未成年人人身安全】

学校、幼儿园、托儿所应当建立安全制度，加强对未成年人的安全教育，采取措施保障未成年人的人身安全。

学校、幼儿园、托儿所不得在危及未成年人人身安全、健康的校舍和其他设施、场所中进行教育教学活动。

学校、幼儿园安排未成年人参加集会、文化娱乐、社会实践等集体活动，应当有利于未成年人的健康成长，防止发生人身安全事故。

第二十四条　【学生伤害事故的妥善处理】

学校对未成年学生在校内或者本校组织的校外活动中发生人身伤害事故的，应当及时救护，妥善处理，并及时向有关主管部门报告。

第二十五条　【专门教育】

对于在学校接受教育的有严重不良行为的未成年学生，学校和父母或者其他监护人应当互相配合加以管教；无力管教或者管教无效的，可以按照有关规定将其送专门学校继续接受教育。

依法设置专门学校的地方人民政府应当保障专门学校的办学条件，教育行政部门应当加强对专门学校的管理和指导，有关部门应当给予协助和配合。

专门学校应当对在校就读的未成年学生进行思想教育、文化教育、纪律和法制教育、劳动技术教育和职业教育。

专门学校的教职员工应当关心、爱护、尊重学生，不得歧视、厌弃。

第四章　社会保护

第二十七条　【国家、社会、个人保护】

全社会应当树立尊重、保护、教育未成年人的良好风尚，关心、爱护未成年人。

国家鼓励社会团体、企业事业组织以及其他组织和个人，开展多种形式的有利于未成年人健康成长的社会活动。

第二十八条 【政府保障责任】

各级人民政府应当保障未成年人受教育的权利，并采取措施保障家庭经济困难的、残疾的和流动人口中的未成年人等接受义务教育。

第三十条 【教育基地或场所免费开放】

爱国主义教育基地、图书馆、青少年宫、儿童活动中心应当对未成年人免费开放；博物馆、纪念馆、科技馆、展览馆、美术馆、文化馆以及影剧院、体育场馆、动物园、公园等场所，应当按照有关规定对未成年人免费或者优惠开放。

第三十六条 【活动场所】

中小学校园周边不得设置营业性歌舞娱乐场所、互联网上网服务营业场所等不适宜未成年人活动的场所。

营业性歌舞娱乐场所、互联网上网服务营业场所等不适宜未成年人活动的场所，不得允许未成年人进入，经营者应当在显著位置设置未成年人禁入标志；对难以判明是否已成年的，应当要求其出示身份证件。

第三十七条 【吸烟饮酒规定】

禁止向未成年人出售烟酒，经营者应当在显著位置设置不向未成年人出售烟酒的标志；对难以判明是否已成年的，应当要求其出示身份证件。任何人不得在中小学校、幼儿园、托儿所的教室、寝室、活动室和其他未成年人集中活动的场所吸烟、饮酒。

第三十八条 【招用标准】

任何组织或者个人不得招用未满十六周岁的未成年人，国家另有规定的除外。任何组织或者个人按照国家有关规定招用已满十六周岁未满十八周岁的未成年人的，应当执行国家在工种、劳动时间、劳动强度和保护措施等方面的规定，不得安排其从事过重、有毒、有害等危害未成年人身心健康的劳动或者危险作业。

第三十九条 【隐私保护】

任何组织或者个人不得披露未成年人的个人隐私。对未成年人的信件、日记、电子邮件，任何组织或者个人不得隐匿、毁弃；除因追查犯罪的需要，由公安机关或者人民检察院依法进行检查，或者对无行为能力的未成年人的信件、日记、电子邮件由其父母或者其他监护人代为开拆、查阅外，任何组织或者个人不得开拆、查阅。

第四十三条 【未成年人的救助】

县级以上人民政府及其民政部门应当根据需要设立救助场所，对流浪乞讨等生活无着未成年人实施救助，承担临时监护责任；公安部门或者其他有关部门应当护送流浪乞讨或者离家出走的未成年人到救助场所，由救助场所予以救助和妥善照顾，并及时通知其父母或者其他监护人领回。

对孤儿、无法查明其父母或者其他监护人的以及其他生活无着的未成年人，由民政部门设立的儿童福利机构收留抚养。

未成年人救助机构、儿童福利机构及其工作人员应当依法履行职责，不得虐待、歧视未成年人；不得在办理收留抚养工作中牟取利益。

第五章 司法保护

第五十四条 【教育为主，惩罚为辅】

对违法犯罪的未成年人，实行教育、感化、挽救的方针，坚持教育为主、惩罚为辅的原则。

对违法犯罪的未成年人，应当依法从轻、减轻或者免除处罚。

第五十五条　【保护违法未成年人权益】

公安机关、人民检察院、人民法院办理未成年人犯罪案件和涉及未成年人权益保护案件，应当照顾未成年人身心发展特点，尊重他们的人格尊严，保障他们的合法权益，并根据需要设立专门机构或者指定专人办理。

第五十六条　【保护案件相关未成年人】

公安机关、人民检察院讯问未成年犯罪嫌疑人，询问未成年证人、被害人，应当通知监护人到场。

公安机关、人民检察院、人民法院办理未成年人遭受性侵害的刑事案件，应当保护被害人的名誉。

第五十七条　【未成年人羁押、服刑管理】

对羁押、服刑的未成年人，应当与成年人分别关押。羁押、服刑的未成年人没有完成义务教育的，应当对其进行义务教育。解除羁押、服刑期满的未成年人的复学、升学、就业不受歧视。

第五十八条　【媒体保护未成年人罪犯隐私】

对未成年人犯罪案件，新闻报道、影视节目、公开出版物、网络等不得披露该未成年人的姓名、住所、照片、图像以及可能推断出该未成年人的资料。

第六章　法律责任

第六十二条　【监护人法律责任】

父母或者其他监护人不依法履行监护职责，或者侵害未成年人合法权益的，由其所在单位或者居民委员会、村民委员会予以劝诫、制止；构成违反治安管理行为的，由公安机关依法给予行政处罚。

第六十八条　【非法招用未成人的法律责任】

非法招用未满十六周岁的未成年人，或者招用已满十六周岁的未成年人从事过重、有毒、有害等危害未成年人身心健康的劳动或者危险作业的，由劳动保障部门责令改正，处以罚款；情节严重的，由工商行政管理部门吊销营业执照。

五、《学生伤害事故处理办法》

（一）《学生伤害事故处理办法》的性质及地位

《学生伤害事故处理办法》是推动教育领域法制建设，构建有关学校安全的法律、制度框架的重要组成部分。该法规的出台弥补了我国教育立法在处理学生伤害事故专项法规上的空白，为积极预防、妥善处理在校学生伤害事故，保护学生、学校的合法权益提供了重要的法律依据。

（二）《学生伤害事故处理办法》的颁布及意义

《学生伤害事故处理办法》于 2002 年 3 月 26 日教育部会议讨论通过，自 2002 年 9 月 1 日起施行。它是我国首部处理在校学生伤害事故的全国性教育法规，它涉及学生伤害事故的各个主要方面，对一些长期以来困扰我国司法实践，并引起教育法学界关注的焦点问题作出了法律上的明确回答。《学生伤害事故处理办法》对这些重要问题的回应，简而括之，主要体现在五个方面，即"明确了一个法律关系，确立了一项归责原则，设定了一套事故处理程序，提出了一种筹措赔偿经费的途径，规定了对事故责任者的处理办法"。

（三）《学生伤害事故处理办法》的基本结构及主体内容

《学生伤害事故处理办法》共有三部分（总则、分则和附则），六章，四十条。总则规定了制定该规章的宗旨、依据、适用范围和事故处理原则等。分则从事故与责任、事故处理程序、事故损害的赔偿、事故责任者的处理四个方面对学生伤害事故的处理做了规定。附则明确了《学生伤害事故处理办法》

所涉及的责任主体等内容。主体内容节选如下：

第一章　总则

第一条　【立法宗旨】

为积极预防、妥善处理在校学生伤害事故，保护学生、学校的合法权益，根据《中华人民共和国教育法》《中华人民共和国未成年人保护法》和其他相关法律、行政法规及有关规定，制定本办法。

第二条　【适用范围】

在学校实施的教育教学活动或者学校组织的校外活动中，以及在学校负有管理责任的校舍、场地、其他教育教学设施、生活设施内发生的，造成在校学生人身损害后果的事故的处理，适用本办法。

第三条　【实施原则】

学生伤害事故应当遵循依法、客观公正、合理适当的原则，及时、妥善地处理。

第四条　【安全措施】

学校的举办者应当提供符合安全标准的校舍、场地、其他教育教学设施和生活设施。教育行政部门应当加强学校安全工作，指导学校落实预防学生伤害事故的措施，指导、协助学校妥善处理学生伤害事故，维护学校正常的教育教学秩序。

第五条　【学校安全措施】

学校应当对在校学生进行必要的安全教育和自护自救教育；应当按照规定，建立健全安全制度，采取相应的管理措施，预防和消除教育教学环境中存在的安全隐患；当发生伤害事故时，应当及时采取措施救助受伤害学生。学校对学生进行安全教育、管理和保护，应当针对学生年龄、认知能力和法律行为能力的不同，采用相应的内容和预防措施。

第七条　【监护人责任】

未成年学生的父母或者其他监护人(以下称为监护人)应当依法履行监护职责，配合学校对学生进行安全教育、管理和保护工作。学校对未成年学生不承担监护职责，但法律有规定的或者学校依法接受委托承担相应监护职责的情形除外。

第二章　事故与责任

第八条　【事故责任归责原则】

学生伤害事故的责任，应当根据相关当事人的行为与损害后果之间的因果关系依法确定。

因学校、学生或者其他相关当事人的过错造成的学生伤害事故，相关当事人应当根据其行为过错程度的比例及其与损害后果之间的因果关系承担相应的责任。当事人的行为是损害后果发生的主要原因，应当承担主要责任；当事人的行为是损害后果发生的非主要原因，承担相应的责任。

第九条　【学校承担事故责任的具体情形】

因下列情形之一造成的学生伤害事故，学校应当依法承担相应的责任：

(一)学校的校舍、场地、其他公共设施，以及学校提供给学生使用的学具、教育教学和生活设施、设备不符合国家规定的标准，或者有明显不安全因素的；

(二)学校的安全保卫、消防、设施设备管理等安全管理制度有明显疏漏，或者管理混乱，存在重大安全隐患，而未及时采取措施的；

(三)学校向学生提供的药品、食品、饮用水等不符合国家或者行业的有关标准、要求的；

(四)学校组织学生参加教育教学活动或者校外活动，未对学生进行相应的安全教育，并未在可预见的范围内采取必要的安全措施的；

(五)学校知道教师或者其他工作人员患有不适宜担任教育教学工作的疾病，但未采取必要措施的；

(六)学校违反有关规定，组织或者安排未成年学生从事不宜未成年人参加的劳动、体育运动或者其他活动的；

（七）学生有特异体质或者特定疾病，不宜参加某种教育教学活动，学校知道或者应当知道，但未予以必要的注意的；

（八）学生在校期间突发疾病或者受到伤害，学校发现，但未根据实际情况及时采取相应措施，导致不良后果加重的；

（九）学校教师或者其他工作人员体罚或者变相体罚学生，或者在履行职责过程中违反工作要求、操作规程、职业道德或者其他有关规定的；

（十）学校教师或者其他工作人员在负有组织、管理未成年学生的职责期间，发现学生行为具有危险性，但未进行必要的管理、告诫或者制止的；

（十一）对未成年学生擅自离校等与学生人身安全直接相关的信息，学校发现或者知道，但未及时告知未成年学生的监护人，导致未成年学生因脱离监护人的保护而发生伤害的；

（十二）学校有未依法履行职责的其他情形的。

第十条　【学生或未成年学生监护人的法律责任】

学生或者未成年学生监护人由于过错，有下列情形之一，造成学生伤害事故，应当依法承担相应的责任：

（一）学生违反法律法规的规定，违反社会公共行为准则、学校的规章制度或者纪律，实施按其年龄和认知能力应当知道具有危险或者可能危及他人的行为的；

（二）学生行为具有危险性，学校、教师已经告诫、纠正，但学生不听劝阻、拒不改正的；

（三）学生或者其监护人知道学生有特异体质，或者患有特定疾病，但未告知学校的；

（四）未成年学生的身体状况、行为、情绪等有异常情况，监护人知道或者已被学校告知，但未履行相应监护职责的；

（五）学生或者未成年学生监护人有其他过错的。

第十一条　【学生因参加活动致害时的责任处理】

学校安排学生参加活动，因提供场地、设备、交通工具、食品及其他消费与服务的经营者，或者学校以外的活动组织者的过错造成的学生伤害事故，有过错的当事人应当依法承担相应的责任。

第十二条　【学校可援引的免责抗辩事由】

因下列情形之一造成的学生伤害事故，学校已履行了相应职责，行为并无不当的，无法律责任：

（一）地震、雷击、台风、洪水等不可抗的自然因素造成的；

（二）来自学校外部的突发性、偶发性侵害造成的；

（三）学生有特异体质、特定疾病或者异常心理状态，学校不知道或者难于知道的；

（四）学生自杀、自伤的；

（五）在对抗性或者具有风险性的体育竞赛活动中发生意外伤害的；

（六）其他意外因素造成的。

第十三条　【校外事故处理原则】

下列情形下发生的造成学生人身损害后果的事故，学校行为并无不当的，不承担事故责任；事故责任应当按有关法律法规或者其他有关规定认定：

（一）在学生自行上学、放学、返校、离校途中发生的；

（二）在学生自行外出或者擅自离校期间发生的；

（三）在放学后、节假日或者假期等学校工作时间以外，学生自行滞留学校或者自行到校发生的；

（四）其他在学校管理职责范围外发生的。

第十四条　【致害人承担法律责任情形】

因学校教师或者其他工作人员与其职务无关的个人行为，或者因学生、教师及其他个人故意实施的违法犯罪行为，造成学生人身损害的，由致害人依法承担相应的责任。

第三章　事故处理程序

第十五条　【学校的及时救助义务】

发生学生伤害事故，学校应当及时救助受伤害学生，并应当及时告知未成年学生的监护人；有条件的，应当采取紧急救援等方式救助。

第十六条　【学校的报告义务】

发生学生伤害事故，情形严重的，学校应当及时向主管教育行政部门及有关部门报告；属于重大伤亡事故的，教育行政部门应当按照有关规定及时向同级人民政府和上一级教育行政部门报告。

第十七条　【教育主管部门对事故处理的指导与协助】

学校的主管教育行政部门应学校要求或者认为必要，可以指导、协助学校进行事故的处理工作，尽快恢复学校正常的教育教学秩序。

第十八条　【受害人救济途径】

发生学生伤害事故，学校与受伤害学生或者学生家长可以通过协商方式解决；双方自愿，可以书面请求主管教育行政部门进行调解。

成年学生或者未成年学生的监护人也可以依法直接提起诉讼。

第十九条　【调解时限】

教育行政部门收到调解申请，认为必要的，可以指定专门人员进行调解，并应当在受理申请之日起60日内完成调解。

第二十条　【调解处理方式】

经教育行政部门调解，双方就事故处理达成一致意见的，应当在调解人员的见证下签订调解协议，结束调解；在调解期限内，双方不能达成一致意见，或者调解过程中一方提起诉讼，人民法院已经受理的，应当终止调解。

调解结束或者终止，教育行政部门应当书面通知当事人。

第二十一条　【诉讼】

对经调解达成的协议，一方当事人不履行或者反悔的，双方可以依法提起诉讼。

第二十二条　【事故处理报告】

事故处理结束，学校应当将事故处理结果书面报告主管的教育行政部门；

重大伤亡事故的处理结果，学校主管的教育行政部门应当向同级人民政府和上一级教育行政部门报告。

第四章　事故损害的赔偿

第二十六条　【学校的赔偿责任】

学校对学生伤害事故负有责任的，根据责任大小，适当予以经济赔偿，但不承担解决户口、住房、就业等与救助受伤害学生、赔偿相应经济损失无直接关系的其他事项。

学校无责任的，如果有条件，可以根据实际情况，本着自愿和可能的原则，对受伤害学生给予适当的帮助。

第二十七条　【追偿权】

因学校教师或者其他工作人员在履行职务中的故意或者重大过失造成的学生伤害事故，学校予以赔偿后，可以向有关责任人员追偿。

第二十八条　【监护人责任】

未成年学生对学生伤害事故负有责任的，由其监护人依法承担相应的赔偿责任。

学生的行为侵害学校教师及其他工作人员以及其他组织、个人的合法权益，造成损失的，成年学生或者未成年学生的监护人应当依法予以赔偿。

第三十一条 【保险机制】

学校有条件的,应当依据保险法的有关规定,参加学校责任保险。教育行政部门可以根据实际情况,鼓励中小学参加学校责任保险。提倡学生自愿参加意外伤害保险。在尊重学生意愿的前提下,学校可以为学生参加意外伤害保险创造便利条件,但不得从中收取任何费用。

第五章 事故责任者的处理

第三十二条 【学校责任者的法律制裁】

发生学生伤害事故,学校负有责任且情节严重的,教育行政部门应当根据有关规定,对学校的直接负责的主管人员和其他直接责任人员,分别给予相应的行政处分;有关责任人的行为触犯刑律的,应当移送司法机关依法追究刑事责任。

第三十三条 【安全隐患的整顿】

学校管理混乱,存在重大安全隐患的,主管的教育行政部门或者其他有关部门应当责令其限期整顿;对情节严重或者拒不改正的,应当依据法律法规的有关规定,给予相应的行政处罚。

第三十四条 【教育部门责任人的法律制裁】

教育行政部门未履行相应职责,对学生伤害事故的发生负有责任的,由有关部门对直接负责的主管人员和其他直接责任人员分别给予相应的行政处分;有关责任人的行为触犯刑律的,应当移送司法机关依法追究刑事责任。

第三十五条 【责任学生的法律制裁】

违反学校纪律,对造成学生伤害事故负有责任的学生,学校可以给予相应的处分;触犯刑律的,由司法机关依法追究刑事责任。

第三十六条 【对扰乱正常事故处理的行为人的制裁】

受伤害学生的监护人、亲属或者其他有关人员,在事故处理过程中无理取闹,扰乱学校正常教育教学秩序,或者侵犯学校、学校教师或者其他工作人员的合法权益的,学校应当报告公安机关依法处理;造成损失的,可以依法要求赔偿。

六、《国家中长期教育改革和发展规划纲要(2010—2020 年)》

(一)《国家中长期教育改革和发展规划纲要(2010—2020 年)》的性质及地位

《国家中长期教育改革和发展规划纲要(2010—2020 年)》(简称《纲要》)提出了"优先发展、育人为本、改革创新、促进公平、提高质量"的 20 字工作方针,这是进入 21 世纪我国第一个教育规划纲要,是指导未来十年教育改革发展的纲领性文件。

(二)《纲要》的颁布及意义

2010 年 7 月,中共中央、国务院印发了《纲要》,并发出通知,要求各地区各部门结合实际认真贯彻执行。《纲要》的提出,本着深入贯彻落实科学发展观,构建和完善中国特色社会主义教育体系的目的,通过坚持改革政策的协调性,努力深化教育改革等方面促进教育事业科学发展。对于改变我国社会主义初期阶段教育欠缺公平的现状有着深远的意义。

(三)《纲要》的基本结构及主体内容

《纲要》共四大部分,22 章,70 条。《纲要》分别从总体战略、发展任务、体制改革、保障措施四大部分进行阐述。主体内容节选如下:

第一部分　总体战略

第一章　指导思想和工作方针

(一)指导思想。

高举中国特色社会主义伟大旗帜,以邓小平理论和"三个代表"重要思想为指导,深入贯彻落实科学发展观,实施科教兴国战略和人才强国战略,优先发展教育,完善中国特色社会主义现代教育体系,办好人民满意的教育,建设人力资源强国。

全面贯彻党的教育方针,坚持教育为社会主义现代化建设服务,为人民服务,与生产劳动和社会实践相结合,培养德智体美全面发展的社会主义建设者和接班人。

全面推进教育事业科学发展,立足社会主义初级阶段基本国情,把握教育发展阶段性特征,坚持以人为本,遵循教育规律,面向社会需求,优化结构布局,提高教育现代化水平。

(二)工作方针。

优先发展、育人为本、改革创新、促进公平、提高质量。把教育摆在优先发展的战略地位。把育人为本作为教育工作的根本要求。把改革创新作为教育发展的强大动力。把促进公平作为国家基本教育政策。把提高质量作为教育改革发展的核心任务。

第二章　战略目标和战略主题

(三)战略目标。

到2020年,基本实现教育现代化,基本形成学习型社会,进入人力资源强国行列。实现更高水平的普及教育。基本普及学前教育;巩固提高九年义务教育水平;普及高中阶段教育,毛入学率达到90%。形成惠及全民的公平教育,提供更加丰富的优质教育,构建体系完备的终身教育,健全充满活力的教育体制。

(四)战略主题。

坚持以人为本、全面实施素质教育是教育改革发展的战略主题。坚持德育为先,坚持能力为重,坚持全面发展。

第二部分　发展任务

第四章　义务教育

(八)巩固提高九年义务教育水平。

到2020年,全面提高普及水平,全面提高教育质量,基本实现区域内均衡发展,确保适龄儿童少年接受良好义务教育。

巩固义务教育普及成果。适应城乡发展需要,合理规划学校布局,办好必要的教学点,方便学生就近入学。坚持以输入地政府管理为主、以全日制公办中小学为主,确保进城务工人员随迁子女平等接受义务教育,研究制定进城务工人员随迁子女接受义务教育后在当地参加升学考试的办法。建立健全政府主导、社会参与的农村留守儿童关爱服务体系和动态监测机制。加快农村寄宿制学校建设,优先满足留守儿童住宿需求。采取必要措施,确保适龄儿童少年不因家庭经济困难、就学困难、学习困难等原因而失学,努力消除辍学现象。

提高义务教育质量。建立国家义务教育质量基本标准和监测制度。严格执行义务教育国家课程标准、教师资格标准。深化课程与教学方法改革,推行小班教学。配齐音乐、体育、美术等学科教师,开足开好规定课程。大力推广普通话教学,使用规范汉字。

增强学生体质。科学安排学习、生活、锻炼,保证学生睡眠时间。大力开展"阳光体育"运动,保证学生每天锻炼一小时，不断提高学生体质健康水平。提倡合理膳食，改善学生营养状况，提高贫困地区农村学生营养水平。保护学生视力。

（九）推进义务教育均衡发展。

均衡发展是义务教育的战略性任务。建立健全义务教育均衡发展保障机制。推进义务教育学校标准化建设，均衡配置教师、设备、图书、校舍等资源。

切实缩小校际差距，着力解决择校问题。加快薄弱学校改造，着力提高师资水平。实行县（区）域内教师、校长交流制度。实行优质普通高中和优质中等职业学校招生名额合理分配到区域内初中的办法。义务教育阶段不得设置重点学校和重点班。在保障适龄儿童少年就近进入公办学校的前提下，发展民办教育，提供选择机会。

加快缩小城乡差距。建立城乡一体化义务教育发展机制，在财政拨款、学校建设、教师配置等方面向农村倾斜。率先在县（区）域内实现城乡均衡发展，逐步在更大范围内推进。

努力缩小区域差距。加大对革命老区、民族地区、边疆地区、贫困地区义务教育的转移支付力度。鼓励发达地区支援欠发达地区。

（十）减轻中小学生课业负担。

各级政府要把减负作为教育工作的重要任务，统筹规划，整体推进。调整教材内容，科学设计课程难度。改革考试评价制度和学校考核办法。规范办学行为，建立学生课业负担监测和公告制度。不得以升学率对地区和学校进行排名，不得下达升学指标。规范各种社会补习机构和教辅市场。加强校外活动场所建设和管理，丰富学生课外及校外活动。

学校要把减负落实到教育教学各个环节，给学生留下了解社会、深入思考、动手实践、健身娱乐的时间。提高教师业务素质，改进教学方法，增强课堂教学效果，减少作业量和考试次数。培养学生学习兴趣和爱好。严格执行课程方案，不得增加课时和提高难度。各种等级考试和竞赛成绩不得作为义务教育阶段入学与升学的依据。

第五章 高中阶段教育

（十一）加快普及高中阶段教育。

高中阶段教育是学生个性形成、自主发展的关键时期，对提高国民素质和培养创新人才具有特殊意义。注重培养学生自主学习、自强自立和适应社会的能力，克服应试教育倾向。到2020年，普及高中阶段教育，满足初中毕业生接受高中阶段教育需求。

根据经济社会发展需要，合理确定普通高中和中等职业学校招生比例，今后一个时期总体保持普通高中和中等职业学校招生规模大体相当。加大对中西部贫困地区高中阶段教育的扶持力度。

（十二）全面提高普通高中学生综合素质。

深入推进课程改革，全面落实课程方案，保证学生全面完成国家规定的文理等各门课程的学习。创造条件开设丰富多彩的选修课，为学生提供更多选择，促进学生全面而有个性的发展。逐步消除大班额现象。积极开展研究性学习、社区服务和社会实践。建立科学的教育质量评价体系，全面实施高中学业水平考试和综合素质评价。建立学生发展指导制度，加强对学生的理想、心理、学业等多方面指导。

（十三）推动普通高中多样化发展。

促进办学体制多样化，扩大优质资源。推进培养模式多样化，满足不同潜质学生的发展需要。探索发现和培养创新人才的途径。鼓励普通高中办出特色。鼓励有条件的普通高中根据需要适当增加职业教育的教学内容。探索综合高中发展模式。采取多种方式，为在校生和未升学毕业生提供职业教育。

第三部分　体制改革

第十一章　人才培养体制改革

(三十一)更新人才培养观念。

深化教育体制改革,关键是更新教育观念,核心是改革人才培养体制,目的是提高人才培养水平。树立全面发展观念、人人成才观念,多样化人才观念、终身学习观念、系统培养观念。

(三十二)创新人才培养模式。

注重学思结合。倡导启发式、探究式、讨论式、参与式教学,帮助学生学会学习。注重知行统一。坚持教育教学与生产劳动、社会实践相结合。注重因材施教。关注学生不同特点和个性差异,发展每一个学生的优势潜能。推进分层教学、走班制、学分制、导师制等教学管理制度改革。

第十五章　管理体制改革

(四十五)健全统筹有力、权责明确的教育管理体制。

以转变政府职能和简政放权为重点,深化教育管理体制改革,提高公共教育服务水平。明确各级政府责任,规范学校办学行为,促进管办评分离,形成政事分开、权责明确、统筹协调、规范有序的教育管理体制。中央政府统一领导和管理国家教育事业,制定发展规划、方针政策和基本标准,优化学科专业、类型、层次结构和区域布局。整体部署教育改革试验,统筹区域协调发展。地方政府负责落实国家方针政策,开展教育改革试验,根据职责分工负责区域内教育改革、发展和稳定。

(四十七)转变政府教育管理职能。

各级政府要切实履行统筹规划、政策引导、监督管理和提供公共教育服务的职责,建立健全公共教育服务体系,逐步实现基本公共教育服务均等化,维护教育公平和教育秩序。改变直接管理学校的单一方式,综合应用立法、拨款、规划、信息服务、政策指导和必要的行政措施,减少不必要的行政干预。提高政府决策的科学性和管理的有效性。培育专业教育服务机构。

第四部分　保障措施

第十七章　加强教师队伍建设

(五十一)建设高素质教师队伍。

严格教师资质,提升教师素质,努力造就一支师德高尚、业务精湛、结构合理、充满活力的高素质专业化教师队伍。

(五十二)加强师德建设。

加强教师职业理想和职业道德教育,增强广大教师教书育人的责任感和使命感。将师德表现作为教师考核、聘任(聘用)和评价的首要内容。

(五十三)提高教师业务水平。

完善培养培训体系,做好培养培训规划,优化队伍结构,提高教师专业水平和教学能力。通过研修培训、学术交流、项目资助等方式,培养教育教学骨干、"双师型"教师、学术带头人和校长,造就一批教学名师和学科领军人才。

以农村教师为重点,提高中小学教师队伍整体素质。创新农村教师补充机制,完善制度政策,吸引更多优秀人才从教。积极推进师范生免费教育,实施农村义务教育学校教师特设岗位计划,完善代偿机制,鼓励高校毕业生到艰苦边远地区当教师。完善教师培训制度,将教师培训经费列入政府预算,对教师实行每五年一周期的全员培训。加大民族地区双语教师培养培训力度。加强校长培训,重视辅导员和班主任培训。

加强教师教育，构建以师范院校为主体、综合大学参与、开放灵活的教师教育体系。深化教师教育改革，创新培养模式，增强实习实践环节，强化师德修养和教学能力训练，提高教师培养质量。

（五十四）提高教师地位待遇。

不断改善教师的工作、学习和生活条件，吸引优秀人才长期从教、终身从教。依法保证教师平均工资水平不低于或者高于国家公务员的平均工资水平，并逐步提高。落实教师绩效工资。对长期在农村基层和艰苦边远地区工作的教师，在工资、职务(职称)等方面实行倾斜政策，完善津贴补贴标准。建设农村艰苦边远地区学校教师周转宿舍。研究制定优惠政策，改善教师工作和生活条件。关心教师身心健康。落实和完善教师医疗养老等社会保障政策。国家对在农村地区长期从教、贡献突出的教师给予奖励。

（五十五）健全教师管理制度。

完善并严格实施教师准入制度，严把教师入口关。国家制定教师资格标准，提高教师任职学历标准和品行要求。建立教师资格证书定期登记制度。省级教育行政部门统一组织中小学教师资格考试和资格认定，县级教育行政部门按规定履行中小学教师的招聘录用、职务(职称)评聘、培养培训和考核等管理职能。

逐步实行城乡统一的中小学编制标准，对农村边远地区实行倾斜政策。制定幼儿园教师配备标准。建立统一的中小学教师职务(职称)系列，在中小学设置正高级教师职务(职称)。探索在职业学校设置正高级教师职务(职称)。加强学校岗位管理，创新聘用方式，规范用人行为，完善激励机制，激发教师积极性和创造性。建立健全义务教育学校教师和校长流动机制。城镇中小学教师在评聘高级职务(职称)时，原则上要有一年以上在农村学校或薄弱学校任教经历。加强教师管理，完善教师退出机制。制定校长任职资格标准，促进校长专业化，提高校长管理水平。推行校长职级制。

第十八章　保障经费投入

（五十六）加大教育投入。

教育投入是支撑国家长远发展的基础性、战略性投资，是教育事业的物质基础，是公共财政的重要职能。要健全以政府投入为主、多渠道筹集教育经费的体制，大幅度增加教育投入。各级政府要优化财政支出结构，统筹各项收入，把教育作为财政支出重点领域予以优先保障。社会投入是教育投入的重要组成部分。充分调动全社会办教育积极性，扩大社会资源进入教育途径，多渠道增加教育投入。

（五十七）完善投入机制。

义务教育全面纳入财政保障范围，实行国务院和地方各级人民政府根据职责共同负担，省、自治区、直辖市人民政府负责统筹落实的投入体制。非义务教育实行以政府投入为主、受教育者合理分担、其他多种渠道筹措经费的投入机制。普通高中实行以财政投入为主，其他渠道筹措经费为辅的机制。中等职业教育实行政府、行业、企业及其他社会力量依法筹集经费的机制。

第二十章　推进依法治教

（六十二）完善教育法律法规。

（六十三）全面推进依法行政。

（六十四）大力推进依法治校。开展普法教育。

（六十五）完善督导制度和监督问责机制。

七、《儿童权利公约》

(一)《儿童权利公约》的性质及地位

《儿童权利公约》是国际间有关儿童保护的基础性文件。它根据一些重要国际人权文书中保护儿童的有关规定并结合儿童的特点和实际需要而制定,旨在最大限度地保护儿童权益。

(二)《儿童权利公约》的颁布及意义

1989 年 11 月 20 日在第 44 届联合国大会上通过了《儿童权利公约》。该公约自 1990 年 9 月 2 日正式生效。我国于 1990 年 8 月 29 日签署了该公约。公约确立了世界各地所有儿童时时刻刻应享有的基本人权,将对保护儿童和青少年权利产生深远影响。

(三)《儿童权利公约》的基本结构及主体内容

《儿童权利公约》由序言、实质性条款、程序性条款和最后条款等四部分组成,共 54 条。主体内容节选如下:

第一条

为本公约之目的,儿童系指 18 岁以下的任何人,除非对其适用之法律规定成年年龄少于 18 岁。

【2018 年下半年真题】 联合国《儿童权利公约》所指的"儿童"是(   )

A.18 岁以下的任何人   B.16 岁以下的任何人

C.10 岁以下的任何人   D.6 岁以下的任何人

网校答案:A。

【2018 年下半年真题】 如果太阳不发光,那么地球上的人们仍然能够用眼直接看到天体的是(   )。

A.彗星   B.金星

C.流星   D.月亮

网校答案:B。

网校解析:金星是离地球最近的行星。金星是全天中最亮的行星,亮度为 -3.3 至 -4.4 等,比著名的天狼星(除太阳外全天最亮的恒星)还要亮 14 倍,犹如一颗耀眼的钻石。

第二条

1.缔约国应遵守本公约所载列的权利,并确保其管辖范围内的每一儿童均享受此种权利,不因儿童或其父母或法定监护人的种族、肤色、性别、语言、宗教、政治或其他见解、民族、族裔或社会出身、财产、伤残、出生或其他身份而有任何差别。

2.缔约国应采取一切适当措施确保儿童得到保护,不受基于儿童父母、法定监护人或家庭成员的身份、活动、所表达的观点或信仰而加诸的一切形式的歧视或惩罚。

第三条

1.关于儿童的一切行为,不论是由公私社会福利机构、法院、行政当局或立法机构执行,均应以儿童的最大利益为一种首要考虑。

2.缔约国承担确保儿童享有其幸福所必需的保护和照料,考虑到其父母、法定监护人、或任何对其负有法律责任的个人的权利和义务,并为此采取一切适当的立法和行政措施。

3.缔约国应确保负责照料或保护儿童的结构、服务部门及设施符合主管当局规定的标准,尤其是安全、卫生、工作人员数目和资格以及有效监督方面的标准。

第六条

1.缔约国确认每个儿童均有固有的生命权。

2.缔约国应最大限度地确保儿童的存活与发展。

第十三条

1.儿童应有自由发表言论的权利;此项权利应包括通过口头、书面或印刷、艺术形式或儿童所选择的任何其他媒介,寻求、接受和传递各种信心和思想的自由,而不论国界。

2.此项权利的行使可受某些限制约束,但这些限制仅限于法律所规定并为以下目的所必需:

(1)尊重他人的权利和名誉；

(2)保护国家安全或公共秩序或公共卫生或道德。

第十四条

1.缔约国应遵守儿童享有思想、信仰和宗教自由的权利。

2.缔约国应尊重方面并于适用时尊重法定监护人以下的权利和义务，以符合儿童不同阶段接受能力的方式指导儿童行使其权利。

3.表明个人宗教或信仰的自由，仅受法律所规定并为保护公共安全、秩序、卫生或道德或他人之基本权利和自由所必需的这类限制约束。

第十六条

1.儿童的隐私、家庭、住宅或通信不受任意或非法干涉，其荣誉和名誉不受非法攻击。

2.儿童有权享受法律保护，以免受这类干涉或攻击。

第十八条

1.缔约国应尽其最大努力，确保父母双方对儿童的养育和发展负有共同责任的原则得到确认。父母、或视具体情况而定的法定监护人对儿童的养育和发展负有首要责任。儿童的最大利益将是他们主要关心的事。

2.为保证和促进本公约所列举的权利，缔约国应在父母和法定监护人履行其抚养儿童的责任方面给予适当协助，并应确保发展育儿机构、设施和服务。

3.缔约国应采取一切适当措施确保就业父母的子女有权享受他们有资格得到的托儿服务和设施。

第二十条

1.暂时或永久脱离家庭环境的儿童，或为其最大利益不得在这种环境中继续生活的儿童，应有权得到国家的特别保护和协助。

2.缔约国应按照本国法律确保此类儿童得到其他方式的照顾。

3.这种照顾除其他外，包括寄养、伊斯兰法的"卡法拉"(监护)、收养或者必要时安置在适当的育儿机构中。在考虑解决办法时，应适当注意有必要使儿童的培养教育具有连续性和注意儿童的族裔、宗教、文化和语言背景。

第二十四条

1.缔约国确认儿童有权享有可达到的最高标准的健康，并享有医疗和康复设施；缔约国应努力确保没有任何儿童被剥夺获得这种保健服务的权利。

2.缔约国应致力充分实现这一权利，特别是应采取适当措施，

(A)降低婴幼儿死亡率；

(B)确保向所有儿童提供必要的医疗援助和保健，侧重发展初级保健；

(C)消除疾病和营养不良现象，包括在初级保健范围内利用现有可得的技术和提供充足的营养食品和清洁饮水，要考虑到环境污染的危险和风险；

(D)确保母亲得到适当的产前和产后保健；

(E)确保向社会各阶层、特别是向父母和儿童介绍有关儿童保健和营养、母乳育婴优点、个人卫生和环境卫生及防止意外事故的基本知识，使他们得到这方面的教育并帮助他们应用这种基本知识；

(F)开展预防保健、对父母的指导以及计划生育教育和服务。

3.缔约国应致力采取一切有效和适当的措施，以期废除对儿童健康有害的传统习俗。

4.缔约国承担促进和鼓励国际合作，以期逐步充分实现本条所确认的权利。在这方面，应特别考虑到发展中国家的需要。

第二十六条

1.缔约国应确认每个儿童有权受益于社会保障、包括社会保险，并应根据其国内法律采取必要措施充分实现这一权利。

2.提供福利时应酌情考虑儿童及负有赡养儿童义务的人的经济情况和环境,以及与儿童提出或代其提出的福利申请有关的其他方面因素。

第二十七条

1.缔约国确认每个儿童均有权享有足以促进其生理、心理、精神、道德和社会发展的生活水平。

2.父母或其他负责照顾儿童的人负有在其能力和经济条件许可范围内确保儿童发展所需生活条件的首要责任。

3.缔约国按照本国条件并在其能力范围内,应采取适当措施帮助父母或其他负责照顾儿童的人实现此项权利,并在需要时提供物质援助和支助方案,特别是在营养、衣着和住房方面。

4.缔约国应采取一切适当措施,向在本国境内或境外儿童的父母或其他对儿童负有经济责任的人追索儿童的赡养费。尤其是遇到对儿童负有经济责任的人住在与儿童不同的国家的情况时,缔约国应促进加入国际协定或缔结此类协定以及做出其他适当安排。

第二十八条

1.缔约国确认儿童有受教育的权利,为在机会均等的基础上逐步实现此项权利,缔约国尤应:

(1)实现全面的免费义务小学教育;

(2)鼓励发展不同形式的中学教育、包括普通和职业教育,使所有儿童均能享有和接受这种教育,并采取适当措施,诸如实行免费教育和对有需要的人提供津贴;

(3)根据能力以一切适当方式使所有人均有受高等教育的机会;

(4)使所有儿童均能得到教育和职业方面的资料和指导;

(5)采取措施鼓励学生按时出勤和降低辍学率。

2.缔约国应采取一切适当措施,确保学校执行纪律的方式符合儿童的人格尊严及本公约的规定。

3.缔约国应促进和鼓励有关教育事项方面的国际合作,特别着眼于在全世界消灭愚昧与文盲,并便利获得科技知识和现代教学方法。在这方面,应特别考虑到发展中国家的需要。

第二十九条

1.缔约国一致认为教育儿童的目的应是:

(1)最充分地发展儿童的个性、才智和身心能力;

(2)培养对人权和基本自由以及《联合国宪章》所载各项原则的尊重;

(3)培养对儿童的父母、儿童自身的文化认同、语言和价值观、儿童所居住国家的民族价值观、其原籍国以及不同于其本国的文明的尊重;

(4)培养儿童本着各国人民、族裔、民族和宗教群体以及原为土著居民的人之间谅解、和平、宽容、男女平等和友好的精神,在自由社会里过有责任感的生活;

(5)培养对自然环境的尊重。

2.对本条或第二十八条任何部分的解释均不得干涉个人和团体建立和指导教育机构的自由,但须始终遵守本条第一款载列的原则,并遵守在这类机构中实行的教育应符合国家可能规定的最低限度标准的要求。

第三十条

在那些存在有族裔、宗教或语言方面属于少数人或原为土著居民的人的国家,不得剥夺属于这种少数人或原为土著居民的儿童与其群体的其他成员共同享有自己的文化、信奉自己的宗教并举行宗教仪式或使用自己的语言的权利。

第三十一条

1.缔约国确认儿童有权享有休息和闲暇,从事与儿童年龄相宜的游戏和娱乐活动,以及自由参加文化生活和艺术活动。

2.缔约国应尊重并促进儿童充分参加文化和艺术生活的权利,并应鼓励提供从事文化、艺术、娱乐和休闲活动的适当和均等的机会。

第三十二条

1. 缔约国确认儿童有权受到保护，以免受经济剥削和从事任何可能妨碍或影响儿童教育或有害儿童健康或身体、心理、精神、道德或社会发展的工作。

2. 缔约国应采取立法、行政、社会和教育措施确保本条得到执行。为此目的，并鉴于其他国际文书的有关规定，缔约国尤应：

(1) 规定受雇的最低年龄；

(2) 规定有关工作时间和条件的适当规则；

(3) 规定适当的惩罚或其他制裁措施以确保本条得到有效执行。

第三十四条

缔约国承担保护儿童免遭一切形式的色情剥削和性侵犯之害，为此目的，缔约国尤应采取一切适当的国家、双边和多边措施，以防止：

(1) 引诱或强迫儿童从事任何非法的性生活；

(2) 利用儿童卖淫或从事其他非法的性行为；

(3) 利用儿童进行淫秽表演和充当淫秽题材。

第三十七条

缔约国应确保：

(1) 任何儿童不受酷刑或其他形式的残忍、不人道或有辱人格的待遇或处罚。对未满18岁的人所犯罪行不得判以死刑或无释放可能的无期徒刑；

(2) 不得非法或任意剥夺任何儿童的自由。对儿童的逮捕、拘留或监禁应符合法律规定并仅应作为最后手段，期限应为最短的适当时间；

(3) 所有被剥夺自由的儿童应受到人道待遇，其人格固有尊严应受尊重，并应考虑到他们这个年龄的人的需要的方式加以对待。特别是，所有被剥夺自由的儿童应同成人隔开，除非认为反之最有利于儿童，并有权通过信件和探访同家人保持联系，但特殊情况除外；

(4) 所有被剥夺自由的儿童均有权迅速获得法律及其他适当援助，并有权向法院或其他独立公正的主管当局就其被剥夺自由一事之合法性提出异议，并有权迅速就任何此类行动得到裁定。

八、《幼儿园工作规程》

(一)《幼儿园工作规程》的性质及地位

《幼儿园工作规程》是一部专门对幼儿园教育工作评价的相关理念、细则、标准作全面阐述的法规，是为加强幼儿园科学管理，提高保育教育质量，依据《中华人民共和国教育法》制定的工作规程。

(二)《幼儿园工作规程》的颁布及意义

《幼儿园工作规程》于1996年颁布，积极贯彻该规程，有利于推动幼儿园的全面改革，提高幼儿园管理水平和保教质量，使幼儿园管理逐步走上依法治教的轨道。

(三)《幼儿园工作规程》的基本结构及主体内容

《幼儿园工作规程》共分三部分(总则、分则、附则)，共十章。其中，总则是对规程宗旨、适用对象等做出了总体的规定，分则是对幼儿入园和编班、幼儿园教育幼儿园的园舍、设备等的规定。主体内容节选如下：

第一章 总则

第一条 【制定依据】为了加强幼儿园的科学管理，提高保育和教育质量，依据《中华人民共和国教育法》制定本规程。

第二条　【定义】幼儿园是对3周岁以上学龄前幼儿实施保育和教育的机构,是基础教育的有机组成部分,是学校教育制度的基础阶段。

第三条　【任务】幼儿园的任务是:实行保育与教育相结合的原则,对幼儿实施体、智、德、美诸方面全面发展的教育,促进其身心和谐发展。幼儿园同时为家长参加工作、学习提供便利条件。

第四条　【学龄学制】幼儿园适龄幼儿为3周岁至6周岁(或7周岁)。幼儿园一般为三年制,亦可设一年制或两年制的幼儿园。

第五条　【主要目标】幼儿园保育和教育的主要目标是:促进幼儿身体正常发育和机能的协调发展,增强体质。培养良好的生活习惯、卫生习惯和参加体育活动的兴趣。发展幼儿智力、培养正确运用感官和运用语言交往的能力,增进对环境的认识,培养有益的兴趣和求知欲望,培养初步的动手能力。萌发幼儿爱家乡、爱祖国、爱集体、爱劳动、爱科学的情感,培养诚实、自信、好问、友爱、勇敢、爱护公物、克服困难、讲礼貌、守纪律等良好的品德行为和习惯,以及活泼、开朗的性格。培养幼儿初步的感受美和表现美的情趣和能力。

第六条　【权责】尊重、爱护幼儿,严禁虐待、歧视、体罚和变相体罚、侮辱幼儿人格等损害幼儿身心健康的行为。

第七条　【教学体制】幼儿园可分为全日制、半日制、定时制、季节制和寄宿制等。上述形式可分别设置,也可混合设置。

第二章　幼儿入园和编班

第八条　【入园时间】幼儿园每年秋季招生。平时如有缺额,可随时补招。幼儿园对烈士子女,家中无人照顾的残疾人子女和单亲子女等入园,应予照顾。

第九条　【设置条件】企业、事业单位和机关、团体、部队设置的幼儿园,除招收本单位工作人员的子女外,有条件的应向社会开放,招收附近居民子女入园。

第十条　【入园体检】幼儿入园前,须按照卫生部制定的卫生保健制度进行体格检查,合格者方可入园。幼儿入园除进行体格检查外,严禁任何形式的考试或测查。

【2018年下半年真题】　某幼儿园要求幼儿必须到医院接受体检,合格后方可入园。该幼儿园的做法(　　)。

A.有利于全面了解幼儿健康状况　　　　　B.有利于选拔优秀幼儿入园
C.侵犯了幼儿的受教育权　　　　　　　　D.侵犯了幼儿的个人隐私

网校答案:A。

网校解析:《幼儿园工作规程》第十条规定:"幼儿入园前,应当按照卫生部门制定的卫生保健制度进行健康检查,合格者方可入园。幼儿入园除进行健康检查外,禁止任何形式的考试或测查。"因此,幼儿园要求幼儿体检是合理行为,有利于对幼儿健康状况的全面了解。

第十一条　【班级规模】幼儿园规模以有利于幼儿身心健康,便于管理为原则,不宜过大。幼儿园每班幼儿人数一般为:小班(3至4周岁)25人,中班(4至5周岁)30人,大班(5周岁至6或7周岁)35人,混合班30人,学前幼儿班不超过40人。寄宿制幼儿园每班幼儿人数酌减。幼儿园可按年龄分别编班,也可混合编班。

第三章　幼儿园的卫生保健

第十三条　【作息制度】幼儿园应制订合理的幼儿一日生活作息制度。两餐间隔时间不得少于3小时半。幼儿户外活动时间在正常情况下,每天不得少于2小时,寄宿制幼儿园不得少于3小时,高寒、高温地区可酌情增减。

第十四条　【体检制度】幼儿园应建立幼儿健康检查制度和幼儿健康卡或档案。每年体检一次,每半年测身高、视力一次,每季度量体重一次,并对幼儿身体健康发展状况定期进行分析、评价。应注意幼儿口腔卫生，保护视力。

第十五条 【卫生疾病预防】幼儿园应建立卫生消毒、病儿隔离制度，认真做好计划免疫和疾病防治工作。幼儿园内严禁吸烟。

第十六条 【安检制度】幼儿园应建立房屋、设备、消防、交通等安全防护和检查制度；建立食品、药物等管理制度和幼儿接送制度，防止发生各种意外事故。应加强对幼儿的安全教育。

第十七条 【合理膳食】供给膳食的幼儿园应为幼儿提供合理膳食，编制营养平衡的幼儿食谱，定期计算和分析幼儿的进食量和营养素摄取量。

第十八条 【饮水便利和良好生活习惯】幼儿园应保证供给幼儿饮水，为幼儿饮水提供便利条件。要培养幼儿良好的大、小便习惯，不得限制幼儿便溺的次数、时间等。

第十九条 【体育活动】积极开展适合幼儿的体育活动，每日户外体育活动不得少于一小时。加强冬季锻炼。要充分利用日光、空气、水等自然因素，以及本地自然环境，有计划地锻炼幼儿肌体，增强身体的适应和抵抗能力。对体弱或有残疾的幼儿予以特殊照顾。

第四章 幼儿园的教育

第二十一条 【工作原则】幼儿园教育工作的原则是：体、智、德、美诸方面的教育应互相渗透，有机结合。遵循幼儿身心发展的规律，符合幼儿的年龄特点，注重个体差异，因人施教，引导幼儿个性健康发展。面向全体幼儿，热爱幼儿，坚持积极鼓励、启发诱导的正面教育。合理地综合组织各方面的教育内容，并渗透于幼儿一日生活的各项活动中，充分发挥各种教育手段的交互作用。创设与教育相适应的良好环境，为幼儿提供活动和表现能力的机会与条件。以游戏为基本活动，寓教育于各项活动之中。

第二十三条 【日常生活组织】幼儿园日常生活组织，要从实际出发，建立必要的合理的常规，坚持一贯性、一致性和灵活性的原则，培养幼儿的良好习惯和初步的生活自理能力。

第二十四条 【教育活动的内容】幼儿园的教育活动应是有目的、有计划引导幼儿生动、活泼、主动活动的，多种形式的教育过程。教育活动的内容应根据教育目的，幼儿的实际水平和兴趣，以循序渐进为原则，有计划地选择和组织。组织活动应根据不同的教育内容。充分利用周围环境的有利条件，积极发挥幼儿感官作用，灵活地运用集体或个别活动的形式，为幼儿提供充分活动的机会，注重活动的过程，促进每个幼儿在不同水平上得到发展。

第二十五条 【游戏】游戏是对幼儿进行全面发展教育的重要形式。应根据幼儿的年龄特点选择和指导游戏。应因地制宜地为幼儿创设游戏条件(时间、空间材料)、游戏材料应强调多功能和可变性。应充分尊重幼儿选择游戏的意愿，鼓励幼儿制作玩具，根据幼儿的实际经验和兴趣，在游戏过程中给予适当指导，保持愉快的情绪，促进幼儿能力和个性的全面发展。

第二十六条 【品德教育】幼儿园的品德教育应以情感教育和培养良好行为习惯为主，注重潜移默化的影响，并贯穿于幼儿生活以及各项活动之中。

第二十七条 【注重个体差异】幼儿园应在各项活动的过程中，根据幼儿不同的心理发展水平，注重培养幼儿良好的个性心理品质，尤应注意根据幼儿个体差异，研究有效的活动形式和方法，不要强求一律。

第二十八条 【语言规范】幼儿园应当使用全国通用的普通话。招收少数民族幼儿为主的幼儿园，可使用当地少数民族通用的语言。

第二十九条 【幼小衔接】幼儿园和小学应密切联系，互相配合，注意两个阶段教育的相互衔接。

第五章 幼儿园的园舍、设备

第三十条 【基本设施】幼儿园应设活动室、儿童厕所、盥洗室、保健室、办公用房和厨房。有条件的幼儿园可单独设音乐室、游戏室、体育活动室和家长接待室等。

寄宿制幼儿园应设寝室、隔离室、浴室、洗衣间和教职工值班室等。

第三十一条 【户外活动场地】幼儿园应有与其规模相适应的户外活动场地,配备必要的游戏和体育活动设施,并创造条件开辟沙地、动物饲养角和种植园地。应根据幼儿园特点,绿化、美化园地。

第三十二条 【配备设施】幼儿园应配备适合幼儿特点的桌椅、玩具架、盥洗卫生用具以及必要的教具玩具、图书和乐器等。寄宿制幼儿园应配备儿童单人床。幼儿园的教具、玩具应有教育意义并符合安全、卫生的要求。幼儿园应因地制宜,就地取材、自制教具、玩具。

第六章 幼儿园的工作人员

第三十四条 【人事编制】幼儿园按照编制标准设园长、副园长、教师、保育员、医务人员、事务人员、炊事员和其他工作人员。各省、自治区、直辖市教育行政部门可会同有关部门参照国家教育委员会和原劳动人事部制订的《全日制、寄宿制幼儿园编制标准》,制定具体规定。

第三十五条 【工作人员素质】幼儿园工作人员应拥护党的基本路线,热爱幼儿教育事业,爱护幼儿,努力学习专业知识和技能,提高文化和专业水平,品德良好,为人师表,忠于职责,身体健康。

第三十六条 【园长资格】幼儿园园长除符合本规程第三十五条要求外,应具备幼儿师范学校(包括职业学校幼儿教育专业)毕业及其以上学历。幼儿园园长还应有一定的教育工作经验和组织管理能力,并获得幼儿园园长岗位培训合格证书。幼儿园园长由举办者任命或聘任。非地方人民政府设置的幼儿园园长应报当地教育行政部门备案。幼儿园园长负责幼儿园的全面工作,其主要职责如下:

(一)贯彻执行国家的有关法律、法规、方针、政策和上级主管部门的规定;

(二)领导教育、卫生保健、安全保卫工作;

(三)负责建立并组织执行各种规章制度;

(四)负责聘任、调配工作人员。指导、检查和评估教师以及其他工作人员的工作,并给予奖惩;

(五)负责工作人员的思想工作,组织文化、业务学习,并为他们的政治和文化、业务进修创造必要的条件;关心和逐步改善工作人员的生活、工作条件,维护他们的合法权益。

(六)组织管理园舍、设备和经费;

(七)组织和指导家长工作;

(八)负责与社区的联系和合作。

第三十七条 【幼儿教师资格】幼儿园教师必须具有《教师资格条例》规定的幼儿园教师资格,并符合本规程第三十五条规定。幼儿园教师实行聘任制。幼儿园教师对本班工作全面负责,其主要职责如下:

(一)观察了解幼儿,依据国家规定的幼儿园课程标准,结合本班幼儿的具体情况,制订和执行教育工作计划,完成教育任务;

(二)严格执行幼儿园安全、卫生保健制度,指导并配合保育员管理本班幼儿生活和做好卫生保健工作;

(三)与家长保持经常联系,了解幼儿家庭的教育环境,商讨符合幼儿特点的教育措施,共同配合完成教育任务;

(四)参加业务学习和幼儿教育研究活动;

(五)定期向园长汇报,接受其检查和指导。

第三十八条 【保育员资格】幼儿园保育员除符合本规程第三十五条规定外,还应具备初中毕业以上学历,并受过幼儿保育职业培训。幼儿园保育员的主要职责如下:

(一)负责本班房舍、设备、环境的清洁卫生工作;

(二)在教师指导下,管理幼儿生活,并配合本班教师组织教育活动;

(三)在医务人员和本班教师指导下,严格执行幼儿园安全、卫生保健制度;

(四)妥善保管幼儿衣物和本班的设备、审具。

第三十九条　【医务人员资格】幼儿园医务人员除符合本规程第三十五条规定外，医师应按国家有关规定和程序取得医师资格；医士和护士应当具备中等卫生学校毕业学历。或取得卫生行政部门的资格认可保健员应当具备高中毕业学历并受过幼儿保健职业培训。

幼儿园医务人员对全园幼儿身体健康负责，其主要职责如下：

（一）协助园长组织实施有关卫生保健方面的法规、规章和制度，并监督执行；

（二）负责指导调配幼儿膳食，检查食品、饮水和环境卫生；

（三）密切与当地卫生保健机构保持联系，及时做好计划免疫和疾病防治等工作；

（四）向全园工作人员和家长宣传幼儿卫生保健等常识；

（五）妥善管理医疗器械、消毒用具和药品。

第四十条　【其他工作人员资格】幼儿园其他工作人员的资格和职责参照政府的有关规定执行。

第七章　幼儿园的经费

第四十二条　【经费筹措】幼儿园的经费由举办者依法筹措，保障有必备的办园资金和稳定的经费来源。

第四十三条　【收费依据】幼儿园收费按省、自治区、直辖市或地(市)级教育行政部门会同有关部门制定的收费项目、标准和办法执行。幼儿园不得以培养幼儿某种专项技能为由另外收取费用；亦不得以幼儿表演为手段，进行以营利为目的的活动。

第四十四条　【经费管理】省、自治区、直辖市或地(市)级教育行政部门应会同有关部门制定各类幼儿园经费管理办法。幼儿园的经费应按规定的使用范围合理开支坚持专款专用，不得挪作他用。

第四十五条　【不得以营利为目的】任何组织和个人举办幼儿园不得以营利为目的、举办者筹措的经费，应保证保育和教育的需要，有一定比例用于改善办园条件，并可提留一定比例的幼儿园基金。

第四十六条　【膳食费】幼儿膳食费应实行民主管理制度，保证全部用于幼儿膳食，每月向家长公布账目。

第四十七条　【经费审核制度】幼儿园应建立经费预算和决算审核制度，严格执行有关财务制度，经费预算和决算，应提交园务委员会或教职工大会审议，并接受财务和审计部门的监督检查。

第八章　幼儿园、家庭和社区

第四十八条　【家园配合】幼儿园应主动与幼儿家庭配合，帮助家长助设良好的家庭教育环境，向家长宣传科学保育、教育幼儿的知识，共同担负教育幼儿的任务。

第四十九条　【与家长联系制度】应建立幼儿园与家长联系的制度。幼儿园可采取多种形式，指导家长正确了解幼儿保育和教育的内容、方法，定期召开家长会议，并接待家长的来访和咨询。幼儿园应认真分析、吸收家长对幼儿园教育与管理工作的意见与建议。幼儿园可实行对家长开放日的制度。

第五十条　【家长委员会】幼儿园应成立家长委员会。

家长委员会的主要任务是帮助家长了解幼儿园工作计划和要求协助幼儿园工作；反映家长对幼儿园工作的意见和建议；协助幼儿园组织交流家庭教育的经验。

家长委员会在幼儿园园长指导下工作。

第五十一条　【社区配合】幼儿园应密切同社区的联系与合作、宣传幼儿教育的知识，支持社区开展有益的文化教育活动，争取社区支持和参与幼儿园建设。

第九章　幼儿园的管理

第五十二条　【园长负责制】幼儿园实行园长负责制。园长在举办者和教育行政部门领导下，依据本规程负责领导全园工作。

幼儿园可建立园务委员会。园务委员会由保教、医务、财会等人员的代表以及家长的代表组成。团长任园务委员会主任。

园长定期召开园务会议(遇重大问题可临时召集)对全园工作计划,工作总结,人员奖惩,财务预算和决算方案,规章制度的建立、修改、废除,以及其他涉及全园工作的重要问题进行审议。

不设园务委员会的幼儿园,上述重大事项由团长召集全体教职工会议商议。

第五十三条 【教职工大会制度】幼儿园应建立教职工大会制度,或以教师为主体的教职工代表会议制度,加强民主管理和监督。

章节课后习题——教育法律法规

(一)教师的权利与义务

1.杨老师今年30岁,大专毕业后一直在某县公立幼儿园任教。工作以来,杨老师能力突出,很快成为骨干教师。为了提高自己的学历层次,经杨老师申请,当地教育部门和幼儿园批准其到某师范大学进修。关于其说法正确的是(　　)。

A.杨老师履行了终身学习的义务　　　　B.杨老师行使了进修培训的权利
C.杨老师干扰了正常的教学任务　　　　D.杨老师行使了科学研究的权利
网校答案:B。

2.教师应享有的基本物质利益权利是(　　)。

A.参与民主管理权　　　　B.科学研究与学术活动权
C.教育教学权　　　　D.获取劳动报酬和享受福利待遇权
网校答案:D。

3.公办幼儿园教师张某多次申报职称未果,认为是幼儿园领导故意为难他。此后,张某经常迟到、早退,教学敷衍了事,园长对其进行批评教育,但张某仍然我行我素,幼儿园上报教育主管部门后将其解聘。该幼儿园做法(　　)。

A.正确,张某行为给教学造成损失　　　　B.正确,应同时追究张某教育教学权
C.不正确,侵犯张某教育教学权　　　　D.不正确,事业单位的人员不能解聘
网校答案:A。

网校解析:幼儿园的做法正确,因为给教学造成了损失。

4.教师在所从事的教育教学活动中,严格按照《宪法》和教育方面的法律、法规以及其他相关的法律、法规,使自己的教育教学活动符合法制化。这就是(　　)。

A.依法执教　　　　B.爱岗敬业
C.热爱学生　　　　D.严谨治学
网校答案:A。

(二)幼儿保护

5.教师不得对学生进行谩骂、体罚、变相体罚和其他侮辱学生的行为,这是由学生的(　　)决定的。

A.人身自由权　　　　B.荣誉权
C.隐私权　　　　D.人格尊严权
网校答案:D。

网校解析:学校、教师应当尊重学生尊严,不得对学生实施体罚、变相体罚或其他侮辱人格尊严的行为。

6.明明午睡后又尿床，保育员张某不高兴的大声斥责："你真烦，都大班了，还经常尿床，下次再尿床，就扔掉你的小鸡鸡!"小朋友们哄堂大笑，张某的做法(   )。

A.合法，教师有批评教育幼儿的法定权力

B.合法，有利于幼儿养成良好的生活习惯

C.不合法，侵犯明明的隐私权

D.不合法，侵犯明明的名誉权

网校答案：D。

7.某幼儿园大班的涛涛一天上课时玩游戏机，被林老师发现后没收放至办公室。过了很长时间，涛涛找到林老师，要求归还游戏机。林老师说，已经没收了，就不再归还。林老师的做法侵犯了幼儿的哪种法律权利？(   )

A.财产所有权   B.人身权

C.生命安全权   D.隐私权

网校答案：A。

8.老师偷拆学生信件，这侵犯了学生的(   )。

A.受教育权   B.隐私权

C.人身自由权   D.人格尊严权

网校答案：B。

网校解析：隐私权一般是指自然人享有的对自己的个人秘密和个人私生活进行支配并排除他人干涉的权利。隐私权与生俱来，是一种典型的私权，学生同样依法享有维护自身合法隐私权，不能因为缺乏某种权利意识，成人就有剥夺他此项权利的理由。

9.下列行为属于侵犯幼儿肖像权的是(   )。

A.小红表现优异，幼儿园将其照片贴在宣传栏上

B.幼儿园网站上刊登小张在运动会上比赛照片

C.照相馆经过小明父母同意，将其照片摆在橱窗里

D.为发泄不满，小强将小明的照片当作投掷靶子

网校答案：D。

10.我国不少地方已形成给校车提供最高路权、路人自觉礼让校车良好风气。这对未成年人的保护是(   )。

A.家庭保护   B.社会保护

C.学校保护   D.司法保护

网校答案：B。

(三)我国主要法律法规

《教育法》

1.《教育法》规定，明知校舍或者教育教学设施有危险，而不采取措施，造成人员伤亡或者重大财产损失的，对直接负责的主管人员和其他直接责任人员，依法追究(   )。

A.刑事责任   B.民事责任

C.一般责任   D.行政责任

网校答案：A。

2.教育行政部门取缔了一批违反国家规定私自招收未成年学生的私立学校。教育行政部门这一行政行为的法律依据是(   )。

A.《中华人民共和国教育法》   B.《中华人民共和国教师法》

C.《中华人民共和国未成年人保护法》　　　D.《中华人民共和国预防未成年犯罪法》

网校答案：A。

网校解析：《教育法》第七十五条规定："违反国家有关规定，举办学校或其他教育机构的，由教育行政部门予以撤销。"第七十六条规定："违反国家有关规定招收学员的，由教育行政部门责令退回招收的学员，退还所收费用，对直接负责的主管人员和其他直接负责人员，依法给予行政处分。"

3.因经营管理不善，某学校兴办的校办产业负债30多万元，根据《中华人民共和国教育法》对这一债务应承担偿还责任的是（　　）。

　A.校办产业　　　　　　　　　　　　B.政府

　C.学校　　　　　　　　　　　　　　D.校长

网校答案：A。

网校解析：《中华人民共和国教育法》第三十一条："学校及其他教育机构具备法人条件的，自批准设立或者登记注册之日起取得法人资格。学校及其他教育机构在民事活动中依法享有民事权利，承担民事责任学校及其他教育机构中的国有资产属于国家所有。学校及其他教育机构兴办的校办产业独立承担民事责任。"

《教师法》

4.根据《中华人民共和国教师法》，学校或者其他教育机构后对教师进行考核的内容不包括（　　）。

　A.业务水平　　　　　　　　　　　　B.工作态度

　C.工作成绩　　　　　　　　　　　　D.工作年限

网校答案：D。

网校解析：《教师法》第二十二条："学校或者其他教育机构应当对教师的政治思想、业务水平、工作态度和工作成绩进行考核教育行政部门对教师的考核工作进行指导、监督。"

5.李老师在教育教学、培养人才、科学研究、教学改革、学校建设、社会服务、勤工俭学等方面表现成绩优异，其应由（　　）予以表彰、奖励。

　A.所在学校　　　　　　　　　　　　B.当地教育局

　C.当地人民政府　　　　　　　　　　D.上一级教育局

网校答案：A。

网校解析：《教师法》第三十三条："教师在教育教学、培养人才、科学研究、教学改革、学校建设、社会服务、勤工俭学等方面成绩优异的，由所在学校予以表彰、奖励。国务院和地方各级人民政府及其有关部门对有突出贡献的教师，应当予以表彰、奖励。对有重大贡献的教师，依照国家有关规定授予荣誉称号。"

6.根据《教师法》的规定，以下不属于学校可以解聘教师的法定情形是（　　）。

　A.故意不完成教育教学任务给教育教学工作造成损失的

　B.品行不良，侮辱学生，影响恶劣的

　C.体罚学生，经教育不改的

　D.不能团结同事，其他教师不愿与之共事的

网校答案：D。

网校解析：《中华人民共和国教师法》第37条规定："教师有下列情形之一的，由所在学校、其他教育机构或者教育行政部门给予行政处分或者解聘。（1）故意不完成教育教学任务给教育教学工作造成损失的；（2）体罚学生，经教育不改的；（3）品行不良、侮辱学生，影响恶劣的。教师有前款第（2）项、第（3）项所列情形之一，情节严重，构成犯罪的，依法追究刑事责任。"

7.地方人民政府对违反《教师法》规定，拖欠教师工资或者侵犯教师其他合法权益的，应当

(　　)。

A.责令其立即改正   B.责令其限期改正

C.依法追究刑事责任   D.给予直接责任人员行政处分

网校答案：B。

网校解析：《教师法》第三十八条："地方人民政府对违反本法规定，拖欠教师工资或者侵犯教师其他合法权益的，应当责令其限期改正。违反国家财政制度、财务制度，挪用国家财政用于教育的经费，严重妨碍教育教学工作，拖欠教师工资，损害教师合法权益的，由上级机关责令限期归还被挪用的经费，并对直接责任人员给予行政处分；情节严重，构成犯罪的，依法追究刑事责任。"

8.王某担任某县公办幼儿园教师期间通过了硕士研究生入学考试，幼儿园以王某服务期未满且幼儿园教师人数不足为由不予批准王某在职学习。王某欲以剥夺其参加进修权利为由提出申诉，受理申诉的机构应当是(　　)。

A.当地县教育局   B.当地县人民政府

C.地市教育局   D.省教育厅

网校答案：A。

网校解析：《中华人民共和国教师法》第三十九条规定："教师对学校或者其他教育机构侵犯其合法权益或者对学校或者其他教育机构作出的处理不服的，可以向教育行政部门提出申诉，教育行政部门应当在 接到申诉的三十日内，作出处理。故王某应该向学校所在地的教育行政部门提出申诉，即当地县教育局。"

《义务教育法》

9.《义务教育法》规定，实施义务教育不收(　　)。

A.学费、杂费   B.杂费、书费

C.学费、书费   D.杂费、住宿费

网校答案：A。

10.对未完成义务教育的未成年犯和被采取强制性教育措施的未成年人应当进行义务教育，所需经费由(　　)予以保障。

A.人民政府   B.地方教育局

C.未成年人的监护人   D.未成年人的学校

网校答案：A。

网校解析：《义务教育法》第二十一条："对未完成义务教育的未成年犯和被采取强制性教育措施的未成年人应当进行义务教育，所需经费由人民政府予以保障。"

11.适龄儿童、少年因身体状况需要延缓入学或者休学的，其父母或者其他法定监护人应当提出申请，由(　　)批准。

A.学校

B.市级人民政府或者县级人民政府教育行政部门

C.市级人民政府或者乡镇人民政府教育行政部门

D.乡镇人民政府或者县级人民政府教育行政部门

网校答案：D。

网校解析：《义务教育法》第十一条规定："适龄儿童、少年因身体状况需要延缓入学或者休学的，其父母或者其他法定监护人应当提出申请，由当地乡镇人民政府或者县级人民政府教育行政部门批准。"

12.校长由(　　)依法聘任。

A.县级人民政府   B.县级人民政府教育行政部门

C.所在学校　　　　　　　　　　　　D.市级人民政府教育行政部门

网校答案：B。

网校解析：《义务教育法》第二十六条："学校实行校长负责制。校长应当符合国家规定的任职条件。校长由县级人民政府教育行政部门依法聘任。"

13.县级人民政府教育行政部门应当均衡配置本行政区域内学校师资力量，组织校长、教师的（　　），加强对薄弱学校的建设。

A.学习和培训　　　　　　　　　　　B.沟通和合作

C.培训和流动　　　　　　　　　　　D.交流和学习

网校答案：C。

网校解析：《中华人民共和国义务教育法》第三十二条："县级以上人民政府应当加强教师培养工作，采取措施发展教师教育。县级人民政府教育行政部门应当均衡配置本行政区域内学校师资力量，组织校长、教师的培训和流动，加强对薄弱学校的建设。"

14.（　　）是国家统一实施的所有适龄儿童、少年必须接受的教育，是国家必须予以保障的公益性事业。

A.义务教育　　　　　　　　　　　　B.中等教育

C.职业教育　　　　　　　　　　　　D.高等教育

网校答案：A。

网校解析：《中华人民共和国义务教育法》第二条规定："义务教育是国家统一实施的所有适龄儿童、少年必须接受的教育，是国家必须予以保障的公益性事业。"

15.在义务教育阶段，对违反学校管理制度的学生，学校应当（　　）。

A.直接开除　　　　　　　　　　　　B.对其进行批评教育，不得开除

C.通知家长　　　　　　　　　　　　D.对其进行惩罚

网校答案：B。

网校解析：《中华人民共和国义务教育法》第二十七条规定："对违反学校管理制度的学生，学校应当予以批评教育，不得开除。"

16.学生刘某因家庭经济困难无法按规定完成义务教育。依据《中华人民共和国未成年人保护法》，对于刘某的受教育权利，具有保障责任的是（　　）。

A.刘某的监护人　　　　　　　　　　B.当地教育机构

C.儿童福利机构　　　　　　　　　　D.当地人民政府

网校答案：D。

《未成年人保护法》

17.国有企业员工李某经常在家酗酒后打骂孩子，对于李某的行为，下列表述中正确的是（　　）。

A.可由李某所在单位给予劝诫　　　　B.可由李某所在单位给予处分

C.可由当地人民政府给予行政处罚　　D.可由当地人民政府进行政调解

网校答案：A。

网校解析：《未成年人保护法》第六十一条："国家机关及其工作人员不依法履行保护未成年人合法权益的责任，或者侵害未成年人合法权益，或者对提出申诉、控告、检举的人进行打击报复的，由其所在单位或者上级机关责令改正，对直接负责的主管人员和其他直接责任人员依法给予行政处分。"

18.15岁的李某初中毕业后不愿继续读书，跟随父母到城里打工，经介绍到老乡张某开的一家饭馆当学徒。下列说法正确的是（　　）。

A.李某父母的做法是正确的，尊重了其本人的意愿

B.李某父母的做法不合法，侵犯了李某的生存权

C.张某收李某做学徒是正确的，李某已年满 14 周岁

D.张某收李某做学徒不合法，违反了《中华人民共和国未成年人保护法》

网校答案：D。

网校解析：《未成年人保护法》第三十八条："任何组织或者个人不得招用未满十六周岁的未成年人，国家另有规定的除外。"

19.根据《未成年人保护法》的规定，对违法犯罪的未成年人坚持(　　)的原则。

A.教育与惩罚并重　　　　　　　　　　B.惩罚为主、教育为辅

C.教育为主、惩罚为辅　　　　　　　　D.教育与处罚并重

网校答案：C。

20.根据《未成年人保护法》的规定，学校和幼儿园安排幼儿园安排未成年学生和儿童参加集会、文化娱乐、社会实践等集体活动，应当有利于未成年人的健康成长，防止发生(　　)。

A.交通安全事故　　　　　　　　　　　B.人身安全事故

C.突发事故　　　　　　　　　　　　　D.食品安全事故

网校答案：B。

网校解析：《未成年人保护法》二十二条规定："学校、幼儿园安排未成年人参加集会、文化娱乐、社会实践等集体活动，应当有利于未成年人的健康成长，防止发生人身安全事故。学校、幼儿园安排未成年人参加集会、文化娱乐、社会实践等集体活动，应当有利于未成年人的健康成长，防止发生人身安全事故。学校、幼儿园安排未成年人参加集会、文化娱乐、社会实践等集体活动，应当有利于未成年人的健康成长，防止发生人身安全事故。"

21.根据《未成年人保护法》的规定，应当对未成年人免费开放的场馆是(　　)。

A.展览馆　　　　　　　　　　　　　　B.纪念馆

C.图书馆　　　　　　　　　　　　　　D.影剧院

网校答案：C。

网校解析：《未成年人保护法》第三十条规定："爱国主义教育基地、图书馆、青少年宫、儿童活动中心应当对未成年人免费开放；博物馆、纪念馆、科技馆、展览馆、美术馆、文化馆以及影剧院、体育场馆、动物园、公园等场所，应当按照有关规定对未成年人免费或者优惠开放。"

《学生伤害事故处理办法》

22.某小朋友在暑假期间擅自钻幼儿园的铁门，导致右腿划伤。对于该小朋友所受伤害，下列选项中正确的是(　　)。

A.幼儿园存在过错，应当承担赔偿责任

B.幼儿园没有过错，但要承担赔偿责任

C.幼儿园没有过错，无须承担赔偿责任

D.幼儿园存在过错，但可免除赔偿责任

网校答案：C。

网校解析：《学生伤害事故处理办法》第十三条："下列情形下发生的造成学生人身损害后果的事故，学校行为并无不当的，不承担事故责任；事故责任应当按有关法律法规或者其他有关规定认定：(三)在放学后、节假日或者假期等学校工作时间以外，学生自行滞留学校或者自行到校发生的。"

23.5 岁的小杰在与同学打闹嬉戏中，不慎将同伴小亮的眼睛碰伤，小亮所受的伤害(　　)。

A.应由小亮的监护人承担事故全部责任

B.应由小杰的监护人依法承担赔偿责任

C.应由小杰所在学校承担全部赔偿责任

D.应由小杰自己独立承担事故赔偿责任

网校答案：B。

网校解析：《学生伤害事故处理办法》第二十八条："未成年学生对学生伤害事故负有责任的，由其监护人依法承担相应的赔偿责任。"

24.放学后，12名学生到教师王某私自开设的学校附近的商店里，购买了过期食品，导致学生食物中毒，对这起事故应承担主要责任的是(   )。

A.王某　　　　　　　　　　　　B.学校

C.政府　　　　　　　　　　　　D.家长

网校答案：A。

网校解析：《学生伤害事故处理办法》第八条规定："学生伤害事故的责任，应当根据相关当事人的行为与损害后果之间的因果关系依法确定。因学校、学生或者其他相关当事人的过错造成的学生伤害事故，相关当事人应当根据其行为过错程度的比例及其与损害后果之间的因果关系承担相应的责任。当事人的行为是损害后果发生的主要原因，应当承担主要责任；当事人的行为是损害后果发生的非主要原因，承担相应的责任。"

25.某幼儿园正在开展游戏活动，教师王某活动前反复提醒小朋友注意安全，活动中也一直在旁边组织、观察、保护，但是意外还是发生，小明在跳跃时摔伤手臂，王某马上将小明送到医院检查，经医生诊断，小明右手骨折。应对小明所受伤害承担责任的主体是(   )。

A.幼儿园　　　　　　　　　　　B.教师王某

C.小明的监护人　　　　　　　　D.幼儿园和小明的监护人

网校答案：A。

网校解析：承担责任的应该是幼儿园，幼儿园承担责任后，可以向教师王某进行追偿。

《幼儿园工作规程》

26.某幼儿园为实现管理工作的规范化，要求保育员采取措施后控制幼儿的便溺时间和次数。该幼儿园的做法(   )。

A.正确，有利于培养幼儿的良好的生活习惯

B.正确，体现了保育员管理幼儿生活的权利

C.错误，违反了《幼儿园工作规程》的规定

D.错误，违反了联合国《儿童权利公约》的规定

网校答案：C。

27.幼儿园应制定合理的幼儿一日生活作息制度、正餐间隔时间不得少于(   )。

A.4小时　　　　　　　　　　　B.3小时

C.5小时　　　　　　　　　　　D.3小时半

网校答案：D。

网校解析：《幼儿园工作规程》第十八条："幼儿园应当制定合理的幼儿一日生活作息制度。正餐间隔时间为3.5~4小时。"

28.依据《幼儿园工作规程》，下列说法不正确的是(   )。

A.健康检查不合格的幼儿，可以拒绝其入园

B.幼儿一日活动组织应动静交替，以动为主

C.幼儿的每日户外体育活动不得低于一小时

D.幼儿园可按年龄分别编班，也可混合编班

网校答案：C。

网校解析：《幼儿园工作规程》第十八条："在正常情况下，幼儿户外活动时间(包括户外体育活动时间)每天不得少于2小时，寄宿制幼儿园不得少于3小时；高寒、高温地区可酌情增减。"

29. 幼儿园每班幼儿人数一般为小班(3 至 4 周岁)25 人, 中班(4 至 5 周岁)30 人, 大班(5 周岁至 6 或 7 周岁)35 人, 混合班(　　)人。

A. 35　　　　　　　　　　　　　　B. 30
C. 40　　　　　　　　　　　　　　D. 25

网校答案: B。

网校解析:《幼儿园工作规程》第十一条:"幼儿园规模应当有利于幼儿身心健康, 便于管理为原则, 不宜过大。幼儿园每班幼儿人数一般为: 小班(3 周岁至 4 周岁)25 人, 中班(4 周岁至 5 周岁)30 人, 大班(5 周岁至 6 周岁)35 人, 混合班 30 人。寄宿制幼儿园每班幼儿人数酌减。"

30. 幼儿园日常生活组织, 要从实际出发, 建立必要的合理的常规, 坚持一贯性、一致性和(　　)的原则, 培养幼儿的良好习惯和初步的生活自理能力。

A. 综合性　　　　　　　　　　　　B. 灵活性
C. 全面性　　　　　　　　　　　　D. 启蒙性

网校答案: B。

网校解析:《幼儿园工作规程》第二十七条:"幼儿园日常生活组织, 应当从实际出发, 建立必要、合理的常规, 坚持一贯性和灵活性相结合, 培养幼儿的良好习惯和初步的生活自理能力。"

31. 幼儿园的品德教育以情感教育和培养良好的(　　)为主, 注重潜移默化的影响, 并贯穿于幼儿生活及各项活动之中。

A. 生活习惯　　　　　　　　　　　B. 学习习惯
C. 卫生习惯　　　　　　　　　　　D. 行为习惯

网校答案: D。

网校解析:《幼儿园工作规程》第三十一条:"幼儿园的品德教育应当以情感教育和培养良好行为习惯为主, 注重潜移默化的影响, 并贯穿于幼儿生活以及各项活动之中。"

《国家中长期教育改革和发展规划纲要(2010—2020 年)》

32. 依据《国家中长期教育改革和发展规划纲要(2010—2020 年)》, 下列关于学前教育发展任务说法不正确的是(　　)。

A. 建立政府主导、社会参与、公办为主、民办为辅的办园体质
B. 着力保证留守儿童入园, 努力提高农村学前教育普及程度
C. 制定学制教育办园标准, 建立幼儿园准入制度
D. 到 2020 年, 有条件地区普及学前三年教育

网校答案: A。

网校解析:《纲要》第三章:"学前教育(六)明确政府职责。把发展学前教育纳入城镇、社会主义新农村建设规划。建立政府主导、社会参与、公办民办并举的办园体制。"

33. 根据《国家中长期教育改革和发展规划纲要(2010—2020 年)》规定, 下列关于我国教育发展战略目标的说法不正确的是(　　)。

A. 到 2020 年, 全面实现教育现代化, 基本形成学习型社会, 进入人力资源强国
B. 实现更高水平的普及教育, 基本普及学前教育
C. 坚持教育的公益性和惠普性, 形成惠及全民的公平教育
D. 构建体系完备的终身教育

网校答案: A。

网校解析:《国家中长期教育改革和发展规划纲要(2010—2020 年)》规定, 到 2020 年, 基本实现教育现代化, 基本形成学习型社会, 进入人力资源强国。故选 A。

34. 教育改革发展的核心任务是(　　)。

A.提高质量　　　　　　　　　　B.育人为本

C.改革创新　　　　　　　　　　D.促进公平

网校答案：A。

网校解析：《国家中长期教育改革和发展规划纲要(2010—2020年)》把教育摆在优先发展的战略地位。把育人为本作为教育工作的根本要求，把改革创新作为教育发展的强大动力。把促进公平作为国家基本教育政策。把提高质量作为教育改革发展的核心任务。

35.完善教师培训制度，将教师培训经费列入政府预算，对教师实行每(　　)年一周期的全员培训。

A.三　　　　　　　　　　　　　B.四

C.五　　　　　　　　　　　　　D.六

网校答案：C。

网校解析：《国家中长期教育改革和发展规划纲要(2010—2020年)》(五十三)提高教师业务水平。完善教师培训制度，将教师培训经费列入政府预算，对教师实行每五年一周期的全员培训。

36.《国家中长期教育改革和发展规划纲要(2010—2020年)》提出，要基本普及学前教育。重视(　　)教育。

A.0至3岁婴幼儿　　　　　　　　B.2至5岁幼儿

C.3至6岁儿童　　　　　　　　　D.4至7岁学龄前儿童

网校答案：A。

网校解析：《国家中长期教育改革和发展规划纲要(2010—2020年)》提出，要积极发展学前教育，到2020年，普及学前一年教育，基本普及学前两年教育，有条件的地区普及学前三年教育。重视0至3岁婴幼儿教育。

37.下列关于《国家中长期教育改革和发展规划纲要(2010—2020年)》中学前教育任务说法不正确的是(　　)。

A.重点发展农村学前教育

B.严格执行幼儿让教师资格标准，切实加强幼儿教师培养培训

C.到2020年，将学前一年教育纳入义务范畴

D.建立政府主导、社会参与公办民办并举的办学体制

网校答案：C。

网校解析：积极发展学前教育，到2020年，普及学前一年教育，基本普及学前两年教育，有条件的地区普及学前三年教育。重视0至3岁婴幼儿教育。

《儿童权利公约》

38.残疾儿童接受学前教育，并确保其不受教师、同学的歧视，体现了《儿童权利公约》中的(　　)。

A.儿童最大利益的原则　　　　　B.尊重儿童权利与尊严原则

C.无歧视原则　　　　　　　　　D.尊重儿童观点的原则

网校答案：C。

39.下列不属于联合国《儿童权利公约》规定的少年儿童的社会权利的是(　　)。

A.无歧视原则　　　　　　　　　B.提早自立原则

C.尊重儿童观点与意见原则　　　D.尊重儿童尊严的原则

网校答案：B。

网校解析：提早自立原则不属于联合国《儿童权利公约》中的规定。

40.对于儿童的养育和发展负有首要责任的是(　　)。

A. 父母或监护人　　　　　　　　　　　　B. 学校

C. 幼儿教师　　　　　　　　　　　　　　D. 各级人民政府

网校答案：A。

网校解析：《儿童权利公约》第十八条规定："缔约国应尽其最大努力，确保父母双方对儿童的养育和发展负有共同责任的原则得到确认。父母、或视具体情况而定的法定监护人对儿童的养育和发展负有首要责任。儿童的最大利益将是他们主要关心的事。"

第三章　教师职业道德规范

考纲要求

1. 教师职业道德

了解《中小学教师职业道德规范》（2008 年修订），掌握教师职业道德规范的主要内容。

理解《中小学班主任工作条例》的精神。

分析评价保教实践中教师的道德规范问题。

2. 教师职业行为

熟悉教师职业行为规范的要求，熟悉幼儿园教师的职业特点。

理解教师职业行为规范的主要内容，在教育活动中运用行为规范恰当地处理与幼儿、幼儿家长、同事以及教育管理者的关系。

在保教活动中，依据教师职业行为规范，爱国守法、爱岗敬业、关爱学生、教书育人、为人师表。

知识框架图

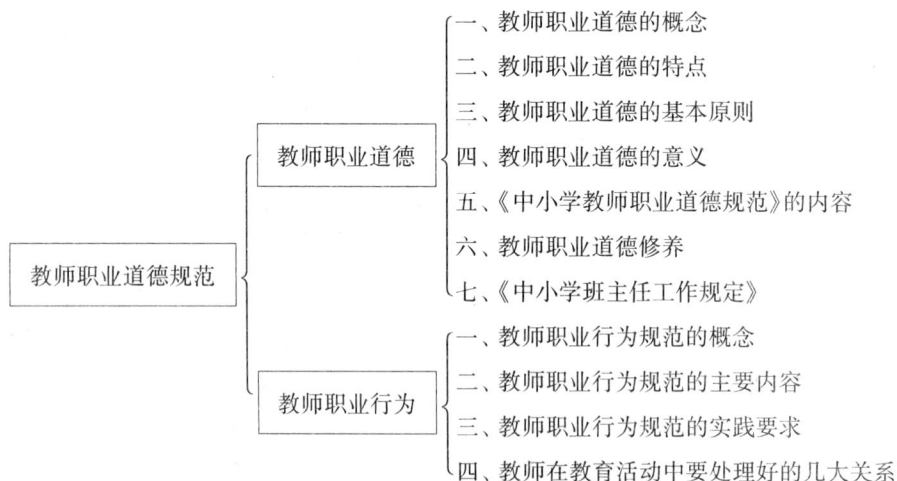

考试权重

模块	分值比例	分值	题型	重点提示
教师职业道德规范	14.66%	22 分	单项选择题　材料分析题	"三爱两人一终身"

第一节 教师职业道德

考点聚集

一、教师职业道德的概念

教师职业道德是教师在从事教育劳动时所应遵循的行为规范和必备的品德的总和，是调节教师与他人、与社会等关系时所必须遵守的基本道德规范和行为准则，以及在此基础上所表现出来的道德观念、情操和品质。它是一般社会道德在教师职业中的特殊体现。

二、教师职业道德的特点

（一）境界的高层次性

境界的高层次性是指社会和他人对教师职业道德的要求总是在整个社会道德体系中处于较高水平和较高层次。教师职业道德的高层次是由教育是培养人的本质特点，以及教师要教书育人的根本任务所决定的。

（二）意识的自觉性

意识的自觉性是指教师因职业劳动的特点所决定的，在职业道德意识上的更高的自觉性，它是教师职业情感和职业行为的基础。教师职业劳动必然要求教师具有道德的自觉性，只有教师严格要求自己，才能真正做到为人师表。

（三）行为的典范性

行为的典范性是指教师的品德和行为对学生思想品德的形成与行为具有榜样作用，它是由教师劳动的示范性决定的。在教师教学活动中，由于学生具有向师性和依赖性等特点，教师的一举一动、一言一行都会对学生的学习和发展产生深远影响，这就要求教师严于律己、以身作则，为学生做好表率作用。

（四）影响的深远性

影响的深远性是指教师的道德品质和行为将给学生留下深刻久远的印象，它不会因学生的离校而随之结束，还将延续到毕业以后，走上社会之中，有时甚至会伴随学生的一生。由于教师的劳动特点具有延时价值特点，这种影响性表现得尤为突出。

（五）内容的全面性

内容的全面性是指教师职业道德从内容上说是由教师职业理想、教师职业素质、教师职业态度、教师职业情感、教师职业技能、教师职业情操、教师职业作风和教师职业荣誉等组成的。教师职业道德充分体现了教师这一行业所特有的职业全面性。

三、教师职业道德的基本原则

（一）忠于教育事业的原则

忠于教育事业原则是教师职业道德原则的核心内容，反映了教师职业道德阶级本质和时代特征，是对社会主义道德中集体主义原则的具体化，是教师在处理个人利益和社会整体利益关系时所必须遵循的根本指导原则。

教师在实际工作中必须要把工作当作崇高的事业来追求，注重培养自己从事教育工作的光荣感和责任感，与此同时要耐得住寂寞，抵得住诱惑，要有个人利益服从学生利益和人民的利益的精神与胸怀。

（二）教育民主的原则

教育民主不仅是一种教育制度，也是教师在教育活动中必须遵守的道德原则。教育民主既指在教育过程中，教师之间平等协作地开展教育活动，也指教师采用民主的方式方法。

（三）教育人道主义原则

教育人道主义原则是指在教育过程中教育者与受教育者都应当从社会主义人道主义原则出发，尊重对方作为人的价值与尊严。在此基础上，注意发挥教育者作为过程文体的角色作用以完美价格要求自己，以人道原则协调自己与他人之间的关系，从而调动受教育者以及教育过程中其他参与者的积极性，保证教育任务的完成和教育目标的实现。教育人道主义是人道主义在教育领域的具体体现和必然要求，是任何时期的学校教育都应当遵守的基本的道德准则。

四、教师职业道德的意义

1. 从学生角度看，教师职业道德对学生起着榜样和带动作用

（1）榜样作用，在道德行为上，师德比其他职业道德有着更加强烈的典范性。

（2）带动作用，包括教师所起的带头作用，纽带作用和思想政治品质的教育作用。

2. 从教师角度看，教师职业道德对教师起调节作用

调节作用，指教师道德具有纠正人的行为和指导实际活动能力。所谓教育作用就是教育教师正确认识和对待教师的职业，认识自己对他人、对集体、对社会的利益关系应尽的责任和义务，以及在此基础上形成的道德观念和判断力。

3. 从社会角度看，对社会起影响和促进作用

教师职业道德在社会主义精神文明建设中属于思想建设的内容。思想建设与文化建设是相互促进的关系，教师职业道德对精神文明建设、物质文明的推动作用以及社会生活都会产生深远的影响。

五、《中小学教师职业道德规范》的内容

（一）爱国守法（基本要求）

热爱祖国，热爱人民，拥护中国共产党领导，拥护社会主义。全面贯彻国家教育方针，自觉遵守教育法律法规，依法履行教师职责权利。不得有违背党和国家方针政策的言行。

（二）爱岗敬业（本质要求）

忠诚于人民教育事业，志存高远，勤恳敬业，甘为人梯，乐于奉献。对工作高度负责，认真备课上课，认真批改作业，认真辅导学生，不得敷衍塞责。

（三）关爱学生（师德的灵魂）

关心爱护全体学生，尊重学生人格，平等公正对待学生。对学生严慈相济，做学生良师益友。保护学生安全，关心学生健康，维护学生权益。不讽刺、挖苦、歧视学生，不体罚或变相体罚学生。

（四）教书育人（教师的天职和根本任务）

遵循教育规律，实施素质教育。循循善诱，诲人不倦，因材施教。培养学生良好品行，激发学生创新精神，促进学生全面发展。不以分数作为评价学生的唯一标准。

（五）为人师表（内在要求）

坚守高尚情操，知荣明耻，严于律己，以身作则。衣着得体，语言规范，举止文明。关心集体，团结协作，尊重同事，尊重家长。作风正派，廉洁奉公。自觉抵制有偿家教，不利用职务之便谋取私利。

（六）终身学习（不竭动力）

崇尚科学精神，树立终身学习理念，拓宽知识视野，更新知识结构。潜心钻研业务，勇于探索创新，不断提高专业素养和教育教学水平。

《中小学教师职业道德规范》内容解读

（一）爱国守法是教师职业的基本要求

1. 爱国守法是教师职业的要求

爱国作为教师的职业道德规范，是教师做好本职工作的支撑点。爱国主义是中华民族的传统美德，也是中国特色社会主义的核心价值体系的一个重要方面。"守法"是保证我国现代化建设健康稳定发展的内在要求。随着我国法律制度的健全和完善，我国的法制化水平逐步提高，法治进程进一步向前发展，公民的自觉守法显得越来越重要。爱国和守法是全社会人员都应该遵守的道德规范，教师也不例外。教师要做到将爱国守法统一于整个教育活动中，除了自己模范地爱国守法外，更重要的是教会学生在这方面能够分辨是非。

2. 热爱祖国，热爱人民，拥护中国共产党的领导，拥护社会主义

教师只有在实际的工作、生活当中热爱祖国、热爱人民、拥护中国共产党的领导，拥护社会主义，才能潜移默化地影响和教育学生形成好的学习风气，才能将其培养成为我国合格的社会主义建设人才。

3. 自觉遵守教育法律法规，依法履行教师职责

教师要做到依法执教，首先必须做一个遵纪守法的公民，遵守社会秩序，恪守社会公德；其次，教师必须认真学习和领会有关教育、教师和未成年人的法律法规，把依法执教这一教师职业道德规范与其他相关法律法规联系起来，完整地理解依法执教的全部内涵，做到知法、懂法、守法，依法办事，做遵纪守法的楷模。

4. 全面贯彻教育方针

教育方针是国家从总的方向制定的教育方向，教师是教育方针的具体执行者。教师在教学与管理的过程中，必须严格按照教育方针的要求，全面贯彻推进素质教育，实现学生的全面发展。

5. 不得有违背党和国家方针政策的言行

党和国家的方针，代表了最广大人民的利益，集中反映了人民的愿望和要求。教师的劳动具有很强的示范与表率作用，所以，教师的职业性质决定了教师不能在其职业活动中，特别是自己的劳动对象——学生面前，散布与国家政策法规不一致的言论，宣扬与国家政策法规不一致的观点。学生正处在是非分辨的薄弱时期，教师的行为会直接影响到学生的思想发展，教师传授给学生的知识必须符合

国家法律法规的规定，符合科学规律。教师对党和国家的方针政策应当身体力行，坚持表率，从而引导学生朝着正确的方向发展。

（二）爱岗敬业是教师职业的本质要求

1. 爱岗敬业是教师的神圣职责

教师要忠诚于人民的教育事业，志存高远。志存高远就是追求远大的理想，追求卓越，获得教师职业上的成功。教师职业上的成功包括两个方面：一是成就学生，让学生成才，让学生成人；二是成就自己，在成就学生的过程中，提高自己的教育教学水平，著书立说，成名成家。

2. 淡泊名利，志存高远，忠诚于人民的教育事业

教师要甘为人梯，乐于奉献，忠于党和人民的教育事业，全心全意投入到教育事业中来。每位教师都应该树立高远的职业理想与坚定的职业信念，努力为培养祖国未来的栋梁之材奉献终身。

3. 勤恳敬业，严谨笃学，不断提高教育教学质量

（1）教师要认真执行国家教育方针，全面推进素质教育，促进学生的全面发展。

（2）教师要认真钻研教材，掌握教材的重点难点，不断提高自身的教学能力和教学质量。

（3）教师要认真研究学生。

（4）教师更新教育观念，不断创新，改善教学方法，采用启发式，反对注入式，加强社会实践活动，培养学生的创造性思维能力，促使学生主动地发展。

（5）教师要关注每个学生个性需求，对每个学生个体负责，相信每个学生都能成才。

（三）关爱学生是师德的灵魂

1. 关爱学生

关爱学生，简而言之，就是关心爱护学生，这是教师职业道德规范的基本要求之一，也是身为人师的基本素质之一。关爱学生有利于培养学生的自信心，关爱学生有利于培养学生的仁爱心，关爱学生有利于增强教师的感召力。

2. 关心爱护全体学生，尊重学生人格，平等公正对待学生

"关心爱护全体学生，尊重学生人格，平等公正对待学生"是教师关爱学生的最基本要求，其核心是教师对待学生要公正公平。在教育活动过程中，教师应对全体学生持民主和尊重的态度，对学生一视同仁，不区别对待，不以个人的私利和好恶为标准。

尊重学生人格，归根结底在于教师具有良好的师德。教师应该首先提高自身素质，将尊重学生作为检验师德的标准，时刻提醒自己按照标准去工作。

3. 对学生宽严相济，做学生的良师益友

教师对学生的关爱不是一味纵容，宠爱溺爱，而是爱中有严，严中有爱，严慈相济。教师要善于把多关爱和严要求结合起来，这样的关爱才是完整的爱、适度的爱、有利于学生健康成长的爱。

4. 保护学生的安全，关心学生健康，维护学生权益

保护学生安全。作为教师，如果看到学生有危险都不肯施以援手，那也就谈不上关爱学生了。保护学生安全是全体教师义不容辞的责任，也是对教师关爱之心是否真诚的考验。

关心学生健康。尤其是广大中小学生正处在长身体的关键时期，教师要格外关注。关心学生健康包括关注学生心理健康和身体健康，提高教育教学水平，切实减轻学生课业负担。

维护学生权益。在学校，教师就是学生的保护者，是学生的依靠，主动自觉地维护学生的权益也是关爱学生的具体体现。例如，中小学生拥有的最重要也是最基本的权利就是受教育权，未成年人有依法接受规定年限义务教育的权利。

5. 不讽刺、挖苦、歧视学生，不体罚或变相体罚学生

"不讽刺、挖苦、歧视学生，不体罚或变相体罚学生"是关爱学生禁止的行为，这是教师的伦理底线。无论教师采用身体惩罚还是心理惩罚，都是无视学生人格和尊严的典型表现，也是教师自身素质低劣的反映。在实际的工作中，教师要掌握灵活多样的教育方法对学生进行有针对性教育，积极关注

学生健康，维护学生的权益。

（四）教书育人是教师的天职

1.教书育人是教师最核心的职责与任务

教书育人的核心是育人。教书是手段，育人才是目的。教书育人指的是学校教师在组织教学活动过程中，以教育内容为载体，强健学生的体质，传授给学生系统的科学文化知识，培养学生正确的审美观和健康向上的人格。

2.遵循教育规律，实施素质教育

教师应该遵循社会发展规律，实施素质教育，同时遵循学生个体发展规律，实施素质教育(生理、认知、品德和人格)。

实施素质教育，培养学生良好的品行，促进学生的良好发展。在教育教学中只有遵循教育规律，尤其是遵循教育要适应年轻一代身心发展的这一规律，才能实现我们的教育目的。教育要适应年轻一代身心发展的顺序性，循序渐进地促进学生身心的发展。教育也要适应年轻一代身心发展的阶段性，对不同年龄阶段的学生，在教育内容和方法上应有所不同。

3.循循善诱，诲人不倦，因材施教

教师应该采用多种积极、正确的教学方法对学生进行教育。因材施教，尊重学生的个体差异；循循善诱，与学生进行有效沟通；诲人不倦，保持教育的耐心和恒心；培养学生良好的品行，激发学生的创新精神，促进学生的全面发展；不以分数作为评价学生的唯一标准。

4.培养学生的良好品行，激发学生的创新精神，促进学生全面发展

培养学生的良好品行，激发学生创新精神，促进学生全面发展，是教师开展教书育人工作的目标指向。素质教育强调学生全面的发展和每位学生的个性发展，教师应该积极培养学生良好的品行，在教学的过程中激发学生的创新精神，最终促进学生的全面发展。

5.不以分数作为评价学生的唯一标准

不以分数作为评价学生的唯一标准，是中小学教师开展教书育人工作结果评价的指导思想。教育要培养社会所需的合格人才，就需在正确的人才观的指导下，用正确的评价方式来引导教育教学活动。社会对人才的需求不仅体现在学生考试上的分数上，还体现在许多其他方面，比如良好的人际关系，吃苦耐劳的精神，自信、敏锐的观察力等。教师应该从多维度评价学生，以合格及特长的标准对学生进行评价。这样的评价方法才能有效地对教育进行导向，全面促进素质教育的实施。

（五）为人师表是教师职业的内在要求

1.为人师表是古往今来对教师的永恒要求

在我国，第一次使用"师表"二字的是汉朝的司马迁，他在《史记·太史公自序》中说："国有贤相良将民之师表也"。其意思是国家的贤明相臣和优秀将领，是黎民百姓学习的榜样，所谓"师表"就是学习的榜样。为人师表常被作为对教师的道德要求，指的是教师的言谈举止、仪表风度应该成为学生学习的榜样，所谓"师者，人之模范也"。

2.教师应该成为学生心中的模范

"学为人师，行为世范"是教师职业最基本的原则。教师作为学生发展的引路人，一举一动都会对学生的发展潜移默化的影响。教师只有严格要求自己，以身作则，才能达到育人目的。

3.教师的形象应该是令人敬慕的

教师的形象应该符合自己的职业特征，穿着得体，语言规范，举止文明。教师要是时时刻刻注意自己的个人形象，引起学生的敬慕和热爱之情，进而达到"亲其师、信其道"的目的。

4.教师应该懂得怎样尊重他人

在整个教育活动过程中，教师需要与学校人员、家长、社会人员不断地进行沟通，这要求教师具有默契的团队精神与良好的沟通技巧。在工作中，是否能够尊重他人，接纳别人，是衡量教师品质高低的重要标准之一。

5.教师应该在自律上做出表率

社会在进步,观念在变化,但为人师表作为教师的职业操守之一,永远具有存在的现实意义。作为一名教师,处处为人师表,应是自己永恒的自觉的追求。教师不应从学生、家长身上谋取私利,自觉抵制有偿家教,不利用职务之便,谋取私利。《中小学教师职业道德规范》针对市场经济下出现的比较违背教师职业行为规范的问题而做出各项禁止规定,有偿家教就属于其中之一,教师应该严格抵制。

(六)终身学习是教师专业化发展的不竭动力

(1)终身学习是现代社会的基本特征;

(2)终身学习是教师职业的必然要求,是教师专业化发展的必然要求;是教师职业生涯周期特点的必然要求;是教师工作对象特点的必然要求;

(3)终身学习的内涵是重点加强对师德的学习、教育科研能力的学习、反思能力的培养、现代教育技术的学习、对学生和自身的研究等;

(4)在工作中贯穿落实终身学习。

【2016年上半年真题】 下列选项中,不违背教师职业道德规范的是( )。

A.王老师收了学生家长赠送的购物卡　　B.赵老师收到了不少学生制作的贺卡

C.李老师经常让学生家长开车送其回家　　D.宋老师每天都给学生布置过量练习题

网校答案:B。

网校解析:教师的职业道德规范是爱国守法、爱岗敬业、关爱学生、教书育人、为人师表、终身学习;选项中A、C、D、违背了关爱学生、为人师表等规范,因此本题选B。

【2015年上半年真题】 编选校本教材时,尚老师一丝不苟地审查每一篇文章,即使插图的一点小瑕疵,都会改过来,这表明尚老师( )。

A.诲人不倦　　　　　　　　B.公正待生

C.勤恳敬业　　　　　　　　D.廉洁奉公

网校答案:C。

网校解析:尚老师的做法体现出了对教学工作的认真负责,表明尚老师勤恳敬业。

【2014年上半年真题】 迟老师编写的校本教材出现了不少错误,面对同事的质疑,迟老师说:"这不过是一本校本教材而已,没必要那么认真!"迟老师的做法( )。

A.不合理,违背了终身学习的师德规范　　B.不合理,违背了勤恳敬业的师德规范

C.合理,精力用于校本教材编写不值得　　D.合理,教师主要任务就是把课上好

网校答案:B。

网校解析:《教师职业道德规范》中,爱岗敬业要求教师要对工作勤恳敬业,高度负责,不得敷衍塞责。题目中迟老师的做法违背了这一规范。

【2016年上半年真题】 班主任王老师在班上开展"悦读悦享"活动,与同学们同读一本书,经常撰写"师读心得"与同学们分享。下列分析不恰当的是( )。

A.王老师注重师生同读互促,率先垂范　　B.王老师注重营造读书气氛,激趣启智

C.王老师注重学习,不断提升自我修养　　D.王老师注重公正,对同学们一视同仁

网校答案:D。

网校解析:该题干显示了王老师的在读书上营造读书氛围,和学生共同促进,也加强了自身的修养。

【2016年上半年真题】 李老师尽管从教多年,但每次备课依然一丝不苟,同一节课在不同的班级往往采取不同的授课方式。下列对李老师的行为的评析,不恰当的是( )。

A.因材施教　　　　　　　　B.严谨治学

C.严慈相济 　　　　　　　　　　　　　　　D.潜心钻研

网校答案：C。

网校解析：李老师备课的一丝不苟体现的是她严谨治学；不同的班级不同的授课方式，体现的是她因材施教；而她从教多年依然如此，体现了她潜心钻研。没有体现C选项。

【2015 年下半年真题】 李老师一个学期对父亲是副乡长的小壮家访了 8 次，却从未对需要帮助的留守儿童小龙家访过，李老师的做法(　　　)。

A.符合主动联系家长的要求 　　　　　　　　B.有违平等待生的要求

C.符合因材施教的教育要求 　　　　　　　　D.有违严慈相济的要求

网校答案：B。

网校解析：李老师的做法没有做到平等待生，违背了关爱学生的职业道德。

【2015 年上半年真题】 宋老师发现有的学生常将"鸟"和"乌"混淆，就编了首儿歌："小鸟小鸟有眼睛，没有眼睛看不见。"他创编了很多类似的儿歌，对学生识字有很大帮助。宋老师的做法体现的师德规范是(　　　)。

A.廉洁从教 　　　　　　　　　　　　　　　B.公正待生

C.探索创新 　　　　　　　　　　　　　　　D.举止文明

网校答案：C。

网校解析：该教师为了让学生记住知识，不混淆，运用创新的教学思路与方法来帮助学生记忆，体现了师德规范中的探索创新精神。

【2016 年上半年真题】 钟老师在班上设立"进步展示台"，分类展示在不同方面有进步的学生。这表明钟老师(　　　)。

A.不以分数为评价学生的唯一标准 　　　　　B.不关心学生的全面发展

C.不注重与学生家庭密切联系 　　　　　　　D.不主动与教师密切合作

网校答案：A。

网校解析：本题考察点为教师职业道德中的教书育人。从题干中我们可以看出，该老师能看到学生的不同面，每个学生的各方面进步都看得到，体现出老师并不是以分数作为唯一的评价方式来评定学生。其余三个选项在题干中体现不出来，故不选择。

【2015 年下半年真题】 学习一直不好的张同学这次考试考了 59 分。老师给他评分"59 + 1"，并在发试卷时悄悄说"这一分是预支给你的，希望你下次考好些，再把这一分还给老师，好吗?"该老师作法(　　　)。

A.虽未按常规处理，但有利于激励学生 　　　B.虽缺乏教育技巧，但有利于学生发展

C.虽有违教育原则，但有利于保护学生 　　　D.虽有失教育公正，但有利于教育学生

网校答案：A。

网校解析：老师并未按实际考试成绩给学生评分，属于未按常规处理；多 +1 分的做法能够激发学生，给学生前进的动力。

【2013 年下半年真题】 有位学生将几片纸屑随意扔在走廊上，王老师路过时顺手捡起并丢进垃圾桶，该学生满脸羞愧。王老师的行为体现的职业道德是(　　　)。

A.廉洁奉公 　　　　　　　　　　　　　　　B.为人师表

C.爱岗敬业 　　　　　　　　　　　　　　　D.热爱学生

网校答案：B。

网校解析：王老师的行为是严于律己，以身作则的表现，体现了为人师表的职业道德规范。故本题选 B。

【2013 年下半年真题】 教师进行人格修养最好的策略是(　　　)。

A."取法乎下" 　　　　　　　　　　　　　　B."取法乎中"

C."取法乎上" D."无法即法"

网校答案：C。

网校解析："取法乎上，仅得乎中"，意思是取上等的为准则，也只能得到中等的。求知是一个漫长且艰辛的过程。语出唐太宗《帝范》卷四："取法于上，仅得为中，取法于中，故为其下。"人确立了很高的人生目标，在实践的路上若能实现其中的一部分，已是一种成功，即取法于上，得乎其中。若将目标降低为中等，大多数人也只能实现其中一部分，即取乎其中，得乎其下。所以树立高尚的人生目标，是要让我们的人生有高度。"取法乎上"的策略，指的就是教师的人格修养以价值和人格理想的确立为前提，高处着眼进行修养。教师要成功进行自己的人格修养，必须采取"取法乎上"的策略。故本题选C。

【2014年下半年真题】 从根本上说，教师的教育威信来自(   )。

A.教师高尚的教育人格 B.社会尊师重教的传统

C.教师的社会地位优势 D.学生对教师的畏惧心理

网校答案：A。

网校解析：教师威信主要包括教师职业威信和人格威信两个方面，其中，教师的人格威信是形成真正的教师威信的基础。故本题选A。

【2016年上半年真题】 蒋老师的亲戚开办了一家培训公司，希望蒋老师推荐自己班上的学生参加辅导班，或者提供班上学生的联系方式。面对这种情况，蒋老师应该(   )。

A.推荐学生参加辅导班，促进学生全面发展

B.坚决拒绝亲戚的请求，并说明自己的理由

C.提供学生的联系方式，不时推荐学生参加辅导班

D.仅提供学生的联系方式，不推荐学生参加辅导班

网校答案：B。

网校解析：本题的考察点为教师职业道德里面的为人师表。从题干中可以看出，蒋老师应该拒绝此行为，排除选项A、C、D，选择B。

【2016年下半年真题】 从教20多年的李老师教学经验十分丰富，但他还是很注意学习新知识，勇于探索创新，不断提高自己的专业素养和教育教学水平，这说明李老师具有(   )。

A.爱护学生的情怀 B.遵纪守法的自觉

C.团结协作的精神 D.终身学习的意识

网校答案：D。

【2018年下半年真题】 休息时，王老师让孩子们排队接水喝，可队伍总也排不好，你推我，我挤你。王老师只好扯着嗓门提醒孩子们，可队伍刚排好，过一会儿又乱了。这时王老师也口渴了，她端起杯子走到队伍前面接了一杯水喝，很无奈地看着眼前乱哄哄的接水队伍。这表明王老师(   )。

A.未能廉洁从教 B.未能公平对待幼儿

C.未能以身作则 D.未能公正对待幼儿

网校答案：C。

【2018年下半年真题】 放学时，家长们都走进幼儿园接孩子，金老师一见到小齐爸爸，就埋怨他说："小齐到现在还不会自己吃饭、穿衣，你们做家长都怎么教的！"小齐爸爸觉得很难堪、恼怒，说："就是不会才送到幼儿园学习的嘛！"对该事情，下列说法正确的是(   )。

A.金老师应该注意与家长沟通的方式 B.生活能力培养主要由家长负责

C.金老师拥有批评幼儿家长的权利 D.生活能力培养主要由教师负责

网校答案：A。

六、教师职业道德修养

(一)教师职业道德修养的含义

教师职业道德修养是指教师为培养良好的职业道德品质所进行的自我锻炼、自我陶冶、自我教育、自我改造的过程和行为。教师职业道德修养的内驱力来源于教师内在的道德需要，是由教师内在道德需要所启动的自主、自觉行为。

(二)教师职业道德修养的内容

教师职业道德修养的内容包含两个方面：一是职业道德意识修养；二是职业道德行为修养。具体来说，教师职业道德修养主要包括职业道德理想、知识、情感、意志、信念和行为习惯六个方面。

1. 树立远大的职业道德理想

职业道德理想是职业道德要求的重要组成部分。有了崇高的职业道德理想才能产生遵守职业道德行为的模范。职业道德理想是社会理想在职业选择和实践中的具体体现，在人们的社会生活中占有重要位置。职业道德理想体现了教师职业道德要求的本质。

2. 掌握正确的职业道德知识

职业道德知识指人们对于客观存在的职业道德关系以及处理这种关系的道德原则、规范的认识，它包括职业道德观念的形成和职业道德行为判断能力的提高。学习和掌握教师职业道德知识是教师职业道德修养的首要环节和最初阶段。

3. 陶冶真诚的职业道德情感

职业道德情感是指人们对现实生活中职业道德关系和职业道德行为的好恶情绪，如人们通常对高尚的职业活动产生敬仰和尊重之情，对违反职业道德的行为产生愤恨和憎恶之情等。

4. 磨练坚强的职业道德意志

职业道德意志是人们在履行职业道德责任和义务的过程中，所表现出来的克服困难和障碍的能力和毅力。是否具备坚强的职业道德意志是衡量教师职业道德素质高低的重要标志。

5. 确立坚定的职业道德信念

坚定教师职业道德信念，是教师职业道德修养的核心问题。教师职业道德信念是教师对职业理想、职业人格、职业原则、职业规范坚定不移的信仰，是深刻的职业道德认识、炽热的职业道德情感和顽强的职业道德意志的统一，是把教师职业道德认识转变为教师职业道德行为的中间媒介和内驱力，并使教师职业道德行为表现出明确性和一贯性。

6. 养成良好的职业道德行为习惯

职业道德行为是指人们在一定的职业道德知识、情感、意志、信念支配下所采取的自觉行动。职业道德行为的最大特点是自觉性和习惯性。教师职业道德修养的最终目的是要养成良好的职业道德行为习惯。

(三)提升教师职业道德修养的原则

1. 坚持知行统一的原则

"知"即对教师道德的认识及其在这一基础上所形成的观念等，这是师德修养的前提。"行"即行为，也就是教师把职业道德的理论知识付诸于行动，这是师德修养的目的。在教师职业道德修养中，知和行是统一的。一个教师如果缺乏必要的道德知识，连起码的道德善恶是非也分不清，不知道哪些言行与自身职业相符合，哪些言行与自身职业相违背，是不可能形成正确师德观念的。而学习了师德理论也并不能说明他具备了某种道德品质，如果只学不用，只说不做或者言行不一，说得冠冕堂皇也只能是徒有其名，培养高尚的师德品行只是一句空话。

2. 坚持动机和效果的统一

所谓动机，就是趋向于一定目的的主观意向和愿望，它是意识到了的行为动因，即激励人们行动的主观原因。所谓效果，就是人们行动所产生的客观结果和后果，它是人的行为的客观记录。

教师要不断进行道德理论和知识的学习，加深对师德修养意义和作用的理解，不断增强修养的动力；同时要善于通过各种方式把良好的道德动机转化为客观的、外在的、现实的实际行动。在动机和效果的统一上实现师德境界的升华，既重视动机，又重视效果，才不会成为"说话的巨人，行动的矮子"。在动机和效果的统一上对自己提出比较全面的要求，是师德修养中必须坚持的。

3. 坚持自律和他律相结合

自律指自我控制，是教师依靠自己的内心信念对自己教育行为的选择和调节。他律指外部凭借奖励以及各种制度规范等手段对行动进行调节和控制。教师职业道德的修养既要用外在因素进行自我约束，又必须发挥主观能动性，做到自律和他律的结合。

4. 坚持个人和社会相结合

个人是指具有一定身体素质、思想道德和文化素质以及某种个性和特殊利益的社会一分子。社会是指以生产劳动为基础，按照各种社会关系结合在一起的人类生活共同体。社会中的每一个人都占有一席之地，都在以他的思想、道德、行为影响、作用于社会。

5. 坚持继承和创新相结合原则

师德并不是一成不变的，它是随着社会经济关系的发展变化而不断变化的。在进行师德修养中，创新与继承必须同行。必须在当代社会主义经济政治的基础上，在新的教育实践中，借鉴传统的优秀师德，重建新的、更高的社会主义师德。师德修养中既要继承和发扬传统师德，又要根据时代这一新的社会环境和客观条件有所创新，才能在师德修养上达到一定的高度，登上一个又一个高峰。

（四）提升教师职业道德修养的方法

1. 确立可行目标，坚持不懈努力

师德修养同人们认识和改造客观世界的一切活动一样，不能是盲目的、无计划的，而必须有着明确的目标作为指导。

在教师职业道德修养中，指导整个修养过程的总目标是崇高的教师职业道德理想，它作为一面旗帜，为教师如何做人、如何胜任教书育人的责任指明了前进的方向和奋斗目标，并成为教师生活的重要精神支柱，推动和激励着教师朝着更高的道德境界奋进。

2. 加强理论学习，完善自我

教师要学习马克思主义的基本原理，掌握正确的世界观、人生观和价值观，深刻理解教师职业道德的精髓；教师还要学习职业道德规范，提高遵循师德规范的自觉性，在实践中培养良好的职业品德；教师要学习先进人物的优秀品质，不断地完善自我、更新自我。

3. 道德修养应注重内省和慎独

"慎独"，既是一种崇高的道德境界，又是一种道德修养的重要方法。指的是在别人看不见、听不到的时候，在闲居独处的情况下，更要小心，谨慎，严格要求自己，使自己的言论和行为符合道德要求。教师的劳动特点富有极强的自主性和独立性，没有"慎独"的修养，那就很难做好教育工作。慎独是教师修身的重要方法，也是教师完善自我应追求的师德境界。

4. 注重细节，自觉与他人交流

师德修养不是教师个人孤立地脱离社会闭门修养，而是在教育实践中人与人相互交往、相互影响的社会性活动，教师品德修养也是社会道德进步的重要组成部分。在社会生活中总是蕴藏和涌现着美好的思想品质和道德风尚，教师作为精神文明的传播者，同时也应该成为良好道德情操和思想风貌的效法者和学习者，见贤思齐，虚心向他人学习，自觉与他人交流就是师德修养的一个好方法。

七、《中小学班主任工作规定》

(一)《中小学班主任工作规定》的性质及地位

《中小学班主任工作规定》共七章,22条。其对班主任的配备与选聘、职责与任务、待遇与权利、培养与培训、考核与奖励进行了规定。

(二)《中小学班主任工作规定》的颁布及意义

《中小学班主任工作规定》的制定、发布和实施,对进一步加强中小学班主任工作,发挥班主任在中小学教育中的重要作用,保障班主任的合法权益,全面推进素质教育具有重要意义。

(三)《中小学班主任工作规定》的基本结构及主体内容

《中小学班主任工作规定》的全部内容,旨在让中小学班主任明白自身的位置、任务、职责、待遇、权利,在新时期更好地从事班主任工作,教好书、育好人,培养祖国建设人才,实现自己的人身价值。主体内容如下:

第一章　总则

第一条　【立法宗旨】

为进一步推进未成年人思想道德建设,加强中小学班主任工作,充分发挥班主任在教育学生中的重要作用,制定本规定。

第二条　【班主任概念】

班主任是中小学日常思想道德教育和学生管理工作的主要实施者,是中小学生健康成长的引领者,班主任要努力成为中小学生的人生导师。

班主任是中小学的重要岗位,从事班主任工作是中小学教师的重要职责。教师担任班主任期间应将班主任工作作为主业。

第三条　【班主任队伍建设】

加强班主任队伍建设是坚持育人为本、德育为先的重要体现。政府有关部门和学校应为班主任开展工作创造有利条件,保障其享有的待遇与权利。

第二章　配备与选聘

第四条　【配备】

中小学每个班级应当配备一名班主任。

第五条　【选聘】

班主任由学校从班级任课教师中选聘。聘期由学校确定,担任一个班级的班主任时间一般应连续1学年以上。

第六条　【岗前培训】

教师初次担任班主任应接受岗前培训,符合选聘条件后学校方可聘用。

第七条　【任职条件】

选聘班主任应当在教师任职条件的基础上突出考查以下条件:

(一)作风正派,心理健康,为人师表;

(二)热爱学生,善于与学生、学生家长及其他任课教师沟通;

(三)爱岗敬业,具有较强的教育引导和组织管理能力。

第三章 职责与任务

第八条 【职责】

全面了解班级内每一个学生,深入分析学生思想、心理、学习、生活状况。关心爱护全体学生,平等对待每一个学生,尊重学生人格。采取多种方式与学生沟通,有针对性地进行思想道德教育,促进学生德智体美全面发展。

第九条 【管理】

认真做好班级的日常管理工作,维护班级良好秩序,培养学生的规则意识、责任意识和集体荣誉感,营造民主和谐、团结互助、健康向上的集体氛围。指导班委会和团队工作。

第十条 【任务】

组织、指导开展班会、团队会(日)、文体娱乐、社会实践、春(秋)游等形式多样的班级活动,注重调动学生的积极性和主动性,并做好安全防护工作。

第十一条 【任务】

组织做好学生的综合素质评价工作,指导学生认真记载成长记录,实事求是地评定学生操行,向学校提出奖惩建议。

第十二条 【任务】

经常与任课教师和其他教职员工沟通,主动与学生家长、学生所在社区联系,努力形成教育合力。

第四章 待遇与权利

第十三条 【骨干作用】

学校在教育管理工作中应充分发挥班主任的骨干作用,注重听取班主任意见。

第十四条 【工作量】

班主任工作量按当地教师标准课时工作量的一半计入教师基本工作量。各地要合理安排班主任的课时工作量,确保班主任做好班级管理工作。

第十五条 【津贴】

班主任津贴纳入绩效工资管理。在绩效工资分配中要向班主任倾斜。对于班主任承担超课时工作量的,以超课时补贴发放班主任津贴。

第十六条 【权利】

班主任在日常教育教学管理中,有采取适当方式对学生进行批评教育的权利。

第五章 培养与培训

第十七条 【培训规划】

教育行政部门和学校应制订班主任培养培训规划,有组织地开展班主任岗位培训。

第十八条 【培训机构】

教师教育机构应承担班主任培训任务,教育硕士专业学位教育中应设立中小学班主任工作培养方向。

第六章 考核与奖惩

第十九条 【考核与奖惩】

教育行政部门建立科学的班主任工作评价体系和奖惩制度。对长期从事班主任工作或在班主任岗位上做出突出贡献的教师定期予以表彰奖励。选拔学校管理干部应优先考虑长期从事班主任工作的优秀班主任。

第二十条 【考核】

学校建立班主任工作档案，定期组织对班主任的考核工作。考核结果作为教师聘任、奖励和职务晋升的重要依据。对不能履行班主任职责的，应调离班主任岗位。

第二节 教师职业行为

考点聚集

一、教师职业行为规范的概念

教师职业行为规范是教师在职业活动过程中，为了实现教育目标、履行教师职责、严守职业道德、从思想认识到日常行为应遵守的基本准则。教师的一言一行、一举一动，都是学校形象的再现，所以，不断提高教师的自身素质、规范教师的行为是学校文化建设的重要内容。

二、教师职业行为规范的主要内容

(一) 思想行为规范

(1) 贯彻执行党的教育方针，在教育教学中同党和国家的方针政策保持一致，不得有违背党和国家方针、政策的言行。

(2) 牢固树立素质教育观念，遵循教育规律，恪尽职守，教书育人。

(3) 当好学生的表率，注重培养学生良好的思想品德。

(4) 树立正确的人生观和价值观，爱岗敬业、淡泊名利、勇挑重担、乐于奉献。

(5) 自觉遵守法律法规，遵守社会公德，严于律己、自尊自爱、作风正派、以身作则、锐意进取、注重身教。

(二) 教学行为规范

(1) 端正教学态度，严肃认真地对待教学工作中的每一项内容，全心全意地做好教育教学工作。

(2) 钻研业务，熟悉教材，认真备课；要善于激发学生的求知欲，组织好课堂教学，创造生动活泼的课堂气氛，尽量避免对学生进行灌输性教学。

(3) 精心编排练习，认真批改作业，及时纠正错误。定时做好教学质量检查工作，及时查漏补缺。

(4) 按时上课下课，不迟到、不缺课、不拖堂。

(5) 上课语言文明、清晰流畅，表达准确简洁；板书整洁规范，内容简练精确。

(6) 既要严格要求学生，又要尊重学生，对待学生要一视同仁。热情、耐心地回答学生提问。不能讽刺、挖苦学生。

(7) 教学计划应符合教学进度的要求，不能随意删增内容、加堂或缺课，不能占用学生的课余休息时间，不能增加学生的学习负担。

(三) 人际行为规范

教师职业特点决定了其工作的特殊性和复杂性，在教师的人际关系中，主要包括学生、同事以及学生家长等。无论面对什么样的对象，教师都要保持应有的基本行为规范。

(1) 教师与学生间的交往要做到：热爱学生，关心学生，尊重学生人格和情感；严格要求，耐心教导，循循善诱，不偏不袒；客观、公正地对待和评价每名学生，关心学生的成长；不体罚和变相体罚；不以师生关系谋取私利。

（2）教师与教师间的交往要做到：互相尊重，切忌嫉妒；相互学习，取长补短；平等相待，不亢不卑；乐于助人，关心同事。

（3）教师与领导间的交往要做到：尊重领导，服从安排；顾全大局，遵守纪律；互相理解，互相支持。

（4）教师与家长间的交往要做到：尊重家长，理解家长；经常家访，互通情况；密切配合，教育学生。

【2016 年上半年真题】 骨干教师华老师教学能力突出，经常一个人钻研教学，不愿意参加集体备课，这说明华老师缺乏(　　　)。

A.严于律己的意识　　　　　　　B.团队协作的精神

C.严谨工作的态度　　　　　　　D.敬业爱岗的品格

网校答案：B。

网校解析：教师要重视交往与合作能力的培养，在集体中工作，要注意协作。

(四)仪表行为规范

（1）教师的仪表行为要以学生的欣赏水平为前提。

（2）教师的仪表行为要与自己的性格特点相得益彰。

（3）教师的仪表行为应符合自己的年龄特征。

（4）教师的仪表行为要与课堂教学的情调相适应。

(五)语言行为规范

（1）教师要使用普通话，边远地区的教师也要通过媒体及其他途径练习普通话，力争发音标准。

（2）教师的课堂用语、语法要规范，避免方言、土语，指导学生应使用正确的词语和语法。

（3）语义要明确、表达要清楚，这需要教师熟悉学科知识，思路清晰。教师要不断修炼语言能力，用规范、正确的语言可以大大提高教学效果，也可以增加教师的个人魅力。

（4）语句要完整，上下连贯、有逻辑性。课堂教学切忌教师语言断层、表达混乱、自相矛盾。教师要了解学生的所思所想和语言习惯，语气平和，态度和蔼，包括语音语调和表情手势等，都要保持与学生平等的姿态。加强与学生的交流，拉近与学生的距离，增加亲和力，确保教育教学取得好的效果。

三、教师职业行为规范的实践要求

(一)爱国守法

（1）树立爱国主义思想。

（2）树立为祖国教育事业献身的崇高理想。

（3）在教育教学实践中渗透爱国守法教育。

爱国守法是教师处理其与国家社会关系时所应该遵循的原则要求，是教师职业的基本要求。

(二)爱岗敬业

（1）珍惜和热爱自己的岗位。

（2）强烈的使命感和责任感。

爱岗敬业是教师处理其与教育事业的关系时所应遵循的原则要求，是教师职业的本质要求。

(三)关爱学生

(1)尊重学生的人格。

(2)尊重学生的主体性。

(3)树立以学生为本的思想。

(4)严慈相济是教师关爱学生的基本要求。

关爱学生是教师处理其与学生的关系时所应遵循的原则要求。

(四)教书育人

(1)对学生有爱。

(2)以身立教,为人师表。

(3)刻苦钻研,提高教学能力。

教书育人是教师在处理其与职业劳动的关系时所遵循的原则要求,是教师的天职和道德核心。

(五)为人师表

(1)加强语言修养。

(2)规范自身行为。

(3)树立高尚的教师形象。

为人师表是教师在处理其与自己的关系时应遵循的原则要求,是教师职业的内在要求。

(六)终身学习

(1)崇尚科学精神,树立终身学习理念,拓宽知识视野,更新知识结构。

(2)潜心钻研业务。

(3)勇于探索创新,不断提高专业素养和教育教学水平。

终身学习是教师在处理其与自己发展的关系时所应遵循的原则要求,是教师专业发展的不竭动力。

四、教师在教育活动中要处理好的几大关系

(一)教师与学生

(1)热爱学生,严格要求。

(2)尊重学生,信任学生。

(3)赏识学生。

(4)互相交流,教学相长。

(5)教师广博的知识、高尚的品德是使师生关系密切的法宝。

(6)教师教学得法是和谐师生关系的手段。

(二)教师与家长

(1)尊重和信任家长。

(2)与家长进行真诚的交流。

(3)理解并尊重家长的意见和看法。

(4)教育学生要尊重家长。

(三)教师与同事

(1)地位平等,尊重他人。
(2)同事之间相互理解。
(3)与同事之间搞好团结,相互理解、相互支持。

(四)教师与教育管理者

(1)教师应当尊重教育管理者根据自己的管理职责所开展的教育管理活动。
(2)教师应当在自己的职业行为上支持学校管理者对于学校管理工作的开展。

【2015年上半年真题】 一天上午,晓轩突然在教室里大叫起来:"陈老师,我新买的钢笔不见了。"这时,很多同学把怀疑的目光转向小明,有的想要打开他的书包检查,小明一边说"我没拿",一边推开同学们的手,我大概知道是怎么回事了,因为班上同学丢的几件东西都是在小明那里找到的,我安慰一下晓轩,然后让大家安静下来,说:"晓轩的钢笔肯定会找回来的,现在大家先安心上课。"

中午,小明悄悄来到办公室,递给我一支钢笔,我问他:"这是晓轩的钢笔吗?"他点头。我又问他:"你为什么要拿他的钢笔呢?"他说:"这支钢笔很漂亮。"我说:"东西再漂亮也是别人的,没有经过别人的同意,不能拿别人的东西,你知道吗?"小明惭愧地点点头。

经过调查我发现,小明平时去亲朋好友家里,想要什么东西都可以随便拿,久而久之,养成了"顺手牵羊"的坏毛病,就此,我多次跟小明的父母沟通,要求家长不要溺爱孩子,帮助孩子意识到,不是自己的东西不能随便拿。

我还在班上组织班会活动,让大家熟练掌握向别人借东西的礼貌用语。

经过不断地努力,小明终于改变了乱拿别人东西的不良习惯。

问题:请从教师职业道德的角度,评析陈老师的教育行为。

网校答案:

材料中陈老师对小明进行教育的方法是正确的,从教师职业道德的角度来看主要体现了以下几个方面:

(1)陈老师的做法体现了关爱学生的教师职业道德。当其他同学怀疑小明并要搜小明的书包时,陈老师并没有鼓励同学们这样做,而是让同学们先上课。这是对小明的尊重与保护,体现了关爱学生的教师职业道德。

(2)陈老师的做法体现了教书育人的教师职业道德。陈老师对小明进行了耐心地说服,并动员家长和班级对小明进行教育,最终让小明改变了乱拿别人东西的不良习惯。这说明陈老师能够具备促进学生全面发展的理念,体现了教书育人的教师职业道德。

综上所述,陈老师的做法是值得我们借鉴和学习的。

【2018年下半年真题】 一天早上,陈一航蹦蹦跳跳地走进教室,在搬椅子时他发现旁边小朋友的椅子上有一本书没有收好,便大声喊道:"余老师,这儿有一本书没有收。"余老师笑着说:"那就请你把它送回去,好吗?"他高兴地把书拿往图书角。由于陈一航平时吃饭、睡觉、上课、活动无一不让老师费心,所以余老师一直盯着他的送书过程,生怕他把书拿到别处去。当他把书拿到书柜前,正想顺手往里面一扔时,余老师连忙说:"谢谢你哦,你帮了我的一个大忙,要不等会儿我还得自己把书整理好。"他听了后连忙把书放整齐。离开书柜了,还不时地回头看看书本是否会掉下来。

余老师被陈一航的这个行为所触动,立刻走过去轻轻拍了拍他,说:"陈一航,原来你那么会整理书啊,那你愿意做'图书管理员'吗? 把小朋友们没有收好的书,都送到这里来收放整齐。"他高兴地说:"当然可以! 我放书最整齐了!"之后的一个星期,在余老师的引导下,陈一航很用心地寻找没有收回图书角的书,把书摆放整齐,在其他方面也进步了很多。

问题:请结合材料,从教师职业道德的角度,评析余老师的教育行为。

网校答案：该教师的行为是正确的，践行了教师职业道德的要求。

（1）践行了"关爱学生"的职业道德。关心爱护全体学生，尊重学生人格。对学生严慈相济，做学生良师益友。不讽刺、挖苦、歧视学生。材料中教师在对待平时较为费心的陈一航小朋友时，没有讽刺挖苦，而是尊重他的人格，严慈相济，恰当地加以引导。这充分说明余老师做到了"关爱学生"的相关要求。

（2）践行了"教书育人"的职业道德。循循善诱，诲人不倦，因材施教。培养学生良好品行，促进学生全面发展。材料中陈一航小朋友虽然有时稍显调皮，但是能够主动为老师承担任务，老师能够抓住这一点，循循善诱，培养了孩子的良好行为习惯，促进了孩子的全面发展，做到了"教书育人"的相关要求。

（3）践行了"爱岗敬业"的职业道德。对工作高度负责，认真辅导学生。不得敷衍塞责。材料中余老师面对一个看似微不足道的教学情境时，能够从小处入手，不放过细小的教育机会，做到了对工作高度负责，做到了"爱岗敬业"的相关要求。

综上，该老师用自己的行为为大家树立榜样，是我们学习的模范，值得我们借鉴。

章节课后习题——教师职业道德规范

1.（　　）是教师职业道德的本质要求，教师应始终牢记自己的神圣职责，志存高远。

A. 关爱学生　　　　　　　　　　　B. 终身学习

C. 爱岗敬业　　　　　　　　　　　D. 爱国守法

网校答案：C。

2. 教师可以使用的发泄方法很多，不可以采用的是（　　）。

A. 倾诉　　　　　　　　　　　　　B. 骂学生

C. 运动　　　　　　　　　　　　　D. 大笑

网校答案：B。

3. 在别人对自己的评价中，教师应（　　）。

A. 与之辩论。更好地证明自己　　　B. 更好地认识自己，改造自己

C. 照单全收，全面向他人学习　　　D. 从中判断谁是自己的朋友

网校答案：B。

4. 教师依靠发自内心的信念对自己教育行为的选择和调节，指的是（　　）。

A. 他律　　　　　　　　　　　　　B. 自律

C. 内省　　　　　　　　　　　　　D. 慎独

网校答案：B。

5. 姜老师听到晓成等几个学生说不喜欢自己，更喜欢别班的班主任，因此对学生们总是没有好脸色，经常当众斥责或罚站，这表明姜老师没有（　　）。

A. 严格要求学生　　　　　　　　　B. 维护课堂秩序

C. 调整自我心态　　　　　　　　　D. 督促学生学习

网校答案：C。

6. 下列选项中，不属于选聘班主任的考查条件（　　）。

A. 作风正派，心理健康，为人师表

B. 热爱学生，善于与学生、学生家长及其他任课教师沟通

C. 教学能力突出，所教学科成绩优秀

D. 爱岗敬业，具有较强的教育引导和组织管理能力

网校答案：C。

7. 班主任由学校从班级任课教师中选聘。聘期由学校确定，担任一个班级的班主任时间一般应连

续(   )。

    A.一学年以上   B.一学期以上

    C.两学年以上   D.三学年以上

    网校答案：A。

8.教师职业道德区别于其他职业道德的显著标志是(   )。

    A.公正廉洁   B.爱岗敬业

    C.团结协作   D.为人师表

    网校答案：D。

9.在进行一次班干部竞选中，家长给陈老师送礼，请求照顾一下自己的孩子，陈老师予以拒绝。陈老师的这种做法体现了(   )。

    A.廉洁从教   B.因材施教

    C.关爱学生   D.严慈相济

    网校答案：A。

10.师德的灵魂是(   )。

    A.关爱学生   B.提高修养

    C.加强反思   D.提高业务水平

    网校答案：A。

11.吴老师在调整座位时让考试成绩好的学生优先挑选喜欢的座位，吴老师的做法(   )。

    A.有利于激励学生   B.便于班级管理

    C.没有做到为人师表   D.没有做到教书育人

    网校答案：D。

12.唐老师准备参加全市幼儿园教师基本技能大赛，因缺乏参赛经验，就去请教常担任各类大赛评委谢老师，但被谢老师拒绝。谢老师的做法(   )。

    A.不利于同事间团结协作   B.促进唐老师自我发展

    C.不注重同事的探索创新   D.维护比赛公正公平

    网校答案：A。

13.数学老师小段多才多艺，在文体活动等方面给各个班级许多帮助，受到同事好评。这表明段老师具有(   )。

    A.因材施教能力   B.团结协作精神

    C.严谨治学意识   D.课堂教学素养

    网校答案：B。

14.张老师生气时在学生面前不自觉地会"爆粗"，学生很反感。张老师应该(   )。

    A.依然如故，顺其自然   B.无意为之，不必在意

    C.努力改正，尽量避免   D.改变自己，不说脏话

    网校答案：D。

15.新入职的王老师想去优秀教师李老师班上随班听课，学习经验。李老师笑容可掬地说："你是名牌大学毕业的高材生，我的课上得不好。就不要去听了。"这表明李老师(   )。

    A.缺乏专业发展意识   B.缺乏团结协作精神

    C.能够尊重信任同行   D.鼓励同事自我提升

    网校答案：B。

16.教师对学生所送的礼物(   )。

    A.全部接受，在教师节时可以接受学生的所有礼物

B.区别对待,对学生自制的小礼物可以适当地接受

C.婉言谢绝,任何时候都不能接受学生的任何礼物

D.婉言谢绝,尽量避免在公开场合接受学生的礼物

网校答案:B。

17.教育学生的感情基础( )。

A.爱工作 B.爱学生

C.爱学校 D.爱教育事业

网校答案:B。

18.以下不属于《中小学教师职业道德规范》规定的为人师表内容的是( )。

A.严于律己 B.作风正派

C.衣着得体 D.志存高远

网校答案:D。

网校解析:忠诚于人民教育事业,志存高远属于爱岗敬业。

19.五十多岁的胡老师又一次拒绝了学校要他参加暑期培训的安排,并说:"我都快要退休了,还学什么!"这说明胡老师缺乏( )。

A.终身学习的理念 B.热爱学生的情怀

C.诲人不倦的品格 D.严谨教学的精神

网校答案:A。

20.李老师尽管从教多年,但每次备课依然一丝不苟,同一节课在不同的班级往往采取不同的授课方式。下列对李老师的行为的评析,不恰当的是( )。

A.因材施教 B.严谨治学

C.严慈相济 D.潜心钻研

网校答案:C。

21.对于学习困难的学生,优秀教师总是有耐心地进行个别辅导,支撑他们这样做的关键因素是其( )。

A.教学风格 B.教学水平

C.敬业精神 D.知识水平

网校答案:C。

22.宋老师发现很多幼儿的生活习惯不好,就创编了一些关于习惯培养的儿歌,这些儿歌很受幼儿欢迎,对他们的习惯养成产生了积极作用,宋老师的做法体现的师德规范是( )。

A.廉洁从教 B.公正待生

C.举止文明 D.探索创新

网校答案:D。

网校解析:宋老师创编了很多帮助学生培养良好习惯的儿歌,体现了他教学的探索创新。

23.教师要适应时代发展需要,拓宽知识视野,更新知识结构,不断提高专业素养和教育教学水平,就必须( )。

A.爱岗敬业 B.勇于创新

C.严谨治学 D.终身学习

网校答案:D。

24.材料:阅读下面材料,回答问题。

徐老师的班上新来了一个男孩。不爱说话,更没有笑声。徐老师问他叫什么名字,他只会摇头。通过和家长交谈,徐老师知道这个名叫晓天的幼儿从小失去母亲,爸爸忙于生计也无暇顾及他,所以晓天性格孤僻,语言表达能力很差,动作发育迟缓。

了解到晓天的身世后,徐老师更加关心晓天,在教室里为他专门准备了开发智力的玩具,还亲手为他编织毛衣。徐老师经常亲切地跟晓天说话,教他练习发音,以提高其语言表达能力;利用图片和图书为他讲故事,以提高其理解能力;跟他一起堆积木、折纸,以提高其动手能力。徐老师还指导晓天的爸爸在家里如何对孩子进行早期智力训练。

时间一天天过去,渐渐地,晓天的眼睛亮了,能与人进行简单的交谈了,脸上也常挂着微笑。

问题:

请从教师职业道德的角度评价徐老师的保教行为。(14分)。

网校解析:

徐老师的保教行为符合教师职业道德的相关要求,值得肯定。

(1)徐老师的行为体现了关爱学生。关爱学生要求关心爱护全体学生,尊重学生人格,做学生良师益友,徐老师面对晓天这种个体差异化十分明显的幼儿,并没有不管不问,而是深入了解该幼儿的情况,对其加以关心爱护,保护了幼儿的人身尊严。

(2)徐老师的行为体现了教书育人。教书育人要求遵循教育规律,实施素质教育。循循善诱、诲人不倦、因材施教。徐老师在了解幼儿情况的基础上,从开发智力、培养语言表达能力、提升理解能力与动手能力等多方面入手,符合因材施教的教育要求,也符合该幼儿的身心发展需要。

(3)徐老师的行为体现了为人师表。为人师表要求坚守高尚情操,团结协作、尊重同事、尊重家长。徐老师不仅自己想方设法对幼儿进行教育,还积极联系家长,了解幼儿情况,与家长交流教育经验与方法,从而形成教育合力,最终促使幼儿得到了健康发展。这种行为不仅为家长树立了良好的榜样,也有助于班级其他幼儿健康思想的形成与发展。

总之,徐老师的行为体现了崇高的教师职业道德规范,这种精神值得大力弘扬,需要每个老师学习。

25.材料:阅读下面材料,回答问题。

冯老师针对学生个体差异性在班内开设了"读书小报""手绘小报""群星璀璨""数学乐园""精彩作文赏析""我爱发明"等专栏,展示学生作品,激励学生,同时,她为每一名学生建立了成长档案,记录他们的成长过程,而且作为评优的参考,深受家长的认同。

小华的爸爸是戍边军人,常年不在家。冯老师将小华的成长档案整理后寄给他,收到冯老师寄来的成长档案后,小华爸爸很激动。他给冯老师回信道:"因为您的倾情教育、精心培养,小华进步很大,看到孩子成长的点点滴滴,愧疚之余,更多的是对您的感激!您的付出难以回报,现寄上边疆的一点土特产聊表心意!"

冯老师读着小华爸爸的来信很是高兴,随后也收到了小华爸爸寄来的土特产,她以小华爸爸的名义将寄来的土特产悄悄地寄给了小华的奶奶。

问题:请结合材料,从教师职业道德的角度,评析冯老师的教育行为。(14分)

网校解析:

冯老师的教育行为符合教师职业道德的相关要求,值得肯定。

首先,冯老师的行为体现了教书育人。教书育人要求教师在工作中遵循教育规律,实施素质教育。循循善诱,诲人不倦,因材施教。培养学生良好品行,激发学生创新精神,促进学生全面发展。不以分数作为评价学生的唯一标准。冯老师根据学生的兴趣特点,开设了不同的专栏展示学生的作品,不仅体现了因材施教,更重要的是为培养学生的创造性提供了条件,有利于学生的全面发展。

其次,冯老师的教育行为体现了为人师表。为人师表要求坚守高尚情操,团结协作,尊重同事,尊重家长,作风正派,廉洁奉公。自觉抵制有偿家教,不利用职务之便谋取私利。冯老师不仅自己想方设法对学生进行教育,还积极联系家长,了解学生小华的情况,与家长交流教育经验与方法,从而形成教育合力,共同帮助小华成长。这种行为不仅为家长树立了良好的榜样,也有助于班级其他学生的发展。此外,冯老师在收到家长的感谢之礼时,没有纳为己有,而是以小华父亲的名义寄给了小华的奶奶，这也体现了冯老师为人师表的职业道德。

最后，冯老师的教育行为体现了关爱学生。关爱学生是指教师要关心和爱护全体学生，尊重他们的人格，平等公正对待学生，对学生要严慈相济，做学生的良师益友。材料中，冯老师针对小华的情况关心小华，精心培养，小华进步很大。

总之，冯老师的行为体现了崇高的教师职业道德规范，这种精神值得大力弘扬，需要每个老师学习。

教师的职业行为

1. 某市教委在教师中随机调查，问"您热爱学生吗?"90%以上的教师都回答"是"。而当对他们所教的学生问"你体会到老师对你的爱了吗?"时，回答"体会到"的学生仅占10%! 这说明(   )。

A. 教师还没有掌握高超的沟通与表达技巧

B. 教师尚不具有崇高的道德境界

C. 教师缺乏信心

D. 教师缺乏爱心

网校答案：A。

2. "弟子不必不如师，师不必贤于弟子，闻道有先后，术业有专攻，如是而已。"这种观点给当今教育的启示是(   )。

A. 教学相长，相互尊重   B. 乐教善教，讲究教法

C. 严于律己，为人师表   D. 有教无类，教书育人

网校答案：A。

3. 班主任王老师在班上开展"悦读悦享"活动，与同学们同读一本书，经常撰写"师读心得"与同学们分享。下列分析不恰当的是(   )。

A. 王老师注重师生同读互促，率先垂范

B. 王老师注重营造读书气氛，激趣启智

C. 王老师注重学习，不断提升自我修养

D. 王老师注重公正，对同学们一视同仁

网校答案：D。

网校解析：该题干显示了王老师的在读书上营造读书氛围，和学生共同促进，也加强了自身的修养。

4. 朱教师一边要求学生安静地上自习，一边和同事聊天说笑。该教师的行为(   )。

A. 正确，应该让学生习惯   B. 错误，应该小声聊天

C. 正确，利用融洽同事关系   D. 错误，应该以身作则

网校答案：D。

5. 心理学的研究表明，人们的认识和情感有时并不完全一致。因此，在师生沟通中，教师的有些话虽然完全正确，但学生却因碍于情感而觉得难以接受，这时，需要(   )表达。

A. 幽默   B. 委婉

C. 含蓄   D. 准确鲜明

网校答案：B。

6. 在现代社会，教师与学生家长的社会地位应该是(   )。

A. 平等的   B. 不平等的

C. 对立的   D. 互补的

网校答案：A。

7. 随着孩子自我意识的不断发展，很多孩子对家长的教育听不进去，家长对于如何更好地进行家

庭教育越来越力不从心。作为教师,应该( )。

A.降低对家长做好教育工作的要求

B.督促家长加强学习,成为自己的"助教"

C.尊重家长,帮助家长树立威信,配合做好教育工作

D.让家长将孩子全权交给学校管理

网校答案:C。

8.教师在与家长交往中保持正确的合作态度不包括( )。

A.谦虚和蔼 B.强制命令

C.尊重理解 D.一视同仁

网校答案:B。

9.在数学课堂上,余老师注重激发学生对所学内容"七嘴八舌"的议论,从中发现他们不懂的问题,然后有针对性地进行讲解,形成了一种"问题导向"的教学模式,下面对余老师教学行为的描述不正确的是( )。

A.余老师善用信息技术 B.余老师注重改革创新

C.余老师善于教学重构 D.余老师勤于教学反思

网校答案:A。

网校解析:本题题干是选择不正确的的选项,A选项中提到老师善于运营信息技术,但是题干中没有任何信息透露此点,故此选项属于干扰选项,其余答案均正确。

10.俗话说"满招损,谦受益""虚心使人进步,骄傲使人落后",在团队合作中,最好首先做到( )。

A.严以律己,以诚待人 B.谦虚为怀,戒骄戒躁

C.相互帮助,通力合作 D.凡事不要先出头

网校答案:B。

11.涂鸦活动中,贝贝的画中老师奇丑无比,同伴讥笑,老师安慰贝贝,头发圈圈画得好,该老师的行为体现了( )。

A.公正待生 B.正面激励

C.严于律己 D.严慈相济

网校答案:B。

第四章 文化素养

具有一定的文化常识。

了解中外科技发展史上的代表人物及其主要成就，熟悉常见的幼儿科普读物。

了解中外文学史上重要的作家作品，尤其是常见的儿童文学作品。

知识框架图

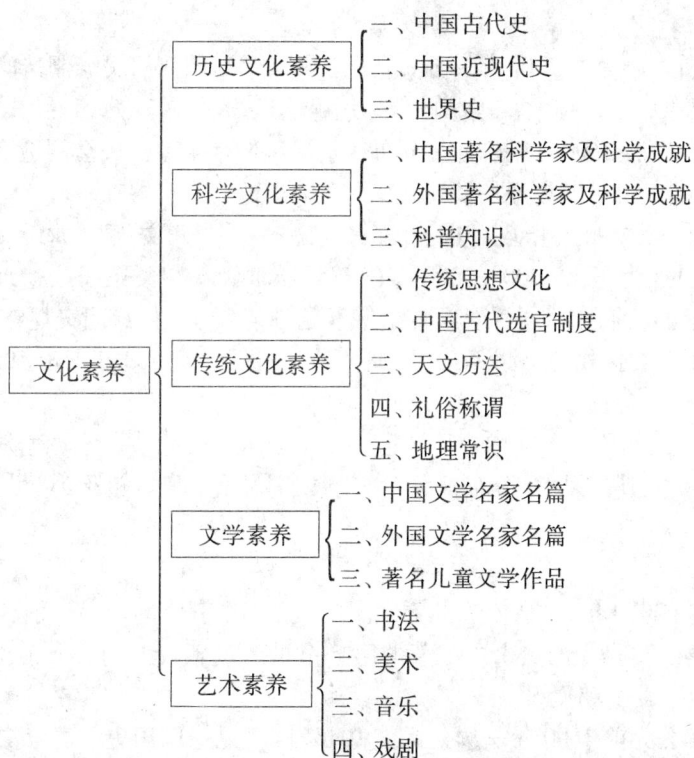

历史文化素养
- 一、中国古代史
- 二、中国近现代史
- 三、世界史

科学文化素养
- 一、中国著名科学家及科学成就
- 二、外国著名科学家及科学成就
- 三、科普知识

文化素养

传统文化素养
- 一、传统思想文化
- 二、中国古代选官制度
- 三、天文历法
- 四、礼俗称谓
- 五、地理常识

文学素养
- 一、中国文学名家名篇
- 二、外国文学名家名篇
- 三、著名儿童文学作品

艺术素养
- 一、书法
- 二、美术
- 三、音乐
- 四、戏剧

考试权重

模块	分值比例	分值	题型	重点提示
文化素养	12%	18 分	单项选择题	各类素养相对平均，容易超纲

第一节　历史文化素养

一、中国古代史

（一）原始社会

1.原始人类

【元谋人】　1965年，在云南省元谋县发现的古人类化石，是已知中国境内最早的人类，距今约170万年，是能制造工具和使用火的原始人类。

【北京人】　在北京周口店龙骨山发现的古人类化石，距今约70万年。他们共同劳动，共同分享劳动果实，过着群居生活，会使用天然火和打制工具，是第一次取得了支配自然力能力的人类。

【山顶洞人】　距今约3万年，中国华北地区旧石器时代晚期的人类化石，属晚期智人，因发现于北京市周口店龙骨山的山顶洞而得名。

2.氏族社会

（1）母系氏族时期：距今六七千年，包括仰韶文化、半坡文化、河姆渡文化。

【仰韶文化遗址】　分布在黄河流域，出土的各种水器、甑、灶等日用陶器以泥红陶和夹砂红褐陶为主，主要呈现红色，红陶器上常彩绘有几何型图案或动物型花纹，是仰韶文化最明显的特征，故也称为彩陶文化。

【河姆渡文化遗址】　距今约7000年，分布在长江流域，河姆渡居民会制造磨制石器、陶器；种植水稻，饲养家畜，掌握原始纺织技术；建造干栏式房屋。

【半坡文化遗址】　距今5600—6700年，分布在黄河流域。半坡居民会制造磨制石器、陶器；种植黍、粟等旱地作物，饲养家畜，掌握原始纺织技术；建造半地穴式房屋。

（2）父系氏族时期：距今四五千年，包括大汶口文化——"彩陶文化"、龙山文化——"黑陶文化"。

【大汶口文化遗址】　为距今4000—5000年的新石器时代晚期父系氏族遗址，生活用具分彩陶、红陶、白陶、灰陶、黑陶几种，特别是彩陶器皿，花纹精细匀称，几何形图案规整。大汶口文化遗址的发现，为山东地区的龙山文化找到了渊源，也为研究黄淮流域及山东、江浙沿海地区原始文化提供了重要线索。

【龙山文化遗址】　泛指中国黄河中、下游地区新石器时代晚期的一类文化遗存。这个文化以许多薄、硬、光、黑的陶器，尤其是黑陶（分布日照、济南）最具特色，所以也称为"黑陶文化"。

（二）夏商周时期

【夏朝】　约公元前2070年，"禹传子，家天下"，夏启以"王位世袭制"代替了"禅让制"，建立了我国第一个奴隶制国家，也是中国史书中记载的第一个世袭制朝代。约公元前1600年，夏桀暴虐无道，商汤起兵打败夏桀，夏王朝覆灭。

【商朝】　商朝（约公元前1600年—约公元前1046年），是中国历史上的第二个朝代，也是中国第一个有直接的同时期的文字记载的王朝。夏朝方国商国君主商汤率方国于鸣条之战灭夏后，以"商"为国号，在亳（今商丘）建立商朝。末代君主帝辛（商纣王）于牧野之战被周武王击败后自焚而亡。殷墟的发掘，确证了中国商王朝的存在。甲骨文和金文的记载是目前已经发现的中国最早的成系统的文字符号。在商朝时期，长江流域也平行存在发达的非中原文明。

【周朝】　商朝纣王统治残暴，周文王广纳贤才，励精图治，至周武王伐纣，定都镐京（今陕西西安），史称西周。周武王为巩固统治，依据血缘关系的亲疏将一定的土地和人民分封给王族、功臣和先代贵族，建立大量诸侯国，又规定嫡长子继承制确定权威和财产的继承权。周厉王时期统治残暴，引发都城镐京的平民发动"国人暴动"。公元前771年，周幽王为博美人褒姒一笑"烽火戏诸侯"，西周王后之父申侯联合犬戎攻克镐京，西周灭亡。幽王之子平王迁都洛邑（今河南洛阳），东周开始。东周分为春秋和战国两个阶段，春秋是奴隶社会的瓦解时期，战国是封建社会的形成时期。

（三）春秋战国时期

【春秋五霸】　平王东迁后，周室衰微，诸侯坐大。为争夺土地、人口和财产，各诸侯之间不断进行兼并战争，先后出现五位称霸的诸侯：齐桓公、宋襄公、晋文公、秦穆公、楚庄王，史称"春秋五霸"。

【尊王攘夷】　平王东迁以后，周天子权威大大减弱，诸侯国内的篡权政变和各国之间的兼并战争不断发生。与此同时，边境族群趁机入侵，华夏文明面临空前的危机。春秋时期的齐桓公在管仲的辅佐下尊崇周天子，并因数次发动帮助诸侯国攘斥夷狄的战争而大获赞赏，其事迹被后世称为"尊王攘夷"。

【退避三舍】　春秋时期，晋国内乱，晋献公的儿子重耳逃到楚国。楚成王收留并款待他，他许诺如晋楚发生战争晋军退避三舍（九十里）。后来重耳在秦穆公的帮助下重回晋国执政。公元前632年，晋国与楚国发生矛盾，两军在城濮相遇，重耳退避三舍，最终以晋国完胜楚国而结束，史称"城濮之战"。

【卧薪尝胆】　春秋时，吴越争霸，越王勾践战败，被吴王夫差俘获，后来勾践回到越国，时时刻刻想着如何复国，还把一个苦胆挂在座位上面，每天坐下休息、躺下睡觉之前，都要仰起头尝尝苦胆的滋味，吃饭喝水之前也要先尝尝苦胆。越王勾践就这样磨砺身心，日夜操劳，后来终于灭掉了吴国。

【问鼎中原】　传说古代夏禹铸造九鼎，代表九州，作为国家权力的象征。夏、商、周三代以九鼎为传国重器，为得天下者所有。到公元前606年，楚庄王想取周而代之，就借朝拜天子的名义，到周王室去问九鼎的大小轻重。王孙满说："统治天下在乎德而不在乎鼎。"庄王很不服气地说："你不要依仗九鼎，我楚国有的是铜，我们只要折断戈戟的刃尖，就足够做九鼎了。"王孙满说："大王您别忘了，当初夏禹是因为有德，天下诸侯都拥戴他，各地才贡献铜材，启才能铸成九鼎以象万物。后来夏桀昏乱，鼎就转移给了商；商纣暴虐，鼎又转移给了周。如果天子有德，鼎虽小却重得难以转移；如果天子无德，鼎虽大却是轻而易动。周朝的国运还未完，鼎的轻重是不可以问的。"庄王无话可说。

【战国七雄】　战国七雄是战国时期七个最强大的诸侯国的统称，经过春秋时期旷日持久的争霸战争，周王朝境内的诸侯国数量大大减少，周王室名义上为天下共主，实际上已形同灭亡，诸侯国互相攻伐，战争不断。三家分晋后，赵国、魏国、韩国跻身强国之列，又有田氏代齐，战国七雄的格局正式形成，七国分别是齐国、楚国、燕国、韩国、赵国、魏国、秦国。

【纸上谈兵】　战国时赵国名将赵奢之子赵括，年轻时学兵法，谈起兵事来父亲也难不倒他。后来他接替廉颇为赵将，在长平之战中，只知道根据兵书布兵排阵，不知道变通，结果被秦军大败。

【春秋战国时期的大融合、大发展、大变革】　通过经济文化交流和频繁战争，各民族逐步融合。除中原华夏族外，四周还有匈奴、东胡、戎、越族等。春秋时，铁制农具开始出现，战国时，其使用范围扩大。牛耕逐渐推广，是我国农业技术史上农用动力的一次革命。大型水利工程的修建大大促进了农业的发展，春秋楚相孙叔敖主持修建的芍陂、战国时期秦国李冰主持修建的都江堰、秦国的郑国渠等都是著名的水利工程。手工业繁荣，战国《考工记》是目前发现的世界上最早的手工业工艺的专著。

【社会改革】　春秋战国时期是社会大变革时期，各国都展开过变化革新，如魏国李悝变法、楚国吴起变法、秦国商鞅变法等，其中以商鞅变法最为著名。公元前356年，秦孝公任用商鞅变法，主要改革如下：实行连坐法；重农抑商，奖励耕织；奖励军功，按功授爵；"燔诗书而明法令"；统一度量衡；废分封，行县制；废除井田制。商鞅变法使秦国逐步强盛，为后来秦统一六国奠定了基础，商鞅主张的法家思想成为秦国占统治地位的政治思想。

（四）秦汉时期

【秦的统一】　秦王嬴政雄才大略，重用人才，公元前230年至公元前221年先后灭六国（韩赵魏楚燕齐），统一中原。秦王北击匈奴，夺取河套地区，然后派大将蒙恬北修长城；南攻百越，统一越族地区。公元前221年，嬴政定都咸阳，称秦始皇，建立中国历史上第一个专制主义中央集权封建国家，其疆域东临大海，西到陇西，南濒南海，北抵长城。

【秦始皇专制主义中央集权制度的建立和巩固统一的措施】　秦朝加强中央集权，巩固统治，确立皇权的至高无上。政治上，建立从中央到地方的官制和行政机构，废除分封制，推行郡县制，颁布《秦律》；经济方面，统一货币、度量衡；军事方面，统一车轨、驰道；思想文化方面，统一文字——小篆，焚书坑儒。

【秦末农民战争以及楚汉战争】　公元前208年，秦朝暴政引发陈胜、吴广起义，一时间天下群雄纷纷响应。项羽、刘邦相继起义，后刘邦率军入咸阳，尽除秦苛法，与关中父老"约法三章"，秦朝灭亡。项羽、刘邦为争夺天下引发楚汉之争。最终项羽乌江自刎，刘邦建立汉朝，史称西汉。

【文景之治】　西汉建立初期，民生凋敝，国家急需休养生息。至西汉汉文帝、汉景帝统治时期，朝廷推崇道家无为之术，采取"轻徭薄赋""与民休息"的政策，出现了多年未有的稳定富裕的景象，史称"文景之治"。

【汉武帝的大一统】　汉武帝时期，西汉王朝在政治、经济、思想文化和军事上实现了大一统，主要表现在：政治上，在中央设内外朝制，加强皇权，对地方颁布"推恩令"，削夺封国；经济上，盐铁官营，铸币权收归中央，统一为五铢钱；思想文化上，"罢黜百家，独尊儒术"；对外进行三次大规模打击匈奴的战争。

【卫青、霍去病北击匈奴】　西汉初年，匈奴不断南下。西汉与匈奴"和亲"以换取和平。到汉武帝时，国家具备了反击匈奴的条件，名将卫青和霍去病率军反击，使匈奴受到重创，被迫迁徙漠北。西汉北部边郡得到安定。

【汉朝同西域的往来】　汉朝时，我国甘肃玉门关和阳关以西、葱岭以东，新疆天山南北等地区，叫作西域。西汉时，西域有乌孙、车师、鄯善等36国，生活着许多民族。为了联络大月氏夹击匈奴，解除匈奴对西汉的威胁，张骞两次奉汉武帝之命，出使西域。从此，汉朝同西域的往来频繁，西域的音乐、舞蹈、艺术，农作物如葡萄、苜蓿、核桃、胡萝卜等相继传入内地。张骞对开辟从内地通往西域的丝绸之路有卓越贡献，至今举世称道。公元前60年，西域都护的设置，标志着西域开始正式归属中央政权。东汉时，班超经营西域，进一步密切了西域同内地的联系。

【丝绸之路】　"丝绸之路"是指起始于古代中国，连接亚洲、非洲和欧洲的古代陆上商业贸易路线。狭义的丝绸之路一般指陆上丝绸之路。广义上其又分为陆上丝绸之路和海上丝绸之路。"陆上丝绸之路"是连接中国腹地与欧洲诸地的陆上商业贸易通道，形成于公元前2世纪至公元1世纪之间，直至16世纪仍保留使用，是东方与西方之间进行经济、政治、文化交流的主要道路。汉武帝派张骞出使西域形成其基本干道。它以西汉时期的长安为起点（东汉时为洛阳），经河西走廊到敦煌。"海上丝绸之路"是古代中国与外国交通贸易和文化交往的海上通道，该路主要以南海为中心，所以又称南海丝绸之路。海上丝绸之路形成于秦汉时期，发展于三国至隋朝时期，繁荣于唐宋时期，转变于明清时期，是已知的最为古老的海上航线。

【佛教传入、道教建立】　佛教在西汉末年传入我国，东汉时期广泛传播。佛教传入我国之后，在我国迅速传播，并不断改造自身，顺应中国传统伦理道德和风俗习惯，对我国传统文化产生了深远影响。道教于东汉后期形成，由张道陵创立，源于古代民间传说、神仙方术和道家思想。道教宣称通过炼服丹药和修身养性，可以长生不老，得道成仙。

【王莽改制】　西汉末年，社会矛盾空前激化。公元8年，王莽取代汉建立"新"，为缓和西汉末年日益加剧的社会矛盾而采取一系列新的措施。"托古改制"包括土地改革、币制改革、商业改革和官名县名改革。

【光武中兴】 公元 25 年，刘秀称帝，沿用汉的国号，史称"东汉"，称光武帝。光武帝勤于政事，与民休息，谦和纳士，使国家逐渐出现兴盛的景象，史称"光武中兴"。

【昭君出塞】 公元前 34 年，匈奴呼韩邪单于被他哥哥郅支单于打败，南迁至长城外的光禄塞下，同西汉结好，曾三次进长安入朝，并向汉元帝请求和亲。王昭君听说后请求出塞和亲。她到匈奴后，被封为"宁胡阏氏"（阏氏，音焉支，意思是王后），象征她将给匈奴带来和平、安宁和兴旺。后来呼韩邪单于在西汉的支持下控制了匈奴全境，从而使匈奴同汉朝和好达半个世纪。

【投笔从戎】 班超家里穷，常受雇于官府雇佣抄书以养家。他曾扔笔感叹："大丈夫无他志，犹当效傅介子，张骞立功异域，以取封侯，安能久事间乎？"旁边的人都嘲笑他。班超说："小子安知壮士志哉？"后来他奉命出使西域，最终立下了功劳，封了侯。

（五）三国两晋南北朝时期

【官渡之战】 公元 200 年，曹操军与袁绍军相持于官渡，在此展开战略决战。曹军奇袭袁军在乌巢的粮仓，继而击溃袁军主力，此战奠定了曹操统一中国北方的基础。

【赤壁之战】 公元 208 年，孙权、刘备联军在长江赤壁一带大破曹操大军。此战之后，三国鼎立的局面逐渐形成。

【三国鼎立】 公元 220 年，曹操之子曹丕称帝，建立魏国；221 年，刘备在成都称帝，建立蜀国；222 年，孙权建立吴国，三国鼎立局面正式形成。三国时期，吴王孙权派一万官兵到达"夷洲"（今台湾省），吴人沈莹的《临海水土志》留下了世界上对台湾最早的记述。

【西晋的兴衰】 曹丕死后，大臣司马懿逐渐控制魏国的大权。三国中实力最弱的蜀汉最先被魏国灭亡。266 年，司马懿的孙子司马炎篡夺皇位，建立晋朝，定都洛阳，史称"西晋"。280 年，西晋军队灭掉吴国，结束分裂局面。西晋统一后，统治集团迅速腐朽。第二代皇帝晋惠帝智力低下，无力治理国家。西晋的皇族纷纷起兵争夺皇位，混战十几年，史称"八王之乱"。316 年，内迁匈奴人的一支武装灭亡了西晋。

【淝水之战】 东晋时期，北方的统一政权前秦向南方的东晋发起战争。秦主苻坚率领大军列阵淝水，要与东晋决战，结果秦兵大败，前秦也因此衰败灭亡。（成语"风声鹤唳""草木皆兵"皆出于此役）

【北魏孝文帝改革】 北魏是南北朝时期北朝第一个朝代。493 年，孝文帝拓跋宏大举改革，包括迁都洛阳，整顿吏治，制定俸禄制度，颁布均田令，学习汉族文化（学说汉话、改用汉字单姓、穿汉服），提倡与汉族通婚，促进了北方民族的大融合。

（六）隋唐时期

【隋朝建立】 581 年，杨坚夺取北周政权，建立隋朝，定都长安。589 年，隋灭南朝最后一个朝代陈，南北重归统一。

【隋朝大运河】 605 年，隋炀帝下令开凿大运河，对南北经济文化交流起到了很大作用。大运河以洛阳为中心，南起余杭（今杭州），北至涿郡（今北京），全长两千多公里，连接了海河、黄河、淮河、长江和钱塘江五大水系，是世界上最早最长的运河，客观上改善了北方的交通运输状况。

【贞观之治】 唐太宗继承唐高祖李渊制定的尊祖崇道国策，并进一步将其发扬光大，运用道家思想治国平天下。唐太宗任人贤能，知人善用；广开言路，尊重生命，自我克制，虚心纳谏；采取了以农为本、厉行节约、休养生息、文教复兴、完善科举制度等政策，使得社会出现了安定的局面；大力平定外患，尊重边族风俗，稳固边疆，最终取得天下大治的理想局面。因其时年号为"贞观"（627—649年），故史称"贞观之治"。贞观之治是唐朝的第一个治世，为后来的开元盛世奠定了坚实的基础。

【女皇武则天】 690 年，武则天废唐睿宗，自立为帝，改国号为"大周"，成为我国历史上第一位女皇帝。

【文成公主入藏】 唐太宗年间，文成公主嫁给吐蕃赞普松赞干布。汉藏联姻促进了民族团结，加强了汉藏经济、文化的交流。

【玄奘西游、鉴真东渡】 玄奘大师西行求法后，由其口述，弟子辩机编撰了《大唐西域记》，记录了玄奘游历印度、西域旅途19年之见闻。唐朝时，很多中国人为中日两国人民的交流做出了贡献。他们当中，最突出的是高僧鉴真。他不畏艰险，东渡日本，讲授佛学理论，传播博大精深的中国文化，促进了日本佛学、医学、建筑和雕塑水平的提高，受到中日人民和佛学界的尊敬。

【开元盛世】 唐玄宗(李隆基)统治前期所出现的盛世。唐玄宗在位44年，其治国之道以道家清静无为思想为宗，提倡文教。前期(开元年间)政治清明，励精图治，任用贤能，经济迅速发展，使得天下大治，唐朝进入全盛时期，并成为当时世界上最强盛的国家，史称"开元盛世"，前后共29年。

【安史之乱】 唐玄宗晚年不理朝政，吏治腐败。节度使安禄山与史思明发动了同中央政权争夺统治权的战争，史称"安史之乱"。这是唐朝由盛而衰的转折点。

(七)两宋时期

【杯酒释兵权】 为了加强中央集权，同时避免别的将领也"黄袍加身"，篡夺自己的政权，宋太祖赵匡胤通过一次酒宴，以威胁利诱的方式，要求统兵将领交出手中兵权。"杯酒释兵权"只是宋太祖为加强皇权，巩固统治所采取的一系列政治军事改革措施的开始，被视为宽和的典范。其后，宋太祖还在军事制度方面进行了多项改革。"杯酒释兵权"作为一个成语，逐步引申为轻而易举地解除将领的兵权。

【澶渊之盟】 1004年秋(宋真宗景德元年)，辽军大举攻宋，深入宋境。经宰相寇准力劝，宋真宗才至澶州督战。最后双方订立合议，史称"澶渊之盟"，宋辽对峙局面形成。

【王安石变法】 1069年，宋神宗任用王安石主持变法改革。改革内容为①理财措施：青苗法、募役法、农田水利法、方田均税法；②军事措施：保甲法、将兵法；③教育措施：改革科举制度，整顿太学。后来，因触犯大地主、大官僚利益以及用人不当，变法改革推行失败。

【靖康之变】 靖康之变又称靖康之乱、靖康之难、靖康之祸、靖康之耻，是中国历史上的一次著名事件，发生于北宋皇帝宋钦宗靖康年间(1126—1127年)。靖康二年四月，金军攻破东京(今河南开封)，除了烧杀抢掠之外，还俘虏了宋徽宗、宋钦宗父子，以及大量赵氏皇族、后宫妃嫔与贵卿、朝臣等共三千余人北上金国，东京城中公私积蓄为之一空。靖康之耻导致北宋灭亡，深深刺痛了汉人的内心，南宋大将岳飞在《满江红》中提道"靖康耻，犹未雪，臣子恨，何时灭！"

【南宋建立】 1127年，南宋建立，后定都临安。南宋初年，岳飞、韩世忠等积极主张抗金斗争。1141年，南宋与金议和，史称"绍兴和议"，宋金对峙局面形成。

【宋代交子】 诞生于北宋初期的"交子"，是中国最早出现的纸币，也是世界上最早出现的纸币。

(八)元明清时期

【元朝一统中国】 1206年，成吉思汗建立蒙古汗国。1271年，忽必烈改国号为元。1276年，南宋灭亡，元朝大一统的多民族国家出现，新的民族"回族"形成，西藏成为元朝行政区，设澎湖巡检司管辖澎湖和琉球。

【《马可·波罗游记》】 马可·波罗(1254—1324年)，世界著名的旅行家，1254年出生于意大利威尼斯一个商人家庭，17岁时跟随父亲和叔叔来到中国游历了17年，回国后写了一本《马可·波罗游记》(又名《马可·波罗行纪》《东方闻见录》)。该书记述了他在东方最富有的国家——中国的见闻，激起了欧洲人对东方的热烈向往，对以后新航路的开辟产生了巨大的影响。同时，西方地理学家还根据书中的描述，绘制了早期的"世界地图"。

【明朝的建立和专制制度的加强】 1368年，朱元璋即帝位，定国号为大明，定都应天(南京)。朱元璋废除丞相制度，在地方实行三司分权，改大都督府为五军都督府，颁布《大明律》，加强特务统治，采取八股取士。

【郑和下西洋】 郑和下西洋是明朝初年的一场海上远航活动。1405 年到 1433 年，郑和从刘家港出发，穿越马六甲海峡，横渡印度洋，最远到达非洲东海岸和红海沿岸，访问了多个在西太平洋和印度洋的国家和地区，加深了中国同东南亚、东非的联系。他前后共远航了 7 次。

【戚继光抗倭】 戚继光(1528—1587 年)，字元敬，山东牟平人。他曾用"封侯非我意，但愿海波平"的诗句表达自己消除倭患的决心和志向。嘉靖年间，戚家军纪律严明，战斗力旺盛，在抗倭战斗中，屡建奇功，名闻天下。

【郑成功收复台湾】 郑成功(1624—1662 年)，17 世纪明末抗清名将、民族英雄。1661 年(永历十五年)，郑成功亲率 2.5 万名将士，在台湾人民的支持下，击败荷兰殖民者，使台湾终于回到了祖国的怀抱。

【清军入关】 李自成起义军攻占北京后，清军大举南下，驻守山海关的名将吴三桂降清。1644 年 4 月，李自成领导的农民军与吴三桂在山海关进行激战，清军猝然袭击，农民军战败，清军入关。1644 年 5 月，清军攻占北京，清世祖顺治帝定都北京，清政权逐步统一全国。

【康乾盛世】 康乾盛世又称"康雍乾盛世"，是中国清王朝前期统治下的盛世，也是中国古代封建王朝的最后一个盛世，起于康熙二十年(1681 年)平三藩之乱，止于嘉庆元年(1796 年)白莲教起义爆发，持续时间长达 115 年，是清朝统治的最高峰。在此期间，中国社会稳定，经济快速发展，人口增长迅速，疆域辽阔。但因制度僵化，闭关锁国，这一局面没能长久。

【文字狱】 文字狱是封建社会统治者迫害知识分子的一种冤狱。皇帝和他周围的人故意从作者的诗文中摘取字句，罗织成罪，严重者会因此引来杀身之祸，甚至所有家人和亲戚都会受到牵连，遭满门抄斩乃至株连九族的重罪。文字狱历朝皆有，但以清朝最多，从康熙年间到乾隆年间，就有十多起较大的文字狱。代表性案件有乌台诗案、明史案、南山集案等。

【清政府同新疆地区的关系】 1757 年，天山南路回部贵族大小和卓兄弟发动叛乱，后清军平定叛乱。1762 年，清政府设伊犁将军，统辖新疆地区。

【清政府同西藏地区的关系】 顺治帝和康熙帝分别赐封西藏五世达赖和五世班禅，确定此后历世班禅和达赖必须经过中央政府册封的制度。雍正时期设驻藏大臣，标志着中央政府对西藏管辖的加强。

【台湾府的设置】 1683 年，清政府命福建水师提督施琅进军台湾，至此台湾纳入清朝版图。1684 年，清政府设台湾府，隶属于福建省。

【雅克萨自卫反击战】 明清之际，俄国强占雅克萨和尼布楚等地。为捍卫边疆，康熙帝组织自卫反击战。两次雅克萨之战，俄军伤亡惨重，被迫同意谈判。1689 年，中俄代表在尼布楚签订《尼布楚条约》，从法律上肯定了黑龙江和乌苏里江包括库页岛在内的广大地区都是中国领土，这也是第一个中俄边界条约。

二、中国近现代史

(一)中国近代史

【林则徐虎门销烟】 1839 年 6 月，中国清朝政府委任钦差大臣林则徐在广东虎门集中销毁鸦片。此事后来成为第一次鸦片战争的导火线，《南京条约》也是那次战争中由清政府签订的。

【两次鸦片战争】 1840 年 6 月，英国以武力侵略中国，发动了第一次鸦片战争。中国战败，英国强迫清政府签订中国近代第一个不平等条约——中英《南京条约》。清政府割让香港岛给英国，还签订了中美《望厦条约》和中法《黄埔条约》，中国进入半殖民地半封建社会。1856 年，英法借口修约，发动第二次鸦片战争。1858 年，俄、美、英、法四国强迫清政府签订《天津条约》。1860 年，英法联军再度攻占天津，咸丰帝逃往承德避暑山庄。英法联军火烧皇家园林圆明园，又强迫清政府签订《北京条约》。

【太平天国运动】 1851年1月，洪秀全率领拜上帝教教众在广西省桂平县金田村发动起义，建号太平天国。1853年3月，太平军攻克南京，改名天京，定为太平天国首都，颁布《天朝田亩制度》。1864年，天京陷落，太平天国农民运动失败。

【洋务运动】 第二次鸦片战争以后，洋务派掀起了一场洋务运动，但以"自强"为口号的洋务运动并没有使中国走上富强的道路。洋务派之后又因财政亏损打出了"求富"的旗号，客观上刺激了中国资本主义的产生和发展，为中国资本主义近代化开辟了道路。

【左宗棠收复新疆】 1876年，左宗棠率兵收复新疆。1877年，清军消灭了阿古柏政权，第二年除伊犁以外，新疆重新回到祖国怀抱。1881年2月24日，曾纪泽与俄方代表签订《伊犁条约》和《陆路通商章程》。

【沙俄趁火打劫】 第二次鸦片战争爆发后，沙俄趁火打劫，是近代史上侵占我国领土最多的国家。1858年《瑷珲条约》、1860年《中俄北京条约》、1864年《勘分西北界约记》、19世纪80年代《伊犁条约》，共割占了中国东北和西北领土150多万平方千米。

【甲午中日战争】 1894年，日本为实现征服朝鲜、侵略中国、称霸世界的梦想，对中国发动侵略战争，甲午中日战争爆发，最后中国北洋水师全军覆没，这也标志着洋务运动彻底失败。战后，中日签订《马关条约》，割让台湾以及澎湖列岛。

【公车上书与戊戌变法】 清光绪二十一年(1895年)，康有为、梁启超率领千余名举人联名上书光绪帝，反对签订丧权辱国的《马关条约》，史称"公车上书"。1898年，以康有为、梁启超为首的维新派知识分子宣扬变法强国的主张，希望通过光绪帝进行倡导学习西方的政治改良运动，史称"戊戌变法"。但变法因损害到以慈禧太后为首的守旧派的利益而遭到强烈抵制与反对，历时103天，最终失败。

【义和团运动与八国联军侵华】 义和团运动是针对西方在华人士包括在华传教士及中国基督徒所进行的大规模群众暴力运动。该运动具有笼统的排外色彩和愚昧残暴色彩，成为八国联军入侵的导火索。1901年，清政府被迫同英、美、俄、日、法、德、意、奥、比、荷、西十一国签订丧权辱国的《辛丑条约》，共赔偿4.5亿两白银，这是中国近代史上赔款最多的条约。《辛丑条约》的签订使中国完全沦为半殖民地半封建社会。

【辛亥革命】 辛亥革命，是指发生于中国农历辛亥年(清宣统三年)，即公元1911年至1912年初，旨在推翻清朝专制帝制、建立共和政体的全国性革命。狭义的辛亥革命，指的是自1911年10月10日(农历八月十九)夜武昌起义爆发，至1912年元旦孙文就职中华民国临时大总统这一段时间中国所发生的革命事件。广义上的辛亥革命指自19世纪末(一般从1894年兴中会成立开始，但也有学者认为从1905年中国同盟会成立算起)至辛亥年成功推翻清朝统治在中国出现的连场革命运动。辛亥革命是近代中国比较完全意义上的民族民主革命。它在政治上、思想上给中国人民带来了不可低估的解放作用，辛亥革命开创了完全意义上的近代民族民主革命，推翻了统治中国几千年的君主专制制度，建立了共和政体，传播了民主共和理念，极大地推动了中华民族的思想解放，以巨大的震撼力和影响力推动了中国社会变革。

【五四运动】 五四运动是1919年5月4日发生在北京的一场以青年学生为主，广大群众、市民、工商人士等中下阶层共同参与的，通过示威游行、请愿、罢工、暴力对抗政府等多种形式进行的爱国运动，是中国人民彻底地反对帝国主义、封建主义的爱国运动。五四运动直接影响了中国共产党的诞生和发展，中国共产党党史一般将其定义为"反帝反封建的爱国运动"(注意这里的"封建"一词是泛化的封建观)，并以此运动作为旧民主主义革命和新民主主义革命的分水岭。

【中国共产党成立】 中国共产党第一次全国代表大会于1921年7月23日在上海法租界召开，后因有搜查人员而被迫终止，最后一日转至浙江嘉兴南湖一艘船(红船)上进行，最终圆满落幕。党的第一次全国代表大会正式宣告了中国共产党的诞生。

【南昌起义】　1927年8月1日,在中国江西南昌,周恩来、贺龙、叶挺、朱德、刘伯承、谭平山等中国共产党人领导的军队针对中国国民党的反共政策发起了武装反抗。南昌起义打响了武装反抗国民党反动派的第一枪,揭开了中国共产党独立领导武装斗争和创建革命军队的序幕。

【"九一八"事变】　"九一八"事变(又称奉天事变、柳条湖事件)是日本在中国东北蓄意制造并发动的一场侵华战争,是日本帝国主义侵华的开端。

1931年9月18日夜,在日本关东军安排下,铁道"守备队"炸毁沈阳柳条湖附近日本修筑的南满铁路路轨,并栽赃嫁祸于中国军队,日军以此为借口,炮轰沈阳北大营,称为"九一八"事变。次日,日军侵占沈阳,后又陆续侵占东北三省。1932年2月,东北全境沦陷。此后,日本在中国东北建立了伪满洲国傀儡政权,开始了对东北人民长达14年的奴役和殖民统治。

【七七事变】　七七事变(1937年7月7日—1937年7月31日),又称卢沟桥事变,发生于1937年7月7日,为中国抗日战争全面爆发的起点。在北平西南卢沟桥附近演习时,日本军队以有己方士兵失踪为借口,要求进入宛平县城调查,遭到中国政府拒绝后,于7月8日凌晨向宛平县城和卢沟桥发动进攻,中国军队英勇抵抗。驻守在卢沟桥北面的一个连仅4人生还,余者全部壮烈牺牲。七七事变是日本全面侵华战争开始的标志,是中华民族进行全面抗战的起点,也象征着第二次世界大战亚洲区域战事的开始。

【西安事变】　西安事变,又称"双十二事变"。1936年12月12日,张学良和杨虎城为了达到劝谏蒋介石改变"攘外必先安内"的既定国策,停止内战、一致抗日的目的,在西安发动"兵谏"。1936年12月25日,在中共中央主导下,该事变以蒋介石接受"停止内战,联共抗日"的主张而和平解决。西安事变的和平解决为抗日民族统一战线的建立准备了必要的前提,是由国内战争走向抗日民族战争的转折点。

【抗战胜利】　1945年8月14日,日本政府照会美、中、英、苏四国政府,表示无条件接受《波茨坦公告》。8月15日早晨7时(重庆时间),中、美、英、苏四国政府同时宣布:日本政府已正式无条件投降。9月2日,日本天皇和政府代表在停泊于东京湾的美国海军战列舰"密苏里"号的甲板上签字,向包括中国在内的盟国无条件投降。

【解放战争】　1945年8月至1950年6月,中国共产党与国民党在中国大陆及海南岛开战。经过辽沈、淮海、平津三大战役,中国人民解放军基本摧毁国民党主力。1949年10月1日,中华人民共和国宣告成立,全国基本解放,国民党败退台湾。

(二)中国现代史

【中华人民共和国成立】　1949年10月1日,开国大典举行,标志中华人民共和国的诞生。

【土地改革】　1950年6月,中央人民政府颁布《中华人民共和国土地改革法》,在新解放区进行土地改革。

【抗美援朝】　1950年10月,中国人民志愿军在彭德怀司令的领导下,跨过鸭绿江抗击美国侵略者。

【西藏和平解放】　1951年,西藏和平解放。

【中华人民共和国第一部宪法】　我国第一部社会主义类型的宪法是1954年颁布的《中华人民共和国宪法》,这部宪法贯穿了民主原则和社会主义原则,初步奠定了社会主义民主和法制的基础。

【三大改造】　1956年,三大改造基本完成,标志社会主义制度在我国基本建立,我国进入社会主义初级阶段。

【"大跃进"和人民公社运动】　1958—1960年间,"大跃进"和"人民公社运动"是社会主义建设道路探索中的严重失误。

【"文化大革命"】　"文化大革命"给国家和人民带来了严重的灾难,民主、法制被破坏,经济损失巨大。

【万隆会议】 1955 年 4 月 18 日至 24 日，在印度尼西亚万隆举行有 29 个国家和地区参加的亚非会议(又称万隆会议)，周恩来出席并发表《关于促进世界和平与合作的宣言》，提出"和平共处五项原则"和"求同存异"的方针。

【党的十一届三中全会】 1978 年底，中共十一届三中全会在北京召开，会议彻底否定"两个凡是"的方针，重新确立了解放思想、实事求是的思想路线，停止"以阶级斗争为纲"的口号，决定把党和国家的工作中心转移到经济建设上来，做出实行改革开放的决策。会议形成了以邓小平为核心的第二代领导集体。十一届三中全会是中华人民共和国成立以来党的历史上的伟大转折，标志着我国进入社会主义现代化建设的新时期。

【改革开放之经济体制改革】 在农村实行家庭联产承包责任制，解放了农业生产力。城市经济体制改革的重点是国有企业的改革，改变了单一的公有制经济结构，形成以公有制为主体、多种所有制成分共同发展的经济格局，实行以按劳分配为主、多种分配方式并存的制度。

【港澳回归】 香港回归的时间是 1997 年 7 月 1 日。澳门回归的时间是 1999 年 12 月 20 日。

三、世界史

(一)世界古代史

【人类的起源】 科学研究表明，人是从古猿进化而来的。许多科学家认为，生活在非洲的南方古猿是已知最早的人类。与现代人最接近的是晚期智人，亚洲以中国的山顶洞人，非洲以阿尔及利亚的阿尔法卢人，欧洲以法国的克罗马农人为代表。世界人类按体貌特征可分为三大人种，即黄种人、白种人、黑种人。

【氏族社会】 人类社会最初经历的是原始社会，原始社会的基本组织是氏族。首先是母系氏族，而后进入父系氏族。父系氏族后期，由于私有财产和阶级的产生，氏族开始瓦解，人类由原始社会进入奴隶社会，从野蛮走向文明，国家也随之产生。

【最早进入文明时期的国家和地区】 古埃及：神奇的金字塔是古埃及文明的标志。古埃及地处非洲北部，尼罗河流经其全境。古埃及人建造了金字塔作为法老的陵墓，至今仍有 80 余座大小金字塔屹立在尼罗河下游的吉萨一带。目前最大的金字塔是胡夫金字塔。

古巴比伦王国：古巴比伦王国位于古代西亚的两河(幼发拉底河和底格里斯河)流域，是西亚文明的摇篮。公元前 19 世纪，古巴比伦王国兴起。公元前 18 世纪，第六代国王汉谟拉比统一两河流域，建立了强大的中央集权制国家。《汉穆拉比法典》是为维护统一王国的统治和奴隶制社会秩序而创建的，比较全面地反映了古巴比伦王国的社会面貌。它是世界上第一部比较完备的成文法典。

古印度：印度地处恒河和印度河流域。古代印度实行严格的等级制度，历史上叫作种姓制度，把古代印度居民从高到低分成四个等级：第一等级婆罗门掌管宗教祭祀，享有崇高地位；第二等级刹帝利充当武士，掌管军、政大权；第三等级吠舍是一般平民，以农、牧、工、商为职业，多数人无政治权利；第四等级首陀罗是被征服的土著和沦落的雅利安人，主要从事低贱的职业。公元前 6 世纪，出身刹帝利种姓的乔达摩·悉达多创立佛教，逐渐发展成为世界第三大宗教。

中国：中国被称为"四大文明发源地"之一。"四大文明发源地"指古代文明的发源地中国、古印度、古埃及和古巴比伦。但遗憾的是，除中国之外，其他三个文明古国的文化已在地球上消失了，只留下一些历史痕迹。

【日本的大化改新】 7 世纪中叶，贵族苏我氏父子专权，大和朝廷的统治出现危机。646 年(大化二年)，日本以天皇的名义发布诏令，效仿中国隋唐的封建制度实行改革，史称大化改新。其主要内容有：废除贵族对土地和部民的私有制，改由国家管理；仿照唐朝均田制和租庸调制，颁行"班田收授法"和租庸调制；实行中央集权，废除世袭制度，中央和地方设置官僚机构进行治理。大化改新使日本由奴隶社会过渡到封建社会。日本文字的特点是汉字与假名(用汉字的偏旁、部首和草书创造的标音字母)并用。

【阿拉伯国家的建立】　7世纪初，穆罕默德创立伊斯兰教，在麦地那建立了政教合一的国家。穆罕默德既是伊斯兰教的宗教领袖，也是政府首脑和军事统帅。630年，他把麦加确定为伊斯兰教的圣地，并把麦加城中的克尔白神庙改为伊斯兰教清真寺。到632年穆罕默德去世时，阿拉伯半岛的统一大体完成。

【古希腊的繁荣】　古希腊文明创立了辉煌灿烂的文化，是西方文明的源泉。古代希腊包括希腊半岛、爱琴海诸岛、小亚细亚西部海岸和意大利南部地区。克里特和迈锡尼的古老文明被称为爱琴文明。爱琴文明是希腊历史的开始。公元前8世纪至公元前6世纪，在希腊地区兴起了众多奴隶制城邦，其中以雅典和斯巴达最为著名。雅典在公元前594年进行了著名的梭伦改革，建立了民主政治。由全体公民组成的公民大会是雅典国家的最高决策机构。

【古罗马共和国】　古罗马国家由位于意大利台伯河畔的罗马城发展而来，公元前510年，罗马建立了奴隶制共和国。公元前2世纪末，罗马取得了地中海的霸权，成为强大的奴隶制国家。公元前451年，罗马颁布了十二铜表法，废除了平民与贵族不能通婚的限制，这也标志着罗马法的诞生。罗马共和国后期，共和制度出现危机，社会动荡不安，斯巴达克起义震撼了罗马的统治。公元前45年，恺撒夺得罗马最高权力成为独裁者，罗马共和国名存实亡。

【罗马帝国】　公元前27年，屋大维被尊为"奥古斯都"，成为罗马帝国第一个皇帝，罗马进入帝国时期。罗马帝国不断扩张，成为地跨欧、亚、非的大帝国。公元395年，罗马分裂为东、西罗马帝国，拜占庭帝国即东罗马帝国。

【希波战争】　公元前492—公元前449年，地中海东部的希腊与东方强大的波斯帝国之间发生战争。希波战争延续了近半个世纪，在马拉松之战中，希腊以小胜大，以弱胜强，利用地形和智谋获得胜利。

【亚历山大东征】　为夺取东方的土地和财富，公元前334年，马其顿王国国王亚历山大率军东侵波斯。经过十年的征战，亚历山大夺取了埃及和亚洲的大片土地，灭掉了波斯帝国，建立了横跨欧、亚、非三洲的亚历山大帝国。亚历山大东侵给东方造成了巨大的灾难，但客观上也促进了东西方文明交流。

【阿拉伯数字】　由古印度人发明，大约在12世纪经阿拉伯人传入欧洲。

【古代三大宗教】　佛教创立于公元前6世纪的古代印度，相传创立者原名为乔达摩·悉达多，被称为释迦牟尼。佛教宣扬现世苦难，提倡禁欲修行，寻求自我解脱，公元前3世纪被阿育王立为国教。佛教后来传入世界各地，形成南传佛教、藏传佛教、汉传佛教三大体系。

基督教创立于公元1世纪前后的罗马帝国境内的巴勒斯坦、小亚细亚地区，并传入欧洲和北非。《圣经》是基督教的经典。传说其创立者是耶稣，被称为"救世主"，崇拜上帝，忍受现世苦难，死后升入天堂。基督徒的主要活动是教会活动。

伊斯兰教创立于公元7世纪初的阿拉伯半岛，其创立者穆罕默德宣言对天神安拉的崇拜。《古兰经》是其宗教经典。

（二）世界近现代史

【新航路的开辟】　1497—1498年，葡萄牙人达伽马首先直航印度。1492年，意大利人哥伦布发现美洲新大陆。1519—1522年，葡萄牙人麦哲伦首次完成环球航行。新航路的开辟给亚、非、拉人民带来了严重灾难(种族屠杀、黑奴贸易)，源源流入欧洲的财富成为资本原始积累的主要来源，加速了资本主义的发展。

【文艺复兴】　文艺复兴，是14世纪中叶至17世纪初在欧洲发生的思想文化运动。它带来一段科学与艺术革命时期，揭开了近代欧洲历史的序幕，被认为是中古时代和近代的分界。文艺复兴的核心是人文主义，其重视人的价值，崇尚人性，要求把人从宗教神学的束缚中解放出来，对当时的科学、哲学、文学、艺术、教育甚至生活方式都产生广泛而深刻的影响，是资产阶级反封建、反中世纪神学世界观的思想武器。15世纪后期至16世纪前半期，意大利文艺复兴运动达到鼎盛，出现了"美术三杰"：达·芬奇、米开朗琪罗和拉斐尔。

【宗教改革】 开始于欧洲16世纪基督教自上而下的宗教改革运动，奠定了新教基础，同时也瓦解了由天主教会所主导的政教体系，为后来西方国家从基督教统治下的封建社会过渡到多元化的现代社会奠定了基础，因而西方史学界也直接称之为"改革运动"。1517年，马丁·路德发表《九十五条论纲》，其思想核心是"因信称义"，即每个人都可以凭借自己的虔诚信仰得到拯救；提出"信徒皆为祭司"，否定了教皇和教会作为上帝代言人的特权地位；主张建立一个廉洁的教会和民族的教会。

【欧洲的启蒙运动】 17世纪至18世纪，资产阶级力量日益壮大，封建专制制度成为其进一步发展的严重障碍。自然科学突飞猛进地发展，也解放了人们的思想，代表人物有英国的霍布斯和洛克、法国的伏尔泰等。继文艺复兴后欧洲发生的第二次思想解放运动，是欧洲资产阶级在意识形态领域里的反封建斗争。启蒙思想家们宣扬的天赋人权，三权分立，自由、平等、民主和法制等思想原则得到广泛传播，形成了强大的社会思潮，动摇了封建统治的思想基础，推动了资本主义的发展，促进了社会的进步。

【英国资产阶级革命】 英国的资产阶级革命推翻了封建专制的君主制，确立了君主立宪制(1689年《权利法案》)，限制王权，议会的权力日益超过国王的权力，国王逐渐处于统而不治的地位，为英国资本主义经济发展和资本主义政治、经济制度的建立开辟了道路。

【法国大革命】 1789年，巴黎人民攻占巴士底狱，掀开了法国大革命的序幕。法国是世界近代史上资产阶级革命最彻底的国家。法国大革命不仅结束法国一千多年的封建制度，而且震撼了整个欧洲大陆的封建秩序，为此后的各国革命树立了榜样，具有世界意义。这一年，制宪会议颁布了著名的《人权宣言》，向全世界庄严宣布了"人身自由，权利平等"的原则。

【美国独立战争】 1775年，莱克星顿枪声标志着美国独立战争爆发。1776年7月4日，《独立宣言》发表，宣告美利坚合众国成立。1777年，萨拉托加大捷是美国独立战争的转折点。1781年，约克镇战役决定了的美国的胜利。1783年，英国承认美国独立。

【英国工业革命】 18世纪60年代至19世纪40年代，在英国，大机器生产取代工场手工业，工厂取代工场成为工业化生产的最主要组织形式，英国成为世界上第一个工业国家。这一时期瓦特发明了改良蒸汽机，美国的富尔顿发明了汽船，史蒂芬孙发明了蒸汽机车。

【马克思主义的诞生】 1848年，《共产党宣言》的发表标志着马克思主义的诞生。

【俄国1861年农奴制改革】 1861年，沙皇亚历山大二世推行的农奴制改革是俄国历史上的重要转折点——废除了农奴制，农奴成为"自由人"，为资本主义的发展提供了大量的自由劳动力，加快了俄国资本主义的发展。

【美国内战】 美国内战(1861—1865)，又称"南北战争"，是美国历史上唯一一次内战。美国林肯政府颁布《宅地法》和《解放黑人奴隶宣言》(废除叛乱诸州的奴隶制)，调动了人民的积极性，扭转了战争形势，南方军队投降，美国内战结束，后林肯被南方奴隶主刺杀。

【德意志统一】 资产阶级要求结束分裂，完成统一，普鲁士掌握了统一的旗帜，俾斯麦采用铁血政策和灵活的外交，结束了德意志的分裂状态，为德国资本主义的发展开辟了道路，遏制了法国和奥地利，使德国成为新兴强国，改变了欧洲的国际格局。

【日本明治维新】 为巩固天皇为首的新政权，实现民族复兴，摆脱外来压迫，明治天皇实施改革，建立君主立宪政体，学习西方制度，建立了一支近代化军队。明治维新使日本改变了落后面貌，走上了资本主义发展道路。

【第二次工业革命】 1870年以后，科学技术的发展突飞猛进，各种新技术、新发明层出不穷，并被迅速应用于工业生产，大大促进了经济的发展，这就是第二次工业革命。当时，科学技术的突出发展主要表现在三个方面，即电力的广泛应用、内燃机和新交通工具的创制、新通信手段的发明。

【第一次世界大战】 其导火线是 1914 年 6 月 28 日的萨拉热窝事件。这场战争是欧洲历史上破坏性最强的战争之一，主要是帝国主义之间为争夺殖民地和势力范围而进行的世界规模的战争。其主战场在欧洲战场和西线战场，主要战役有马恩河战役、凡尔登战役、索姆河战役。

【凡尔赛—华盛顿体系的建立】 第一次世界大战后，帝国主义战胜国为了重新瓜分世界，建立新的国际秩序，先后召开了巴黎和会和华盛顿会议，形成了"凡尔赛—华盛顿体系"。

【经济危机】 1929 年至 1933 年，资本主义世界爆发了空前严重的经济危机。为了摆脱危机，美国实施罗斯福新政，而德国、日本先后建立法西斯专政，欧亚两个战争策源地形成。

【反法西斯战争的胜利】 第二次世界大战是世界性的反法西斯战争，苏德战争和太平洋战争爆发后，反法西斯力量走向联合，世界反法西斯同盟的建立改变了力量对比。斯大林格勒战役后，大战形势发生转折。1943 年，意大利投降，法西斯轴心国集团开始瓦解。1945 年 5 月和 8 月，德国、日本相继投降，法西斯彻底失败。

【东欧剧变及影响】 1985 年，戈尔巴乔夫政治改革引起思想混乱；1990 年，苏联放弃共产党领导，实行多党制；1991 年 12 月，独联体成立，苏联解体，社会主义力量遭到重大挫折。东欧剧变使第二次世界大战后建立起来的两极格局最终崩溃，世界呈现多极化的发展趋势。而美国企图建立单极世界，到处插手。

【当今世界经济发展的趋势】 在经济上，20 世纪 80 年代后期以来，美国对国际经济的控制削弱，世界经济发展的区域集团化和全球一体化进一步发展。争取建立国际经济新秩序以促进世界经济尤其是广大发展中国家经济的发展，也是当今国际社会的重大问题。1989 年以来的东欧剧变，标志着美苏两极格局结束。之后国际关系存在美国、日本、西欧、中国、俄罗斯五个中心力量，对世界政治有重大影响，形成多极化趋势。

【第三次科技革命】 从 20 世纪四五十年代开始的新科学技术革命，以原子能技术、航天技术、电子计算机的应用为代表，被称为"第三次科技革命"。这次科技革命就其规模、深度和影响来说，均超过了前两次工业革命，极大地推动了社会生产力的发展，促进了社会经济的发展。

第二节　科学文化素养

一、中国著名科学家及科学成就

(一)数学

【《九章算术》】 中国古代第一部数学专著，约成书于东汉时期，采用了十进位制记数法，标志着中国古代以计算为中心的数学形成了完整的体系。

【算筹】 中国古代的计算工具，后来演变为算盘。

【祖冲之】 南朝数学家、天文学家。创造"割圆术"，将圆周率精确到小数点后第七位，这一成果领先世界近 1000 年。其著作《缀术》在唐朝时被用作学校的课本，后来传到日本、朝鲜，也被用作教材。

(二)天文、地理学

【《石氏星表》】 从已经失传的《石氏星经》中整理出的一份星表，作者为战国时魏人石申。石氏星表是现知世界上最古老的星表之一。

【张衡】 中国东汉时期伟大的天文学家，为中国天文学、机械技术、地震学的发展做出了不可磨灭的贡献。在数学、地理、绘画和文学等方面，张衡也表现出了非凡的才能和广博的学识。张衡是东汉中期浑天说的代表人物之一。

【郦道元】 南北朝时期北魏官员、地理学家、散文家，其作品《水经注》是一部综合性地理学著作。

【沈括】 北宋科学家，其著作《梦溪笔谈》涉及数学、天文历法、地理、物理、化学等各学科的知识。他还创制了"十二气历"和"石油"这一名称。

【郭守敬】 元朝科学家，其著作《授时历》是我国古代最优秀的历法。他测定一年为 365.2425 天，与现在通行的公历基本相同，但比现在公历的确立约早 300 年。另外，郭守敬还革新浑仪（浑仪是望远镜发明前世界上最先进的天文观测工具），造出的简仪结构简化，精度更高。

【徐霞客】 明代著名地理学家、旅行家。其著作《徐霞客游记》，考察记述了中国西南地形、地貌及人文风俗，是世界科学史上最早出现的关于岩溶地貌研究的宝贵文献。

（三）医学

【扁鹊】 战国时期医学家，善于运用四诊——望、闻、问、切，尤其是可通过脉诊和望诊来诊断疾病，精于内、外、妇、儿、五官等科，应用砭刺、针灸、按摩、汤液、热熨等法治疗疾病，被尊为医祖。

【《黄帝内经》】 古代医家托轩辕黄帝名之作，一般认为成书于春秋战国时期，是中国传统医学四大经典著作之一（《黄帝内经》《难经》《伤寒杂病论》《神农本草经》），是我国医学宝库中现存成书最早的一部医学典籍。它在理论上建立了中医学上的"阴阳五行学说""脉象学说""藏象学说"等。

【华佗】 东汉名医，创制了全身麻醉药剂"麻沸散"和医学体操"五禽戏"。被后人称为"外科圣手""外科鼻祖"。

【张仲景】 东汉医学家，被称为"医圣"。其著作《伤寒杂病论》奠定了后世中医临床学的理论基础，被后世医家誉为"万世宝典"。

【《神农本草经》】 东汉时期出现，是现存最早的药物学专著。

【《唐本草》】 唐高宗时编修，是世界上第一部由国家颁布的药典。

【孙思邈】 唐朝医学家，被称为"药王"，著有《千金方》。

【李时珍】 明朝医学家，其药物学巨著《本草纲目》被誉为"东方药物巨典"。

【屠呦呦】 2015 年 10 月，屠呦呦因发现青蒿素而获得诺贝尔生理学或医学奖，成为首获科学类诺贝尔奖的中国人。青蒿素可以有效降低疟疾患者的死亡率。

（四）农学

【氾胜之】 西汉农学家，著有《氾胜之书》。与贾思勰的《齐民要术》、王祯的《农书》、徐光启的《农政全书》合为我国古代成就卓越的四大农书。

【贾思勰】 北朝农学家，其著作《齐民要术》是我国现存的第一部完整的农学科学著作。

【王祯】 元代科学家，著有《农书》。

【徐光启】 明代科学家，所著《农政全书》是一部农业百科全书，记载了我国古代有关农业生产的理论和科学方法，还介绍了欧洲的水利技术，是我国农学史上最早传播西方科学知识的书籍。

【宋应星】 明朝末年科学家，其著作《天工开物》总结了明代农业和手工业技术，被外国学者称为"中国 17 世纪的公益百科全书"。

【袁隆平】 1973 年，袁隆平在世界上首次成功培育了籼型杂交水稻，被农学界誉为"杂交水稻之父"。

（五）其他

【四大发明】 造纸术：105 年，东汉宦官蔡伦改进造纸术，用树皮、麻头等便宜易得的原料造出便于书写的纸，人称"蔡侯纸"。

印刷术：隋唐之际，中国出现了雕版印刷术。唐朝印制的《金刚经》，是世界上现存最早的、标有确切日期的雕版印刷品。宋代是雕版印刷术的黄金时代，人们已经使用彩色套印技术。11世纪中叶，北宋平民毕昇发明了胶泥活字印刷术。

火药：中国古代炼丹家炼丹时发明了火药。唐末，火药开始用于军事。宋朝为了抵御辽、西夏、金的进攻，在军事上广泛使用火药。

指南针：战国时期发明的"司南"是世界上最早的指南仪器。后来，人们利用磁石指南的特性，制成了指南针。北宋时指南针应用于航海。

【赵州桥】　由隋朝工匠李春设计并主持建造，是世界上现存最古老的一座石拱桥。

【京张铁路】　1909年，京张铁路全线通车，这是第一条由中国人自行设计和施工的铁路干线，其总工程师为詹天佑。

【侯德榜】　我国著名化学家，20世纪20年代制出纯碱，还编写《制碱》一书。其制碱方法被称为"侯氏制碱法"。

【两弹】　1964年10月，我国成功爆炸了第一颗原子弹。1967年6月，我国第一颗氢弹爆炸成功。

【卫星与飞船】　1970年，中国第一颗人造地球卫星"东方红一号"发射成功，中国成为继苏联、美国、法国、日本之后，世界上第五个发射卫星的国家。1999年，我国发射第一艘无人飞船"神舟一号"。2003年，中国发射第一艘载人飞船"神舟五号"，成为世界上第三个掌握载人航天技术的国家。2005年，中国成功发射"神舟六号"载人飞船。2011年，"神舟八号"飞船与"天宫一号"目标飞行器成功分离。

【计算机】　1983年，中国成功研制出第一台每秒运算速度上亿次的计算机，定名为"银河－1号"。

【生物技术】　1965年，人工合成结晶胰岛素在中国首次实现，这也是世界上第一个蛋白质的全合成。

【飞机与航线】　1909年，冯如制成中国第一架飞机。1920年，中国首条空中航线北京—天津航线开通。

二、外国著名科学家及科学成就

【阿基米德】　伟大的古希腊哲学家、百科式科学家、数学家、物理学家、力学家，静态力学和流体静力学的奠基人，享有"力学之父"的美称，和高斯、牛顿并列为世界三大数学家。阿基米德曾说："给我一个支点，我就能撬起整个地球。"他发明的螺旋式水车，可用来排水或灌溉。

【哈格里夫斯】　18世纪60年代，织布工哈格里夫斯发明了一种称为"珍妮"的手摇纺纱机。

【瓦特】　英国机械师，于18世纪60年代制成装有冷凝器的单动式蒸汽机，18世纪80年代又制造了联动式蒸汽机。

【富尔顿】　1807年，富尔顿制造出世界上第一艘利用蒸汽作为动力的船"克莱蒙号"。

【史蒂芬孙】　英国工程师，在第一次工业革命期间发明火车机车。1825年，这列名为"旅行者号"的机车在英国试车成功。史蒂芬孙被誉为"铁路机车之父"。

【爱迪生】　被誉为"发明大王"，是人类历史上第一个利用大量生产原则和电气工程研究的实验室来进行发明专利而对世界产生重大影响的人。他发明的留声机、电影摄影机、电灯对世界有极大影响。

【本茨】　设计了第一台内燃机，1885年，试制汽车成功，被称为"汽车之父"。

【莱特兄弟】　1903年12月，美国的莱特兄弟制成飞机。

【齐柏林】　1900年，德国人齐柏林设计的飞艇试飞成功。

【伽利略】　意大利物理学家、数学家、天文学家及哲学家，科学革命中的重要人物。其成就包括改进望远镜和其所带来的天文观测，以及支持哥白尼的日心说。他还发现了自由落体定律。

【牛顿】　近代自然科学的奠基人，天文学上发现万有引力定律，数学上创建了微积分，力学上建立了完整的力学理论体系。力学三定律，又叫"牛顿三定律"。

【普朗克】　德国物理学家，于1900年提出量子假说，宣告了量子论的诞生。

【胡可】　英国科学家，17世纪使用自制显微镜观察软木片，发现了细胞。

【德马克】　德国医生，证明卵子和精子是简单的细胞，在发育过程中，细胞本身可以复制，称为细胞分裂。

【拉马克】　法国生物学家。19世纪初，他肯定生物由低级向高级发展的观点，肯定环境对物种变化的影响，提出"用进废退"和"获得性遗传"两个著名原则。

【达尔文】　1859年，出版了《物种起源》，提出"进化论"思想。

【爱因斯坦】　20世纪初，提出相对论，由此打开原子时代的大门。

【门捷列夫】　俄国化学家门捷列夫发现了元素周期律，德国化学家李比希和维勒发展了有机结构理论，这些都使化学成为一门系统的科学，也为现代化学的发展奠定了基础。

【法拉第】　英国科学家，于1831年发现电磁感应现象。

【富兰克林】　美国科学家，利用尖端放电原理，造出了避雷针。

【伏特】　意大利科学家，于19世纪初发明了电池。人们为了纪念他的贡献，以他的名字作为电压的计量单位。

【莫尔斯】　美国科学家，于1837年发明了有线电报，于1844年架设了一条电报线。

【西门子】　1866年，德国人西门子研制成功发电机。

【贝尔】　美国科学家，于1876年发明了电话。

【伦琴】　德国物理学家，发现了X射线，为开创医疗影像技术铺平了道路。

【居里夫人】　法国著名波兰裔科学家、物理学家、化学家。1898年，居里夫人发现元素钋和镭，是历史上第一个两次获诺贝尔奖的人。在她的指导下，人们第一次将放射性同位素用于治疗癌症。

【电子计算机】　1946年，美国制成世界上第一台电子计算机。

三、科普知识

【太阳系】　太阳系以太阳为中心，包括八大行星(由离太阳从近到远的顺序排列：水星、金星、地球、火星、木星、土星、天王星、海王星)。八大行星分为三类：类地行星、巨行星和远日行星。类地行星包括水星、地球、火星、金星，巨行星包括木星和土星，远日行星包括天王星和海王星。

【地球自转】　地球绕着地轴的旋转运动是地球的自转。地球自转的方向是自西向东，自转一周的时间约为24小时，由于自转地球出现了昼夜交替。

【地球公转】　地球绕太阳不停地公转，方向与自转一致，公转一周的时间是一年，由于公转地球出现了四季交替。

【月食】　当月球运行至地球的阴影部分时，在月球和地球之间的地区会因为太阳光被地球所遮蔽，看到月球缺了一块。此时的太阳、地球、月球几乎在同一条直线上。月食可以分为月偏食、月全食和半影月食三种。月食只可能发生在农历十五前后。

【日食】　月球运动到太阳和地球中间，如果三者正好处在一条直线上，月球就会挡住太阳射向地球的光，月球身后的黑影正好落到地球上，这时就会发生日食现象。日食分为日偏食、日全食、日环食、全环食。

【地震】　地震是地壳快速释放能量过程中造成振动，其间会产生地震波的一种自然现象。地球上板块与板块之间相互挤压碰撞，造成板块边沿及板块内部产生错动和破裂，是引起地震的主要原因。

【发电】　发电是指利用动力发电装置将水能、石化燃料(煤、油、天然气)的热能、核能等原始能源转换为电能的生产过程。现在发电依然使用化石燃料为主要的发电形式，但化石燃料的资源不多，日渐枯竭，人类已渐渐较多地使用太阳能、风能、地热能、海洋能等能源来发电。

【鼻出血】　鼻出血时仰头，非但止不住鼻血，反而会导致鼻血被吸入口腔和呼吸道。正确的做法是用手指捏住两侧鼻翼4至8分钟，或用浸了冰水的棉球填塞鼻腔压迫止血。如果这些方法仍不能止血，应立即去医院就诊。

【烫伤】　一旦发生烫伤，应立即用冷水冲洗或冷敷烫伤部位，持续15分钟左右，以缓解疼痛，减轻烫伤程度。不要擅自在伤口处涂药。若烫伤处有水泡，不要挑破，可用干净纱布覆盖，到医院处理。

【脚踝扭伤】　踝关节扭伤后，不要继续行走，也不要揉搓、转动受伤关节，以免进一步加重损伤。应立即用冷毛巾或冰块敷患处，有利消肿、止痛、缓解肌肉痉挛。如果怀疑有骨折，最好用夹板或就近找木棍固定受伤的踝关节，并尽快去医院就诊。

【中暑】　对轻中度中暑者，应将其迅速转移到阴凉通风处静卧休息，并脱掉或解开其衣服，用冷毛巾擦身，以迅速降低体温。可让中暑者喝一些凉盐水或清凉含盐饮料。若中暑者出现神志不清、抽搐现象，应立即送往医院。

【触电】　当发现有人触电时，应尽快找到电闸，切断电源。如果暂时找不到电源，可就近找一绝缘的东西，如木棍或塑料管子，挑开触电者与电源的接触，然后检查触电者的反应。如果发现其已经没有了心跳和呼吸，应立即就地对其进行人工呼吸和胸外按压，同时让别人拨打急救电话。

【基因】　DNA中的最小遗传功能单位，也称遗传因子。

【先开花，后长叶的植物】　连翘、迎春花、蜡梅。

【铁树】　与恐龙处于同一地质年代，是恐龙的主要食物，当时种类多、分布广，曾称霸植物界，幸运的是它没有完全灭绝。

【有"活化石"之称的植物】　水杉、银杉、银杏。

【维生素缺乏症】　缺乏维生素A：夜盲症，角膜干燥症，皮肤干燥，脱屑。缺乏维生素B1：神经炎，脚气病，食欲不振，消化不良，生长迟缓。缺乏维生素B2：口腔溃疡，皮炎，口角炎，舌炎，唇裂症，角膜炎等。缺乏维生素B12：巨幼红细胞性贫血。缺乏维生素C：抵抗力下降。缺乏维生素D：儿童的佝偻病，成人的骨质疏松症。缺乏维生素E：不育，流产，肌肉性萎缩等。

【人体器官功能】　胃：初步消化食物，暂时贮存食物，吸收酒精。肝脏：人体化工厂，分解合成大部分的化学物质，分泌胆汁。小肠：消化食物，吸收营养物质。大肠：吸收食物残渣中的水分，贮存粪便。肺：气体交换的场所。心脏：泵血功能。脾脏：贮存血液，免疫器官。肾脏：血液在此过滤形成尿液，肾上腺分泌肾上腺激素和糖皮质激素。

第三节　传统文化素养

一、传统思想文化

【孔子】　春秋晚期儒家学派创始人，其思想核心是"仁"，强调统治者以德治民，主张"克己复礼"。首创私人讲学，主张"有教无类"。被后世称为"万宗师表"。孔子的言行载于《论语》中。

【孟子】　战国时期儒家代表人物，主张实行"仁政"，提出"民为贵、社稷次之、君为轻"的民本思想。主张"性本善"。孟子的言论载于《孟子》一书。

【荀子】　战国时期儒家代表人物，主张统治者施政用"仁义"和"王道"，以德服人，提出"君者，舟也；庶人者，水也。水则载舟，水则覆舟"，提出"人之性恶"。韩非、李斯为其门下弟子。荀子的言论载于《荀子》一书，其中《劝学》是《荀子》的名篇。

【老子】　道家学派创始人，认为世界的本原是"道"。强调一切顺应自然，提倡清静无为，知足寡欲。提出"无为而治",认为万物在运动。老子的学说记录于《道德经》中。

【庄子】 战国时期道家代表人物,认为世间万物是相对的。其代表作品为《庄子》,其中的名篇有《逍遥游》《齐物论》等。与老子齐名,二者合称"老庄"。

【韩非】 战国末期法家代表人物,主张改革,反对空谈仁义,提倡法治,提出建立君主专制中央集权的封建国家。其思想记录于《韩非子》一书。

【墨子】 墨家学派创始人,主张"兼爱""非攻""尚贤",希望人们互助互爱,反对以大欺小、以强凌弱的侵略战争,支持正义战争。其思想记录在《墨子》一书。

【孙武】 春秋晚期兵家杰出代表,所著《孙子兵法》是世界上最早的兵书。

【董仲舒】 汉代儒家代表人物,提出"春秋大一统"和"罢黜百家、独尊儒术"的主张,被汉武帝接受,并付诸实施;宣扬"君权神授",提出"天人合一"和"天人感应"学说;提出"君为臣纲""父为子纲""夫为妻纲"和仁、义、礼、智、信五种为人处世的道德标准,后人将其归纳为"三纲五常"。

【程朱理学】 北宋"二程"(程颢和程颐)认为天理是万物的本原,理先物后。他们把天理和伦理道德直接联系起来,认为"人伦者,天理也";提出"格物致知"的认识论。南宋朱熹是理学的集大成者,强调"存天理,灭人欲";指出"格物致知"的目的是明道德之善,而不是求科学之真;编著的《四书章句集注》,成为后世科举考试的教科书。

【陆王心学】 南宋理学家陆九渊提出"心"就是"理";认为天地万物都在心中,他的学说被称为"心学"。明朝王阳明是心学的集大成者,宣扬"心外无物""心外无理"的命题;提出"致良知""知行合一"的学说。

【李贽】 明朝思想家,自称异端,指出孔子不是天生圣人,批判道学家"存天理,灭人欲"的虚假说教,强调人正当的欲望,这在一定程度上反映了资本主义萌芽时期的要求。

【黄宗羲】 明清之际进步思想家,提出"天下为主,君为客"的民主思想,抨击了封建君主专制。

【顾炎武】 明末清初思想家,形成了经世致用的思想,倡导"天下兴亡,匹夫有责"。

【王夫之】 明末清初思想家,认为世界是物质的,物质是不断变化的,变化是有规律可循的,认为静止是相对的,运动是绝对的,具有唯物思想和朴素的辩证法思想。

【魏源】 生活在鸦片战争时期,认为"欲制外夷者,必先悉夷情始",编成《海国图志》一书,系统介绍南洋、欧美各国的历史地理。

【严复】 戊戌变法时期启蒙思想家,译著《天演论》,以"物竞天择,适者生存"的生物进化理论阐发其救亡图存的观点。

二、中国古代选官制度

【察举制】 由汉武帝于元光元年(公元前134年)确立。察举制的主要特征为:由地方长官在辖区内随时考察及选取人才,推荐给上级或者中央,被试用及考核后,再任命为官。

【九品中正制】 魏晋南北朝时期,政府选拔人才的制度。公元220年,曹丕采用吏部尚书陈群的建议,立九品官人之法。它的主要内容是,在各州、郡选择有识见、有名望、善于识别人才的官员任"中正",查访评定州、郡人士,将他们分成上上、上中、上下、中上、中中、中下、下上、下中、下下九等,作为吏部授官的依据。但是这种制度执行到后来就演变成只从名门望族中选拔官吏,造成了"上品无寒门,下品无士族"的状况。

【科举制】 隋文帝为了加强中央集权,打击门阀世袭,开始实行科举制。隋代的考试制度,除有秀才、明经科外,炀帝时又加了进士科。

唐朝继承和发展了这一制度,唐太宗时扩大国学的规模,进士考中第一名的称为状元。武则天时增加殿试,并增设武举。唐玄宗时诗赋成为进士科考试的主要内容。

宋太祖时正式建立殿试制度,考生在殿试及第后,可直接授官。南宋以后,改称第一名为状元,第二名为榜眼,第三名为探花。

明清两代,科举制度变得十分严密,考试程序分三级,即乡试、会试、殿试。考生应先参加县试和府试,录取后再参加由中央派往各省的学道(或称学政、学台)所支持的院试,院试录取者称"生员",俗称"秀才",然后才有资格参加乡试。乡试每三年一次,乡试录取者称为"举人",第一名称为"解元"。举人可于第二年进京参加中央礼部主持举行的会试,会试录取者称"贡士"或"进士",别称"明经",第一名称为"会元"。殿试在会试后的同一年举行,由皇帝亲自主持,分三甲录取,一甲三人称"进士及第",二甲若干人为"进士出身",三甲若干人为"同进士出身",一甲第一名称"状元"、第二名称"榜眼"、第三名称"探花"。如果乡试、会试、殿试均考取第一名(解元、会元、状元),俗称"连中三元"。

明清时期科举制的最大变化是考试内容和形式的变化。乡试和会试,专取《四书》《五经》命题,考生答题有固定的程式和一系列清规戒律。其规定一篇文章在开始的破题、承题之后,必须有起讲、领题(入手)、提比(起股)、中比(中股)、后比(后股)、束比(束股)、落下等部分。在提比、中比、后比、束比的每一部分必须有两股两相排偶的文字,共计八股,所以这种严格的文体又称"八股文",即"八股取士"。科举制从隋代开始实行,到清光绪三十一年(1905年)举行最后一科进士考试为止,经历了1300年。1905年,清政府废除科举制度,开始实行学校制度。

三、天文历法

【节气】 为方便农业生产,古人把一年365日平分为24个节气,以反映四季、气温、降雨、物候等方面的变化。最初只有12个节气,后来又增加12个中气,这样平均每个月有1个节气,1个中气,全年共24个气(统称节气)。如立春是正月节,雨水是正月中;惊蛰是二月节,春分是二月中,节气和中气相间,其余依次顺推。

《二十四节气歌》:春雨惊春清谷天,夏满芒夏暑相连。秋处露秋寒霜降,冬雪雪冬小大寒。上半年来六廿一,下半年来八廿三。每月两节不变更,最多相差一两天。

【古代纪时】 古人把一昼夜分为十二个时辰,每个时辰等于现代的两个小时。子时从夜间十一点到次日凌晨一点,丑时从一点到三点,依此类推。古人又把一夜等分为五更,一更也等于现在的两个小时,从晚上七时开始起更,一更指七时至九时,二更指九时至十一时,依此类推。

【干支纪年】 干支纪年法是中国历法上自古以来就一直使用的纪年方法,至今仍在使用。干支是天干和地支的总称。甲、乙、丙、丁、戊、己、庚、辛、壬、癸等十个符号叫天干,子、丑、寅、卯、辰、巳、午、未、申、酉、戌、亥等十二个符号叫地支。把干支顺序相配正好六十为一周,周而复始,循环记录。

【帝王纪年】 指按照帝王即位的年次或年号来纪年,如"庆历四年"。

【星宿】 汉族民间信仰和道教崇奉的星神,指"四象"和"二十八宿"。我国古代为了观测天象及日、月、五星的运行,选取二十八个星官作为观测时的标志,称为"二十八宿"。它又被平均分为四组,每组七宿,与东、西、南、北四个方位的青龙、白虎、朱雀、玄武(龟蛇合称)等动物形象相配,称为"四象",道教称之为"四灵"。

【除夕】 指农历正月初一前一天晚上。此夜全家团聚吃"年饭",通宵不眠,或喝酒聊天,或猜谜下棋,嬉戏游乐,谓之"守岁"。零点时,众人争相奔出,在庭前拢火燃烧,并在这"岁之元、月之元、时之元"的"三元"之时抢先放出三个"冲天炮",以求首先发达,大吉大利。

【春节】 农历正月初一,民间有贴春联、舞龙灯、发压岁钱、拜亲访友、吃团圆饭等习俗。

【元宵】 农历正月十五夜,又称正月半、上元节、其灯节。其习俗有赏花灯、猜灯谜、吃元宵等。

【清明】 又叫踏青节,在仲春与暮春之交,也就是冬至后的第108天,是祭祖和扫墓的日子。其习俗有扫墓、踏青等。

【端午】 农历五月初五,又称端阳节、午日节、五月节、龙舟节、浴兰节等,一般认为该节与纪念屈原有关,主要习俗有赛龙舟、吃粽子等。

【中秋】 农历八月十五,又称团圆节,主要习俗有赏月、祭月、吃月饼等。

【重阳】 农历九月初九,有登高望远、赏菊赋诗、喝菊花酒、插茱萸等习俗。

【寒食】 该节日里严禁烟火，只能吃寒食。在冬至后的 105 天或 106 天和清明前一两天。

【乞巧】 农历七月初七，又称少女节或七夕。起源于对自然的崇拜及妇女穿针乞巧，后被赋予牛郎织女的传说成为极具浪漫色彩的节日之一。

【那达慕节】 蒙古族传统节日。每年农历六月初四到初八，牧民聚集在草原上举行赛马、射箭、摔跤等竞赛，以表达丰收的喜悦。

【泼水节】 傣族传统节日。农历清明前后，人们相互泼水，被泼到的水越多，感觉越吉祥、幸福、健康。

【开斋节】 回族节日。伊斯兰历十月一日，家家户户早早打扫庭院巷道，换上喜爱的新衣，上午八点汇聚清真寺，面向圣地麦加礼拜。

【丰收节】 高山族节日。农历七八月秋收季节，台湾原住民身着民族服装，聚集在一起，载歌载舞，感恩丰收。

【雪顿节】 藏族节日。每年八九月间，举行展佛、赛牦牛、马术表演、群众游园等活动。

四、礼俗称谓

【五礼】 祭祀之事为吉礼，包括祭祀自然神和祖先；丧葬之事为凶礼，包括凭吊各种天灾人祸；军旅之事为军礼，包括所有的军事行动规范；宾客之事为宾礼，包括朝、聘、会、盟等国事活动；冠婚之事为嘉礼，包括冠礼、婚礼、宴饮之礼、养老礼等。

【座位】 室内的座位，以坐西向东为尊，其次是坐北朝南，再次是坐南朝北，最卑是坐东朝西。

【见面】 古人见面常用的礼仪是拜礼和揖礼。前者以叩头跪拜为主，后者以拱手示意为主。如果走过长者尊者面前，要小步快走，称为"趋"，可表示敬意。

【姓名字号】 古人姓名字号十分复杂，在春秋时代以前，姓与氏是分开的。秦以后，姓与氏逐渐不分。到了汉代，则通称为姓。名是人们之间相互区别的符号，在古代社会，婴儿出生几个月后一般由父亲命名。字是 20 岁举行加冠仪式以后才起的，对名有表述、阐明的作用，因此又叫"表字"。号是一种固定的别称，因此又叫"别号"。古人自称称名，称人称字，这是基本的礼貌。

【年龄称谓】 襁褓：不满周岁。孩提：两至三岁。总角：幼年泛称。垂髫之年：指儿童。始龀、髫年：女孩七岁。金钗之年：女孩十二岁。豆蔻年华：女子十三四岁。及笄：女子十五岁。碧玉年华、破瓜之年：女子十六岁。桃李年华：女子二十岁。花信年华：女子二十四岁。始龀、龆年：男孩八岁。黄口：十岁以下。幼学：十岁。志学：十五岁。束发：男子十五岁。弱冠：男子二十岁。而立：男子三十岁。不惑：四十岁。天命：五十岁。知非之年：五十岁。耳顺、花甲之年：六十岁。古稀：七十岁。耄耋：八九十岁。期颐：百岁之人。

【礼貌称呼】 父母统称高堂、椿萱、双亲、膝下。父母单称家父、家严，家母、家慈。父去世称先父、先严、先考。母去世称先母、先慈、先妣。兄弟姐妹称家兄、舍弟、家姐、舍妹。兄弟代称昆仲、手足。夫妻称伉俪、配偶、伴侣。同辈去世称亡兄、亡弟、亡妹、亡妻。别人父母称令尊、令堂。别人兄妹称令兄、令妹。

别人儿女称令郎、令爱。妻父称丈人、岳父、泰山。别人家庭称府上、尊府。自己家庭称寒舍、舍下、草堂。男女统称男称须眉，女称巾帼。老师称恩师、夫子。学生称门生、受业。同学称同窗。

【代称、统称】 桃李：学生。高足：有才能的弟子。汗青：书籍。桑梓：故乡。杜康：酒。中医：岐黄、杏林、悬壶、青囊、坐堂、橘井。媒人：月老、红娘、冰人。小二：服务员。梨园：戏曲。杏坛：教育界。伶官：乐官。伶人：演员。庖：厨师。佛寺：伽蓝、祇园、精舍、兰若、萧寺。浮屠：佛塔。度量衡：生活中用于计量物体长短、容积、轻重的物体的统称。

【五脏】 心、肝、脾、肺、肾。

【六腑】 胃、大肠、小肠、胆、膀胱、三焦。

【五谷】 稻、黍、稷、麦、菽。

【四体】　两手、两足。

【五体】　两手、两足、头。

【五音】　宫、商、角、徵、羽。

【佛教名山】　山西五台山、四川峨眉山、安徽九华山、浙江普陀山，分别供奉文殊菩萨、普贤菩萨、地藏菩萨、观音菩萨。

【道教名山】　四川青城山、江西龙虎山、湖北武当山、安徽齐云山。

【四大石窟】　甘肃敦煌——莫高窟，山西大同——云冈石窟，河南洛阳——龙门石窟，甘肃天水——麦积山石窟。

【五岳】　东岳泰山(山东省泰安市泰山区)、西岳华山(陕西省渭南市华阴市)、南岳衡山(湖南省衡阳市南岳区)、北岳恒山(山西省大同市浑源县)、中岳嵩山(河南省郑州市登封市)。泰山为五岳之首。

【四大名绣】　湖南湘绣、四川蜀绣、广东粤绣、江苏苏绣。

【四大书院】　湖南——岳麓书院，江西——白鹿洞书院，河南——应天书院和嵩阳书院。

【民族建筑】　北方窑洞、北京四合院、彝族土掌房、哈尼族蘑菇房、客家土楼、侗族鼓楼、藏族碉房、蒙古族蒙古包、傣族竹楼。

【古都】　两都：西都长安和东都洛阳。四大古都：西安、北京、洛阳、南京。五大古都：西安、北京、洛阳、南京、开封。六大古都：西安、北京、洛阳、南京、开封、杭州。

五、地理常识

(一)中国地理

【14 个邻国】　越南、老挝、缅甸、印度、尼泊尔、不丹、巴基斯坦、阿富汗、塔吉克斯坦、吉尔吉斯斯坦、哈萨克斯坦、俄罗斯、蒙古、朝鲜。

【6 个隔海相望的国家】　日本、韩国、菲律宾、文莱、马来西亚、印度尼西亚。

【少数民族分布】　中国的少数民族主要分布在内蒙古、新疆、宁夏、广西、西藏、云南、贵州、青海、四川、甘肃、辽宁、吉林、湖南、湖北、海南、台湾等省、自治区。中国民族数量最多的是云南省，有 25 个民族。

【临海】　从北到南依次是渤海、黄海、东海、南海。

【三大半岛】　辽东半岛、山东半岛、雷州半岛。

【四大盆地】　四川盆地、柴达木盆地、塔里木盆地、准噶尔盆地。

【三大平原】　东北平原、华北平原、长江中下游平原。

【五大淡水湖】　鄱阳湖(江西)、洞庭湖(湖南湖北交界)、太湖(江苏浙江交界)、洪泽湖(江苏北部)、巢湖(安徽中部)，其中鄱阳湖是中国第一大淡水湖。

【十大岛屿】　台湾地区台湾岛、海南省海南岛、上海市崇明岛、浙江省舟山岛、广东省东海岛、福建省海坛岛、福建省东山岛、浙江省玉环岛、香港大屿山、福建省金门岛。

(二)世界地理

【七大洲】　按面积依次为：亚洲、非洲、北美洲、南美洲、南极洲、欧洲、大洋洲。亚洲和欧洲连成一块合称亚欧大陆，中国位于亚洲。南极洲是世界上跨经度最多的大洲；亚洲是世界上面积最大的大洲。

【四大洋】　太平洋、大西洋、印度洋、北冰洋。太平洋是世界上面积最大的海洋；北冰洋是世界上跨经度最多的大洋。

【七大洲分界线】　亚洲和欧洲的分界线：乌拉尔山脉、乌拉尔河、大高加索山脉和土耳其海峡(沟通黑海和地中海)。亚洲和非洲的分界线：苏伊士运河(沟通地中海和红海)。南美洲和北美洲的分界线:巴拿马运河(沟通太平洋和大西洋)。

【世界著名海峡】 莫桑比克海峡:非洲大陆东南部和马达加斯加之间的海峡。德雷克海峡:连接太平洋和大西洋,是世界上最宽最深的海峡。马六甲海峡:东南亚的马来半岛和苏门答腊岛之间的海峡。英吉利海峡:英国和法国之间的海峡。麦哲伦海峡:南美大陆和火地岛之间的海峡。白令海峡:太平洋和北冰洋的水上通道。霍尔木兹海峡:西亚的阿曼半岛和伊朗之间的海峡。

【世界十大半岛】 从大到小依次是:阿拉伯半岛、印度半岛、中南半岛、拉布拉多半岛、斯堪的纳维亚半岛、伊比利亚半岛、小亚细亚半岛、巴尔干半岛、堪察加半岛、马来半岛。

【世界十大岛屿】 从大到小依次是:格陵兰岛、新几内亚岛、加里曼丹岛、马达加斯加岛、巴芬岛、苏门答腊岛、本州岛、维多利亚岛、埃尔斯米尔岛。

【2018年下半年真题】 中国古代蒙学教育基本目标是培养儿童认字、书写能力,养成良好的日常生活习惯,具备基本的道德伦理规范,掌握一些中国基本文化常识及日常生活常识。下列选项中,不属于中国蒙学教材的是(   )。

A.《千字文》   B.《百家姓》

C.《急就章》   D.《山海经》

网校答案:D。

网校解析:《山海经》是中国一部记述古代志怪的古籍,大体是战国中后期到汉代初中期的楚国或巴蜀人所作。它也是一部荒诞不经的奇书,不适合作为儿童读物。

第四节　文学素养

一、中国文学名家名篇

【诗经】 春秋末年,中国出现的第一部诗歌总集。收录了西周至春秋中期的三百多首诗歌,分为风、雅、颂三部分,奠定了中国古典文学现实主义的基础,被后世奉为儒家经典。《风》是周代各地的歌谣;《雅》是周人的正声雅乐,又分《小雅》和《大雅》;《颂》是周王庭和贵族宗庙祭祀的乐歌,分为《周颂》《鲁颂》和《商颂》。

【楚辞】 战国时期,楚国诗人屈原以南方民歌为基础,创作的新诗歌体裁。代表作有《九章》《九歌》《离骚》等,其中,《九歌》中的《湘君》《湘夫人》取材于神话传说,是优美动人的恋歌。《离骚》是屈原的抒情长诗,具有浪漫主义风格,是楚辞的代表作。

【五经】 《诗》即《诗经》。中国儒家学派创始人孔子晚年整理的《诗》《书》《礼》《易》《春秋》的合称。

《书》,又称《尚书》,是周王室外史所藏的政治文件。

《礼》,又称《周礼》《周官》,是周王室的宗伯管理的典章制度。

《易》,又称《周易》,是一部渊源邃古、博大精深的哲学著作,在夏、商、周时由王室卜官所掌管。

《春秋》是第一部华夏民族编年史兼历史散文集。由于《春秋》的记事过于简略,后来出现了很多对《春秋》所记载的历史进行补充、解释、阐发的书,被称为"传"。其中成于先秦的较著名的是被称为"春秋三传"的《左传》《公羊传》《谷梁传》。

【左传】 先秦散文,我国第一部叙事详细的编年史著作,是为《春秋》做注解的一部史书,记载了东周前期两百多年间各国政治、经济、军事、外交和文化方面的重要事件和重要人物。

【国语】 先秦散文,我国最早的一部国别体著作,记录了周朝王室和鲁国、齐国、晋国、郑国、楚国、吴国、越国等诸侯国的历史。

【战国策】 先秦散文,国别体史书,记事年代起于战国初年,止于秦灭六国,约有240年的历史，主要记述了战国时期游说之士的政治主张和言行策略。

【汉赋】 汉朝时，文学家以《楚辞》为基础，创造了半诗半文的综合文体——赋。西汉枚乘的《七发》、司马相如的《子虚赋》《上林赋》、东汉张衡的《二京赋》都是汉赋的佳作。

【贾谊】 西汉政论家、文学家，代表作品有散文《过秦论》《论积贮疏》《陈政事疏》，赋《吊屈原赋》《鵩鸟赋》等。

【《古诗十九首》】 由南朝萧统从传世无名氏《古诗》中选录十九首编入《昭明文选》(又称《文选》)而成，是在东汉乐府基础上发展而来的东汉文人五言诗的代表作，梁代评论家刘勰称它为"五言之冠冕"。

【司马迁】 西汉史学家、文学家，所著《史记》是我国第一部纪传体通史，记录从黄帝到汉武帝时期的史事，被鲁迅称作"史家之绝唱，无韵之离骚"。

【班固】 东汉杰出史学家、文学家，所著《汉书》是我国第一部纪传体断代史，辞赋方面以《两都赋》最为著名。

【曹操】 三国时杰出的政治家、军事家和诗人，"建安文学"的开创者，代表作有《蒿里行》《苦寒行》《龟虽寿》《观沧海》等。

【曹丕】 曹操次子，他的《典论·论文》是我国第一部文学批评专著。

【曹植】 曹操第三子，代表作有《洛神赋》《白马篇》《七哀诗》等。

【李密】 西晋文学家，代表作为《陈情表》。

【陶渊明】 东晋文学家，我国第一位田园诗人，代表作有《归园田居》《归去来兮辞》《桃花源记》《五柳先生传》等。

【干宝】 东晋史学家，著有志怪小说《搜神记》，搜集了古代的神异故事共400多篇，开创了中国古代神话的先河。

【刘义庆】 南朝文学家，开创了中国笔记小说的先河，著有《世说新语》，记载了自汉魏至东晋士族阶层的言谈、轶事。

【刘勰】 南朝文学批评家，其著作《文心雕龙》是一部理论系统、结构严密、论述细致的文学理论专著。

【钟嵘】 南朝文学批评家，著有诗歌评论专著《诗品》。

【王勃】 初唐诗人，与杨炯、卢照邻、骆宾王并称为"初唐四杰"。王勃为四杰之首，代表作有《送杜少府之任蜀州》《滕王阁序》等。

【陈子昂】 初唐诗人，代表作为《登幽州台歌》。

【高适】 盛唐边塞诗人，与岑参并称"高岑"，代表作有《燕歌行》《塞上》等。

【岑参】 盛唐边塞诗人，代表作为《白雪歌送武判官归京》。

【孟浩然】 盛唐山水诗人，代表作有《春晓》《过故人庄》等。

【王维】 盛唐山水诗人，与孟浩然合称"王孟"，代表作有《使至塞上》《九月九日忆山东兄弟》《山居秋暝》《送元二使安西》等，苏轼评价其"味摩诘之诗，诗中有画；观摩诘之画，画中有诗"。

【李白】 唐代浪漫主义诗人，有"诗仙"之称，代表作有《望天门山》《早发白帝城》《黄鹤楼送孟浩然之广陵》《梦游天姥吟留别》《蜀道难》《将进酒》等。

【杜甫】 唐代现实主义诗人，有"诗圣"之称。"三吏"《新安吏》《石壕吏》《潼关吏》、"三别"《新婚别》《垂老别》《无家别》等都是脍炙人口的名篇。他的诗被称为"诗史"。

【贾岛】 中唐诗僧，代表作有《寻隐者不遇》《剑客》等。

【白居易】 唐中期诗人，代表作有《秦中吟》《新乐府》《卖炭翁》《长恨歌》《琵琶行》等。

【杜牧】 唐朝诗人，与李商隐并称"小李杜"，代表作有《赤壁》《山行》《秋夕》《阿房宫赋》等。

【李商隐】 唐朝诗人，代表作有《锦瑟》《马嵬》《夜雨寄北》等。

【韩愈】 唐代"古文运动"的倡导者，与柳宗元并称"韩柳"，有"文章巨公"和"百代文宗"之名。

与柳宗元、欧阳修和苏轼合称"千古文章四大家",与唐代柳宗元和宋代欧阳修、苏洵、苏轼、苏辙、王安石、曾巩合称为"唐宋八大家"。韩愈为"唐宋八大家"之首,代表作有《师说》《祭十二郎文》等。

【柳永】　北宋婉约派词人,代表作有《雨霖铃·寒蝉凄切》《蝶恋花·伫倚危楼风细细》等。

【苏轼】　北宋文学家,豪放派词人,代表作有《念奴娇·赤壁怀古》《赤壁赋》《水调歌头·明月几时有》《定风波·莫听穿林打叶声》等。

【王安石】　北宋文学家,代表作有散文《伤仲永》《游褒禅山记》、诗歌《书湖阴先生壁》《泊船瓜洲》《春夜》等。

【李清照】　生活在两宋之交,婉约派代表人物,著有《漱玉词》。代表作有《如梦令·常记溪亭日暮》《武陵春》《声声慢》《一剪梅》等。

【辛弃疾】　南宋词人,豪放派代表人物,代表作有《西江月·明月别枝惊鹊》《破阵子·为陈同甫赋壮词以寄之》《永遇乐·京口北固亭怀古》等。

【冯梦龙】　明代文学家,著有《喻世明言》《警世通言》《醒世恒言》,合称"三言"。

【凌濛初】　明代文学家,著有《初刻拍案惊奇》《二刻拍案惊奇》,与冯梦龙的三言合称"三言二拍",都是杰出的拟话本结集。

【施耐庵】　元末明初小说家,著有我国第一部以农民起义为题材的长篇小说《水浒传》,描写了北宋末年宋江领导的梁山泊农民起义。

【罗贯中】　元末明初小说家,著有我国最早的一部长篇历史小说《三国演义》,描写了东汉末年和三国时期错综复杂的政治和军事斗争。

【吴承恩】　明代小说家,著有一部充满浪漫主义气息的长篇神话小说《西游记》。

【曹雪芹】　清代小说家,其著作《红楼梦》是我国古典小说的高峰,描写了贾、王、史、薛四大封建家族的衰亡和贾宝玉与林黛玉的爱情悲剧。

【蒲松龄】　清代小说家,著有文言短篇小说《聊斋志异》。郭沫若赞蒲氏著作"写鬼写妖高人一等,刺贪刺虐入骨三分",老舍评价蒲氏"鬼狐有性格,笑骂成文章"。

【吴敬梓】　清代小说家,著有讽刺小说《儒林外史》,描写了一些深受八股科举制度毒害的儒生形象,如:范进。

【刘鹗】　著有《老残游记》,与李宝嘉的《官场现形记》、吴趼人的《二十年目睹之怪形状》、曾朴的《孽海花》合称为清末四大谴责小说。

【胡适】　著名学者、诗人,其著作《尝试集》是五四运动时期第一部白话诗集。

【郭沫若】　现代文学家、历史学家,新诗奠基人之一,代表作有诗集《女神》《星空》和剧作《屈原》《虎符》等。

【徐志摩】　现代诗人、散文家,新月派代表人物,作品有《志摩的诗》《翡冷翠的一夜》《再别康桥》等。

【钱钟书】　中国现代作家、文学研究家,代表作有散文《写在人生边上》《人·兽·鬼》,小说《围城》,学术著作《谈艺录》《宋诗选注》等。

【闻一多】　现代文学家、诗人,新格律诗代表人物之一,著有《七子之歌》《红烛》《死水》等。

【李金发】　现代诗人,象征诗派代表人物之一,作品有《微雨》《食客与凶年》《为幸福而歌》等。

【戴望舒】　现代派诗人,代表作有《雨巷》《我的记忆》等。

【臧克家】　闻一多的学生,现代诗人,代表作有《罪恶的黑手》《烙印》《有的人》等。

【艾青】　现代诗人,代表作有《大堰河——我的保姆》《北方》《向太阳》《我爱这土地》等。

【鲁迅】　1918年5月,发表中国现代文学史上第一篇白话小说《狂人日记》,著有小说集《呐喊》《彷徨》。《呐喊》中收录《狂人日记》《孔乙己》《药》《风波》《故乡》《阿Q正传》等,《彷徨》中收录《祝福》《高老夫子》《孤独者》《伤逝》等。

【陆蠡】　现代散文家、翻译家,代表作品有《海星》《竹刀》《囚绿记》等。

【郁达夫】　"创造社"的发起人之一，代表作有小说《沉沦》《春风沉醉的晚上》和散文《故都的秋》等。

【林语堂】　现代著名作家、学者、翻译家、语言学家，作品包括小说《京华烟云》《啼笑皆非》，散文和杂文文集《人生的盛宴》《生活的艺术》以及译著《东坡诗文选》《浮生六记》等。

【梁实秋】　中国著名的散文家、学者、文学批评家、翻译家，代表作品有评论集《浪漫的与古典的》《文学的纪律》，杂文集《骂人的艺术》，散文集《雅舍小品》等。

【茅盾】　现代文学家，代表作有小说《子夜》《林家铺子》、农村三部曲（《春蚕》《秋收》《残冬》）、《蚀》三部曲（《幻灭》《动摇》《追求》），散文《白杨礼赞》，文学评论《夜读偶记》等。

【巴金】　现代作家，曾获"但丁国际奖"。代表作有小说"爱情三部曲"（《雾》《雨》《电》）、"激流三部曲"（《家》《春》《秋》）、《寒夜》，散文《随想录》等。

【老舍】　现代作家，1951年被北京市人民政府授予"人民艺术家"称号。代表作有小说《老张的哲学》《骆驼祥子》《四世同堂》和话剧《龙须沟》《茶馆》等。

【毛泽东】　代表作有《沁园春·长沙》《沁园春·雪》《采桑子·重阳》《长征》《浪淘沙·北戴河》等。

【沈从文】　现代作家、文物学家，代表作有小说《边城》《长河》，散文集《湘行散记》，学术著作《唐宋铜镜》《龙凤艺术》《中国古代服饰研究》等。

【丁玲】　现代作家，代表作有处女作《梦珂》，长篇小说《太阳照在桑干河上》《莎菲女士的日记》，短篇小说集《在黑暗中》等。

【张恨水】　著名章回小说家，鸳鸯蝴蝶派代表作家，被尊称为现代文学史上的"章回小说大家"和"通俗文学大师"第一人，代表作有《春明外史》《金粉世家》《啼笑因缘》《八十一梦》《热血之花》《大江东去》等。其中，《热血之花》是迄今发现的最早的抗日小说，《大江东去》是第一部描写南京大屠杀日军暴行的中国作品。

【朱光潜】　现当代著名美学家、文艺理论家、教育家、翻译家，主要著作有《悲剧心理学》《文艺心理学》《西方美学史》《谈美》《谈文学》等。

【瞿秋白】　翻译了《国际歌》，创作了《赤都心史》《饿乡纪程》《多余的话》等。

【周立波】　现代著名作家、编译家，代表作有《暴风骤雨》《山乡巨变》等。

【赵树理】　"山药蛋派"创始人，代表作有《小二黑结婚》《李有才板话》《李家庄的变迁》等。

【孙犁】　现当代著名小说家、散文家，"荷花淀派"创始人，代表作有《荷花淀》《芦花荡》《白洋淀纪事》等。

【曹禺】　现代剧作家，代表作有《日出》《原野》《北京人》《雷雨》等。

【夏衍】　现代剧作家，代表作有剧本《赛金花》《上海屋檐下》《法西斯细菌》，报告文学《包身工》等。

【冰心】　现代女作家、儿童文学家，代表作有诗集《繁星·春水》，小说散文集《小橘灯》《寄小读者》《再寄小读者》《三寄小读者》等。

【朱自清】　现代作家、学者、民主战士，散文名篇有《背影》《春》《绿》《荷塘月色》《威尼斯》等。

【刘心武】　当代著名作家、红学研究家，代表作有《班主任》《钟鼓楼》《刘心武揭秘红楼梦》《飘窗》等。

【王蒙】　当代作家、学者，代表作有《布礼》《青春万岁》《组织部来了个年轻人》等。

【古华】　电影编剧、作家，代表作有《芙蓉镇》《爬满青藤的小屋》等。

【张贤亮】　代表作有《绿化树》《男人的一半是女人》《灵与肉》等。

【高晓声】　代表作"陈奂生系列"，包括《"漏斗户"主》《陈奂生上城》《陈奂生转业》《陈奂生包产》《陈奂生战术》《种田大户》《陈奂生出国》。

【海子】　当代青年诗人，代表作有《面朝大海，春暖花开》《五月的麦地》《以梦为马》等。

【余华】　现代作家，代表作有小说《活着》《许三观卖血记》等。

【莫言】　2012年获诺贝尔文学奖，代表作有《红高粱》《丰乳肥臀》《檀香刑》《蛙》等，其中《红高粱》是魔幻现实主义文学的著名作品。

二、外国文学名家名篇

【《荷马史诗》】　《伊利亚特》和《奥德赛》是古希腊最早的两部史诗，一般认为是吟诵诗人荷马所作，故称《荷马史诗》。其讲述的分别是在特洛伊战争中，阿喀琉斯与阿伽门农间的争端，以及特洛伊沦陷后，奥德修斯返回绮色佳岛上的王国，与妻子珀涅罗团聚的故事。

【《吉尔伽美什史诗》】　古代巴比伦史诗，目前已知世界最古老的英雄史诗，是一部关于苏美尔三大英雄之一的吉尔迦美什的赞歌。

【《摩诃婆罗多》《罗摩衍那》】　印度两大史诗，《摩诃婆罗多》讲述了很多关于神的故事，《罗摩衍那》简述罗摩与妻子悉多悲欢离合的故事。

【《源氏物语》】　日本古典文学名著，描写了日本平安时代的风貌。

【但丁】　文艺复兴时期作家，与彼得拉克、薄伽丘一起被誉为文艺复兴"文学三杰"，创作了长诗《神曲》，分为《地狱》《炼狱》《天堂》三部。

【彼特拉克】　文艺复兴时期作家，被称为"人文主义之父"，作品有《歌集》。

【薄伽丘】　文艺复兴时期意大利人文主义作家，代表作《十日谈》是欧洲文学史上第一部现实主义作品。

【拉伯雷】　文艺复兴时期法国作家，代表作《巨人传》是一部讽刺小说名作。

【塞万提斯】　文艺复兴时期西班牙作家，作品有《堂吉诃德》。

【莎士比亚】　文艺复兴时期英国戏剧家、诗人，代表作有"四大喜剧"《仲夏夜之梦》《威尼斯商人》《皆大欢喜》《第十二夜》，"四大悲剧"《哈姆莱特》《奥赛罗》《李尔王》《麦克白》和《罗密欧与朱丽叶》等。

【莫里哀】　法国17世纪古典主义文学作家，代表作有《伪君子》《恨世者》《悭吝人》等。

【笛福】　18世纪英国现实主义小说的奠基人，著作《鲁滨孙漂流记》描写了乐观又勇敢的鲁滨孙通过努力，靠智慧和勇气战胜了困难的故事。

【斯威夫特】　18世纪英国讽刺文学大师，代表作《格列佛游记》以格列佛船长的口气叙述了周游四国的经历。

【狄德罗】　18世纪法国启蒙思想家代表，法国《百科全书》的组织者兼主编。文学方面的成就主要是三部哲理小说：《修女》《拉摩的侄儿》《宿命论者雅克》。

【席勒】　德国18世纪著名诗人、作家、哲学家、历史学家和剧作家，代表作《阴谋与爱情》被恩格斯称为"德国第一部有政治倾向的戏剧"。

【歌德】　18世纪德国民族诗人，代表作有《浮士德》《少年维特之烦恼》等。

【雪莱】　19世纪英国浪漫主义诗人，被恩格斯誉为"天才的预言家"，代表作有《解放了的普罗米修斯》《西风颂》《致云雀》《麦布女王》等，"如果冬天来了，春天还会远吗？"即出自《西风颂》。

【简·奥斯丁】　18世纪末向19世纪过渡时期的一位现实主义小说家，代表作品为《傲慢与偏见》。

【海涅】　19世纪德国诗人、小说家，代表作为《德国，一个冬天的童话》。

【普希金】　19世纪俄国浪漫主义文学代表，被誉为"俄国小说之父"，代表作有诗歌《自由颂》《致大海》《假如生活欺骗了你》，诗体小说《叶甫盖尼·奥涅金》（塑造了俄国文学中第一个"多余人形象"），小说《上尉的女儿》《黑桃皇后》等。

【拜伦】　19世纪英国浪漫主义诗人，代表作有《东方叙事诗》《恰尔德·哈罗德游记》《唐璜》等。

【雨果】　19世纪法国浪漫主义作家，代表作有《巴黎圣母院》《悲惨世界》《海上劳工》《笑面人》

《九三年》等。

【司汤达】　19 世纪法国批判现实主义作家，代表作为《红与黑》。

【巴尔扎克】　19 世纪法国小说家，代表作有《人间喜剧》《欧也妮·葛朗台》《幻灭》《高老头》《驴皮记》等。

【福楼拜】　19 世纪法国继司汤达、巴尔扎克之后又一位伟大的现实主义小说家，代表作为《包法利夫人》。

【凡尔纳】　19 世纪法国著名小说家、剧作家及诗人，被誉为"科幻小说之父"。代表作为三部曲《格兰特船长的儿女》《海底两万里》《神秘岛》以及《气球上的五星期》《地心游记》等。

【威尔斯】　十九、二十世纪英国著名小说家，尤以科幻小说创作闻名于世。1895 年出版《时间机器》一举成名，随后又发表了《莫洛博士岛》《隐身人》《星际战争》等多部科幻小说。

【夏洛蒂·勃朗特】　19 世纪英国作家，代表作为《简·爱》。

【艾米莉·勃朗特】　19 世纪英国作家，代表作《呼啸山庄》，被评论家惊奇地称为"一代奇书"和"文学史上的斯芬克斯之谜"。

【果戈理】　19 世纪俄国批判现实主义作家，代表作有《死魂灵》《钦差大臣》等。

【斯托夫人】　19 世纪美国作家，代表作《汤姆叔叔的小屋》被认为是"世界小说中最令人感动的故事"，"汤姆叔叔"成了美国黑奴的象征。

【狄更斯】　19 世纪英国现实主义作家，代表作有《大卫·科波菲尔》《双城记》《匹克威克外传》《雾都孤儿》等。

【陀思妥耶夫斯基】　19 世纪俄国作家，代表作有《罪与罚》《卡拉马佐夫兄弟》等。

【屠格涅夫】　19 世纪俄国作家，代表作有《猎人笔记》《父与子》《前夜》等。

【莫泊桑】　19 世纪法国批判现实主义作家，与契诃夫和欧·亨利并称为"世界三大短篇小说家"，代表作有《项链》《我的叔叔于勒》《羊脂球》等。

【萧伯纳】　19 世纪英国现实主义剧作家，代表作有《圣女贞德》《巴巴拉少校》《伤心之家》《华伦夫人的职业》《苹果车》等。

【契诃夫】　19 世纪俄国批判现实主义作家，代表作有《套中人》《小公务员之死》《变色龙》《凡卡》等。

【托尔斯泰】　19 世纪俄国批判现实主义作家，代表作有"自传三部曲"《童年》《少年》《青年》和《战争与和平》《安娜·卡列尼娜》《复活》等。

【易卜生】　19 世纪挪威剧作家，有"现代戏剧之父"之称，代表作有《社会支柱》《玩偶之家》《群鬼》《人民公敌》等。

【马克·吐温】　19 世纪美国著名作家和演说家，代表作有《百万英镑》《哈克贝利·费恩历险记》《汤姆·索亚历险记》《竞选州长》等。

【泰戈尔】　19 世纪印度诗人，代表作有《吉檀迦利》《飞鸟集》《新月集》等。其中，1913 年，他以《吉檀迦利》成为第一位获得诺贝尔文学奖的亚洲人。

【欧·亨利】　19 世纪末 20 世纪初美国著名短篇小说家，美国现代短篇小说创始人，代表作有《麦琪的礼物》《警察与赞美诗》《醉翁之意》《最后一片常春藤叶》等。

【奥斯特洛夫斯基】　20 世纪苏联作家，代表作为《钢铁是怎样炼成的》。

【高尔基】　20 世纪苏联作家，代表作有《克里姆·萨姆金的一生》《母亲》及自传体三部曲《童年》《在人间》《我的大学》等。

【罗曼·罗兰】　20 世纪法国批判现实主义作家，代表作有《名人传》《约翰·克利斯朵夫》等。

【海明威】　20 世纪美国作家，"新闻体"小说的创始人，代表作有《老人与海》《乞力马扎罗的雪》等。

【卡夫卡】 20世纪捷克表现主义作家，代表作有《判决》《变形记》《饥饿艺术家》《在流放地》及"孤独三部曲"《城堡》《美国》《诉讼》等。

【马尔克斯】 哥伦比亚作家，20世纪拉丁美洲魔幻现实主义文学的代表人物，代表作有《百年孤独》《霍乱时期的爱情》等。

【贝克特】 20世纪法国荒诞派戏剧代表人物，代表作为《等待戈多》。

【川端康成】 20世纪日本新感觉派作家，代表作有《伊豆的舞女》《雪国》《古都》《千纸鹤》等。

三、著名儿童文学作品

（一）中国儿童文学作品

【《稻草人》】 新中国第一本为儿童而写的童话集。作者叶圣陶，通过一个富有同情心而又无能为力的稻草人的所见所思，真实地描写了20世纪20年代中国农村风雨飘摇的人间百态，展现了当时劳动人民的苦难。

【《宝葫芦的秘密》】 张天翼著，中国第一部被迪士尼公司改编为动画片的经典童话，故事讲述王葆幻想得到一个宝葫芦，但得到后发现他的宝贝不但没给他带来幸福反而带来痛苦，他毅然把这个宝贝抛弃，"轰"的一声后，原来这却是自己做的梦，他从此改正了缺点，认真学习，做一个好学生。

【《严文井童话》】 作者严文井，著名童话有《南南和胡子伯伯》《"下次开船"港》《小溪流的歌》《丁丁的一次奇怪的旅行》等。

【《神笔马良》】 作者桂汛涛，讲述有个孩子叫马良，他喜欢画画并且画什么像什么，一天，神仙给了他一支神笔，于是画什么，什么就变成真的。

【《小兵张嘎》】 作者徐光耀，塑造了一个抗日小英雄形象。

【《男生贾里》《女生贾梅》】 作者秦文君，是两部反映当代中学生精神风貌的小说。

【《舒克和贝塔历险记》】 作者郑渊洁，有"童话大王"之称，讲述了小老鼠舒克和贝塔的故事。

【《大林和小林》】 作者张天翼，大林和小林是一对双胞胎。大林好吃懒做，变成了一个寄生虫，最后饿死在金子堆里。小林勇敢正直，成长为一个有出息的好孩子。

【《"没头脑"和"不高兴"》】 作者任溶溶，故事讲述有两个孩子，一个叫"没头脑"，一个叫"不高兴"。"没头脑"做起事来丢三落四，总要出些差错。"不高兴"总是别别扭扭，你要他往东，他偏往西，一开口就三个字"不开心"。

【《小布头奇遇记》】 作者孙幼军，故事讲述一个名叫平平的小朋友，有一天得到一个布娃娃，取名小布头，小布头成为一个勇敢孩子的故事。

【《淘气包马小跳》】 作者杨红樱，描述了一群调皮孩子的快乐生活以及他们和家长、老师、同学之间的好玩的故事。

（二）外国儿童文学作品

【《伊索寓言》】 古希腊民间流传的故事。其中《农夫和蛇》《狐狸和葡萄》《狼和小羊》《龟兔赛跑》《乌鸦喝水》《牧童和狼》《农夫和他的孩子们》《蚊子和狮子》《北风与太阳》等已成为全世界家喻户晓的故事。

【《格林童话》】 作者是德国的格林兄弟，以《青蛙王子》《灰姑娘》《莴苣姑娘》《称心如意的汉斯》《白雪公主》《小红帽》《睡美人》《渔夫和他的妻子》《大拇指》《勇敢的小裁缝》等最为著名。

【《安徒生童话》】 丹麦作家安徒生著，以《卖火柴的小女孩》《拇指姑娘》《海的女儿》《野天鹅》《丑小鸭》《豌豆上的公主》等最为著名。

【《一千零一夜》】 著名的古代阿拉伯民间故事集，又名《天方夜谭》。以《渔夫和魔鬼》《阿拉丁和神灯》《阿里巴巴和四十大盗》《辛巴达航海旅行记》等最为著名。

【《木偶奇遇记》】 意大利作家科洛迪著，描述了木偶皮诺曹从一个任性、淘气、懒惰、爱说谎、不关心他人、不爱学习、整天只想着玩的小木偶，变成一个懂礼貌、爱学习、勤奋干活、孝敬长辈、关爱他人的好孩子的过程，以及他所经历的一连串的奇遇，充满了童趣与想象。

【《爱丽丝漫游奇境记》】 英国作家路易斯·卡罗尔著。叙述一个名叫爱丽丝的女孩从兔子洞进入一处神奇国度，遇到许多会讲话的生物以及像人一般活动的纸牌，最后发现原来是一场梦。

【《绿野仙踪》】 讲述了一个名为多萝茜的小女孩在奥兹国和狮子、机器人、稻草人追寻勇气、善心和智慧的历险故事。

【《窗边的小豆豆》】 日本作家黑柳彻子著，讲述了作者上小学时的一段真实的故事：小豆豆(作者)因淘气被原学校退学后，来到巴学园。在小林校长的爱护和引导下，一般人眼里"怪怪"的小豆豆逐渐变成了一个大家都能接受的孩子。

【《爱的教育》】 意大利作家亚米契斯著，讲述了发生在安利柯身边的各式各样感人的小故事。

【《小王子》】 法国作家安托万·德·圣·埃克苏佩里著，书中以一位飞行员作为故事叙述者，讲述了小王子从自己星球出发前往地球的过程中，所经历的各种历险。

【《长袜子皮皮》】 瑞典儿童文学作家阿斯特里德·林格伦的童话代表作之一，主人公皮皮是一个有着火红头发、力大无穷、好开玩笑、喜欢冒险的小女孩，有着穿一只黑袜子、一只棕袜子的奇怪嗜好。

【《猜猜我有多爱你》】 英国作家麦克·山姆布雷尼著，这本图画书里有一只像孩子的小兔子和一只像爸爸的大兔子。小兔子像所有的孩子一样爱比较，它们两在比赛谁的爱更多一些。

第五节　艺术素养

一、书法

【张芝】 东汉书法家，中国书法史上的第一位巨匠，有"草书之祖"之称。

【王羲之】 中国东晋书法家，有"书圣"之称。代表作《兰亭集序》被誉为"天下第一行书"。

【欧阳询】 唐代书法家，与同代的虞世南、褚遂良、薛稷并称为"初唐四大家"。与虞世南俱以书法驰名初唐，并称"欧虞"。成就以楷书为最，后人称为"欧体"。代表作楷书有《九成宫醴泉铭》《皇甫诞碑》《化度寺碑》等，行书有《仲尼梦奠帖》《千字文》等。

【颜真卿】 唐代书法家，与赵孟頫、柳公权、欧阳询并称为"楷书四大家"。代表作《祭侄文稿》被后世誉为"天下第二行书"。

【柳公权】 唐代书法家，与颜真卿并称"颜柳"，被称为"颜筋柳骨"，代表作有《金刚经碑》《玄秘塔碑》《神策军纪圣德碑》等。

【张旭】 唐代书法家，以草书著名，与李白诗歌、裴旻剑舞并称为"三绝"，被后世尊称为"草圣"，代表作有《古诗四帖》《草书心经》《肚痛帖》《郎官石柱记》等。

【怀素】 唐代书法家，与张旭齐名，合称"颠张狂素"，代表作有《自叙帖》《苦笋帖》等。《自叙帖》被誉为"天下第一草书"。

【米芾】 北宋书画大家，与苏轼、黄庭坚、蔡襄并称"宋四家(苏黄米蔡)"，代表作有《研山铭》《蜀素帖》等。

【赵孟頫】 元代书画大家，著有《松雪斋文集》。

二、美术

(一)中国美术

【顾恺之】 东晋画家,代表作有《女史箴图》《洛神赋图》等。

【展子虔】 隋朝画家,代表作有《游春图》等。

【阎立本】 唐代画家,代表作有《步辇图》《历代帝王图》等。

【吴道子】 唐代画家,有"画圣"之称,民间画工尊其为祖师爷,代表作有《天王送子图》等。

【顾闳中】 五代十国中南唐人物画家,唯一传世作品为《韩熙载夜宴图》。

【张择端】 北宋画家,故宫博物院所藏《清明上河图》是其传世名作。

【赵孟頫】 元代书画大家,代表作有《秋郊饮马图》等。

【黄公望】 元代画家,代表作《富春山居图》,前段现存于浙江省博物馆,后段收藏在台北故宫博物院。2011 年 6 月,两段作品首次在台北故宫博物院合璧展出,是中国画坛一大盛事。

【王冕】 元代画家,代表作有《墨梅图》等。

【徐渭】 明代画家,代表作有《牡丹蕉石图》等。

【郑燮】 清代画家,号板桥,以兰竹之作最负盛名,代表作有《悬崖兰竹图》《墨兰图》等。

【齐白石】 近现代画家,绘画以花鸟见长,代表作品有《虾》《蟹》《牡丹》《牵牛花》《蛙声十里出山泉》等。

【张大千】 近现代画家,代表作有《振衣千仞冈》《来人吴中三隐》《长江万里图》等。

【徐悲鸿】 现代画家、美术教育家,所作国画彩墨浑成,尤以奔马享名于世,代表作有《八骏图》《愚公移山》等。

(二)外国美术

【文艺复兴时期的绘画】 达·芬奇《蒙娜丽莎》《岩间圣母》《最后的晚餐》。米开朗琪罗《大卫》《彼耶达》《创世纪》《最后的审判》。拉斐尔《西斯廷圣母》《雅典学院》、波提切利《春》。提香《天上的爱与人间的爱》。其中,达·芬奇、米开朗琪罗、拉斐尔合称为"美术三杰"。

【古典主义绘画】 17—19 世纪,代表作有普桑的《阿卡迪亚的牧人》、达维特的《荷拉斯兄弟之誓》《马拉之死》《拿破仑加冕》、安格尔的《大宫女》《贝尔坦肖像》《泉》《路易十三的誓愿》。

【浪漫主义绘画】 19 世纪 20 年代,代表作有籍里柯的《梅杜萨之筏》、德拉克洛瓦的《自由引导人民》《希奥岛的屠杀》《沙尔丹纳帕勒之死》。

【现实主义绘画】 19 世纪 30—70 年代,代表作有米勒的《拾穗》《播种者》、库尔贝的《石工》《筛麦的女子》、列宾的《伏尔加河纤夫》。

【印象主义和后印象主义绘画】 19 世纪 60 年代,代表作有莫奈的《日出·印象》、马奈的《酒吧侍女》、修拉的《大碗岛的星期日下午》、塞尚的《苹果与橘子》、凡·高的《向日葵》《麦田》、高更的《塔希提妇女》。

【现代主义绘画】 20 世纪以来具有前卫特色,与传统艺术分道扬镳的各种艺术流派和思潮。野兽派:马蒂斯《舞蹈》。表现派:蒙克《呐喊》。立体派:毕加索《格尔尼卡》。未来派:杜桑《下楼梯的裸女》。超现实主义:达利《记忆的永恒》《战争的预感》。抽象主义:康定斯基《即兴》。日本现代画家:东山魁夷《涛声》。波普艺术:霍沃尔《玛丽莲双联画》。

三、音乐

(一)中国民族乐器

中国民族乐器分为吹奏乐器、弹拨乐器、打击乐器和拉弦乐器四类。

1. 吹奏乐器

吹奏乐器发音体大多为竹制或木制。根据起振方法不同，可分为三类：第一类，以气流吹入吹口激起管柱振动，有箫、笛（曲笛和梆笛）、口笛等；第二类，气流通过哨片吹入，使管柱振动，有唢呐、海笛、管子、双管和喉管等；第三类，气流通过簧片引起管柱振动，有笙、抱笙、排笙、巴乌等。

典型乐器：笙、芦笙、排笙、葫芦丝、笛、管子、巴乌、埙、唢呐、箫。

2. 弹拨乐器

中国的弹拨乐器分横式与竖式两类。横式，如筝（古筝和转调筝）、古琴、扬琴和独弦琴等；竖式，如琵琶、阮、月琴、三弦、柳琴、冬不拉和扎木聂等。

典型乐器：琵琶、筝、扬琴、七弦琴（古琴）、热瓦普、冬不拉、阮、柳琴、三弦、月琴、弹布尔。

3. 打击乐器

中国民族打击乐器品种多，技巧丰富，具有鲜明的民族风格。根据其发音不同可分为：响铜，如大锣、小锣、云锣、大钹、小钹、碰铃等；响木，如板、梆子、木鱼等；皮革，如大小鼓、板鼓、排鼓、象脚鼓等。

典型乐器：堂鼓（大鼓）、碰铃、缸鼓、定音缸鼓、铜鼓、朝鲜族长鼓、大锣小锣、小鼓、排鼓、达卜（手鼓）、大钹。

4. 拉弦乐器

拉弦乐器主要指胡琴类乐器。拉弦乐器大多为两弦，少数用四弦，如四胡、革胡、艾捷克等。大多数琴筒蒙蛇皮、蟒皮、羊皮等；少数用木板如椰胡、板胡等。少数是扁形或扁圆形如马头琴、坠胡、板胡等，其音色有的优雅、柔和；有的清晰、明亮；有的刚劲、欢快，富于歌唱性。

典型乐器：二胡、板胡、革胡、马头琴、艾捷克、京胡、中胡、高胡。

（二）中国音乐

【《广陵散》】 描写战国时期工匠之子聂政为父报仇刺杀韩王的故事。

【《高山流水》】 相传战国时，伯牙鼓琴，子期知音，所奏即为此曲。

【《阳关三叠》】 唐代著名歌曲，歌词原是王维的七言律诗《送元二使安西》，又名《阳关曲》《渭城曲》。1954 年王震亚将此曲改编为合唱曲。

【《扬州慢》】 姜夔词曲，杨荫浏译谱。

【沈心工】 代表作有《男儿第一志气高》（初名《体操—兵操》）和《黄河》等。

【李叔同】 代表作有《祖国歌》、《送别》（填词）、《西湖》、《春景》等。

【黄自】 代表作有抗战歌曲《抗敌歌》《旗正飘飘》、清唱剧《长恨歌》等。

【聂耳】 代表作有《金蛇狂舞》《毕业歌》《卖报歌》《新女性》《码头工人》《铁蹄下的歌女》《义勇军进行曲》等。

【冼星海】 被誉为"人民音乐家"，代表作有《黄河大合唱》《生产大合唱》《救国军歌》《到敌人后方去》《在太行山上》等。

【麦新】 现代作曲家，其作品《大刀进行曲》在群众中广泛流传。

【刘天华】 我国著名作曲家、民族器乐表演家、音乐教育家，代表作品有《病中吟》《苦闷之讴》《悲歌》《良宵》《空山鸟语》《光明行》等。

【华彦钧】 又名阿炳，我国现代民间音乐家，代表作有《二泉映月》《听松》《昭君出塞》《寒春风曲》《大浪淘沙》等。

（三）外国音乐

【巴赫】 德国作曲家，代表作《马太受难曲》被人们称为"现存宗教音乐的顶峰"。

【海顿】 奥地利作曲家，现德国国歌的作曲者。代表作有《伦敦交响乐》《创世纪》《四季》《告别》

《惊愕》《时钟》等。

【莫扎特】 奥地利作曲家，有"音乐神童"的美誉，代表作有《费加罗的婚礼》《魔笛》《唐璜》等。

【贝多芬】 德国作曲家，代表作有《第二十三（热情）钢琴奏鸣曲》《第九交响曲》《致爱丽丝》等。其中《第九交响曲》是贝多芬晚期的代表作，也是贝多芬全部创作的高峰和总结，在第四乐章中，贝多芬将人声引入管弦乐中，以德国席勒的诗作《欢乐颂》作为歌词。

【舒伯特】 奥地利作曲家，被称为"歌曲之王"，代表作有《魔王》《鳟鱼》《菩提树》《致春天》等。

【施特劳斯】 奥地利作曲家，享有"圆舞曲之王"的美称，名作有《蓝色多瑙河》《维也纳森林叙曲》《春之声》等。

【威尔第】 意大利音乐家，创作了歌剧《茶花女》《弄臣》《游吟诗人》等。

【比才】 法国歌剧家，创作了《卡门》。

【普契尼】 意大利歌剧家，创作了歌剧《托斯卡》《蝴蝶夫人》《图兰朵》《艺术家的生涯》等。

【柴可夫斯基】 俄国作曲家，创作了《第六（悲怆）交响曲》、芭蕾舞剧《天鹅湖》。

【李斯特】 匈牙利作曲家、钢琴家、指挥家和音乐活动家，浪漫主义音乐的主要代表人物之一，被人们誉为"钢琴之王"，主要作品有《但丁神曲》《浮士德》《匈牙利狂想曲》《爱之梦》等。

【肖邦】 波兰作曲家、钢琴家，代表作《革命练习曲》，又名《C小调练习曲》。

【柏辽兹】 法国作曲家、指挥家、评论家，代表作有《幻想交响曲》等。

【斯美塔那】 捷克"民族乐派"的创立人，代表作有《被出卖的新娘》《沃尔塔瓦河》《我的祖国》等。

【西贝柳斯】 芬兰"民族乐派"的代表人物，代表作有《芬兰颂》等。

【格林卡】 创作了俄罗斯民族风情音乐《卡玛林斯卡幻想曲》。

【穆索尔斯基】 俄国作曲家，代表作有管弦乐《荒山之夜》。

【德彪西】 法国作曲家，印象主义音乐风格，代表作有《大海》《亚麻色头发的少女》等。

四、戏剧

【中国主要戏曲种类】 京剧：2010年11月16日被列入"人类非物质文化遗产代表作名录"，代表曲目有《红灯记》《杜鹃山》《智取威虎山》《海瑞罢官》《沙家浜》等。

越剧：中国第二大剧种，2006年5月20日被列入第一批国家级非物质文化遗产名录，代表曲目有《梁山伯与祝英台》《红楼梦》《西厢记》等。

豫剧：我国最大的地方剧种，2006年5月20日被列入第一批国家级非物质文化遗产名录，代表曲目有《花木兰》《拷红》《朝阳沟》《小二黑结婚》等。

黄梅戏：旧称黄梅调或采茶戏，与京剧、越剧、评剧、豫剧并称中国五大剧种。一曲《天仙配》让黄梅戏流行于大江南北。2006年5月20日被列入第一批国家级非物质文化遗产名录。

评剧：2006年5月20日被列入第一批国家级非物质文化遗产名录，代表曲目有《刘巧儿》《杨三姐告状》《秦香莲》等。

昆曲：2001年被联合国教科文组织列为"人类口述和非物质遗产代表作"，代表曲目《牡丹亭》《长生殿》《桃花扇》等。

秦腔：又称"梆子腔"，2006年5月20日被列入第一批国家级非物质文化遗产名录，代表曲目有《哭长城》《伐董卓》等。

【京剧四大行当】 生：生行指男性人物，其中又可细分为老生、小生、武生、娃娃生、红生等。

旦：旦行指女性人物，其中又可细分为青衣、正旦、花旦、刀马旦、老旦等。

净：净行指威重、粗犷、豪爽等特殊性格的男性人物，其中又可细分为花脸（铜锤、黑头）、架子花脸、武花脸等。

丑：丑行指反派人物或诙谐、滑稽的人物，其中又可细分为文丑、武丑等。

【京剧四大名旦】　梅兰芳：《贵妃醉酒》中饰杨贵妃，《霸王别姬》中饰虞姬。程砚秋：《锁麟囊》中饰薛湘灵。荀慧生：《红娘》中饰红娘。尚小云：《昭君出塞》中饰昭君。

【四大名剧】　《西厢记》，王实甫著，主人公为崔莺莺与张生。

《牡丹亭》，汤显祖著，主人公为柳梦梅与杜丽娘。

《长生殿》，洪升著，主人公为唐明皇与杨贵妃。

《桃花扇》，孔尚任著，主人公为侯方域与李香君。

【十大戏剧家】　关汉卿："元曲四大家"之首，被后人称为"曲圣"，主要作品有《窦娥冤》《救风尘》《望江亭》《拜月亭》《单刀会》等。

王实甫：元代戏剧家，代表作品是《西厢记》，被称为"杂剧之冠"。

纪君祥：元代戏剧家，代表作是《赵氏孤儿》。

马致远："元曲四大家"之一，代表作是《汉宫秋》。

郑光祖：元代剧作家，"元曲四大家"之一，代表作是《倩女离魂》。

白朴：元代剧作家，"元曲四大家"之一，代表作有《梧桐雨》《墙头马上》等。其中，《梧桐雨》写的是唐明皇与杨贵妃的爱情故事。

高则诚：元末剧作家，被誉为"南曲之祖"，代表作《琵琶记》。

汤显祖：明代戏剧家，被誉为"东方的莎士比亚"，代表作《牡丹亭》（又名《还魂记》）《邯郸记》《南柯记》《紫钗记》合称为"玉茗堂四梦"。

孔尚任：清代戏剧家，代表作是《桃花扇》。

洪升：清代剧作家，《长生殿》是他的代表作品，描写唐明皇与杨贵妃的爱情故事，与孔尚任写的《桃花扇》堪称双璧。洪升与孔尚任被誉为"南洪北孔"。

章节课后习题——文化素养

历史文化素养

1. 宗法制度是以(　　　)为基础，核心是嫡长子继承制。

A. 政治权力　　　　　　　　　　　　B. 血缘关系

C. 门第高低　　　　　　　　　　　　D. 家族势力

网校答案：B。

网校解析：宗法制度是由氏族社会父系家长制演变而来的，是王族贵族按血缘关系分配国家权力，以便建立世袭统治的一种制度。宗法制度是以血缘关系为基础，核心是嫡长子继承制。

2. 下列哪个国家不属于"战国七雄"之一？(　　　)。

A. 齐　　　　　　　　　　　　　　　B. 楚

C. 韩　　　　　　　　　　　　　　　D. 宋

网校答案：D。

网校解析：战国时期实力最强的七个诸侯国分别为齐、楚、秦、燕、赵、魏和韩，这七个国家被史学家称作"战国七雄"。

3. 下列先秦思想家中，主张施仁政、行王道的一位是(　　　)。

A. 管子　　　　　　　　　　　　　　B. 墨子

C. 荀子　　　　　　　　　　　　　　D. 孟子

网校答案：D。

网校解析：孟子是继孔子之后的儒学大师，主张施仁政、行王道。

4. 中国历史上第一次大规模的农民起义是(　　　)。

A.陈胜吴广起义   B.黄巾起义

C.黄巢起义   D.白莲教起义

网校答案：A。

网校解析：陈胜吴广起义是秦末农民战争的一部分，起义沉重打击了秦朝政权，揭开了秦末农民起义的序幕，是中国历史上第一次大规模的农民起义。

5.下列人物中，与"乌江自刎"密切相关的是( )。

A.陈胜   B.刘备

C.秦始皇   D.项羽

网校答案：D。

网校解析：据《史记·项羽本纪》记载，楚汉战争中项羽被刘邦打败后，来到乌江江畔自刎而死。

6."贞观之治""开元盛世"出现在( )。

A.宋朝   B.清朝

C.唐朝   D.汉朝

网校答案：C。

网校解析："贞观之治"是指中国唐太宗在位期间的清明政治。"开元盛世"是唐玄宗统治前期所出现的盛世。

7.在我国历史上，城市布局第一次打破了"坊""市"界限的国际性大都市是( )。

A.元大都   B.宋都东京

C.唐都长安   D.宋都临安

网校答案：B。

网校解析：第一次打破了"坊""市"界限的国际性大都市是北宋都城东京。

8.下列成语中，源于赵匡胤陈桥事变故事的是( )。

A.黄袍加身   B.祸起萧墙

C.破釜沉舟   D.闻鸡起舞

网校答案：A。

网校解析：五代后周赵匡胤在陈桥兵变，诸将给赵匡胤披上黄袍，拥立为帝，指登上帝位。祸起萧墙出自《论语·季氏》，破釜沉舟出自《孙子兵法》，闻鸡起舞出自《晋书·祖逖传》。

9.下列选项中，体现郑成功重大历史功绩的一项是( )。

A.虎门销烟   B.收复台湾

C.官渡之战   D.七擒孟获

网校答案：B。

网校解析：1662年，郑成功及其后代收复台湾。

10.乾隆皇帝制定了( )制度，规定喇嘛教活佛转世人选。

A.金瓶掣签   B.长子继承制

C.贵族选举制   D.佛教长老选举制

网校答案：A。

网校解析：1727年，清朝开始设立驻藏大臣，同达赖和班禅共同管理西藏。乾隆皇帝制定了"金瓶掣签"制度，规定喇嘛教活佛转世人选。

11.下列城市中，建都朝代最多的是( )。

A.北京   B.南京

C.洛阳   D.西安

网校答案：D。

网校解析：西安是举世闻名的世界四大古都之一，中国历史上建都朝代最多、影响力最大的都城，目前被官方和史学界公认的说法是 13 个王朝。此外还有 14 朝和 17 朝等不同说法。

12.“民为贵，社稷次之，君为轻”，这一思想主张出自战国时期的(　　)。

A.孔子　　　　　　　　　　　　　　B.孟子

C.荀子　　　　　　　　　　　　　　D.庄子

网校答案：B。

网校解析：孟子主张施行“仁政”，“民为贵，社稷次之，君为轻”是他的名言。

13.提出“罢黜百家，独尊儒术”的思想家是(　　)。

A.荀况　　　　　　　　　　　　　　B.董仲舒

C.朱熹　　　　　　　　　　　　　　D.王阳明

网校答案：B。

网校解析：公元前 134 年，汉武帝下诏征求治国方略。儒生董仲舒在《举贤良对策》中系统地提出了“天人感应”“大一统”学说和“罢黜百家，表彰六经”的主张。

14.明确提出“师夷长技以制夷”思想主张的著作是(　　)。

A.《四洲志》　　　　　　　　　　　B.《各国律例》

C.《海国图志》　　　　　　　　　　D.《变法通议》

网校答案：C。

网校解析：“师夷长技以制夷”由魏源提出，他在《海国图志》一书中提出了这一思想主张。

15.1840 年，英国对中国发动侵略战争，战后签订了(　　)。

A.《北京条约》　　　　　　　　　　B.《天津条约》

C.《南京条约》　　　　　　　　　　D.《辛丑条约》

网校答案：C。

网校解析：1840 年 6 月—1842 年 8 月，英国发动的鸦片战争，以清政府屈服求和而结束。1842 年 8 月，英国侵略者强迫清政府在南京签订了中国近代史上第一个不平等条约——《南京条约》。

16.1851 年，洪秀全在广西桂平县金田村起义，建号(　　)。

A.太平天国　　　　　　　　　　　　B.中华民国

C.中华帝国　　　　　　　　　　　　D.国民政府

网校答案：A。

网校解析：1851 年，洪秀全在广西桂平县金田村起义，建号太平天国。

17.通过《马关条约》强占我国台湾达 50 年之久的国家是(　　)。

A.美国　　　　　　　　　　　　　　B.日本

C.俄国　　　　　　　　　　　　　　D.德国

网校答案：B。

网校解析：甲午中日战争以中国的失败而告终，1895 年 4 月，李鸿章和日本政府代表伊藤博文在日本马关签订了《马关条约》，内容之一就是割辽东半岛、台湾及其附属岛屿、澎湖列岛给日本。

18.近代中国第一部资产阶级性质的社会改革方案是(　　)。

A.《资政新篇》　　　　　　　　　　B.《钦定宪法大纲》

C.《十九信条》　　　　　　　　　　D.《定国是诏》

网校答案：A。

网校解析：《资政新篇》是近代中国第一部资产阶级性质的社会改革方案。

19.(　　)标志着清政府完全成为帝国主义统治中国的工具，中国彻底沦为半殖民地半封建社会。

A.《南京条约》　　　　　　　　　　B.《北京条约》

C.《天津条约》　　　　　　　　　　D.《辛丑条约》

网校答案：D。

网校解析：《辛丑条约》是中国近代史上赔款数目最庞大、主权丧失最严重的不平等条约。该条约标志着清政府完全成为帝国主义统治中国的工具，中国彻底沦为半殖民地半封建社会。

20.下列选项中，又称为"沈阳事变"的是( )。

A.一·二八事变   B.七七事变

C.八·一三事变   D.九·一八事变

网校答案：D。

网校解析：本题考查我国历史重大事件。九·一八事变(又称沈阳事变；日本称满洲事变，因中国东北被日本称作满洲)指1931年9月18日在中国东北爆发的一次军事冲突和政治事件。故选D。

21.( )是中国旧民主主义革命到新民主主义革命的转折点。

A.辛亥革命   B.五四运动

C.新中国成立   D.改革开放

网校答案：B。

网校解析：五四运动是中国革命史上划时代的事件，是中国旧民主主义革命到新民主主义革命的转折点。

22.中印等国倡导的"和平共处五项原则"得到了国际社会认可的会议是( )。

A.雅尔塔会议   B.开罗会议

C.波茨坦会议   D.万隆会议

网校答案：D。

网校解析：1955年4月18日至24日，在印度尼西亚万隆举行的有29个国家和地区参加的亚非会议(又称万隆会议)发表了著名的《关于促进世界和平与合作的宣言》，宣言提出的十项国际关系原则包括了这五项原则的全部内容。故选D。

23.公元前一千多年，以海上贸易著称的是( )。

A.巴比伦人   B.古罗马人

C.腓尼基人   D.古希腊人

网校答案：C。

网校解析：以海上贸易著称的是腓尼基人，腓尼基人是一个古老的民族，生活在今天的地中海东岸，善于经商和贸易。

24.1775年，( )揭开了美国独立战争的序幕。

A.莱克星顿的枪声   B.《独立宣言》的发表

C.英美签署《巴黎和约》   D.13个殖民地群众武装起义

网校答案：A。

网校解析：1775年4月19日，在莱克星顿(Lexington)打响美国独立战争的第一枪。故选A。

25.1848年法国爆发的"二月革命"，推翻了"七月王朝"，重新建立了共和国，该共和国的名称是( )。

A.法兰西第二共和国   B.法兰西第三共和国

C.法兰西第四共和国   D.法兰西第五共和国

网校答案：A。

网校解析：法兰西第二共和国，1848年法国"二月革命"推翻"七月王朝"建立的共和国，也是1848年11月4日到1852年12月2日间统治法国的共和政体。

科学文化素养

1.没有发动机的过山车从高处冲下来，冲上另一个斜坡，使其保持运动状态的是( )。

A.势能   B.惯性

C.加速度　　　　　　　　　　　　　　　　　D.视速度

网校答案：B。

2.1900 年，(　　)的遗传定律被重新发现，遗传学开始建立起来。

A.孟德尔　　　　　　　　　　　　　　　　　B.达尔文

C.巴甫洛夫　　　　　　　　　　　　　　　　D.孟德尔颂

网校答案：A。

网校解析：1900 年，孟德尔的遗传定律被重新发现，遗传学开始建立起来。

3.世界第一只克隆羊"多莉"诞生于(　　)。

A.美国　　　　　　　　　　　　　　　　　　B.英国

C.法国　　　　　　　　　　　　　　　　　　D.俄罗斯

网校答案：B。

网校解析：1997 年 2 月 23 日，英国苏格兰罗斯林研究所的科学家宣布，他们的研究小组利用山羊的体细胞成功地"克隆"出一只基因结构与供体完全相同的小羊"多莉"。

4.下列哪本书不属于科普读物？(　　)。

A.《海底两万里》　　　　　　　　　　　　　B.《昆虫记》

C.《元素的故事》　　　　　　　　　　　　　D.《巨人传》

网校答案：D。

网校解析：《巨人传》是法国文艺复兴时期小说家拉伯雷创作的多传本长篇小说，属于文学读物。

5.下列选项中，由美国发明家亚历山大·格雷厄姆·贝尔发明的是(　　)。

A.天文望远镜　　　　　　　　　　　　　　　B.互联网

C.电子计算机　　　　　　　　　　　　　　　D.电话

网校答案：D。

网校解析：美国发明家贝尔发明了电话。

6.名医(　　)采用"望闻问切"四诊法诊断疾病，后世尊其为"脉学之宗"。

A.扁鹊　　　　　　　　　　　　　　　　　　B.华佗

C.孙思邈　　　　　　　　　　　　　　　　　D.李时珍

网校答案：A。

网校解析：名医扁鹊采用"望闻问切"四诊法诊断疾病，后世尊为"脉学之宗"。

7.被西方称为"物理学之父"，并提出了"只要给我一个支点，我就能撬动整个地球"的名言的物理学家是(　　)。

A.伽利略　　　　　　　　　　　　　　　　　B.阿基米德

C.开普勒　　　　　　　　　　　　　　　　　D.亚里士多德

网校答案：B。

网校解析："只要给我一个支点，我就能撬动整个地球"是阿基米德的名言。

8.1970 年 4 月 24 日，我国发射了第一颗人造卫星(　　)。

A.中国一号　　　　　　　　　　　　　　　　B.东方红一号

C.神舟一号　　　　　　　　　　　　　　　　D.嫦娥一号

网校答案：B。

网校解析：1970 年 4 月 24 日，我国发射了第一颗人造卫星"东方红一号"。

9.下列四种发电方式中，最低碳、最环保的一种是(　　)。

A.水力发电　　　　　　　　　　　　　　　　B.火力发电

C.核燃料发电　　　　　　　　　　　　　　　D.风力发电

10.网校答案：D。

网校解析:风力发电是最低碳、最环保的发电方式,它是人类实施可持续能源发展战略重要的选择,对于调整能源结构,改善能源供应安全,减少环境污染,促进经济发展具有十分重要的意义。

11.下列不是医学著作的是( )。

A.《本草纲目》   B.《齐民要术》

C.《神农本草经》   D.《黄帝内经》

网校答案:B。

网校解析:《齐民要术》是北魏时期的中国杰出农学家贾思勰所著的一部综合性农书。

12.1687年,( )建立经典力学体系。

A. 伽利略   B. 牛顿

C. 爱因斯坦   D. 居里夫人

网校答案:B。

网校解析:1666年,英国牛顿发现万有引力定律,并于1687年建立经典力学体系。

13.《物种起源》一书的作者是( )。

A. 达尔文   B. 牛顿

C. 爱因斯坦   D. 伽利略

网校答案:A。

网校解析:1859年,英国达尔文发表《物种起源》一书,奠定了达尔文进化论的基础。

14.( )被称为计算机科学之父、人工智能之父。

A. 爱因斯坦   B. 爱森斯坦

C. 冯·诺依曼   D. 图灵

网校答案:D。

网校解析:1936年,图灵发表了奠定计算机和人工智能基础的论文,被称为计算机科学之父、人工智能之父。

15.( )发表《天体运行论》,确立了日心说,成为近代天文学的起点。

A. 哥白尼   B. 伽利略

C. 托勒密   D. 开普勒

网校答案:A。

网校解析:1543年,波兰哥白尼发表《天体运行论》,确立了日心说,成为近代天文学的起点。

16.世界上现存最早的雕版印刷品是( )。

A.《金刚经》   B.《法华经》

C.《六祖坛经》   D.《大藏经》

网校答案:A。

网校解析:公元868年印刷的《金刚经》是世界上现存最早的雕版印刷品。

17.北宋时期,( )发明了活字印刷术。

A. 毕昇   B. 蔡伦

C. 沈括   D. 郭守敬

网校答案:A。

网校解析:毕昇发明了胶泥活字印刷术,被认为是世界上最早的活字印刷技术。沈括所著的《梦溪笔谈》记载了毕昇的活字印刷术。

18.( )发明了"麻沸散",被誉为"神医"。

A. 扁鹊   B. 华佗

C. 李时珍   D. 张仲景

网校答案:B。

网校解析：东汉末年，华佗发明的麻醉药剂"麻沸散"，比西方早1600多年，被誉为"神医"。

19.（　　）全面总结了16世纪以前的中国医药学，被誉为"东方医药巨典"。

A.《四部医典》 B.《千金方》

C.《本草纲目》 D.《唐本草》

网校答案：C。

网校解析：李时珍的《本草纲目》全面总结了16世纪以前的中国医药学，被誉为"东方医药巨典"。

20.隋朝工匠李春设计建造的（　　），在桥梁史上占有重要地位。

A.五亭桥 B.卢沟桥

C.赵州桥 D.风雨桥

网校答案：C。

网校解析：隋朝工匠李春设计建造的赵州桥，在桥梁史上占有重要地位。

21.下列著作中，中国古代科学家宋应星所写的是（　　）。

A.《梦溪笔谈》 B.《本草纲目》

C.《天工开物》 D.《九章算术》

网校答案：C。

网校解析：《梦溪笔谈》是宋代科学家、政治家沈括所著；《本草纲目》是明代医学家李时珍所著；《九章算术》作者至今无法考证；明代科学家宋应星所著的是《天工开物》，故选C。

22.中国研制的第一台亿次巨型计算机是（　　）。

A.银河-Ⅰ B.银河-Ⅱ

C.巨浪-Ⅰ D.巨浪-Ⅱ

网校答案：A。

网校解析：本题考查我国科技发展。1983年12月22日，国防科技大学研制成功我国第一台亿次巨型计算机银河-Ⅰ，运算速度每秒1亿次，标志着我国计算机科研水平达到了一个新高度。故选A。

23.达尔文在《物种起源》中阐述的主要内容是（　　）。

A.基因理论 B.条件反射

C.进化论 D.细胞学说

网校答案：C。

网校解析：达尔文在《物种起源》中阐述的主要内容是进化论。

24.美国最早实现了载人登月，其载人登月计划的名称是（　　）。

A.空间站计划 B.曼哈顿计划

C.阿波罗计划 D.星球大战计划

网校答案：C。

网校解析：本题考查中的科技知识。美国是人类最早登上月球的国家，其登月计划是阿波罗计划，又称阿波罗工程，是美国从1961年到1972年从事的一系列载人登月飞行任务。

25.不锈钢制品与我们的日常生活密切相关，不锈钢的主要组成元素是（　　）。

A.铜、锌 B.铜、铁、铬

C.铁、碳 D.铁、铬、镍

网校答案：D。

网校解析：不锈钢分铬不锈和铬镍不锈两类，也就是说分别主要含铬和铬镍元素，当然铁是基本的元素。

传统文化素养

1.下列节气不在春季的是（　　）。

A.谷雨 B.惊蛰

C.清明 D.白露

网校答案：D。

网校解析：本题考查二十四节气。根据二十四节气歌：春雨惊春清谷天，夏满芒夏暑相连，秋处露秋寒霜降，冬雪雪冬小大寒。惊蛰、清明、谷雨都是在春季，白露则在秋季。故选D。

2.在我国既是农历节日又是节气的是(　　)。

A.清明 B.谷雨

C.中秋 D.重阳

网校答案：A。

网校解析：本题考查我国传统文化中节气和传统节日的相关内容。符合题意的是A。

3.下列对古代年龄别称的解说，不正确的是(　　)。

A."豆蔻"指女子十七八岁 B."弱冠"指男子二十岁

C."花甲"指六十岁 D."古稀"指七十岁

网校答案：A。

网校解析：本题考查中国传统文化称谓相关知识。"豆蔻"指女子十三四岁。故选A。

4.小王对小李说"令尊常对我说，学在世上，最为重要的是清清白白地做人"，划线处的敬辞所指的是(　　)。

A.小王的父亲 B.小王的母亲

C.小李的父亲 D.小李的母亲

网校答案：C。

网校解析：本题考查文化素养中的传统文化。"令尊"一词是对对方父亲的尊称，故本题选C。

5.在下列传统节日中，有吃粽子、赛龙舟习俗的是(　　)。

A.清明节 B.重阳节

C.端午节 D.元宵节

网校答案：C。

网校解析：端午节为每年农历五月初五，人们为纪念屈原而设立的，故选C。

6.下列节日中，"江边枫落菊花黄，少长登高一望乡"所描写的是(　　)。

A.清明节 B.端午节

C.中秋节 D.重阳节

网校答案：D。

网校解析：本题考查我国古代文学作品。"江边枫落菊花黄，少长登高一望乡"一句出自唐朝崔国辅的《九月九日》，表达了重阳节渴望全家团圆的心愿。故选D。

文学素养

1."富贵不能淫，贫贱不能移，威武不能屈，此之谓大丈夫。"这句话是(　　)的名言。

A.孔子 B.庄子

C.孟子 D.老子

网校答案：C。

网校解析：这句话出自《孟子·滕文公下·第二章》，是孟子的名言。

2.在我国文学史上，被称为"诗仙""诗圣""诗鬼"的唐代诗人是(　　)。

A.杜甫、李白、贾岛 B.李白、杜甫、李贺

C.杜甫、李白、白居易 D.李白、杜甫、李商隐

网校答案：B。

网校解析：李白，字太白，号青莲居士，唐朝浪漫主义诗人，被后人誉为"诗仙"。杜甫，字子美，自号少陵野老，世称杜工部、杜少陵等，唐代伟大的现实主义诗人，被世人尊为"诗圣"，其诗被称为"诗史"。李贺，唐代诗人，字长吉，世人称他为"诗鬼"。贾岛，字浪（阆）仙，唐代诗人，人称"诗囚"，又被称为"诗奴"。李商隐，字义山，号玉溪生、樊南生，唐代著名诗人，和杜牧合称"小李杜"。

3.下列诗人中被称为"诗鬼"的是(　　)。

A.李白　　　　　　　　　　　B.李贺

C.白居易　　　　　　　　　　D.杜甫

网校答案：B。

网校解析：李贺，字长吉，昌谷人，以乐府诗著称，被称为"诗鬼"。

4."小李杜"是指(　　)。

A.李白和杜甫　　　　　　　　B.李白和杜牧

C.李商隐和杜牧　　　　　　　D.李商隐和杜甫

网校答案：C。

网校解析："小李杜"指唐代诗人李商隐和杜牧。

5.杜甫诗句"丞相祠堂何处寻，锦官城外柏森森"中"锦官城"指的是(　　)。

A.开封　　　　　　　　　　　B.北京

C.南京　　　　　　　　　　　D.成都

网校答案：D。

网校解析：本题考查古代文学。"丞相祠堂何处寻，尽管城外柏森森"该诗句出自杜甫的《蜀相》，意为"何处去寻找武侯诸葛亮的祠堂？在成都城外那柏树茂密的地方。""锦官城"为成都的别名。故选D。

6.名句"落霞与孤鹜齐飞，秋水共长天一色"出自《滕王阁序》，其作者是(　　)。

A.王勃　　　　　　　　　　　B.范仲淹

C.苏轼　　　　　　　　　　　D.陶渊明

网校答案：A。

网校解析：王勃是初唐诗人，与杨炯、卢照邻、骆宾王并称为"初唐四杰"，王勃为四杰之首，代表作有《送杜少府之任蜀州》《滕王阁序》等。

7.李清照的词中有一句为"人比黄花瘦"，其中的"黄花"是(　　)。

A.腊梅花　　　　　　　　　　B.黄花

C.菊花　　　　　　　　　　　D.丁香花

网校答案：C。

网校解析：这句词出自李清照的《醉花阴·薄雾浓云愁永昼》，其中黄花是指菊花。

8.被誉为"秋思之祖"的是下列哪部作品？(　　)。

A.《静夜思》　　　　　　　　B.《天净沙·秋思》

C.《山剧秋暝》　　　　　　　D.《水调歌头·明月几时有》

网校答案：B。

网校解析：马致远的《天净沙·秋思》被元代卓越的音韵家及戏曲作家周德清在《中原音韵·小令定格》中称为"秋思之祖"。

9."精卫填海""夸父追日"等神话故事出自(　　)。

A.《山海经》　　　　　　　　B.《封神榜》

C.《搜神记》　　　　　　　　D.《史记》

网校答案：A。

网校解析：《山海经》是先秦重要古籍，是一部富于神话传说的最古老的奇书。它最重要的价值在于保存了大量神话传说，如夸父逐日、女娲补天、精卫填海、大禹治水、共工撞天、后羿射日等神话都出自《山海经》。

10.司马迁《史记》作为纪传体史学著作，其叙事是（　　）记载历史的。

A.以历史事件为中心　　　　　　　　B.以朝代更迭为中心

C.以历史人物为中心　　　　　　　　D.以作者的历史观为中心

网校答案：C。

网校解析：《史记》是纪传体史学著作。纪传体史书的突出特点是以大量人物传记为中心内容，是记言、记事的进一步结合。

11.下列作品中，不属于鲁迅创作的是（　　）。

A.《狂人日记》　　　　　　　　　　B.《阿Q正传》

C.《祝福》　　　　　　　　　　　　D.《女神》

网校答案：D。

网校解析：《女神》是由郭沫若所创作的一部杰出的浪漫主义诗集，是我国文学史上第一部新诗集，奠定了新诗运动的基础。

12.下列选项中，不属于鲁迅作品人物形象的是（　　）。

A.鸣凤　　　　　　　　　　　　　　B.涓生

C.祥林嫂　　　　　　　　　　　　　D.孔乙己

网校答案：A。

网校解析：鸣凤出自巴金的《家》，涓生出自鲁迅小说《伤逝》，祥林嫂出自鲁迅小说《祝福》，孔乙己出自鲁迅小说集《呐喊》。

13.《红楼梦》的四大家族中没有下列哪个姓氏？（　　）。

A.吴　　　　　　　　　　　　　　　B.贾

C.王　　　　　　　　　　　　　　　D.史

网校答案：A。

网校解析：《红楼梦》中的四大家族为贾、王、薛、史。

14.巴金的《爱情三部曲》不包括（　　）。

A.《雾》　　　　　　　　　　　　　B.《电》

C.《雨》　　　　　　　　　　　　　D.《春》

网校答案：D。

网校解析：巴金的《爱情三部曲》包括《雾》《雨》《电》，他的《激流三部曲》包括《家》《春》《秋》

15.希腊神话中作为太阳之神被人们接受的是（　　）。

A.阿瑞斯　　　　　　　　　　　　　B.阿波罗

C.宙斯　　　　　　　　　　　　　　D.俄狄浦斯

网校答案：B。

网校解析：阿波罗在希腊神话中作为太阳之神被人们接受。

16.下列选项中，作品与国别对应不正确的是（　　）。

A.《伊利亚特》——古希腊　　　　　B.《源氏物语》——日本

C.《格萨尔王传》——印度　　　　　D.《百年孤独》——哥伦比亚

网校答案：C。

网校解析：本题考查外国文学作品。A选项《伊利亚特》为古希腊文学；B选项《源氏物语》是日本文学作品；D选项《百年孤独》是哥伦比亚作家加西亚·马尔克斯的代表作。C选项《格萨尔王传》是我国藏族人民创作的一部伟大的英雄史诗，不是印度，故C的描述错误。

17.下列作品中不是高尔基自传体三部曲的是（　　）。

A.《童年》 B.《少年》

C.《在人间》 D.《我的大学》

网校答案：B。

网校解析：高尔基自传体三部曲是《童年》《在人间》《我的大学》，列夫·托尔斯泰的自传三部曲是《童年》《少年》《青年》。

18.下列作家中，以短篇小说创作而著称于世的一位是（　　）。

A.莫泊桑 B.巴尔扎克

C.托尔斯泰 D.普希金

网校答案：A。

网校解析：本题考查外国文学名家和作品。莫泊桑1850年8月5日生于法国西北部诺曼底省的一个没落贵族家庭。故乡的生活与优美的大自然给莫泊桑的影响很深，成为了他日后文学创作的一个重要源泉。莫泊桑以短篇小说著称于世。故选A。

19.16世纪法国作家拉伯雷的一部小说，风靡一时，两个月内的销售，就超过了《圣经》九年的销量，这一部赞颂人文主义的伟大杰作是（　　）。

A.《神曲》 B.《十日谈》

C.《巨人传》 D.《堂吉诃德》

网校答案：C。

网校解析：拉伯雷是文艺复兴时期法国作家，代表作《巨人传》是一部讽刺小说名作。

艺术素养

1.下列作家中，创作了《游击队之歌》的是（　　）。

A.聂耳 B.冼星海

C.田汉 D.贺绿汀

网校答案：D。

网校解析：《游击队之歌》是我国著名作曲家贺绿汀于1937年创作的。

2.以下是对中国文化艺术的文言别称，属于美术的是（　　）。

A.丝竹 B.墨宝

C.丹青 D.金石

网校答案：C。

网校解析：我国古代绘画常用朱红色、青色，故称画为"丹青"。

3."路见不平一声吼，该出手时就出手……"电视连续剧《水浒传》的主题歌《好汉歌》生动表现出梁山好汉们豪爽不羁、粗犷义气的性格。此歌的曲调取自一首民歌素材，这首民歌与下列哪个地方剧种出自同一个省？（　　）。

A.吕剧 B.豫剧

C.评剧 D.黄梅戏

网校答案：A。

网校解析：作曲家赵季平创作的《好汉歌》巧妙地运用了《王大娘钉缸》的代表音型和音调。

4.下列选项中，以"孔雀舞"著称的我国少数民族（　　）。

A.土家族 B.傣族

C.藏族 D.蒙古族

网校答案：B。

网校解析："孔雀舞"是我国傣族民间舞中最负盛名的传统表演性舞蹈，流行于云南省傣族聚居区，其中以云南西部瑞丽市的孔雀舞最具代表性。

5.毕加索曾这样形容自己的艺术风格:"让优美绝灭吧!"这种艺术风格是( )。

A.古典主义 B.现实主义

C.现代主义 D.浪漫主义

网校答案:C。

网校解析:现代主义是以象征、变形和抽象的艺术表现手法来表达艺术家对人生、社会的看法。毕加索善于采用夸张、变形与抽象的表现手法,彰显个性。其代表作《自画像》《坐在椅子上的女人》,打破了传统的绘画风格。

6.音乐欣赏的关键是( )。

A.听 B.唱

C.想 D.说

网校答案:A。

网校解析:音乐艺术的一切实践活动都必须依赖于听觉,因此听是音乐欣赏的关键。

7.春秋战国时期,古琴音乐已具有一定的艺术表现能力,"伯牙鼓琴、子期知音"的故事早已深入人心。伯牙所奏琴曲为( )。

A.《广陵散》 B.《高山流水》

C.《阳关三叠》 D.《扬州慢》

网校答案:B。

网校解析:《高山流水》是我国最古老的琴曲之一,相传战国时期伯牙鼓琴,子期知音,所奏即为此曲。乐曲抒发了对大自然壮丽河山的赞颂,隐喻开阔的胸襟和百折不回的精神。

8.下列作品中哪首是著名的琵琶演奏曲?( )。

A.《流水》 B.《十面埋伏》

C.《酒狂》 D.《梁祝》

网校答案:B。

网校解析:《十面埋伏》是一首历史题材的大型琵琶曲。关于乐曲的创作年代可追溯至唐代,在白居易写过的著名长诗《琵琶行》中,可探知作者白居易曾听过有关表现激烈战斗场景的琵琶音乐。

9.下列人物中,两耳失聪后仍坚持音乐创作的一位是( )。

A.舒伯特 B.莫扎特

C.贝多芬 D.门德尔松

网校答案:C。

网校解析:贝多芬是德国最伟大的音乐家,两耳失聪后仍坚持创作,被誉为"乐圣"。

10.在下列戏曲种类中,最早被列入联合国非物质文化遗产名录的是( )。

A.京剧 B.粤剧

C.昆曲 D.黄梅戏

网校答案:C。

网校解析:昆曲在2001年被联合国教科文组织列为"人类口述和非物质遗产代表作"。

11.形象地说明了"旧社会把人逼成'鬼',新社会把'鬼'变成人"的作品是( )。

A.《二泉映月》 B.《月夜》

C.《白毛女》 D.《旗正飘飘》

网校答案:C。

网校解析:《白毛女》通过杨白劳和喜儿父女两代人的悲惨遭遇,形象地说明了"旧社会把人逼成'鬼',新社会把'鬼'变成人"的主题,指出了农民翻身解放的必由之路。

12.徐悲鸿国画代表作品是( )。

A.《愚公移山》 B.《松影瀑声图》

C.《水声山色图》 D.《百寿图》

网校答案：A。

网校解析：徐悲鸿是现代画家、美术教育家，其代表作品有《愚公移山》《八骏图》《负伤之狮》《田横五百士》。

13.宋代名画《清明上河图》的作者是(　　)。

A.李成 B.范宽

C.张择端 D.巨然

网校答案：C。

网校解析：张择端，字正道，北宋画家，擅画楼观、屋宇、林木、人物。其代表作为传世名画《清明上河图》。

14.下列画家中，以画马著称的是(　　)。

A.齐白石 B.吴冠中

C.徐悲鸿 D.徐宾虹

网校答案：C。

网校解析：齐白石擅画花鸟、虫鱼、山水、人物，尤以画虾闻名；吴冠中，江苏宜兴人，当代著名画家、油画家、美术教育家。徐悲鸿擅长画人物、走兽、花鸟，主张现实主义，尤以奔马享名于世。

15.下列城市中被称为"音乐之都"的是(　　)。

A.伦敦 B.巴黎

C.罗马 D.维也纳

网校答案：D。

网校解析：奥地利首都维也纳被称为"音乐之都"。

16.巴西人最喜爱的一种舞蹈是(　　)。

A.踢踏 B.桑巴

C.华尔兹 D.探戈

网校答案：B。

网校解析：桑巴是巴西人最喜爱的舞蹈形式。

17.对下面油画作品的作者和名称判断正确的一项是(　　)。

A.拉斐尔的《蒙娜丽莎》 B.达·芬奇的《大卫》

C.拉斐尔的《西斯廷圣母》 D.达·芬奇的《西斯廷圣母》

网校答案：C。

网校解析：拉斐尔以画圣母著称，其所绘画的圣母画像都有母性的温柔以及青春的健美，体现了人文主义思想。

18.(　　)的摄制标志着中国电影的诞生。

A.《歌女红牡丹》 B.《定军山》

C.《渔光曲》 D.《生死恨》

网校答案：B。

网校解析：中国人自己摄制的第一部影片是北京丰泰照相馆创办人任景丰拍摄，由谭鑫培主演的京剧《定军山》片段，1905年摄制，标志着中国电影的诞生。

19.下列选项中，由冼星海作曲的歌曲是(　　)。

A.《黄河大合唱》 B.《义勇军进行曲》

C.《天路》 D.《我的祖国》

网校答案：A。

网校解析：冼星海，中国近代著名作曲家、钢琴家，有"人民音乐家"之称。《黄河大合唱》是其最重要和影响最大的一部代表作。

20.( )是20世纪最伟大的批判现实主义电影艺术家,代表作品有《摩登时代》《大独裁者》等。

A. 爱森斯坦 B. 希区柯克

C. 大卫·格里菲斯 D. 查理·卓别林

网校答案:D。

网校解析:查理·卓别林,英国喜剧演员,20世纪最伟大的批判现实主义电影艺术家,其代表作品有《淘金记》《城市之光》《摩登时代》《大独裁者》等。

21.下列选项中有关山水画的表述,不正确的一项是( )。

A. 山水画是以自然风景为主要表现对象的中国传统画类

B. 山水画不仅表现了自然美,也表现了中国人的审美观

C. 山水画的特点是创造形神一致、情景交融的景象

D. 山水画只是呈现自然景观,而不呈现人物形象

网校答案:D。

网校解析:中国山水画简称"山水",以山川自然景观为主要描写对象,形成于魏晋南北朝时期,但尚未从人物画中完全分离。隋唐时始独立,五代、北宋时趋于成熟,成为中国画的重要画科。因此D项"山水画只呈现自然景观,而不呈现人物形象"是错误的。

22.下列音乐术语中,表示"两个以上不同的音按一定法则同时发声构成的音响组合"的是( )。

A. 和声 B. 合奏

C. 合唱 D. 齐奏

网校答案:A。

第五章　基本能力

1.阅读理解能力

理解阅读材料中重要概念的含义。

理解阅读材料中重要句子的含意。

具有筛选并整合图画、文字、视频等阅读材料信息，并运用于保教工作的能力。

归纳内容要点，概括中心意思。

分析概括作者在文中的观点态度。

2.逻辑思维能力

了解一定的逻辑知识，熟悉分析、综合、概括的一般方法。

掌握比较、演绎、归纳的基本方法，准确判断、分析各种事物之间的关系。

准确而有条理地进行推理、论证。

3.信息处理能力

具有运用工具书检索信息、资料的能力。

具有运用网络检索、交流信息的能力。

具有对信息进行筛选、分类、存储和应用的能力。

具有根据保教工作的需要，设计、制作课件的能力。

4.写作能力

掌握文体知识，能根据需要按照选定的文体写作。

能够根据文章中心组织、剪裁材料。

具有布局谋篇，有效安排文章结构的能力。

语言表达准确、鲜明、生动，能够运用多种修辞手法增强表达效果。

考试权重

模块	分值比例	分值	题型	重点提示
基本能力	48%	72分	单项选择题 材料分析题 写作题	阅读：文章理解分析 逻辑：数字规律分析 信息：办公软件操作 写作：立意论点确立

```
                              ┌─ 一、阅读材料中重要概念的含义
                              │  二、理解阅读材料中重要句子的含义
                    阅读理解能力 ┤  三、分析文章结构，把握文章思路
                              │  四、归纳内容要点概括中心意思
                              │  五、分析概括作者在文中的观点态度
                              └─ 六、图表及视频等阅读材料中主要信息的筛选与整合
                              ┌─ 一、联言命题
                    逻辑思维能力 ┤  二、选言命题
                              │  三、假言命题
                              └─ 四、直言命题推理
          基本能力 ┤              ┌─ 一、计算机基础知识
                              │  二、Word——文字处理软件
                    信息处理能力 ┤  三、Excel——数据处理软件
                              └─ 四、PowerPoint——演示文稿软件
                              ┌─ 一、作文阅卷规则解读
                              │  二、写作基础知识
                    写作能力 ──┤  三、议论文写作
                              │  四、确立中心与剪裁材料
                              │  五、布局谋篇与结构安排
                              └─ 六、语言表达与修辞手法
```

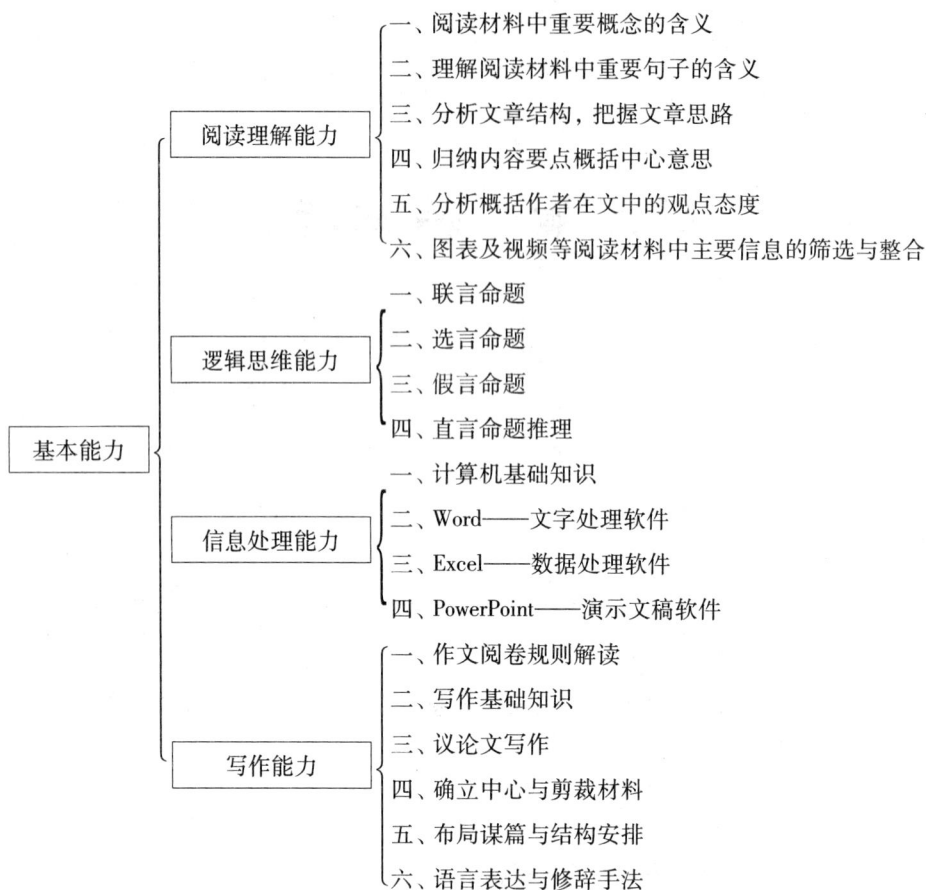

第一节　阅读理解能力

考点聚集

一、阅读材料中重要概念的含义

	考察方式	解题技巧
重要概念	理解重要概念的语境义(见示例1)	1. 直接提炼要点 2. 确定阅读区间，联系文段背景 3. 树立语境意识，结合上下文语境
	理解词语的指代义(见示例2)	1. 遵循"就近原则"，分析指代意图 2. 结合文体特点、修辞方法来理解词语
	借助主旨做推测(见示例3)	作答时一定要整体关照，先通读全文，把握大意(内容、情感、主题等)，然后根据中心(文章的中心就是文章选材、立意、谋篇布局的魂)具体阐述

【示例1】(2014年下半年真题)

没有任何借口(摘编)
[美]费拉尔凯普

在西点,长官曾问我:"你为什么不把鞋擦亮?"我说:"我太忙,没时间擦。"这样的回答得到的只能是一顿训斥,正确的回答只能是"报告长官,没有任何借口"。

"没有任何借口"是西点军校奉行的最重要的行为准则,它强化的是每一位学员想尽办法去完成任何一项任务,而不是为没有完成任务去寻找任何借口,哪怕是看似合理的借口。其目的是让学员学会适应压力,培养他们不达目的不罢休的毅力。它让每一位学员懂得:工作中是没有任何借口的,失败是没有任何借口的,人生也没有任何借口。

"没有任何借口"看起来似乎很绝对、很不公平,但是人生并不是永远公平的。它的重点就是要让学员明白:无论遭遇什么样的环境,都必须学会对自己的一切行为负责!学员在校时只是年轻的军校学生,但是日后肩负的却是自己和其他人的生死存亡乃至整个国家的安全。在生死关头,你还能到哪里去找借口?哪怕最后找到了失败的借口又能如何?"没有任何借口"的训练,让西点学员养成了毫不畏惧的决心、坚强的毅力、完美的执行力以及在限定时间内把握每一分每一秒去完成任何一项任务的信心和信念。

但是,不幸的是,在生活和工作中,我们经常会听到这样或那样的借口。借口在我们的耳畔窃窃私语,告诉我们不能做某事或做不好某事的理由,它们好像是"理智的声音""合情合理的解释",冠冕而堂皇。上班迟到了,会有"路上堵车""手表停了""今天家里事太多"等借口;业务拓展不开、工作无业绩,会有"制度不行""政策不好"或"我已经尽力了"等借口;事情做砸了有借口,任务没完成有借口。只要有心去找,借口无处不在。做不好一件事情,完不成一项任务,有成千上万条借口在那儿响应你、声援你、支持你,抱怨、推诿、迁怒、愤世嫉俗成了最好的解脱。借口就是一张敷衍别人、原谅自己的"挡箭牌",就是一副掩饰弱点、推卸责任的"万能器"。有多少人把宝贵的时间和精力放在了如何寻找一个合适的借口上,而忘记了自己的职责和责任啊!

问题:"没有任何借口"中的"借口"在文中的意思是什么?

网校答案:"借口"在文中是指人们不能做某事或做不好某事而故意寻找的理由,他们好像是"理智的声音""合情合理的解释",冠冕而堂皇。借口就是一张敷衍别人、原谅自己的"挡箭牌",就是一个掩饰弱点、推卸责任的"万能器"。

网校解析:这道题是对概念进行解释,其做题方法是从材料中回答概念的字面意思以及概念的本质。通过分析,可知第一自然段讲诉西点军校名言,第二三自然段讲述该名言的好处,第四自然段对该名言进行重点解释,所以答案在第四自然段。

第四自然段首先解释借口,接下来举出具体的例子,最后做出相应的总结。所以答案在开头几句及结尾几句,只需把关键的抽象性的话语摘抄出来即可。

【示例2】

耕作的诗人
张炜

俄国画家列宾给托尔斯泰画了一幅耕作图。它长久地吸引了我,让我想象那个杰出的老人,想象他与土地须臾不可分离的关系。也许这是一个伟大诗人与庸常写作者的最本质、最重要的区别。

在房间里专注于自己的所谓艺术和思想的人,可能不太理解一个耕作的诗人。对于他,稿纸和土地一样,笔和犁一样。于是他的稿纸就相当于一片田园,可以种植,可以催发鲜花、浇灌出果实。在这不息的劳作之中，他寻求着最大的真实，焕发出一个人的全部激情。离开了这些，一切都无从谈起。

在诗人的最重要的几部文学著作之间的长长间隔里，我们不难发现他怎样匍匐到土地上，与庄园里的农民，特别是孩子和农妇们打成一片，割草、缝鞋子、编识字课本、收割、种植……他做他们所做的一切，身心与土地紧密结合。这对于他，并非完全是刻意如此，而是一个自然而然的过程，他只能如此。他就是这样的一个生命。他在它们中间。他可以融化在它们之中，融化在泥土之中。

托尔斯泰的故事差不多等于大地的故事。他是一个贵族，后来却越来越离不开土地。于是，他的情感就更为朴实和扎实，精神与身体一样健康。这就启示我们：仅仅是为了保持这种健康，一个写作者也必须投身于平凡琐碎的日常劳动，这是不可偏废的重要工作。而当时另一些写作者所犯的一个致命错误，就是将这种日常的劳作与写作决然分开。偶有一点劳作，也像贵族对待乡下的粗粮一样，带着一份好奇和喜悦。今天，也恰是这种可恶的姿态阻止我们走向深刻，走向更深广和更辉煌的艺术世界。我们只能在一些纤弱和虚假的制作中越滑越远，最后不可救药。

一个人只有被淳朴的劳动完全遮盖、完全溶解的时候，只有在劳作的间隙，在喘息的时刻，仰望外部世界，那极大的陌生和惊讶阵阵袭来的时刻，才有可能捕捉到什么，才有深深的感悟，才有非凡的发现。这种状态能够支持和滋养他饱满的诗情，给予他真正的创造力和判断力。舍此，便没有任何大激动，人的激动。托尔斯泰的鼻孔嗅满了青草和泥土的气息，两耳惯于倾听鸟雀以及树木的喧哗，马的喷嚏，还有其他四蹄动物在草丛里奔走的声音。黎明的空气中隐隐传来了田野的声息，空中连夜赶路的鸟儿发出悄然的叹息，还有远方的歌手、农妇的呼唤、打鱼人令人费解的长叫……他眯着眼睛望向遥远的田野，苍茫中费力地辨识着农庄里走来的那黑黢黢的高大汉子，还有他身旁的人：那个孩子、那个妇人。晨雾中，淡淡的光影里闪出了一头牛、一只狗、一群欢跳的麻雀。有人担来了马奶，原来是头上包着白巾的老妇人用木勺敲响了酸奶桶，她小心的充满溺爱的咕哝声引起了他的注意。他转身，脚下那双粗大的皮靴踩在地上，踩出深深的凹痕……

问题：文中划线部分中的"它们"指什么？

网校答案："它们"指割草、缝鞋子、编识字课本、收割、种植等平凡琐碎的日常劳动。

网校解析：散文中有些词语是对文章中很多信息的概括和提炼，它的含义实际上就隐含在文章中，所以理解词语的指代义又包括对其他一些词语在文中所指代的信息的认定。从某种意义上说，对词语指代义的理解实际上是一种对文中信息的筛选和整合。据本句所在的段落，检索到关联信息"与庄园里的农民，特别是孩子和农妇们打成一片，割草、缝鞋子、编识字课本、收割、种植……他做他们所做的一切，身心与土地紧密结合……他在它们中间。"分析"他们"与"它们"所指代意向的不同，即可得出答案。

【示例3】

云南看云(节选)

沈从文

云南是因云而得名的，可是外省人到了云南一年半载后，一定会和本地人差不多，对于云南的云，除了只能从它变化上得到一点晴雨知识，就再也不会单纯地来欣赏它的美丽了。

看过卢锡麟先生的摄影后，必有许多人方俨然重新觉醒，明白自己是生在云南，或住在云南。云南特点之一，就是天上的云变化得出奇。尤其是傍晚时候，云的颜色，云的形状，云的风度，实在动人。

战争给了许多人一种有关生活的教育，走了许多路，过了许多桥，睡了许多床，此外还必然吃了许多想象不到的苦头。然而真正具有深刻教育意义的，说不定倒是明白许多地方各有各的天气，天气不同还多少影响到一点人事。云有云的地方性：中国北部的云厚重，人也同样那么厚重。南部的云活泼，人也同样那么活泼。海边的云幻异，渤海和南海云又各不相同，正如两处海边的人性情不同。河南河北的云一片黄，抓一把下来似乎就可以做窝窝头，云粗中有细，人亦粗中有细。湖湘的云一片灰，长年挂在天空一片灰，无性格可言，然而橘子辣子就在这种地方大量产生，在这种天气下成熟，却给湖南人增加了生命的发展性和进取精神。四川的云与湖南云虽相似而不尽相同，巫峡峨眉夹天耸立，高峰把云分割又加浓，云有了生命，人也有了生命。

云南的云给人印象大不相同，它的特点是素朴，影响到人的性情，也应当是挚厚而单纯。它似乎是用西藏高山的冰雪，和南海长年的热浪，两种原料经过一种神奇的手续完成的。色调出奇的单纯。唯其单纯反而见出伟大。尤以天时晴明的黄昏前后，光景异常动人。而在这美丽天空下，人事方面，我们每天所能看到的，除了官方报纸虚虚实实的消息，物价的变化，空洞的论文，小巧的杂感，此外似乎到处就只碰到"法币"。大官小官商人和银行办事人直接为法币而忙，教授学生也间接为法币而忙。其余平常小职员、小市民的脑子，成天打算些什么，就可想而知了。云南的云即或再美丽一点，对于那个真正的多数人，还似乎毫无意义可言的。

近两个月来本市连续的警报，城中二十万市民，无一不早早地就跑到郊外去，向天空把一个颈脖昂酸，无一人不看到过几片天空飘动的浮云，仰望结果，不过增加了许多人对于财富得失的忧心罢了。就在这么一个社会这么一种精神状态下，卢先生却来昆明展览他在云南的摄影，告给我们云南法币以外还有些什么值得注意。即以天空的云彩言，色彩单纯的云有多健美、多飘逸、多温柔、多崇高！观众人数多，批评好，正说明只要有人会看云，就能从云影中取得一种诗的感性和热情，还可望将这种可贵的感情，转给另外一种人。换言之，就是云南的云即或不能直接教育人，还可望由一个艺术家的心与手，间接来教育人。可是我以为得到"赞美"还不是艺术家最终的目的，应当还有一点更深的意义。我意思是如果一种可怕的庸俗的实际主义正在这个社会各组织各阶层间普遍流行，腐蚀我们多数人做人的良心、做人的理想，且在同时还像是正在把许多人有形无形市侩化，社会中优秀分子一部分所梦想所希望，也只是糊口混日子了事，毫无一种较高尚的情感，更缺少用这情感去追求一个美丽而伟大的道德原则的勇气时，我们这个民族应当怎么办？大学生读书目的，不是站在柜台边作行员，就是坐在公事房作办事员，脑子都不用，都不想，只要有一碗饭吃就算有了出路。甚至于做政论的，作讲演的，写不高明讽刺文的，习理工的，玩玩文学充文化人的……出路打算也都是只顾眼前。大家眼前固然都有了出路，这个国家的明天，是不是还有希望可言？我们如真能够像卢先生那么静观默会天空的云彩，云物的美丽景象，也许会慢慢地陶冶我们，启发我们，改造我们，使我们习惯于向远景凝眸，不敢堕落，不甘心堕落，我以为这才像是一个艺术家最后的目的。正因为这个民族是在求发展、求生存，战争已经三年，战争虽败北，虽死亡万千人民，牺牲无数财富，可并不气馁，相信坚持抗战必然翻身。就为的是这战争背后还有个庄严伟大的理想，使我们对于忧患之来，在任何情形下都能忍受。我们其所以能忍受，不特是我们要发展，要生存，还要为后来者设想，使他们活在这片土地上更好一点，更像人一点！我们责任那么重，那么困难，所以不特多数知识分子必然要有一个较坚朴的人生观，拉之向上，推之向前，就是做生意的，也少不了需要那么一份知识，方能够把企业的发展与国家的发展放在同一目标上，分途并进，异途同归，抗战到底！所以我觉得卢先生的摄影，不仅仅是给人看看，还应当给人深思。

问题："看过卢锡麟先生的摄影后，必有许多人方俨然重新觉醒，明白自己是生在云南，或住在云南。"句中"俨然"的含义是什么？

网校答案：许多人看云之后觉悟到对国家、民族的责任以及人生价值后庄重或严肃的样子。

网校解析：原句在第一段。理解文中词语的含义一般是将其本义与文中所指内容融为一体；参考答案中"庄重或严肃的样子"就是其本义；"觉悟到……"则是对文中主要内容所表现出来的情感倾向的概括。

二、理解阅读材料中重要句子的含义

	命题角度	考点与解析注意事项
重要句子	考查语句所蕴含的深层意义(见示例1)	可以先看题目涉及文中哪些段落或区域,和哪些语句有关。确定某一答题区域后,再仔细阅读每一句的意思,进而理清段落之间的关系,了解行文思路。阅读时反复琢磨题干,圈出与之相关的内容。这样,答题时就不需要再从头至尾搜寻,可节省时间
	文章主旨或作者观点的关键性语句(见示例2)	1. 尊重原文,不可过度夸大或缩小 2. "踩点"给分,条理清晰,不可堆砌答案

【示例1】(2013下半年真题)

谈美(摘编)
(朱光潜)

我刚才说,一切事物都有几种看法。你说一件事物是美的或是丑的,这也只是一种看法。换一个看法,你说它是真的或是假的;再换一种看法,你说它是善的或是恶的。同是一件事物,看法有多种,所看出来的现象也就有多种。

比如园里那一棵古松,无论是你、我或是任何人一看到它,都说它是古松。但是你从正面看,我从侧面看,你以幼年人的心境去看,我以中年人的心境去看,这些情境和性格的差异都能影响到所看到古松的面目。古松虽只是一件事物,你所看到和我所看到的古松却是两件事。假如你和我各把所得的古松的印象画成一幅画或是写成一首诗,我们俩艺术手腕尽管不分上下,你的诗和画与我的诗和画比较,却有许多重要的异点。这是什么缘故呢? 这就由于知觉不完全是客观的,各人所见到的物的形象都带有几分主观的色彩。假如你是一位木商,我是一位植物学家,另外一位朋友是画家,三人同时来看这一棵古松,我们三人可以同时都"知觉"到这一棵树,可是三人所"知觉"到的却是三种不同的东西。你脱离不了你的木商心习,你所知觉到的只是一棵做某事用、值几多钱的木料。我也脱离不了我的植物学家心习,我所知觉到的只是一棵叶为针状、果为球状、四季常青的显花植物。我们的朋友画家什么事都不管,只管审美,他所知觉到的只是一棵苍翠挺拔的古树。我们三人的反应态度也不一致。你心里盘算它是宜于架屋或是制器,思量怎样去买它,砍它,运它。我把它归到某类某科里去,注意它和其他松树的异点,思量它何以活得这样老。我们的朋友却不这样东想西想,他只在聚精会神地观赏它的苍翠颜色,它的盘屈如龙蛇的线纹以及它的那股昂然高举、不受屈挠的气概。从此可知道这棵古松并不是一件固定的东西,它的形象随观者的性格和情趣而变化,各人所见到的古松的形象都是各人自己性格和情趣的返照。古松的形象一半是天生的,一半也是人为的。极平常的知觉都是带有几分创造性;极客观的东西之中都有几分主观的成分。

问题:作者为什么说"(园里)这棵古松并不是一件固定的东西"?

网校答案:古松的形象随观者的性格和情趣而变化,各人所见到的古松的形象都是各人自己性格和情趣的返照。古松的形象一半是天生的,一半也是人为的。

网校解析:理解重要句子的含义,首先要找到它所在的位置,分析句子本身在段落中的作用。原句"从此可知道这棵古松并不是一件固定的东西"在文中起到承上启下的作用,既是对前文的总结,又引起下文对这一结论的分析。由此,可判断答案内容在文中所在的位置。

【示例2】（2014年上半年真题）

熟练与陌生

史铁生

艺术要反对的，虚伪之后，是熟练。有熟练的技术，哪有熟练的艺术？熟练（或娴熟）的语言，于公文或汇报可受赞扬，于文学却是末路。熟练中，再难有语言的创造，多半是语言的消费了。罗兰·巴特说过：文学是语言的探险。那就是说，文学是要向着陌生之域开路。陌生之域，并不单指陌生的空间，主要是说心魂中不曾敞开的所在。陌生之域怎么可能轻车熟路呢？倘是探险，模仿、反映和表现一类的意图就退到不大重要的地位，而发现成其主旨。米兰·昆德拉说："没有发现的文学就不是好的文学。"发现，是语言的创造之源，即便幼稚，也不失文学本色。在人的心魂却为人所未察的地方，在人的处境却为人所忽略的时候，当熟练的生活透露出陌生的消息，文学才得其使命。熟练的习作，可以制造不坏的商品，但不会有很好的文学。

熟练的写作表明思想的僵滞和感受力的麻木，而迷恋或自赏着熟练语言的大批繁殖，那当然不是先锋，但也并不就是传统。

如果传统就是先前已有的思想、语言以及文体、文风、章法、句式、情趣……那其实就不必再要新的作家，只要新的印刷和新的说书艺人就够。但传统，确是指先前已有的一些事物，看来关键在于：我们要继承什么以及继承二字是什么意思？传统必与继承有关，否则是废话。可是，继承的尺度一向灵活因而含混，激进派的尺标往左推说你是墨守成规，保守者的尺标往右看你是丢弃传统。含混的原因大约在于，继承是既包含了永恒不变之位置又包含了千变万化之前途的。然而一切事物都要变，可有哪样东西是永恒不变的和需要永恒不变的吗？若没有，传统（尤其是几千年的传统）究竟是在指什么？或单说变迁就好，继承又是在强调什么？永恒不变的东西是有的，那就是陌生之域，陌生的围困是人的永恒处境，不必担心它的消灭。然而这似乎又像日月山川一样是不可能丢弃的，强调继承真是多余。但是，面对陌生，自古就有不同的态度：走去探险和返回到熟练。所以我想，传统强调的就是这前一种态度——对陌生的惊奇、盼念、甚至是尊敬和爱慕，唯这一种态度需要永恒不变地继承。这一种态度之下的路途，当然是变化莫测无边无际，<u>因而，好的文学，其实每一步都在继承传统</u>，每一步也都不在熟练中滞留因而成为探险的先锋。传统是其不变的神领，先锋是其万变之前途中的探问。

问题：结合文段，谈谈你对划线句子"因而，好的文学，其实每一步都在继承传统"的理解。

网校答案：传统和继承相关，继承既包含了永恒不变之位置，又包含了千变万化之前途。传统强调的就是前一种态度——对陌生的惊奇、盼念，甚至是尊敬和爱慕，唯这一种态度需要永恒不变地继承。这一种态度之下的路途，当然是变化莫测无边无际，但却使文字创作的每一步成为探险的先锋。最终，当熟练的生活透露出陌生的消息，文学才得其使命。

因此，在文学创作中，我们要把握好继承的尺度，敢于打破常规，追求一种"陌生"之感，独辟蹊径，变文学模仿为文学创作。唯有如此，好的文学才有可能出现。

网校解析：通观全文，在原文中锁定其所在的位置，可知在这句话之前文章有大段的阐释，答案即可在文章阐述的语言中进行提炼。

三、分析文章结构，把握文章思路

	解题技巧	解题步骤
分析文章结构	1.抓住文体特征进行分析 (1)分析记叙文的结构层次有以下方法： ①按时间先后顺序划分； ②按地点的转换划分； ③按事情发生发展的过程或思想感情的变化划分； ④按描述内容的不同角度划分； ⑤按"总—分—总"的结构特点划分。 (2)议论文的特点是"以理服人"，不仅要求语言严密、逻辑性强，而且文章的结构也是灵活多样的。但它的最基本的形式是：提出问题(引论)——分析问题(本论)——解决问题(结论)。它的结构方式大致有两种：逐层深入的纵式结构和并列展开的横式结构。 (3)说明文有以下结构方式： ①并列式； ②连贯式(按时间、空间顺序组合)； ③递进式(按逻辑顺序组合)； ④总分式。 2.抓住文中的关键句子和关键词语分析 关键性句子有承上启下的过渡句、前后照应的语句、文段的首句尾句。关键性词语有： (1)指代性的词语，如"这样、这些、这种、这个问题、这种情况"； (2)关联性词语，如表语意转折的"相反""否则""与此不同"，表递进的"更加""而且"，表承接的"首先""其次"，表因果的"因此""那么""由此看来"，表并列的"同时""一方面……另一方面"； (3)衔接性词语，如"也""于是"等。 3.通过语句间的组合关系进行分析 文章是由段落组合的，其内容是根据各语段的大意来综合的，各个语段、各个层次之间，不论怎样排列，它们所要表达的内容都要围绕中心，各个语句之间都有一定的语脉。阅读时，把握住这种关系，才能更好地理解文章的内容	分析文章结构和把握文章思路一般可以分为三步： 第一步，粗读全文，这一步的作用是把握文章全貌。 第二步，以段为单位仔细读，然后用简明的一两句话把段意标示出来，这一步的作用是把几百上千字的文章浓缩成几句话，显露出文章的脉络。 第三步，分析段落之间的内在联系，划分文章层次，这一步的作用是理清脉络，把握全文的结构
把握文章思路	1.抓题目 好的题目是文章的"题眼"。题目或是写作对象，或揭示了文章线索，或隐含了写作顺序。通过仔细推敲题目蕴含的信息，可以揣摩出文章的中心。 2.抓中心句 中心句是表明作者思路与写作目的的关键句，揭示了文章的中心思想，是文章思想感情高度浓缩的结晶，含义丰富深刻。这类句子往往出现在段首、段中或段尾部分，抓住中心句就抓住了段落核心和文章主旨，对理解文章整体思路意义重大。 3.抓中心话题 如果中心句不明显，则直接去抓中心话题，哪些段落讲述的是同一话题就划分为一个层次，这样也能很快理清思路。有时文章的意思是多层次的，分析完每一个层次之后还要有主次之分，提取主要的省去次要的。如果是递进关系，那就要提取主要强调的意思；如果是并列关系，那就把它们的意思联合起来，进行简要概括	

【示例】

雾

季美林

①我从来没有喜欢过雾。

②抵达加德满都的第二天凌晨，我一起床，推开窗子：外面是大雾弥天。昨天下午我们从加德满都的大街上看到城北面崇山峻岭，层峦叠嶂，个个都戴着一顶顶的白帽子，这些都是万古雪峰，在阳光下闪出了耀眼的银光。这是我生平第一次看到这种景象，我简直像小孩一般的喜悦。现在大雾遮蔽了一切，连那些万古雪峰也隐没不见，一点影子也不给留下。旅馆后面的那几棵参天古树，在平常时候，高枝直刺入晴空，现在只留下淡淡的黑影，衬着白色的大雾，宛如一张中国古代的画。昨天抵达旅馆下车时，我看到一个尼泊尔妇女背着一筐红砖，倒在一大堆砖上。现在我看到一个男子，手里拿着一堆红红的东西，我以为他拿的也是红砖。但是当他走得近一点时，我才发现那一堆红红的东西籁籁抖动，原来是一束束红色的鲜花。我不禁自己笑了起来。

③正当我失神落魄地自己暗笑的时候，忽然听到不知从哪里传来了咕咕的叫声。浓雾虽然遮蔽了形象，但是却遮蔽不住声音。我知道，这是鸽子的声音。当我倾耳细听时，又不知从哪里传来了阵阵的犬吠声。这都是我意想不到的情景。我万万没有想到，我在加德满都学会了喜欢的两种动物——鸽子和狗，竟同时都在浓雾中出现了。难道浓雾竟成了我在这个美丽的山城里学会欣赏的第三件东西吗？

④世界上，喜欢雾的人似乎是并不多的。英国伦敦的大雾是颇有一点名气的。有一些作家写散文、写小说来描绘伦敦的雾，我们读起来觉得韵味无穷。对于尼泊尔文学我所知甚少，我不知道，是否也有尼泊尔作家专门写加德满都的雾。但是，不管是在伦敦，还是在加德满都，明目张胆大声赞美浓雾的人，恐怕是不会多的，其中原因我不甚了了，我也没有那种闲情逸致去钻研探讨。我现在在这高山王国的首都来对浓雾大唱赞歌，也颇出自己的意料。过去我不但没有赞美过雾，而且也没有认真去观察过雾。我眼前是由赞美而达到观察，由观察而加深了赞美。雾能把一切东西：美的、丑的、可爱的、不可爱的，都给罩上一层或厚或薄的轻纱，让清楚的东西模糊起来，从而带来了另外一种美，一种在光天化日之下看不到的美，一种朦胧的美，一种模糊的美。

⑤一些时候以前，当我第一次听到模糊数学这个名词的时候，我曾说过几句怪话：数学比任何科学都更要求清晰，要求准确，怎么还能有什么模糊数学呢？后来我读了一些介绍文章，逐渐了解了模糊数学的内容。我一反从前的想法，觉得模糊数学真是一个了不起的发现。在人类社会中，在日常生活中，在社会科学和自然科学中，有着大量模糊的东西。无论如何也无法否认这些东西的模糊性。承认这个事实，对研究学术和制订政策等等都是有好处的。

⑥在大自然中怎样呢？在大自然中模糊不清的东西更多。连审美观念也不例外。有很多东西，在很多时候，朦胧模糊反而更显得美。月下观景，雾中看花，不是别有一番情趣在心头吗？在这里，观赏者有更多的自由，自己让自己的幻想插上翅膀，上天下地，纵横六合，神驰于无何有之乡，情注于自己制造的幻象之中；你想它是什么样子，它立刻就成了什么样子，比那些一清见底、纤毫不遗的东西要好得多，而且绝对一清见底、纤毫不遗的东西，在大自然中是根本不存在的。

⑦我的幻想飞腾，忽然想到了这一切。我自诧是神来之笔，我简直陶醉在这些幻象中了。这时窗外的雾仍然稠密厚重，它似乎了解了我的心情，感激我对它的赞扬。它无法说话，只是呈现出更加美妙更加神秘的面貌，弥漫于天地之间。（选自《中华散文珍藏本丛书·季美林卷》，有删节）

问题：本文以雾为线索展开，请具体分析文章的行文思路。

网校答案：①作者开篇说"不喜欢"雾。②来到加德满都后，作者开始"喜欢"进而"欣赏"，后来"赞美"加德满都的雾景。③雾引发了作者的理性思考。④作者最终"陶醉"在雾境的幻象之中。

四、归纳内容要点，概括中心意思

	解题技巧	解题注意事项
归纳内容要点，概括中心意思	1.抓关键部位(见示例1) 就文章的要点和中心而言，文章标题、开头、结尾，文中的议论和抒情、文眼等，都是尤其需要注意的关键部位。文题常能反映作者立意或命意角度，从不同方面与文章要点和中心相关联 2.归纳层意(见示例2) 从文章中提取要点，归纳各层层意，进而提炼中心意思，是分析文章中心意思的一种传统的、实在的、有效的方法。 3.结合文体特点(见示例3) 不同的文体会运用不同的方法表达中心意思，运用文体知识可以帮助我们确立归纳的着眼点和归结点。记叙文通过记叙人、事，表现人物的精神、人格；抒情文通过描写景物，抒发感情或阐述哲理；议论文通过肯定或否定什么，表明观点或立场	1.尽可能用原文中的词语归纳，防止要点遗漏。防止要点遗漏的方法，就是对相关文字作层次分析，无字数限定情况下尽量多写要点，保证答案完整 2.注意抓住各个文段的中心句，这些句子一般在首句和尾句的位置上 3.对于没有中心句的段落，要分析语句之间的关系，把握其内容的重点 4.注意承上启下的过渡句，有些过渡句不仅概括了前文要点，而且指出了下文的要点

【示例1】

如何对待前人的理论？讲语言的书已经很多了，无论中国还是外国，都是两千多年以前就有人提出了有关语言的理论了。怎样对待它？科学成果是累积起来的，白手起家是困难的，并且这个时代也早已过去了，前人的理论是我们的财富。但是，对一个研究语言的人来说，前人的理论无论多么重要，都只是参考，要用自己的观察来验证，不能奉为神圣，那样就没有进步了。并且，前人的理论往往有分歧，有矛盾，你把哪一家奉为神圣呢？中国从前做学问的人讲究"家法"，讲经学有今文学家和古文学家，讲理学有程朱之学，有陆王之学，各种学派多得很。外国也是这样，目前就有结构主义学派，有转换生成学派，派之中还派生出各种分支。

问题：本段作者要表达哪些观点？

网校答案：前人的理论无论多么重要，都应该用自己的观察来验证，根据需要而参考运用。

网校解析：此题考查内容要点的归纳。语段第一句话就提出了"如何对待前人的理论"的问题。关键句是"对一个研究语言的人来说，前人的理论无论多么重要，都只是参考，要用自己的观察来验证"。抓住关键句进行归纳整理即可。

【示例2】

曾几何时，作家神圣的称号被某些文化痞子和出版掮客弄得走了样，作家们的不自重也影响了其在读者心目中的位置。有的人曾经写过引起反响的作品，可是在金钱的驱使下，炮制些软绵甜腻不入流的东西；更有甚者，竟丧失艺术的良心，热衷于迎合低级趣味、庸俗和无聊，以展示变态的性和暴力，制造文化垃圾；还有一味地搞探索和实践，背离大众欣赏习惯，弄些非驴非马的赝品；甚至打着重新审视历史和人生的旗号，违反历史的真实，在题旨内涵上走钢丝。文学在一个时期以来为读者所诟病，固然与社会的重心转移、文化在低谷中的徘徊有关，但不可否认，与文学自身的孱弱和作家在商品经济的条件下的不能自持也有关。这无疑贬损了作家这一称号在读者大众心目中的地位。

造成这种情况也与文坛缺少正当的批评不无关系。文场之事，创作与批评如车之两轮，鸟之双翼。然而，常常看到批评成为可有可无的摆设，或者，稍有点指名道姓的批评和有些棱角的批评，因为被批评者缺少应有的风度，更缺少宽大为怀、闻过则喜的器量，便成了个人恩怨似的攻讦。

还有，当代作家热衷于为富豪和政要写奋斗成长史，这些被打扮成报告文学的东西，其实大多是一些庞杂冗长的个人履历而已，缺乏阅读的震撼力和冲击力。为人所传，留给后人一些信史，写出文学味，要同鲁迅所说知人论世，是一种高境界。然而千方百计地用文学傍大亨、近要人，而且写不出人的性格，没有多少文学品格，读后让人怀疑作者是为了同所记的对象套近乎，获取某种功利。作者如果是一个初学者也罢，我们看到的是有不少有名气的作家也趋之若鹜。真不知是文学的悲哀，还是作家名号的可怜。

问题：文学为读者所诟病的原因有哪些？

网校答案：①社会重心转移，文化处于低谷；②文化自身孱弱，作者不能自持；③文坛缺少正当的批评；④作品缺乏感染力。

网校解析：本题实际上是对内容要点的归纳。文学为读者所诟病的原因分散在所选的三段文字中，因此首先要抓住有关的词语，这样可以帮助找到各项内容。如"固然与……有关""但不可否认""与……有关""……也与……不无关系""还有……"等。其次要用自己的话归纳内容要点，切不可机械地照录原文。

【示例3】

长城就自身价值来说，原是"有备则制人，无备则制于人"的战略防御设施。由于视角和价值取向的差异，不同时代不同人群心目中的长城所象征的底蕴并不是那么一致的。长城成为中华民族的标志和象征，是现代的事。这是在中华民族处于最危险的时刻，举国上下高唱"把我们的血肉筑成新的长城"，同仇敌忾浴血抗战中提炼锻铸的象征。共和国的缔造者们将《义勇军进行曲》定为国歌世代传唱，联合国教科文组织将长城列为世界重点文物，宇航员遥观地球所能辨识的人工构筑物的报道，对于中华民族来说，则产生了另一番意义。

对于长城成为民族共识的象征做出根本相反的解释无疑应该十分审慎。那种把长城简单类比为"空间上扩大的四合院"、贬为"巨大悲剧的纪念碑"的观点，于古于今都是荒谬的。中国不再需要孟姜女，刻薄饶舌者不过是中华文明这棵大树的蛀虫。

长城与封闭保守并没有必然联系。事实上，长城既可以是"限隔华夷"、自我封闭的壁垒，也可以作为向外开拓进击的桥头堡。不在"物为"而在"人为"。首筑长城的赵武灵王并没有保守、退缩，他"变俗胡服，习骑射"，登上了开放革新的大舞台；标榜"众志成城"、斥长城为废垒墟墙的清政府反而深陷闭锁的泥潭。古代高明的政治家，不以长城自缚，他们运用这条军事防卫线和经济、文化聚汇线，调控了中原政权和北方少数民族之间的关系，把农业经济和游牧经济融合在一起，为保护和发展生产力开拓了新路。他们也通过这传播封建文明的文化带，有效地促进了民族融合、边疆开发。举世闻名的丝绸之路傍长城而西延，古罗马的治国法典，波斯国的经营之道和什色物产，北非与欧罗巴的算学、文学，都在这条路上做过并不折本的旅行，金发碧眼的商贾、哲人经过这条路回国时常怀着收获的喜悦。这条往来者络绎不绝的国际通衢盛期数百年，洒过张骞们多少汗水，输出过炎黄子孙多少文明智慧！这一切都离不开长城的护卫。怎么能说长城是"限制文明空间的环"呢？

两千多年来，长城在中国政治、经济、军事、文化等方面产生的积极效应，构成中华民族心理认同的客观依据，而这种底蕴、内涵又与长城雄伟博大的景观所激发的豪情壮志完美和谐地融为一体，最终积淀、熔铸成中华民族精神的象征。

问题：通观全文，分析一下为什么长城最终会成为中华民族精神的象征？

网校答案：①长城在政治、经济、军事、文化等方面产生的积极效应构成了中华民族心理认同的客观依据。②长城积极效应的底蕴(内涵)与长城雄伟博大的景观所激发的豪情壮志完美和谐地融为一体。

网校解析：本题考查归纳概括能力。梳理文中的思路，可以发现，作者从正面点明长城对于现代人的意义写起，第二三段批驳了关于长城的种种荒谬的说法，从而肯定了长城对中华民族的积极效应。最后深入一步，指出长城成为民族精神的象征的深层原因。因此，答案可以根据文章的最后一段来归纳。

五、分析概括作者在文中的观点态度

	命题角度	解题思路	解题方法
分析概括作者在文中的观点态度	1. 辨析作者在文中体现的观点和态度(见示例1) 2. 概括作者对文中某一内容的观点和态度(见示例2) 3. 比较在文中转述的多种观点(见示例3)	1. 整体理解，概括主旨 归纳概括作者的观点态度要从整体理解出发。概括出文章主旨，从分析文章材料入手，体会材料体现的感情内容，总结出文章的主旨；然后通过对主旨的理解，体会作者抒发出的感情态度。 2. 分析文体，抓住关键 不同的文体，作者的观点态度体现的方式也是不同的，阅读时要关注文体特点。 3. 熟悉文本，分析概括 文本的标题、作者、开头、过渡、衔接、结尾等的重要语句，段落的关键句、文眼、人物、景物、场景的描写，对说明对象的好恶，全文的表达方式、修辞格和谋篇布局的特点等，都可以作为分析概括的要素去分析。 4. 综合分析，比较鉴别 现代文阅读离不开综合比较，作者的观点和态度往往分散在多处，需要我们认真辨别、筛选，整合成符合题干要求的文字	1. 直接提取要点 可从原文中直接摘录关键词语或中心句、重点句，提取出这样的词语和句子，经过删改，可转化为自己的答案。 2. 用自己的语言概括要点 有些文章，中心句、重点句并不明显，就需对内容进行条分缕析，再用自己的语言进行概括。 3. 概括性语句的选用一般是判断句 在判断时切记要结合原文内容整体感知，不可臆断，也不可只抓只言片语，要结合作者写作意图，避免以偏概全和随意拔高。

【示例1】

如何才能啃动一本难读的书

第一次读一本难读的书的时候，要毫不停顿地把它读完，注意你所能了解的部分，不要因为某一部分无法立即领悟而停顿。照这个方法继续下去，把全书读完，别让你被抓不住的段落、注解、论点及参考资料吓坏。如果你因这些障碍而停止，如果你就此卡住，你便会迷失方向。大多数情况下，你死粘在上面不见得就能解开谜底。当第二次再读时，你就有机会了解它，但你必须把整本书读完一遍才行。

要尽可能迅速而轻易地打破一本书的硬壳，才能体会出它的情感及一般意义，才能适应它的结构。这是我所知道的最实用的方法。你耽误多久，便需要多久来了解这本书的整体意义。在你能看出各部分真正的透视图——或往往在你能看出任何图像——之前，你必须对这部书的整体有一个粗略的了解。

问题：请概括文中作者要表达的观点。

网校答案：第一次读一本难读的书的时候，要毫不停顿地读第一遍，对全书的整体有一个粗略的了解。

网校解析：文章的第一段"第一次读一本难读的书的时候，要毫不停顿地把它读完，注意你所能了解的部分，不要因为某一部分无法立即领悟而停顿"；第二段写"要尽可能迅速而轻易地打破一本书的硬壳，才能体会出它的情感及一般意义，才能适应它的结构。这是我所知道的最实用的方法""你必须对这部书的整体有一个粗略的了解"。根据筛选的内容即可概括出作者的观点。

【示例2】

夜雨诗意

几年前我在庐山旅行的时候，常常能在荒岭草径边看到房屋的废墟，断壁残垣显示出它们曾经是一座座精雅别墅的所在，而不是当地山民的居舍。不知是哪些富有的雅士诗兴突发，要在这儿离群索居，独享自然。然而，最终他们都没有久住，我想多半是因为无法消受荒山夜雨时可怖的氛围。但毫无疑问，此间的诗意却是无与伦比的充沛。

去年我遇到一位美国教授，闲谈间竟也提到了夜雨。教授说，他也深深迷恋着这种诗意，所以特意在城郊的山顶造了一间考究的白木房子，只要有夜雨袭来，他就立即驾车上山。

他邀请我到他的白木房子里住几天，我至今未去，但完全能想象，他对夜雨的领受与我的感悟大为逆反。苦旅的狼狈不见了，荒寂的恐怖不见了，只是在紧张生活的空闲，读一首诗，亲抚一下自然，一切是那样的轻松和潇洒。

在这里，我们显然遇到了一个美学上的麻烦。某种感人的震撼和深厚的诗意似乎注定要与艰难相伴随，当现代交通工具和营造手段使夜雨完全失去了苦涩味，其间的诗意也就走向浮薄。我至今还无法适应在中国传统的山水画中加上火车、汽车和高压电线，尽管我对这种文明本身毫无推拒之意。去一趟四川恨不得买到当天的飞机票，但家里挂的却是一幅描尽山道奇险、步履维艰的《蜀山行旅图》。在灯光灿烂的现代都市街道上驾车遇雨，实在是谈不上多少诗意的，只有一次在一个海滨，天色已晚，瓢泼大雨就像把我们的车摔进了大瀑布的中心，司机完全不认得路了，一路慌乱地在水帘和夜幕间转悠，事后倒觉得有了点诗意，原因也许正是碰到了自然所给予的艰难。

在与自然周旋的漫漫长途中，有时自然的暴力会把人完全吞没，如地震，如海啸，如泥石流，人一时还很难从中提取出美。人至少要在有可能与自然对峙的时候才会酿造美。在这种对峙中，有时人明确无误地战胜了自然，例如汽车、电灯、柏油路的出现，产生了一种松快愉悦的美；有时人与自然较量得十分吃力，两相憋劲，势均力敌，那就会产生峻厉、庄严、扣人心弦的悲剧美。由于这种美衬托了人类严峻的生存状态，考验了人类终极性的生命力，因此显得格外动人心魄。人类的生活方式可以日新月异，但这种终极性的体验却有永久价值。也许正是这个原因吧，历史上一切真正懂艺术的人总会着迷于这种美学状态，而希腊悲剧乃至种种原始艺术总是成为人类不衰的审美热点。过于整饬、圆熟的审美格局反射了人对自然的战胜状态和凌驾状态，可以让人产生一种方便感和舒坦感，却无法对应出一种生命考验。因此，欧洲启蒙主义的大师们不赞成法国古典主义的大统一，不赞成把人类的社会生活和艺术生活都处理成凡尔赛宫园林一般的规整。他们呼唤危崖、怒海、莽林，呼唤与之相对应的生命状态。这便是他们心中的诗意，狄德罗甚至直接地说，人类生活越是精雅，文明就越缺少诗意。难道是他们在抵拒现代吗？不，他们是启蒙者，分明启蒙出了一个活生生的现代。现代，本不是一种文质彬彬的搭建，而是人类的原始创造力的发展。

因此，再现代的人也愿意一再地在《蜀山行旅图》中把延绵千年的生命力重温一遍，愿意一再地品味苦涩的夜雨，然后踩着泥泞走向未来。

问题：有人认为，"现代"是没有诗意的文明阶段，本文作者是否同意这一看法？为什么？请加以说明。

网校答案：作者是不同意这些人的看法的。因为作者认为"现代"是人类的生命力和原始创造力的发展；人类仍然会在与自然的较量中产生具有诗意的体验。

网校解析：题目考查作者在文中表达的观点和态度。解答此题的关键是把握文中的关键语句。这是一篇哲理性散文，体现作者观点和态度的句子是叙述、描写后的议论。文章第一段的最后一句中，"我想"是标志性词语，说明该句是作者的认识；第二三段的叙述后，作者在第四段的第二句明确亮出自己的认识"某种感人的震撼和深厚的诗意似乎注定要与艰辛相伴"，然后叙述了自己的经历；第五段就现代、艰辛、诗意等进行说理，其中体现作者观点的语句很多，要注意筛选关键的语句，如"人类的生活方式可以日新月异，但这种终极性的体验却有永久价值""历史上一切真正懂艺术的人总会着迷于这种美学形态，而希腊悲剧乃至种种原始艺术总是成为人类不衰的审美热点""现代，本不是一种文质彬彬的搭建，而是人类的原始创造力的发展"等。分析文章的思路之后，可以通过剪辑、合并，整合成符合要求的答案。

【示例3】

有人说:"环境太平凡了,不能创造。"平凡无过于一张白纸,八大山人挥毫画它几笔,便成为一幅名贵的杰作。平凡也无过于一块石头,到了米开朗琪罗的手里,便可以成为不朽的塑像。

有人说:"生活太单调了,不能创造。"单调无过于坐监牢,但是就在监牢中,产生了《易经》之卦辞,产生了《正气歌》。单调又无过于沙漠了,而雷赛布竟能在沙漠中造成苏伊士运河,把地中海与红海贯通起来。可见平凡单调,只是懒惰者之遁词。既已不平凡不单调了,又何须创造。我们是要在平凡上造出不平凡;在单调上造出不单调。

有人说:"年纪太小,不能创造。"见着幼年研究生之名而哈哈大笑。但是当你把莫扎特、爱迪生及冲破父亲数学层层封锁之帕斯卡的幼年研究生活翻给他看,他又只好哑口无言了。

有人说:"我是太无能了,不能创造。"可是鲁钝的曾参,传了孔子的道统;不识字的惠能,传了黄梅的教义。惠能说:"下下人有上上智。"我们岂可以自暴自弃呢!可见,无能也是借口。

有人说:"山穷水尽,走投无路,陷入绝境,等死而已,不能创造。"但是遭遇八十一难之玄奘,毕竟取得佛经;粮水断绝,众叛亲离之哥伦布,毕竟发现了美洲;冻饿病三重压迫下之莫扎特,毕竟写出了《安魂曲》。绝望是懦夫的幻想。歌德说:"没有勇气,一切都完。"是的,生路是要勇气探出来、走出来、造出来的。这只是一半真理;当英雄无用武之地,他除了大无畏之斧,还得有智慧之剑、金刚之信念与意志,才能开出一条生路。所以,处处是创造之地,天天是创造之时,人人是创造之人,让我们至少走两步退一步,向着创造之路迈进吧!

问题:文中批评了哪五种"不能创造"的错误观点?作者得出的结论是什么?

网校答案:五种错误的观点:①环境平凡;②生活单调;③年纪太小;④太无能;⑤陷入绝境。作者的观点:处处是创造之地,天天是创造之时,人人是创造之人。

网校解析:这道题两问一反一正相互联系,前一问要求批评五种错误观点,后一问要求概括作者的正确观点,一破一立。通读全文之后,我们发现文章中的五个排比段是批评五种错误观点的,而每段的第一句即错误观点,与问题——对应。根据题干要求,精简概括为:①环境平凡;②生活单调;③年纪太小;④太无能;⑤陷入绝境。前一问解决,有破必有立,再看第二问,作者批评了五种错误观点后,用表因果的连词"所以"引出了自己的结论。

六、图表及视频等阅读材料中主要信息的筛选与整合

	命题角度	考点与解析注意事项
图表及视频等阅读材料中主要信息的筛选与整合	信息筛选与整合。就是根据一定的目的要求,经过辨别从纷繁的材料中找出信息,提取主要信息,筛掉次要信息,同时提取有用信息、舍弃无用信息、干扰信息,然后根据目的和要求,将文中相关而又分散的信息集中起来,并加以处理	1.能准确地概括材料的主要信息; 2.能整体把握材料(包括图表、视频),能准确提炼材料中的所有信息(并能用简洁的语言表述); 3.能根据所给出的材料要求,设计出解决问题的方案; 4.能透过材料的字面意思,准确地表述言外之意的隐含信息
	表格或图形数据的信息筛选。所谓图表信息,是指将已知信息用图像或表格形式给出	作答时要注意对题意、数据和知识点的联系进行综合分析,把统计表格的某个特征的信息,从多个不同特征的信息中抽取出来,再按其内在联系抽象成知识与规律,形成文字答案
	筛选并整合视频信息。视频材料与统计图、表及其他平面静止视觉图像都不同,它是动态的,需要在观看或倾听的过程中把握信息	阅读视频材料的基本思路是主体、具体措施、主要内容、结果,依据这样的阅读过程搜集、整合相关信息,并根据试题要求用文字将相关信息表述出来

第二节　逻辑思维能力

考点聚集

一、联言命题

(一)联言命题的概念

联言命题是反映事物的若干情况或者性质同时存在的命题。在逻辑结构上,联言命题有逻辑连接词"并且"连接支命题而成。联言命题的逻辑形式可以写成"……并且……""……且……""……同时……""既……又……"等含有递进关联词的语句。

比如:①牛牛既有能力,又有涵养。②小何不仅长得漂亮而且学识渊博。

其中,逻辑符号可以读作"且",那么以上两句话可以简写为:①能力且涵养;②漂亮且学识渊博。

逻辑符号前后的两句话,称为"联言支",可以分别用大写字母"A"和"B"表示,那么以上两句话可以简写为"A 且 B";其中"且"在逻辑学上可以用逗号","代替。那么以上两句话最终可以简写为"A,B",读作"A 且 B"。

(二)联言命题的推理规则

在联言命题和联言支中间存在这样一个推理规则:如果联言支都是真的,那么由它们组成的联言命题就是真的。如果有一个联言支为假,那么,由他们组成的联言命题就为假。可简称为:全真才真,一假即假。

联言命题真值表:

联言支 A	联言支 B	联言命题 P
真	真	真
假	真	假
真	假	假
假	假	假

联言命题的推理规则:

如果 P = A,B,而 P 为真,

那么 A,B 都必须为真。

(三)联言命题的假命题

当联言命题不成立的时候,就可以认为该命题为假命题,也称矛盾命题。

比如:"王凯既有能力,又有涵养"的假命题为:"并非王凯既有能力,又有涵养"。

根据联言命题的真值表可以得出,该命题的假命题等值于:

①如果王凯有能力,那么王凯没有涵养。

②如果王凯有涵养,那么王凯没有能力。

③王凯既没能力又没涵养。

其中"并非"在逻辑学上用负号"－"表示。

也就是说，-(A，B)有三种结果：①如果 A+，则 B-；②如果 B+，则 A-；③A-，B-。

【例1】 下列选项中，对"小李并非既懂英语，又懂俄语"的理解，正确的一项是( )。

A.小李懂俄语，但不懂英语　　　　　　　B.小李不懂俄语，或不懂英语

C.小李懂英语，但不懂俄语　　　　　　　D.小李不懂英语，也不懂俄语

答案：B。

解析："小李并非既懂英语又懂俄语"等价于"小李不懂英语或者小李不懂俄语"。故选 B。

【例2】 下列选项中，对"这种商品并非既物美又价廉"的理解，正确的一项是( )。

A.这种商品物美，而且这种商品价廉　　　B.这种商品不物美，或这种商品不价廉

C.这种商品物美，或者这种商品价廉　　　D.这种商品不物美，而且这种商品不价廉

答案：B。

解析：联言命题的否命题是选言命题。"物美价廉"是一个联言命题，对物进行否定便是"或者物不美或者价不廉"

【2013 年上半年真题】 下列句子中，对"并非清者自清，浊者自浊"理解正确的是( )。

A.或者清者没自清，或者浊者没自浊　　　B.不但清者没自清，而且浊者没自浊

C.虽然清者已自清，但浊者没能自浊　　　D.尽管清者没自清，但浊者已经自浊

网校答案：A。

网校解析：考查联言命题的矛盾问题。题干为并非"清者自清且浊者自浊"即求"清者自清且浊者自浊"的矛盾，"且"的矛盾是"或"。联言命题可用"A 且 B"的形式表示，那其矛盾"非 A 或非 B"，故选 A。

二、选言命题

(一)选言命题的概念

选言命题是反映事物的若干种情况或者性质至少有一种存在的命题。在逻辑结构上，选言命题含有逻辑词"或者……或者……""要么……要么……"。

比如：①或者吃葡萄或者吃提子。

逻辑符号为"A∨B"；读作 A 或 B。

②要么吃葡萄要么吃提子。

逻辑符号为"A／B"；读作要么 A，要么 B。

其中含有"或者"逻辑词的命题我们称之为相容选言命题，含有"要么"逻辑词的命题我们称之为不相容选言命题。

(二)选言命题的推理规则

1.相容选言命题的推理规则

在相容选言命题和选言支中间存在这样一个推理规则：只要有一个选言支是真的，那么由他们组成的相容选言命题就是真的，也就是说，至少选其一才真。只有当全部选言支假的时候，由他们组成的相容选言命题才为假。可简称为：一真即真，全假才假。

相容选言命题的真值表：

相容选言支 A	相容选言支 B	相容选言命题 P
真	真	真
真	假	真
假	真	真
假	假	假

选言命题的推理规则：

如果 $P = (A \lor B)$，而 P 为真，

那么①若 A－，那么 B＋；若 B－，那么 A＋。

②若 A＋，那么 B 真假不定；若 B＋，那么 A 真假不定。

也就是说：对于相容选言命题，只有否定一个联言支才可以肯定另一个联言支。

2. 相容选言命题的假命题

相容选言命题的假命题就是对选言命题的否定，或者说是选言命题的矛盾命题。当选言命题为假的时候，那么它的假命题就是真的。

相容选言命题："或者吃葡萄或者吃提子"。

假命题："并非吃葡萄或者吃提子"。

等值于：不吃葡萄也不吃提子。

$-(A \lor B)$有一种结果即：－A，－B。

【例1】 副校长：我主张王老师和邱老师中至多有一人可以被推荐为国家级教学名师候选人。校长：我不同意。以下哪项最准确地表达了校长的意见？(　　)。

A. 王老师和邱老师都不可以被推荐为国家级教学名师候选人

B. 王老师和邱老师中至少有一人可以被推荐为国家级教学名师候选人

C. 王老师和邱老师都可以被推荐为国家级教学名师候选人

D. 如果王老师可以被推荐为国家级教学名师候选人，则邱老师也可以

答案：C。

解析：其中"至多有一人可以被推荐为国家级教学名师候选人"等同于"至少有一个人不能被推荐为国家级教学名师候选人"，此话的意思是："王老师不能被推荐为名师或者邱老师不能被推荐为名师"，简写为："－王 $\lor$ －邱"。校长不同意此做法，那么校长的意思是："并非王老师不能被推荐为名师或者邱老师不能被推荐为名师"，简写为："$-(-王 \lor -邱)$"。根据相容选言命题假命题的推理规则，即：$-(-王 \lor -邱) = 王，邱$。故选 C。

3. 不相容选言命题的推理规则

在不相容选言命题和选言支中间存在这样一个推理规则：只有当一个选言支为真，另一个选言支为假的时候，由他们组成的不相容选言命题才是真的。也就是说，只能选其一才真。只有当全部选言支为假或者全部选言支为真的时候，由他们组成的不相容选言命题才为假。

不相容选言命题的真值表：

不相容选言支 A	不相容选言支 B	不相容选言命题
真	假	真
假	真	真
真	真	假
假	假	假

【例1】 某单位要评选一名优秀员工，群众评议推选出候选人赵、钱、孙、李。

赵说：小李业绩突出，当之无愧。

钱说：我个人意见，老孙是不二人选。

孙说：选小钱或者老赵我都赞成。

李说：各位做得更好，不能选我。

如果赵、钱、孙、李只有一个人的话与结果相符，则优秀员工是(　　)。

A. 赵　　　　　　　B. 钱　　　　　　　C. 孙　　　　　　　D. 李

答案：D。

解析：赵与李的话互为矛盾命题，其中必有一真一假，再根据题目所知，这四人中只有一个人的话与结果相符，那么钱与孙的话都是假话。由以上条件可知：孙不选，钱和赵都不选，那么只有李是最佳人选。故选D。

(三)不相容选言命题的假命题

不相容选言命题的假命题就是对选言命题的否定，或者说是选言命题的矛盾命题。当选言命题为假的时候，那么它的假命题就是真的。

不相容选言命题①"要么吃葡萄要么吃提子"。

②不相容选言命题的假命题："并非要么吃葡萄要么吃提子"。

③等值于"吃葡萄也吃提子或者不吃葡萄也不吃提子"。

【例2】 某个体户严重违反了经营条例，执法人员向他宣布："要么罚款，要么停业，二者必居其一。"他说："我不同意。"如果他坚持自己意见，以下哪个断定是他在逻辑上必须同意的？(　　)。

A.罚款但不停业

B.停业但不罚款

C.既不罚款又不停业

D.如果既不罚款又不停业办不到的话，就必须接受既罚款又停业

答案：D。

解析：个体户不同意执法人员的宣布，也就是说不同意"要么罚款，要么停业"，即"并非要么罚款，要么停业"。不相容选言命题的负命题有两种形式，一个是全部肯定联言支，一个是全部否定联言支，故选D。

三、假言命题

所谓假言命题就是陈述某一事物情况是另一件事物情况的条件的命题，假言命题亦称条件命题。假言命题包括三种形式：充分条件命题、必要条件命题、充分必要条件命题。

(一)充分条件命题

充分条件命题是表达前一个事件真，后一个事件就不可能假的判断，或者说是有A必有B。

1.逻辑关联词标志

"如果……，那么……""只要……，就……""若……，则……""若……，一定……""……依赖……""凡是……，都是……""没有……不是……"。

比如：①只要有钱就幸福。

②如果不到长城就不是好汉。

2.推理规则

(1)从前往后推的规则，肯前肯后。

比如：①有钱→幸福。

②不到长城→不是好汉。

逻辑符号记为："A→B"，读作：A则B。

【2013年下半年真题】 "数学家希尔伯特、华罗庚都是教育家"由此可以推出的结论是(　　)。

A.数学家都是教育家　　　　　　B.有的数学家是教育家

C.教育家都是数学家　　　　　　D.教育家都不是数学家

网校答案：B。

网校解析：题干指出希尔伯特、华罗庚是教育家，据此可以推出有的数学家是教育家。但是不能推出"所有数学家"的情况。也不能推出"所有教育家"的情况。而选项A说明的是"所有数学家"，选

项C、D说的是"所有教育家",均不能判断真假。故本题选B。

（2）从后往前推的规则，否后否前。

比如：①不幸福→没钱。

②是好汉→到过长城。

否定前件或者肯定后件只允许推出一个不确定性的结论。

【2013年上半年真题】 "我要是谈了我朋友的隐私，他准会大发脾气；我朋友没有大发脾气。"由此可以推出的结论是(　　)。

A.我谈了我朋友的隐私　　　　　　B.我朋友是个温和的人

C.我没有谈我朋友的隐私　　　　　D.我朋友为人倒是挺不错

网校答案：C。

网校解析：题干是一个假言命题，可以写成形式"谈朋友隐私→发脾气"，并且现在朋友没有发脾气。根据假言命题的推理规则否后推否前可以得到"没有谈朋友的隐私"。故本题选C。

（二）必要条件命题

必要条件命题，是表达前一个事件假，后一个事件不可能真的判断。

1.逻辑关联词标志

"只有……才……""除非……才……""除非……否则不……""……是……的基础""……是……的前提"。

比如：①必须杜绝猎杀，东北虎才不会灭亡。

②只有严打醉驾，路人才能安全。

2.推理规则

（1）从后往前推，肯后肯前。

比如：①东北虎不灭亡杜绝猎杀。

②路人安全严打酒驾。

标记为：B→A。

（2）从前往后推，否前否后。

比如：①不杜绝猎杀东北虎灭亡。

②不严打酒驾路人不安全。

【2016年上半年真题】 下列选项中的概念关系，与"土豆"和"马铃薯"一致的是(　　)。

A.坦克——战车　　　　　　　　　B.录音机——录音笔

C.萝卜——青萝卜　　　　　　　　D.番茄——西红柿

网校答案：D。

网校解析：概念的全同关系。题干中都属于同一物种，所以选择D项。

题干中"土豆"和"马铃薯"都属于同一物种，概念的全同关系，土豆就是马铃薯，马铃薯就是土豆。

A选项，坦克是一种战车，但战车不是只有坦克，比如古代四匹马拉着一辆车子，车子上面坐着人的那种也叫战车，他们不是全同关系。

B选项，录音机有录音功能，录音笔也有录音功能，但录音机不等同于录音笔，也不是全同关系。

C选项，萝卜包含青萝卜，但还包含绿萝卜，胡萝卜，黄萝卜等，所以青萝卜和萝卜也不是全同关系。

D选项，番茄就是西红柿，西红柿就是指番茄，他们也是同一种物质，是全同关系。

【2016年上半年真题】 "医生都穿白衣服，所以，有些穿白衣服的人留长头发。"下列选项中，这一陈述的必要前提是(　　)。

A.有些医生留长头发　　　　　　　B.有些医生不留长头发

C.穿白衣服的人不留长头发　　　　D.穿白衣服的人都是医生

网校答案：A。

网校解析：前提是医生都穿白衣服，结论是有些穿白衣服的人留长发。你会发现前提和结论中间缺了点什么，医生跑哪里去了？所以要把前提和结论之间的重合的共同点找出来，此题中，医生就是我们要找的前提和结论之间共同拥有的共同点。根据前提结论，答案选择A。

【2016年下半年真题】 下列选项中，与"中国——香港"的逻辑关系相同的是(　　)。

A.北京——承德　　　　　　　　　　B.宁夏——银川

C.新疆——西藏　　　　　　　　　　D.太原——山西

网校答案：B。

网校解析：从题干看，香港属于中国，A项，承德与北京一样是个城市，不是属于关系；B项，银川属于宁夏；C项，西藏和新疆是并列关系，都是一个省；D项，山西不属于太原，而是前者属于山西。故选B。

(三)充分必要条件命题

充分必要条件也即充要条件，意思是说，如果能从命题p推出命题q，而且也能从命题q推出命题p，则称p是q的充分必要条件，且q也是p的充分必要条件。

如果有事物情况A，则必然有事物情况B；如果有事物情况B，则必然有事物情况A，那么B就是A的充分必要条件，反之亦然。

例如：人不犯我，我不犯人；人若犯我，我必犯人。

四、直言命题推理

(一)直言命题的概念

直言命题是断定对象是否具有某种性质的命题，也成为性质命题。

比如：①所有金属都是导电的。

②所有金属都不是导电的。

③有的人醉酒驾车。

④有的人醉酒不驾车。

⑤上海是我国第一大城市。

⑥上海不是我国第一大城市。

(二)直言命题推理的原则

必有一假，或必有一真。

比如：①所有的猫都是白色的。

②所有的猫都不是白色。

③有的猫是白色的。

④有的猫不是白色的。

【例1】 "所有的亲戚我都问过了，谁也不知道明明的下落。"上述断定为假，以下判定可以确定为真的是(　　)。

A.有的亲戚不知道明明的下落　　　　B.有的亲戚知道明明的下落

C.没有亲戚知道明明的下落　　　　　D.知道明明下落的亲戚没有问到

答案：B。

解析：根据直言命题的推理规则，"谁都不知道明明的下落"与"有的亲戚知道明明的下落"互为矛盾命题。故选B。

【例2】 通过调查得知.并非所有的食品店都有卫生许可证。如果上述调查的结论是真实的，则可以推出的是( )。

A.所有的食品店都没有卫生许可证　　　　B.少数食品店没有卫生许可证

C.多数食品店有卫生许可证　　　　　　　D.有的食品店确实没有卫生许可证

答案：D。

解析：并非所有的食品店都有卫生许可证等值于有的食品店没有卫生许可证。

【例3】 小天鹅歌舞团有小演员45名。关于这45名小演员，甲乙丙三人有如下讨论，甲说："这些小演员中有些是北京人。"乙说："小演员中的李欣欣不是北京人。"丙说："这些小演员中有些不是北京人。"事实上，甲乙丙三人的话只有一句为真。请问，下面哪个选项为真？( )。

A.45名小演员都不是北京人　　　　　　　B.有些小演员不是北京人

C.李欣欣不是北京人　　　　　　　　　　D.45名小演员都是北京人

答案：D。

解析：根据直言命题的推理规则可知，甲的话与丙的话必有一真。又因为甲乙丙三人的话只有一句为真，那么可推出，乙的话为假。由此得知：李欣欣是北京人。即甲的话是正确的，丙的话是错误的，丙的话的矛盾命题则是正确的。所以45名小演员都是北京人。故选D。

【2015年上半年真题】 班级要推选一位同学到校迎新晚会上表演，班长征询同学意见。小王说："小刘很有艺术细胞，小刘合适。"小白说："小张是舞林高手，小张合适。"小刘说："小白唱歌非常好，小白也合适。"小张说："小白过奖了，小白或小刘都合适。"如果只有一个人的话与推选的结果相符，则推选出来的同学是( )。

A.小王　　　　　　　　　　　　　　　　B.小张

C.小刘　　　　　　　　　　　　　　　　D.小白

网校答案：B。

网校解析：(1)首先找矛盾。题中没有矛盾。

(2)其次看包含。题中小张的说法：小白或小刘都合适，包含了小王的说法"小刘合适"，也包含了小刘的说法"小白合适"。题中说只有一个人的话与推选的结果相符。所以如果小王对，由于他们是包含的关系，那么小张也对；如果小刘对，由于他们是包含的关系，那么小张也对。所以他们三个都不对。

(3)两步即可推出，小白说的正确，小张合适。故选B。

(4)解题方法(补充内容)：①首先找矛盾(跳出矛盾，看其余)；②其次看包含；③再次看反对；④最后带题中。

【2013年上半年真题】 下列句子中，与"王静和李跃是军人"的判断类型不同的是( )。

A.数天和海子是诗人　　　　　　　　　　B.张继科和王皓是冠军

C.王山和李强是战友　　　　　　　　　　D.腾格尔和韩红是歌手

网校答案：C。

网校解析：(1)拆成两句话。

(2)看通不通。先拆题干，王静和李跃是军人拆成"王静是军人"和"李跃是军人"。A选项数天是诗人，海子是诗人。通！B选项张继科是冠军，王皓是冠军。通！C选项王山是战友，李强是战友。不通！D选项腾格尔是歌手，韩红是歌手。通！

(3)通是一类，不通是一类。A、B、D选项和题干是一类，通类；C选项单独一类，不通类。故选C。

(4)拆分法(补充内容)：①拆成两句话(先拆题干后拆选项)；②看通不通顺；③通是一类，不通是一类。

【2015年下半年真题】 找规律填数字是一种很有趣的游戏，特别锻炼观察和思考能力，下列各

组数字填入数列"1，3，7，13，23，(　　　)，(　　　)，107"，空缺处正确的是(　　　)。

    A.28，57　　　　　　　　B.29，61　　　　　　　　C.37，59　　　　　　　　D.39，65

网校答案：D。

网校解析："1，3，7，13，23，(　　　)，(　　　)，107"从后面一个数减去前面一个数的间隔数来看，为3－1=2，7－3=4，13－7=6，23－13=10。从中找到规律，2+4=6，4+6=10。所以接下来三个间隔的数应该是6+10=16，10+16=26，16+26=42。所以：23+16=39，39+26=65，65+42=107。

【2016 年下半年真题】　按规律填数字是一项很有趣的游戏，特别锻炼观察和思考能力，按照"3+4+5→151227""5+3+2→101525""8+2+4→321648"的方法，下列选项中正确的是(　　　)。

    A.7+6+5→423585　　　　　　　　　　　　　　B.7+6+5→423577

    C.7+6+5→354277　　　　　　　　　　　　　　D.7+6+5→354285

网校答案：C。

网校解析：从题干我们可以找到以下规律。

①第一个数和第三个数相乘；

②第一个数和第二数相乘；

③最后将前两步得的数字相加。

3×5=15，3×4=12，15+12=27，最终得151227。

5×2=10，5×3=15，10+15=25，最终得101525。

8×4=32，8×2=16，32+16=48，最终得321648。

故：

7×5=35，7×6=42，35+42=77，最终得354277。

【2014 年上半年真题】　猜糖果游戏中桌子上放着黄、绿、蓝、红四个盒子。黄色的盒子上写着：糖果不在蓝盒子中；绿色盒子上写着：糖果在红盒或黄盒中；蓝色盒子上写着：糖果在此盒子中；红色盒子上写着：糖果在绿盒中。如果只有一只盒中装了糖果并且只有一只盒子上面写了真话，则装了糖果的盒子是(　　　)。

    A.黄盒　　　　　　　　　　　　　　　　　　　B.绿盒

    C.蓝盒　　　　　　　　　　　　　　　　　　　D.红盒

网校答案：C。

网校解析：黄盒子和蓝盒子上的话相互矛盾，所以只能一真一假。如果黄盒子为真，则绿盒子和红盒子必有一真，与题干矛盾，故蓝盒子为真，答案选C。

【2014 年上半年真题】　某科室共有11人，如果"该科室所有的人都是四川人""该科室所有的人都不是四川人"和"该科室有的人不是四川人"中有一句话是假话，则下列必然为真的一句话是(　　　)。

    A.该科室科长是四川人　　　　　　　　　　　　B.该科室科长不是四川人

    C.该科室只有1人是四川人　　　　　　　　　　D.该科室只有1人不是四川人

网校答案：B。

网校解析："该科室所有的人都是四川人"与"该科室有的人不是四川人"矛盾，两者必有一真一假，结合三句话中有一句是假话，可知"该科室所有的人都不是四川人"为真，进而可推出B项为真。故选B。

【2014 年下半年真题】　上机考试前，教练们对A组学员的成绩做了预测。张教练说：我估计组长或副组长能考满分。李教练说：这个组不会有人考满分。赵教练说：我认为会有学员考满分，模拟考试时这个组经常有人考满分。结果证明三位教练只有一个人说对。据此，下列选项中必然正确的是(　　　)。

A.全组都考了满分　　　　　　　　　　　　B.全组都没考满分

C.组长考了满分　　　　　　　　　　　　　D.副组长考了满分

网校答案：B。

网校解析：根据题意，假定李说的是对的，可以推出张、赵说的都是错的，符合"三位教练只有一个人说对"的结果。因此选 B。

【2014 年下半年真题】　爸爸询问青青所喜欢的学科。她调皮地说："我不像喜欢英语那样喜欢语文，也不像喜欢化学那样喜欢物理；不像喜欢语文那样喜欢化学，也不像喜欢数学那样喜欢英语。"下列学科，依青青喜好的程度，由高到低排列正确的是（　　）。

A.数学、英语、语文、化学、物理　　　　　B.数学、语文、英语、物理、化学

C.语文、英语、数学、化学、物理　　　　　D.语文、数学、英语、物理、化学

网校答案：A。

网校解析：根据题意，青青喜爱各学科的程度由高到低依次是数学、英语、语文、化学、物理。

【2015 年上半年真题】　俗话说："舍不得孩子套不住狼。"下列各项中，对此句理解不正确的是（　　）。

A.想套住狼，就要舍得孩子　　　　　　　　B.只要舍得孩子，就能套住狼

C.舍得孩子，也许能套住狼　　　　　　　　D.只有舍得孩子，才能套住狼

网校答案：B。

网校解析：此题考查考生对逆否等价命题的把握。逆否等价命题公式为：$P \rightarrow Q - Q \rightarrow - P$。

题干为"－孩子→－狼"等价于"狼→孩子"。据前推后：狼→孩子。据前推后：孩子→狼孩子→狼或孩子→－狼。据后推前：狼→孩子。

【2015 年下半年真题】　国庆黄金周，小白和朋友们商量去外地旅游的事，小米说：如果不去绍兴，就去杭州吧。小黄说：如果不去杭州，就不去绍兴了。小刘说：咱们只去其中一处吧。小白据此提出的大家的都能接受的意见是（　　）。

A.另去他处　　　　　　　　　　　　　　　B.两处都去

C.只去绍兴　　　　　　　　　　　　　　　D.只去杭州

网校答案：D。

网校解析：题干表明，不去绍兴就去杭州，不去杭州就不去绍兴，等同于去杭州就去绍兴。根据二难推理简单构成式，结论是只去杭州。

【2018 年下半年真题】　下列选项中，与"家具——大衣柜"逻辑关系相同的是（　　）。

A.电冰箱——空调　　　　　　　　　　　　B.坐具——双人床

C.消毒柜——冰柜　　　　　　　　　　　　D.炊具——煤气灶

网校答案：D。

网校解析：A、B、C 项属于全异的并列关系。而题干"家具""大衣柜"属于包含与被包含的关系，炊具和煤气灶也属于包含与被包含的关系，所以选择 D 项。

【2018 年下半年真题】　找规律填数字是一项很有趣的活动，特别锻炼观察和思考能力。下列选项中，填入数列"50、90、170、（　　）、650"空缺处的数字，正确的是（　　）。

A.330　　　　　　　　　　　　　　　　　B.340

C.350　　　　　　　　　　　　　　　　　D.360

网校答案：A。

网校解析：题干的规律是"前一项×2－10＝后一项"，所以括号内的数字（170×2－10）＝330。

第三节　信息处理能力

考点聚集

一、计算机基础知识

(一)计算机概述

1.概念

计算机是电子计算机的简称,是一种能自动地高速地进行数值运算和信息处理的电子设备,也就是一种按程序自动进行信息处理的工具。

2.计算机的发展

(1)计算机的诞生。

1946年,在美国宾夕法尼亚大学由莫奇来(Mauchly)和爱科特(Eckert)领导的研制小组为精确测算炮弹的弹道特性而制成了 ENIAC(Electronic Numberical Integrator and Computer,电子数字积分器与计算机)。

(2)计算机的发展。

3.计算机的结构

当输入设备向总线输入指令时,CPU 获取该指令并处理。当 CPU 处理指令时,CPU 调用内存储器的数据以便进行控制和计算,最后将计算结果发送给输出设备或者外存储器。当内存储器中的数据需要从外存储器中读取时,外存储器将数据送往总线,在 CPU 的控制下,内存储器再将该数据存储。

(1)输入设备:键盘、鼠标、麦克风、摄像头、手机、相机、扫描仪、手写板、触摸屏等。

(2)输出设备:显示屏、打印机、投影仪、音响、刻录机、耳机等。

(3)存储设备:光驱、内存条、U 盘、移动硬盘、MP3、手机记忆卡。

4.计算机的特点

计算机具有运算速度快、计算精度高、存储容量大、具有逻辑判断能力、自动化程度高、通用性强等特点。

(二)互联网的应用

1.互联网常识

(1)网络:按覆盖范围可分为局域网、城域网与广域网。

①广域网:连接范围广,如因特网(Internet)是世界最大的广域网。

②局域网:在某一区域内由多台计算机互联成的计算机组。如公司、学校内部网。

(2)域名:就是网站的网址,分为国际域名和国内域名。

(3)IP:是计算机所在网络的地址,IP 具有唯一性。每个 IP 地址都由小于 256 的 4 个数字组成,数字之间用"."分开。

(4)万维网:WWW(World Wide Web)是一种交互式图形界面的 Internet 服务,具有强大的信息连接功能,是目前 Internet 中最受欢迎的、增长速度最快的一种多媒体信息服务系统。万维网不等同于互联网。

2.互联网日常应用

(1)搜索引擎。

国内常用的搜索引擎:百度(世界第二大,国内第一大)、搜狗、360等。

国际上最大的搜索引擎:谷歌。

(2)文件下载和保存。

①点击鼠标右键→另存为→下载页面→点击下载。

②常用下载工具:迅雷、FTP、网站专属下载工具等。

(三)信息处理工具

教师工作过程中涉及的各类信息繁多,往往需要教师保存和加工,随着现代社会的科技发展,信息处理的工具也更加多样化,要求教师具有使用多种信息处理工具对各种信息进行处理和加工的能力。

1.实物工具

实物工具包括工具书、期刊、文献等。

(1)工具书:字典、辞典、书目、索引、年鉴、手册、图谱、年表、类书、百科全书等。

(2)期刊:相关的日报、周刊、月刊等。

(3)文献:相关经典名著、现代著作等。

2.虚拟工具

虚拟工具主要是在计算机上操作的,从操作的条件上可以分为互联网工具和信息处理软件两大类。

(1)互联网工具:互联网是借助于交互共享信息形成的庞大信息网络,其特点是具有开放性、及时性、共享性、个性化等特点。常见的互联网工具有:搜索引擎、相关信息网站、分享平台等。

(2)信息处理软件:考点主要涉及 Word、Excel、PowerPoint、Photoshop 等软件,这几种工具是不需要网络就可以操作使用。

二、Word——文字处理软件

Word 文档是微软公司开发推出的一个文字处理软件,用于文字资料的编辑和保存。从发布至今已有多个版本,历年发布的新版本都在原有基础上优化了软件的功能。

(一)Word 窗口的组成

Word 窗口由工作区、标题栏、菜单栏、工具栏和状态栏等元素构成。

(1)工作区:中间空白的区域为工作区,所有的操作结果将显示在工作区。

(2)标题栏:在整个 Word 窗口的最上方,显示本文档的名称和当前 Word 文档的版本。

(3)菜单栏:在标题栏下方,显示不同的功能的工具栏选项卡,如:开始、插入等。

(4)工具栏:为所属每一菜单栏的具体工具,每个工具都有自己的作用。

(5)状态栏:在整个 Word 窗口的最下方,显示本文档的字数、行数、页数、视图模式、缩放比例等。

(二)Word 基本功能

Word 文档中工具栏中工具繁多,按照功能分别分布在各个菜单栏里面,考试中主要考查常用工具按钮的使用。以下示例图表以 2013 版 Word 工具布局为例。

工具名称	工具图标	所属菜单	工具功能
复制		开始	将内容复制到粘贴板上，等待被粘贴到指定位置(快捷键为 Ctrl + C)
剪切			将内容移动到粘贴板上，等待被粘贴到指定位置(快捷键为 Ctrl + X)
粘贴			将粘贴板上的内容移动到指定位置(快捷键为 Ctrl + V)
格式刷			可以快速将指定段落或文本的格式用到其他段落或文本上
粗体	B		将所选文字字体加粗，起到强调的作用(快捷键为 Ctrl + B)
左对齐			段落或者文章中的文字沿水平方向向左对齐
居中对齐			段落或者文章中的文字沿水平方向中间集中对齐
右对齐			段落或者文章中的文字沿水平方向向右对齐
字体颜色	A		给文字设定颜色，未设定时文字默认为黑色
查找			在文中找到指定内容(快捷键为 Ctrl + F)
替换			把查找到的替换为指定内容，可批量修改(快捷键为 Ctrl + H)
中文版式			该功能按钮下拉菜单中有纵横混排、合并字符、双行合一和字符放缩几个功能，可对文章进行相应排版
插入表格		插入	可在文档中插入自定义行数、列数的表格
插入图片			可在文档中插入本地图片文件，插入后可调整大小和位置
插入图表			可在文档中插入在 Excel 中编辑好的图表
文本框		插入	可在文档中插入文本框，并在文本框中输入文字、数字、符号等
艺术字	A		可在文档中加入艺术字，并自定义文字、数字、符号等内容
批注			在文档指定位置加入批注，批注内容显示在文档正文两侧
页眉和页脚			在文档页眉和页脚输入文字、数字、符号，并应用于整个文档
页码			可自定义页码于页眉或页脚
水印			可自定义水印于文档最底层，文档内容显示于水印上方覆盖
文字方向		页面布局	可自定义设置文字的排列方向，如横向、纵向、旋转自定义角度排列等
文字环绕			可设置多种文字与图片结合排列方式
分隔符			点此按钮让页与页之间的间距隐藏或显示
字数统计		审阅	可对文档中字数、字符数、页数、段落数予以统计
繁转简			可将文档中所有繁体字转换为简体字
简转繁			可将文档中所有简体字转换为繁体字

【2015 年下半年真题】 在 Word 中，下列操作中不能实现的是（   ）。

A.在页眉中插入日期   B.建立奇偶页内容不同的页眉

C.在页眉中插入分页符   D.在页眉中插入剪贴画

网校答案：C。

【2014 年下半年真题】 Word 中，双击"格式刷"，可将格式从一个区域一次复制到的区域数目是（   ）。

A.三个   B.一个

C.多个   D.两个

网校答案：C。

【2018 年下半年真题】 图文混排是 word 的特色功能之一。下列表述中，不正确是（   ）。

A.可以在文档中插入剪贴画   B.可以在文档中插入图形

C.可以在文档中插入文本框   D.可以在文档中插入配色方案

网校答案：D。

网校解析：配色方案主要用于用户界面，而不是用于文档界面。

三、Excel——数据处理软件

Excel 是微软公司研发和推出的一个数据、表格处理软件，它可以进行各种数据处理、统计分析和辅助决策操作，广泛应用于管理、统计财经、金融等众多领域。

（一）Excel 基本构成

（1）工作簿：一个 Excel 文件就是一个工作簿，是计算和存储数据的文件，扩展名为.xls。

（2）工作表：工作表是工作簿中的一页，一个工作簿中默认有 3 张工作表，最多 255 张。依次为 sheet1、sheet2、sheet3。用户根据实际情况可增减或选择工作表。它用于输入数据、执行计算和组织信息，每个工作表包含 256 列和 65536 行。

（3）单元格：单元格是组成工作表的最小单位，由行列交叉构成的，相当于工作表中的一小格。每个单元格用它所在的列号加行号来引用，行用阿拉伯数字表示，列用大写英文字母表示，列超过 26 列时用两个字母 AA，AB，……，AZ，BA，……，IV 表示。每个单元格可输入 2000 个以内的字符。

（4）单元格区域：区域是连续的单元格，用单元格"左上角：右下角"表示，"："为区域运算符。（例如 A1：B4）

（二）Excel 基础教程

1. Excel 基本操作命令图示

操作	工具图标	主要功能	操作步骤
筛选 （开始菜单）	筛选▾	按照一定条件显示信息	1.选择需要筛选信息所在列； 2.点击筛选按钮后该列上方出现筛选状态的下拉菜单按钮； 3.输入筛选条件； 4.点击确定
排序 （开始菜单）	排序▾	按照一定顺序排列信息	1.选择需要排序信息所在列； 2.点击排序按钮选择排列方式（升序、降序、自定义）

操作	工具图标	主要功能	操作步骤
分类汇总 (数据菜单)	分类汇总	按照一定条件把信息进行分类并求和	1.在按照一定顺序排列好的工作簿的数据区域选中任何一个单元格; 2.点击分类汇总图标; 3.在弹出的对话框中输入信息: (1)"分类字段"框中进行分类汇总的列标题; (2)在"汇总方式"框中选择汇总方式(如求和); (3)在"选定汇总项"中选择一个或者多个要进行分类汇总的字段; 4.编辑完后点击确定
图表 (插入菜单)	图表	把 Excel 中的数据以图表的形式呈现	1.选择记录要制作表格的信息的工作簿界面; 2.插入→图表→选择图表样式; 3.编辑图表中相应的内容 图表类别: 条形图(横向)、柱形图(纵向):表现数据大小; 线形图:表现数据的变化; 饼图:表现数据所占百分比

2. Excel 基本操作文字版

(1)启动 Excel:点击"开始→所有程序→Microsoft→Microsoft Office Excel 2003"(出现一个满是格子的空白窗口,这就是一张电子表格了,第一个格子看着边框要粗一些,处于选中状态)。

(2)输入公式(举例)。

①点菜单"文件→打开"命令,打开上次的"成绩表"文件。

②在"英语"旁边的单元格中输入"总分",这一列将存放三门成绩的总分。

③按回车键,光标移到"75"旁边的单元格,在表格上边的"编辑栏"里点一下,出现插入点竖线,切换到英文输入法,输入一个等号,注意是英文的等号。

④接着输入"D3 + E3 + F3",也就是左边的三个单元格相加,等号表示是公式,这儿是加法运算;编辑栏中的数据颜色跟下面数据表中的单元格颜色对应相同。

⑤输入完成后,检查一下输入是否正确,然后按一下回车键,完成公式输入(点编辑栏旁边的对勾也可以),这时候就可以发现单元格中出来的是三门成绩的总和。

⑥瞄准单元格右下角的填充手柄,向下拖动两格,这样下面两格也自动输入相同的公式;保存一下文件;

3. 手动输入公式

接下来我们学习了手工输入公式的方法,对于比较复杂的运算,我们可以用函数来完成,下面我们来看一个练习;

(1)启动 Excel:点击"开始→所有程序→Microsoft→Microsoft Office Excel 2003"(出现一个满是格子的空白窗口,这就是一张电子表格了,第一个格子看着边框要粗一些,处于选中状态)。

(2)输入公式(举例)。

①点菜单"文件→打开"命令,打开上次的"成绩表"文件。

②在总分的旁边输入"平均分",然后把格式设置好。

③选中下面的单元格,在上边的编辑栏上,找到编辑框左边的"fx",点一下。

④在出来的"插入函数"面板中,找到"AVERAGE"点一下选中,然后点下面的"确定",这个是平

均值函数。

⑤接下来出来的是，数据的区域，在表格中框选中从"78"到"75"的三个单元格，对三门成绩进行平均分。

⑥检查一下数据区域框正确后，点击"确定"，然后单元格中就出现了平均分，拖动填充手柄，把下面两个单元格也输入平均值函数。

⑦瞄准蓝紫色敲击右键，选"设置单元格格式"，把"数字－数值"里的小数点设为2；点"确定"后，完成数据输入，保存一下文件。

4.统计函数

有时候需要进行一些数据统计，比如算一下及格人数或各个分数段等，下面我们来看一个示例。

（1）启动 Excel：点击"开始→所有程序→Microsoft→Microsoft Office Excel 2003"（出现一个满是格子的空白窗口，这就是一张电子表格了，第一个格子看着边框要粗一些，处于选中状态）。

（2）Excel 窗口（举例）。

①点菜单"文件→打开"命令，打开上次的"成绩表"文件。

②在姓名的下面输入"及格数"，然后把光标移到旁边一格。

③点一下编辑栏旁边的"fx"，在出来的函数列表里面找到"统计"，在下面找到"COUNTIF"，点"确定"按钮。

④接下来是数据区域面板，从"78"向下拖到"68"，框选中三个人的语文成绩。

⑤切换到英文输入法，在函数面板的第二个文本框中输入"＞＝60"，然后点"确定"，意思是60分以上算及格；点"确定"后，单元格中出现统计结果。

⑥拖动填充手柄，把旁边两格也填充上，这样就把各学科的及格人数统计好了。

5.表格边框

Excel 中的表格线是一种参考线，如果要打印出来，还需要添加上边框线，下面我们来看一个示例。

（1）启动 Excel：点击"开始→所有程序→Microsoft→Microsoft Office Excel 2003"（出现一个满是格子的空白窗口，这就是一张电子表格了，第一个格子看着边框要粗一些，处于选中状态）。

（2）Excel 窗口（举例）。

①点菜单"文件→打开"命令，打开上次的"成绩表"文件。

②点菜单"文件→打印预览"命令，出来一个预览窗口，可以发现没有表格线；如果提示没有打印机，可以安装一款虚拟打印机。

③点上边的"关闭"按钮返回到表格窗口，准备画边框；从左上角 A1 单元格开始，框选到右下角的 85.33 下面的单元格 H6。

④瞄准蓝紫色敲击右键，选"设置单元格格式"命令，在弹出的面板中选择上边的"边框"标签。

⑤看一下左边的白色区域，现在里面还没有表格线，这儿对应表格内容，现在只有内部的文本，边框分为四周的外边框，和内部的边框线。

⑥在右边的线条里，选择倒数第三个的黑线条，在左边白色区域的四周分别点一下，画出外边框。

⑦再选中右边第一个虚线，在左边白色区域中点两下，添加两条内部线，点"确定"按钮，回到表格中；这时候再点菜单"文件→打印预览"命令，就可以看到表格线了。

⑧保存文件。

（三）Excel 函数

1.IF 判断函数

有时候需要对旁边的单元格进行判断，比如及格还是不及格，折合百分数等，下面我们来看一个示例。

(1)启动 Excel:点击"开始→所有程序→Microsoft→Microsoft Office Excel 2003"(出现一个满是格子的空白窗口,这就是一张电子表格了,第一个格子看着边框要粗一些,处于选中状态)。

(2)判断函数(举例)。

①在 A1 和 B1 输入标题:"得分"和"判断",在得分下面 A2、A3 里输入两个成绩,"50"和"60"。

②选中"判断"下面的"B2",点编辑栏里的"fx",准备输入公式。

③在出来的函数列表里,选择"IF 函数",点确定按钮。

④接下来是将 IF 函数切换到英文状态,在第一行里输入"A2 > =60"。A2 是旁边的单元格,用鼠标点击,在第二行输入"及格",在第三行输入"不及格";表示如果第一行成立,那么就得到第二行,如果第一行不成立就得到第三行。

⑤点确定回到工作区里,这时候 B2 里得出的是"不及格"。

⑥拖动右下角的填充手柄,得到 B3 是"及格"。

⑦以"判断"为文件名,保存文件到自己的文件夹。

2.统计分数段

有时候需要按分数段统计人数,比如90分的人数或80分的人数等,下面我们来看一个示例。

(1)启动 Excel:点击"开始→所有程序→Microsoft→Microsoft Office Excel 2003"(出现一个满是格子的空白窗口,这就是一张电子表格了,第一个格子看着边框要粗一些,处于选中状态)。

(2)统计分数段(举例)。

①输入一个有 8 个成绩的成绩表,包含序号和成绩,并输入 90～100、80～89、70～79、60～69、0～50 几个分段。

②选中"0～50"右边的单元格,点编辑栏里的"fx",准备输入公式,从低到高分段,先算最低分的一段。

③在出来的函数列表里,在中间选择"全部",然后在下面的列表里选择"COUNTIF 函数",点"确定"按钮。

④接下来是 COUNTIF 函数面板,用鼠标拖动选中所有成绩,这个是范围。

⑤然后在第二行,条件里点一下,切换到英文输入法,输入"<"和"60",然后点"确定"。"<60"这样就可以统计出 60 分以下的人数了。

⑥再选中"60～69"段旁边的单元格,点编辑栏里的"fx",准备输入公式。

⑦在出来的函数面板里,还选择"COUNTIF"函数,然后点"确定"按钮,拖动选中所有成绩,在第二行条件输入"<70",然后点"确定"。

⑧回到表格窗口后,在编辑栏的公式后面点一下,然后输入减号,点一下刚才统计出来的"0～59"分数段的人数,然后点右边的绿色勾"确定",因为 70 分以下的除了 60 分段的,还包括 50 分以下的,减去 50 分的剩下就是 60 分以上的。

⑨同样在选中 70～79 右边的单元格,选择"COUNTIF"函数,在条件里输入"<80",点"确定"以后,回来在编辑栏里,再点一下鼠标,减去刚才算出的 50 分段和 60 分段的。

⑩同样的方法,求出 80 分段的人数,用减去两头剩下中间的方法,求出所需的分数段来。对于 90～100 的分数段,可以在条件里输入" > =90"(大于等于90)。

⑪以"分数段"为文件名,保存文件到自己的文件夹。

【2016 年下半年真题】 在 Excel 中,当数据源发生变化时,所对应图表的变化情况是(   )。

A.手动跟随变化   B.自动跟随变化

C.不会跟随变化   D.部分图表丢失

网校答案：B。

网校解析：在 Excel 中以数据制作成的图表，当改变数据源时，图表也会随数据内容的不同而造成图表样式或大小、形状的改变。

【2016 年上半年真题】 点击 Excel 中的"fx"按钮，可在单元格中插入的是(　　)。

A.文字　　　　　　　B.数字　　　　　　　C.公式　　　　　　　D.函数

网校答案：D。

四、PowerPoint——演示文稿软件

(一)PowerPoint 简介

PowerPoint 简称 PPT，是微软公司开发和发布的一款演示文稿软件。用户可以在投影仪或者计算机上进行演示，也可以将演示文稿打印出来，制作成胶片，以便应用到更广泛的领域中。利用 Microsoft Office PowerPoint 不仅可以创建演示文稿，还可以在互联网上召开面对面会议、远程会议或在网上给观众展示演示文稿。

(二)PowerPoint 基本构成

PowerPoint 窗口大致可分为功能区、大纲视区、幻灯片视区、备注区。

(1)功能区：位于窗口的上方，包含所有功能按钮，是对 PowerPoint 进行操作的重要部分。

(2)大纲视区：位于窗口的左边，可浏览所有 PPT 页面缩略图。

(3)幻灯片视区：位于窗口的主体位置，在此部分编辑文字、图片、动画效果等，显示所有操作的效果。

(4)备注区：位于窗口的下方，可在此输入文字，标注对本页幻灯片的说明。

(三)PowerPoint 基本操作

操作	功能按钮	操作方法
新建幻灯片	新建幻灯片	方法一：开始→新建幻灯片 方法二：在大纲视区选中需要新建幻灯片的位置，按回车键 方法三：在大纲视区选中需要新建幻灯片的位置，右键→新建幻灯片
插入文本	文本框	步骤一：鼠标左键点击选中幻灯片视区需要插入文本的位置 步骤二：插入→文本框
插入图片	图片	步骤一：鼠标左键点击选中幻灯片视区需要插入图片的位置 步骤二：插入→图片(本地图片)
插入音频	声音	步骤一：鼠标左键点击选中幻灯片视区需要插入音频的起始页面(如第 3 页开始后面部分需插入音频，则在第 3 页处编辑插入) 步骤二：插入→声音(本地音频)，音频为 mp3、wma 等格式
复制→粘贴	复制 粘贴	方法一：选中需要复制的信息→右键"复制"→选中要复制到的位置→右键"粘贴" 方法二：选中需要复制的信息→Ctrl + C→选中要复制到的位置→Ctrl + V 方法三：选中需要复制的信息→右键"复制"按钮→选中要复制到的位置→右键"粘贴"按钮

操作	功能按钮	操作方法
剪切→粘贴	✂ 剪切 📋 粘贴▾	方法一：选中需要复制的信息→右键"剪切"→选中要复制到的位置→右键"粘贴" 方法二：选中需要复制的信息→Ctrl + X→选中要复制到的位置→Ctrl + V 方法三：选中需要复制的信息→右键"剪切"按钮→选中要复制到的位置→右键"粘贴"按钮
动画方案	动画方案	动画→动画方案(动画方案包括板式、幻灯片切换效果(页面)、自定义动画(具体内容)等多方面内容)
动画设计	自定义动画	插入→自定义动画→添加效果→选择动画效果→开始方式、方向、速度 动画效果：进入、强调、退出、动作路径
幻灯片切换	切换	插入→自定义动画→切换→选择切换效果→切换速度→切换方式
更换模板	设计 更多模板 导入模板	默认模板：点击"设计"菜单，会显示 PPT 自带模板，点击需要的模板即可更换 更多模板：在"设计"菜单中点击按钮"更多模板"，有根据主题划分的多个模板，点击需要的模板下载，下载成功后即可更换 本地模板：在"设计"菜单中点击按钮"导入模板"，即可浏览计算机里的文件，在相应位置选择计算机中已有模板文件即可更换

(四)PowerPoint 的常见基础知识

1. 新建一份空白演示文稿

默认情况下，启动 PowerPoint 2003(其他版本相似)时，系统会新建一份空白演示文稿，并新建一张幻灯片。我们可以通过下面三种方法在当前演示文稿中添加新的幻灯片：

(1)方法一：快捷键法。按"Ctrl + M"组合键，即可快速添加一张空白幻灯片。

(2)方法二：回车键法。在"普通视图"下，将鼠标定在左侧的窗格中，然后按下回车键("Enter")，同样可以快速插入一张新的空白幻灯片。

(3)方法三：命令法。执行"插入→新幻灯片"命令，也可以新增一张空白幻灯片。

2. 插入文本框

通常情况下，在演示文稿的幻灯片中添加文本字符时，需要通过文本框来实现。

①执行"插入→文本框→水平(垂直)"命令，然后在幻灯片中拉出一个文本框来。

②将相应的字符输入到文本框中。

③设置好字体、字号和字符颜色等。

④调整好文本框的大小，并将其定位在幻灯片的合适位置上即可。

注意：也可以用"绘图"工具栏上的文本框按钮来插入文本框，并输入字符。

3. 直接输入文本

如果演示文稿中需要编辑大量文本，大家也可使用直接输入文本的方法。

①在"普通视图"下，将鼠标定在左侧的窗格中，切换到"大纲"标签下。

②然后直接输入文本字符。每输入完一个内容后，按下"Enter"键，新建一张幻灯片，输入后面的内容。

注意：如果按下"Enter"键，仍然希望在原幻灯片中输入文本，只要按一下"Tab"键即可。此时，如果想新增一张幻灯片，按下"Enter"键后，再按一下"Shift + Tab"键就可以了。

4. 插入图片

为了增强文稿的可视性，在演示文稿中添加图片是一项基本的操作。

①执行"插入→图片→来自文件"命令，打开"插入图片"对话框。

②定位到需要插入图片所在的文件夹，选中相应的图片文件，然后按下"插入"按钮，将图片插入到幻灯片中。

③用拖拉的方法调整好图片的大小，并将其定位在幻灯片的合适位置上即可。

注意：在定位图片位置时，按住"Ctrl"键，再按动方向键，可以实现图片的微量移动，达到精确定位图片的目的。

5. 插入声音

为演示文稿配上声音，可以大大增强演示文稿的播放效果。

①执行"插入→影片和声音→文件中的声音"命令，打开"插入声音"对话框。

②定位到需要插入声音文件所在的文件夹，选中相应的声音文件，然后按下"确定"按钮。

注意：演示文稿支持 mp3、wma、wav、mid 等格式的声音文件。

③在随后弹出的快捷菜单中，根据需要选择"是"或"否"选项返回，即可将声音文件插入到当前幻灯片中。

注意：插入声音文件后，会在幻灯片中显示一个小喇叭图片，在幻灯片放映时，通常会显示在画面，为了不影响播放效果，可将该图标移到幻灯片边缘。

6. 视频文件添加

我们可以将视频文件添加到演示文稿中，来增加演示文稿的播放效果。

①执行"插入→影片和声音→文件中的影片"命令，打开"插入影片"对话框。

②定位到需要插入视频文件所在的文件夹，选中相应的视频文件，然后按下"确定"按钮。

注意：演示文稿支持 avi、wmv、mpg 等格式的视频文件。

③在随后弹出的快捷菜单中，根据需要选择"是"或"否"选项返回，即可将声音文件插入到当前幻灯片中。

④调整视频播放窗口的大小，将其定位在幻灯片的合适位置上。

7. 插入 Flash 动画

要想将 Flash 动画添加到演示文稿中，操作稍微复杂一些。

①执行"视图→工具栏→控件工具箱"命令，展开"控件工具箱"工具栏。

②单击工具栏上的"其他控件"按钮，在随后弹出的下拉列表中选"Shockwave Flash Object"选项，然后在幻灯片中拖拉出一个矩形框（此为播放窗口）。

③选中上述播放窗口，按工具栏上的"属性"按钮，打开"属性"对话框，在"Movie"选项后面的方框中输入需要插入的 Flash 动画文件名. SWF 及完整路径，然后关闭属性窗口。

注意：建议将 Flash 动画文件和演示文稿保存在同一文件夹中，这样就只需要输入 Flash 动画文件名称，而不需要输入路径了。

④调整好播放窗口的大小，将其定位到幻灯片的合适位置，即可播放 Flash 动画。

8. 插入艺术字

Office 多个组件中都有艺术字功能，在演示文稿中插入艺术字可以大大提高演示文稿的放映效果。

①执行"插入→图片→艺术字"命令，打开"艺术字库"对话框。

②选中一种样式后，按下"确定"按钮，打开"编辑艺术字"对话框。

③输入艺术字字符后，设置好字体、字号等要素，确定返回。

④调整好艺术字大小，将其定位在合适的位置上。

注意：选中插入的艺术字，在其周围会出来黄色的控制柄拖动控制柄，可以调整艺术字的外形。

9. 绘制图形

根据演示文稿的需要,经常要在其中绘制一些图形,利用其中的"绘图"工具栏,即可搞定。

①执行"视图→工具栏→绘图"命令,展开"绘图"工具栏。

②点击工具栏上的"自选图形"按钮,在随后展开的快捷菜单中,选择相应的选项(如"基本形状、太阳形"),然后在幻灯片中拖拉一下,即可绘制出相应的图形。

注意:①如果选择"自选图形、线条"下面的选项,可以绘制出展型图形来。②如果选中相应的选项(如"矩形"),然后在按住"Shift"键的同时,拖拉鼠标,即可绘制出方正的图形(如"正方形")。

10. 插入公式

在制作一些专业技术性演示文稿时,常常需要在幻灯片中添加一些复杂的公式,可以利用"公式编辑器"来完成。

①执行"插入→对象"命令,打开"插入对象"对话框。

②在"对象类型"下面选中"Microsoft 公式 3.0"选项,确定进入"公式编辑器"状态。

注意:默认情况下,"公式编辑器"不是 Office 安装组件,在使用前需要通过安装程序添加后,才能正常使用。

③利用工具栏上的相应模板,即可制作出相应的公式。

④编辑完成后,关闭"公式编辑器"窗口,返回幻灯片编辑状态,公式即可插入到其中。

⑤调整好公式的大小,并将其定位在合适位置。

11. 引用其他演示文稿

如果在编辑某个演示文稿时,需要引用其他演示文稿中的部分幻灯片,可以通过下面的方法快速插入。

①将光标定在需要插入的幻灯片前面。

②执行"插入→幻灯片"命令,打开"幻灯片搜索器"对话框。

③单击其中的"浏览"按钮,打开"浏览"对话框,定位到被引用演示文稿所在的文件夹,选中相应的演示文稿,确定后返回。

④选中需要引用的幻灯片,然后按下"插入"按钮,再"关闭"退出即可。

注意:①如果需要引用演示文稿中的所有幻灯片,直接按"全部插入"按钮即可。②在按住"Ctrl"键的同时,用鼠标点击不同的幻灯片,可同时选中不连续的多幅幻灯片,然后将其插入。③如果经常需要引用某些演示文稿中的幻灯片,在打开相应的演示文稿后,单击"添加到收藏夹"按钮,以后便可以通过"收藏夹标签"进行快速调用。

12. 输入批注内容

审查他人的演示文稿时,可以利用批注功能提出自己的修改意见。

①选中需要添加意见的幻灯片,执行"插入批注"命令,进入批注编辑状态。

②输入批注内容。

③当使用者将鼠标指向批注标识时,批注内容会即刻显示出来。

注意:批注内容不会在放映过程中显示出来。

④右击批注标识,利用弹出的快捷菜单,可以对批注进行相应的编辑处理。

13. 插入图表

利用图表,可以更加直观地演示数据的变化情况。

①执行"插入图表"命令,进入图表编辑状态。

②在数据表中编辑好相应的数据内容,然后在幻灯片空白处单击一下鼠标,即可退出图表编辑状态。

③调整好图表的大小，并将其定位在合适位置上。

注意：如果发现数据有误，直接双击图表，即可再次进入图表编辑状态，进行修改处理。

14. 插入 Excel 表格

由于 PowerPoint 的表格功能不太强，如果需要添加表格，我们可先在 Excel 中制作好，然后将其插入到幻灯片中。

①执行"插入→对象"命令，打开"插入对象"对话框。

②选中"由文件创建"选项，然后单击"浏览"按钮，定位到 Excel 表格文件所在的文件夹，选中相应的文件，单击"确定"按钮返回，即可将表格插入到幻灯片中。

③调整好表格的大小，并将其定位在合适位置上。

注意：①为了使插入的表格能够正常显示，需要在 Excel 中调整好行、列的数目及宽（高）度。②如果在"插入对象"对话框，选中"链接"选项，以后若在 Excel 中修改了插入表格的数据，打开演示文稿时，相应的表格会自动随之修改。

15. 插入彩色的公式

默认情况下，插入的公式都是黑白的，影响演示效果，可将其设置为彩色。

①执行"视图→工具栏→图片"命令，展开"图片"工具栏。

②选中插入的公式，然后单击"图片重新着色"按钮，打开"图片重新着色"对话框。

③为公式设置一种颜色，确定后返回。

注意：此处重新着色的公式，如果直接复制、粘贴到其他组件（如 Word）中，则恢复原来的黑白色。

16. 设置版式

在标题幻灯片下面新建的幻灯片，默认情况下给出的是"标题和文本"版式，我们可以根据需要重新设置版式。

①执行"视图→任务窗格"命令，展开"任务窗格"。

②单击任务窗格顶部的下拉按钮，在随后弹出的下拉列表中，选择"幻灯片版式"选项，展开"幻灯片版式"任务窗格。

③选择一种版式，然后按其右侧的下拉按钮，在弹出的下拉列表中，根据需要应用版式。

17. 使用其他方案

通常情况下，新建的演示文稿使用的是黑白幻灯片方案，如果需要使用其他方案，一般可以通过应用内置的设计方案来快速添加。

①执行"视图→任务窗格"命令，展开"任务窗格"。

②单击任务窗格顶部的下拉按钮，在随后弹出的下拉列表中，选择"幻灯片设计"选项，展开"幻灯片设计"任务窗格。

③选择一种设计方案，然后按其右侧的下拉按钮，在弹出的下拉列表中，根据需要应用即可。

18. 背景颜色

如果对当前的配色方案不满意，可以选择其内置的配色方案来进行调整，并可以修改其背景颜色。

①执行"视图→任务窗格"命令，展开"任务窗格"。

②单击任务窗格顶部的下拉按钮，在随后弹出的下拉列表中，选择"幻灯片设计→配色方案"选项，展开"幻灯片设计→配色方案"任务窗格。

③选择一种配色方案，然后按其右侧的下拉按钮，在弹出的下拉列表中，根据需要应用即可。

④如果需要修改其背景颜色可以执行"格式→背景"命令，打开"背景"对话框，设置一种颜色，确定返回即可。

19.页眉和页脚

在编辑 PowerPoint 演示文稿时,可为每张幻灯片添加类似 Word 文档的页眉或页脚。这里我们以添加系统日期为例,看看具体的操作过程。

①执行"视图→页眉和页脚"命令,打开"页眉和页脚"对话框。

②选中"日期和时间"及下面的"自动更新"选项,然后按其右侧的下拉按钮,选择一种时间格式。

③单击"全部应用"和"应用"按钮返回。

注意:在"页眉和页脚"对话框中,选中"幻灯片编号"选项,即可为每张幻灯片添加上编号(类似页码)。

20.幻灯片母板

如果我们希望为每一张幻灯片添加上一项固定的内容(如公司的 LOGO),可以通过修改"母板"来实现。

①执行"视图母板幻灯片母板"命令,进入"幻灯片母板"编辑状态。

②仿照前面插入图片的操作,将公司 LOGO 图片插入到幻灯片中,调整好大小、定位到合适的位置上,再单击"关闭母板视图"按钮退出"幻灯片母板"编辑状态。

③以后添加幻灯片时,该幻灯片上自动添加上公司 LOGO 图片。

21.隐藏幻灯片

对于制作好的 PowerPoint 演示文稿,如果希望其中的部分幻灯片在放映的时候不显示出来,我们可以将其隐藏起来。

①在"普通视图"界面下,在左侧的窗口中,按住"Ctrl"键,分别点击需要隐藏的幻灯片,可同时选中多张不连续的幻灯片。

②右击鼠标,在随后弹出的快捷菜单中,选择"隐藏幻灯片"选项即可。

注意:①进行隐藏操作后,相应的幻灯片编辑上有一条删除斜线。②如果需要取消隐藏,只要选中相应的幻灯片,再进行一次上述操作即可。

【2016年上半年真题】 下列设置中,能使幻灯片中的标题、图片、文字等按要求顺序呈现的是( )。

A.设定放映模式   B.切换幻灯片

C.连接幻灯片   D.自定义动画

网校答案:D。

【2015年下半年真题】 在 PowerPoint 中,新建一个演示文稿时第一张幻灯片的默认版式是( )。

A.项目清单   B.两栏文本

C.标题幻灯片   D.空白

网校答案:C。

网校解析:新建一个演示文稿时第一张幻灯片的默认版式是首页此幻灯片文档的标题,也就是标题幻灯片。故选 C。

【2018年下半年真题】 下列关于 PowerPoint 中"自定义动画"的表述,正确是( )。

A.只能用鼠标不能用时间来控制动画   B.只能用时间不能用鼠标来控制动画

C.鼠标和时间都能够控制动画   D.鼠标和时间都不能控制动画

网校答案:C。

网校解析:鼠标和时间都能够控制动画。幻灯片动画的放映可以选择手动和自动放映,手动使用鼠标或键盘上的按钮实现,自动放映可采用排练计时完成。

第四节 写作能力

考点聚集

一、作文阅卷规则解读

(一)《考试大纲》中规定的写作等级划分

一等(50~38分)	二等(37~25分)	三等(24~12分)	四等(11~0分)
切合题意	符合题意	基本符合题意	偏离题意
中心突出	中心明确	中心基本明确	中心不明或立意不当
内容充实	内容较充实	内容单薄	没什么内容
感情真切	感情真实	感情基本真实	感情虚假
结构严谨	结构完整	结构基本完整	结构混乱
语言流畅	语言通顺	语言基本通顺	语病多
字迹工整	字迹清楚	字迹潦草	字迹难辨

以上部分为《考试大纲》中规定的写作等级划分,但在实际的阅卷过程中,由于阅卷时间紧迫,阅卷老师不会完全遵从上述标准逐项核对,阅卷遵循一套可操作的评分细则。

(二)真实考场评分细则范例

我们试图通过阅卷老师获取一套真实的考场评分细则,但能够拿到信度高的评分细则只有2013年上半年这道真题的教育类写作细则,我们可通过这套细则,对考场阅卷管中窥豹。

【2013年上半年真题】

"学高为师,身正为范"是著名教育家陶行知对教师的期望,也是他师范教育实践的指导思想。有人说:"教师要教给学生知识,培养学生能力。所以,'学高'太重要了。"也有人说:"教师以育人为天职,是人类灵魂的工程师,所以,'身正'最重要。"那么,你的看法呢?

请联系实际,写一篇议论文,观点明确,分析具体,条理清楚,语言流畅。题目自拟,立意自定,不少于800字。

【阅卷评分细则】

1.写作分数等级划分

一等(38~50分)紧密围绕教师以身作则、言传身教、为人师表写作。中心切合教师"为人师表,言传身教""教书育人,重在身教"等题意。中心突出、内容充实、情真意切、结构严谨、文体明确、语言优美、引经据典、字体优美。(教育学、心理学、教师职业素养,结合教育场景、学生心理,以教育事业发展、教育体制改革的维度书写)

二等(25~37分)站在教师立场思考主题。教师听取学生意见,先正自身,遵守承诺。围绕教师"信守承诺,共同进步""正人先正己"等题意书写。中心明确,内容较充实、感情真实、结构完整、文体突出、语言通顺、字迹清楚。(符合教师的职业素养,稍微联系理论和现实)

三等(12~24分)站在普通个人角度。跟教师职业无关或者立意太笼统。中心基本符合题意、基本明确。内容单薄、感情基本真实、结构基本完整、文体基本符合、语言基本通顺，字迹潦草。（行文相对幼稚，没有联系教师身份与教育发展，仅谈人生道理）

四等（0～11分）"三观"观念错误，中心偏离题意、不明或立意不当、内容空洞、文体不明、矫揉造作、结构混乱、语病多、字迹难辨。（不具备作为教师的基本素质和辨别是非的能力，基本写作能力欠缺）

2.写作硬性扣分项目

写作与文章相关的硬伤主要集中在内容残缺和语言表达基本功上。主要几大硬性扣分项目有：

（1）标题不写，扣5分。

（2）文章结尾不写的情况下，字数多于800字，扣10分后按正常文章阅卷赋分；字数少于800字，按残文算，在11分以下赋分。

（3）语句错误，2个扣1分，5个扣3分，多于5个字句错误，文章降等，降12分。

（三）细则解读

此细则很多老师做了过度解读，以至于考生误以为写作必须围绕教育进行，实质上这篇细则要求的"紧密围绕教师以身作则、言传身教、为人师表写作"实质是扣题的基本要求，作文题目为"学高为师，身正为范"，不站在教师立场上即为跑题，所以细则中的这一条要求，实质上是扣题要求。

对细则进行分析后，我们不难发现，在阅卷场这种极其紧张的场景中，阅卷老师实际在做着机械的"入等定分"工作，一等文（38～50分）：准确且有亮点，二等文（25～37分）：准确但平庸，三等文（12～24分）：偏了一半或一般性套作，四等文（0～11分）：全跑题或严重套作。

（四）阅卷中的四"不看"

由于阅卷时间的紧迫性，我们往往认为重要的一些项目是不被阅卷老师重视的，甚至是被忽视的，这些项目主要集中在以下几个方面：

1."不看"书写美观程度

在阅卷培训会上，阅卷老师都被要求在阅卷中和自己的主观印象做斗争，不能因为卷面问题影响考生分数。所以，在考前花大量时间练习字帖提升书写美观程度是不太划算的。

虽然培训会中要求阅卷老师忽略书写问题，但为了方便阅卷老师的电子阅卷，请把字写大、写正，使用正确、规范的标点符号，同时写错的部分严禁涂成"小黑疙瘩"，请使用规范的修改符号进行修改。

2."不看"错别字

所谓的"不看"错别字不是真的不看，在评分细则中也有对错别字的明确规定，但在实际的电子阅卷中，错别字是非常不容易计算的，一个一个地数错别字浪费的时间对于阅卷老师来说是得不偿失的，所以全靠无意识的计算是经常被忘记的。

除了被忘记，阅卷中还要遵从以下原则，如果出现非知识性的错别字不能计算为错别字，例如将"千里送鹅毛"写成了"千里送鹅手"这种均为非知识性错误，阅卷老师会默认正确并继续阅卷。而且重复出现错别字只计错一次，例如全篇中"己、已、巳"三字全部用错，但阅卷老师只按错一次计算。

3."不看"常识错误

如果文章中出现由于马虎造成的常识错误，通常只会引起阅卷场中老师们的哈哈一笑，如果错误非常有趣还可能会被"奇文共欣赏"。例如有考生把"孔子周游列国"写成了"孙子周游列国"，在阅卷场这种无聊的环境中就被当成奇文供大家排解紧张的情绪，但笑归笑，笑完了依旧以正常的分数进行阅卷。

当然一些考生可能因为无知或者把小说、电影里的故事当作历史大讲特讲，阅卷老师只会会心一笑，一般来说不会太作较真。

但胡乱捏造一旦被看出来，往往会被较真。某些老师会教学生，没例子就自己编造，编造不知名的人、编造外国人，名字越长越好，但这其实是对阅卷老师专业性的挑战，容易得不偿失。

例如，有个考生说到，美国著名教育学者"巴拉克·英特尔"曾经说过……，阅卷老师没有听过，但是总觉得怪怪的，接下来下一段又看到英国著名心理学家"戈登·拉姆齐"曾经说过……，这时阅卷老师又没听过，于是他们便会开始较真，查阅资料进行核对。

4.要分的"不看"

有些考生为了换取阅卷老师的同情，甚至编造自己残疾、年幼丧亲等情况，这种情况阅卷老师一般会直接忽略，并不会带来正面效益。如果所写内容引起了阅卷老师的反感，反而会留下不好的印象。

当然，在试卷中哭穷或是慰问阅卷老师，写老师辛苦了之类的话，也会被忽略，有时表述得太过分还会被当作作弊处理，得不偿失。

（五）写作中的三条红线

（1）严禁出现政治倾向错误。
（2）绝对不能出现违反法律法规的情绪表达。
（3）写作立场绝对不能违反道德人伦。

二、写作基础知识

写作是以语言文字为载体，反映客观事物、表达思想感情、传递知识信息的创造性的精神劳动过程。简言之，将思维和语言文字联结在一起的精神劳动即写作，其成果就是文章。

注意，想要写出一篇合格的文章，尤其是议论文，最基本的是要明白写文章的正确逻辑，文字只是思维的表达形式，重点在于思维逻辑。

举个例子，假如作文题目是：你为什么要吃饭。

很多考生深受作文模板的侵害，写成了：小明要吃饭，鲁迅要吃饭，孔子要吃饭，所以我要吃饭。这是所谓经典的"三段论"。但这完全不是人类思考问题的方式，第一，小明、鲁迅、孔子吃饭和"我"要吃饭有什么关系？第二，小明、鲁迅、孔子也不能代表全部人类。

真正的论证逻辑应该为：因为我饿了，饿了肠胃会不舒服，吃饭可以让我舒服，所以我要吃饭，简单明了。

由此可见，一篇好的文章不应是材料的堆砌，尤其是近年来主要考察的议论文，单纯的事例罗列并不具有说服力，更不具备论证逻辑。好的议论文应该基于论点，围绕论点进行一场严密的论证。在论证过程中，论据能给文章提供更为强大的说服力去证明论点，所以需要注意，论证是从论据到论点的推演，是论点见之于论据之间的桥梁。

写作是一种复杂的创造性的脑力劳动过程。写作活动大致可分为"采集——构思——表述"三个阶段，具体又可分为采集、立意、选材、谋篇、起草、修改等几个环节。每个阶段和环节都有自身的特点、规律和要求。

基于以上所述，可以得出写作的三个基本特征：

第一，用文字展现思维。书写只是呈现思维的载体，写作最为重要的是大脑的思考过程。如果不加思考就直接动笔，其文章往往会不知所云，让人看了云里雾里；如果不充分思考，则往往会出现写作中断，无法继续的尴尬局面。

第二，思维是灵魂，文字是躯壳。很多学生对于写作的误区在于过分看重语言优美、修辞手法、引经据典等方面，而忽略了作文要表达思想、论证论点的基本前提，舍本逐末。文章最重要的是论点明确、结构严谨、论证清晰、论据充分，不能过分强调外在的华丽而忽视本身的内涵。

第三，写作的三个特点决定了备考的整体方向。

1."读、写"交织，以"写"为主

（1）在审题时，一定要重点审方向，而不是审限制条件，寻找你自己的知识储备和作文题目的相关性，调用知识储备构建储备和题目间的强联系。

（2）所谓跑题，最主要的原因就是过度阅读写作模板、作文素材，然而对这些素材的了解只停留在素材本身的层面，无法与题目建立强联系，导致论证不能自圆其说，这才是跑题的最主要原因。

【建议】写擅长的领域，表达真情实感。

老舍先生说过："最熟悉的，不管多平凡，总是最亲切的，亲切就可能产生出最好的作品来。"例如其在《想北平》中写到：面向着积水潭，背后是城墙，坐在石上看水中的小蝌蚪或苇叶上的嫩蜻蜓，我可以快乐地坐一天，心中完全安适，无所求也无可怕，像小儿安睡在摇篮里。这一整段写的都是平凡无奇的一件小事，但因其为作者的亲身经历，饱含着作者的真情实感，让人仿佛身临其境并可以深入体会。

2. 用时长，分值高

（1）写作一定要保障 60 分钟的时间，不是说书写会花费 60 分钟，而是立意、选材、书写这一综合系统的活动最少需要 60 分钟加以保障，否则写出来的作文质量不敢保证。

（2）写作最核心的不是"写"，而是"审题、立意、列提纲、思考论证逻辑"。

3. 写作无标准答案，只有评分细则，阅卷老师主观性强

（1）在这种情况下，我们必须用亮点打动阅卷老师，让阅卷老师眼前一亮，自然会给出高分。

（2）亮点的关键是思想深度，深度决定成败。

【建议】用你的特色、优势击破阅卷老师，向阅卷老师展示你熟悉的领域，这些真情实感一定会打动阅卷老师。如果阅卷老师在阅读你的文章时表现出佩服的情感，一定会打出高分。

所以，写作是真情的表达，重点在于自圆其说，写作也是"带着镣铐跳舞"，一定要从题目素材出发，调用自己的知识储备流畅地表达出来，各位考生，请树立起"领域观"，用自身熟悉的领域代替死背素材，这才是决胜写作题的关键。

三、议论文写作

（一）定义

议论文是以议论为主要方式，通过摆事实、讲道理，对人或事发表作者的观点和主张的常用文体。

（二）议论文三要素

论点，指文章所要议论、阐述的观点，是作者要表达的看法和主张，必须做到正确、鲜明、新颖。
论据，要做到可靠、典型和新鲜。
论证。有效论证，必须有条有理，条理清晰，论说透彻。

（三）议论文的基本结构

引论——开头部分，提出问题。
本论——主体部分，分析问题。
结论——结尾部分，解决问题。

（四）常见的论证结构

1. 并列式
把一个问题从不同角度分解成几层意思，逐层加以论证。
【例1】
说"思"

总论点：要养成多思的习惯。
并列分论点一：多思才能把知识学活。

并列分论点二：多思才能有所发明创造。

并列分论点三：多思脑子才越用越灵。

2.对照式

提出中心论点后，从正反两个方面对中心论点进行剖析、论证，从而达到否定错误观点，树立正确论点的目的。

【例2】

遭遇挫折，笑对痛苦

中心论点：面对挫折，我们不应放大痛苦，而应直面人生，缩小痛苦。

分论点：遭遇挫折，缩小痛苦，才是明智的选择。

正面论据：（直面挫折与痛苦）

①直面挫折的王勃。

②笑对痛苦的李白。

分论点：因一时受挫而放大痛苦，将会终身遗憾。

反面论据：（放大痛苦）刘备做出错误决定，造成"白帝托孤"的悲剧。

总结归纳全文：遭遇挫折，不应放大痛苦。

3.递进式

后边论证是在前面论证的基础上进行的，前后之间是逐层推进、步步深入的关系。

【例3】

照镜子的启示

总论点：在工作和学习中，我们也应该经常"照镜子"——坚持开展自我批评，力求不断上进。

递进分论点一："照镜子"首先要选择一面合适的镜子。

递进分论点二：要懂得照的方法。

递进分论点三：照了镜子之后，看到不干净之处要及时洗刷掉，做一番细致的整理工作。

（五）论证方法

举例论证：运用典型事例论证观点。

引用论证：用名人名言、谚语论证观点。

比喻论证：借助形象的比喻来论证观点。

对比论证：用反向事例或道理对比论证观点。

（六）写论点的方法

1.开头提论点的方法

（1）直起——开门见山。开宗明义，直接点题。简洁明了，干脆利落，将议论的中心问题鲜明突出地提出来。例如：知恩图报是做人的起码良知。

（2）疑问——设问作答。用设疑开头，预做铺垫，借以蓄势，引出后文，启人思迪。问中含奇，话外有意，既点明了文章主题，又有助于全文的展开，可谓一箭双雕。例如：人生道路，曲折坎坷，不知有多少艰难险阻，挫折失败。在危困时刻，有人向你伸出温暖的双手，解除困顿；有人为你指点迷津，指明方向……最终你战胜了苦难，扬帆远航，驶向彼岸。那么，你能不心存感激吗？你能不思回报吗？不能！你应该心存感激，并通过十倍、百倍的付出，用实际行动予以回报。

（3）警起——引用名言。由名言俗语引出论点或解释题意。这种开头，含蓄且雄奇有力，富有哲理，能吸引读者，增强说服力。需要注意的是，引用的名言警句要恰当，解释要简洁，其目的是为了提出论点，不要卖弄学问，长篇大论。例如：日本前首相田中角荣的座右铭是他母亲教导他的一句话："别人向你借的钱，你可以忘记；你向别人借的钱，一定不能忘记。""别人向你借的钱，你可以忘记"不难理解，那么，"你向别人借的钱"，为什么"一定不能忘记"呢？我想，除了诚信的要求外，更是说明了知恩必须图报。

（4）事起——由事入题。引用事件或有关材料，合乎情理地导出论点。在运用这种方法时要注意引用的事件或材料不能太长，引用的内容要与题旨紧密相关，而且能够从中自然而然地引出论点。这种写法能由浅入深、以小见大地揭示深刻道理，使读者乐于接受，倍感亲切。例如：洛杉矶郊县三个黑人孩子，在早餐前正埋头写着感谢母亲的话。细看其内容，却只是诸如"路边的野花开得真漂亮""昨天吃的比萨饼很香""昨天妈妈给我讲了一个很有意思的故事"之类的简单语句。我心头一震。原来他们写给妈妈的感谢信不是专门感谢妈妈给他们帮了多大的忙，而是记录下他们幼小心灵中感觉很幸福的一点一滴。他们还不知道什么叫大恩大德，只知道对于每一件美好的事物都应心存感激。

（5）排起——铺排。采用铺排起笔，增强气势，增添文采，使道理在层层铺排中呼之欲出，自然引出论点，使读者易于接受。使用时要注意句式的整齐，以及内容与主题的紧密联系。例如：落叶在空中盘旋，谱写着一曲感恩的乐章，那是大树对滋养它的大地的感恩；白云在蔚蓝的天空中飘荡，绘画着那一幅幅感人的画面，那是白云对哺育它的蓝天的感恩。因为感恩才会有这个多彩的社会，因为感恩才会有真挚的友情，因为感恩才让我们懂得了生命的真谛。

2.论点的分析

议论就是分析——分解与剖析。打个比方，中心论点犹如西瓜，一个好瓜在手，你摸来摸去，即使把西瓜摸热了，它到底还是一个只见表皮的西瓜；如果你操起解剖刀将它切成两半，就可以审视、研究其内部构造和内在矛盾了，你对西瓜的认识和评说就会深化。分论点，乃是作者运用思想的解剖刀将中心论点进行切割、分解的产物。

（1）分论点的类型。

【并列式】

谈骨气

中心论点：中国人是有骨气的。

分论点一：富贵不能淫——文天祥宁死不屈，拒绝高官厚禄。

分论点二：贫贱不能移——古代一贫者宁可饿死，不受嗟来之食。

分论点三：威武不能屈——闻一多面对国民党手枪，拍案而起。为了有力地论述"中国人是有骨气的"这个中心论点，作者从经济利益、人格尊严、个人安危三个方面入手，并举出典型的事例，使每一个分论点都强有力地证明了文章的中心论点。

【对照式】

知耻应后勇

分论点一：知耻不后勇，必定自甘堕落，遗恨千古。

分论点二：知耻而后勇，化耻辱为上进的动力，也有成功的一天。要把"知耻应后勇"的理由论述充分，把中心论点切割成两个对立的分论点，在对照中显现"知耻而后勇"的重要和"知耻不后勇"的恶果，如此中心论点也自然可以让人心悦诚服地接受了。建立对照式分论点的好处在于能使观点、做法的利弊善恶对比更加鲜明直观，使论述更有力量，说理的穿透性更强。

【综合式】

习惯

①良好的习惯让你终身受益。

（对照为什么）

②恶习将对你贻害无穷。

（层进我们应该养成良好的习惯）

③良好的习惯应从小培养。

（并列怎么做）

④克服恶习要有坚强的意志。

【层进式】

谈惜时

分论点一：珍惜时间是珍惜生命的表现。（思想认识）……是什么

分论点二：珍惜时间是学有所成的保证。（作用）……为什么

分论点三：珍惜时间应落实到行动中去。（做法）……怎么做

(2)提炼分论点的方法。

①阐释内涵。

理想的阶梯

中心论点："奋斗是理想的阶梯"

分论点一：刻苦勤奋，是理想的阶梯。

分论点二：珍惜时间，是理想的阶梯。

分论点三：迎难而上，是理想的阶梯。

论证中并列的几个观点是对中心论点内涵的揭示与阐发，是对某一论题思索认识的结果。

②分析理由。

勤有三益

中心论点："为人当勤劳"

分论点一：勤劳，可以有所获，免饥寒也。（创财）

分论点二：勤劳，可以有所劳，延寿考也。（健体）

分论点三：勤劳，可以有所事，远淫邪也。（修身）

主要是从原因这个角度来设立分论点，通过用"为什么"来设问，在论述过程中，阐明几个并列的理由，证明应不应这样做。

③运用对比。

如何估价自己

分论点一：正确估价自己，既看到自己的长处，又看到自己的不足，就会不断努力，不断前进。

分论点二：过高地估价自己，瞧不起别人，刚愎自用，不思努力，就会停滞不前。

将两种不同的事物或同一事物的不同情况，分解成正反两个方面，从而从正反两个方面提炼分论点，以显示思维的鲜明性。

(七)议论文写作提纲的构思

(1)确定题目（论述的问题或论点）。

(2)确定论点以及怎样引出论点。

(3)围绕论点确定几个论据（包括道理论据以及与之相配套的事实论据）。

(4)确定论据之间的连接方式（即过渡，使读者能更清楚地看清文章的论证脉络）。

(5)确定从哪方面来联系实际或解决问题。

(6)确定结论，即如何收尾。

【例4】

(1)引论部分。

成才有路勤为径

由"书山有路勤为径"引出：勤为径——提出中心论点：成才有路勤为径。

(2)本论部分。

①勤奋，是学习进步的法宝。（"勤能补拙是良训""书痴者文必工，艺痴者技必良""梅花香自苦寒来"；鲁迅："哪里有时间，我是把别人喝咖啡的时间都用在工作上了"）

②只有勤奋学习，才能成才。（"一分辛劳一分才"；韩愈：口不绝吟于六艺之文，手不停披于百家之编；古人勤学故事：匡衡凿壁、车胤囊萤、孙康映雪）

③只有勤奋学习，才能跟得上社会的发展。（孙敬、苏秦悬梁刺股，祖逖、刘琨闻鸡起舞，孔子韦编三绝）

（3）结论部分。

业精于勤而荒于嬉，知识更新速度加快，智力才能差别不大，要想在现代社会立于不败之地，必须勤奋学习。

四、确立中心与剪裁材料

（一）确立中心

1. 审清题目

审题分四步走：审文体、审题型、审要求、审重点。

（1）审文体：着重看要求写的文体是记叙文、说明文还是议论文。

（2）审题型：看已知题干是命题、半命题作文，还是话题、材料作文。

①命题作文：要理解完整命题的含义，进而确立中心。

②话题作文：要品读话题的材料与要求，明确重点，进而确立中心。

③半命题作文：要看清要求，仔细斟酌之后，"完形填空"。

④材料作文：要从材料中提炼观点或改写、续写等。

（3）审要求：题干中要求的要点，通常包括：

①字数的要求。

②拟题、取材、格式方面的要求及关于材料处理的要求。

③其他特别的要求。

（4）审重点：审题还要根据题目所给的条件来确定文章的重点，而确定文章重点的关键就是抓住题目的"题眼"。"题眼"是题目的灵魂，是题目的核心，把握住了"题眼"，也就把握住了文章的重点。

2. 明确立意

明确立意的方法主要有两种：关键词分析法和因果分析法。

（1）关键词分析法。阅读材料及题干，画出题目中的关键词，再寻找关键词之间的逻辑关系，并对关键词的内涵进行阐释，找出其引申义、比喻义，列出符合题目要求的几个立意。最终根据命题意图，运用教育学理念，从中选择最恰当的立意进行写作。

（2）因果分析法。因果分析法一般适用于案例型、故事型的材料。教育写作中会出现哲理性的故事、社会案例等话题，需要结合材料进行写作。针对此类题目，可以采用因果分析法寻找准确的立意。先确定结论，即故事的结果，再寻找导致这个结果的原因，并最终确定立意。

3. 确定标题

标题的形式要求有：文题相符、简洁醒目、明确具体、新颖别致。

（1）拟写标题的基本方法。

①点事实。

点事实，就是把材料中反映的某一事件或问题简单地概括出来作为标题，也可以直接引用材料中的原话作为标题。需要注意的是，题目中所涉及的事件或问题，一般是材料中的一个点或一个面，这个点或面往往最能反映材料中心，最具有代表性，最能激起作者的强烈感情。如《我最敬爱的蔡老师》《从百草园到三味书屋》。

②点论题。

论题往往是在材料中提炼概括出的材料的共同主题。点论题就是标题告诉了读者该文的议论范围。其特点为标题中含有"说""谈""论""讲""议"等词语。如《谈微博时代的网络问政》《谈诚信》。

③点论点。

中心论点，是作者对所论述问题的最基本的看法，是作者在文章中所提出的最主要的思想观点，是全部分论点的高度概括和集中。中心论点是议论文的灵魂。用中心论点做标题，可以鲜明地告诉读者作者的见解和观点，即作者赞成什么、反对什么都可以一目了然。此种标题多用判断句或陈述句形式表达。点论点是写作题目拟定最常用、最推崇的一种拟题方法，如《用宽容之心对待学生》《用发展的眼光看待学生》《保护学生的尊严》《责任是教师的使命》。

（2）优化标题的方法。

①引用法。

引用法，是指在拟定标题时，由于其论述的主题或范围与某些名言警句、成语典故、古诗文句、影视片名、歌曲名等意思相吻合，直接把它们引过来做标题的一种拟题方法。

a.引用名言警句。

【示例】《学高为师，身正为范》。

b.引用成语典故。

【示例】《赠人玫瑰，手有余香》。

c.引用古诗文。

【示例】《言必信，行必果》。

d.引用影视片名、歌曲名。

【示例】《阳光总在风雨后》。

②修辞法。

修辞法是指采用一定的修辞格进行拟题的一种方法。在现代汉语中，大约有21种修辞格，比较常用的有比喻、比拟、借代、对偶、排比、对比、夸张、反语、设问、反问、顶真、反复，共12种。题目拟定常用的修辞格为以下几种。

a.比喻，指用相似的事物打比方去描绘事物或说明道理的一种辞格。

比喻的作用有三：一是使深奥的道理浅显化，帮人加深体会；二是使抽象的事物具体化，让人便于接受；三是使概括的东西形象化，给人鲜明的印象。用比喻辞格拟题，可以使标题生动、形象、新颖。

【示例】《创新是教育事业发展的基石》。

b.借代，指不直说某人或某事物的名称，而是用同它密切相关的名称去代替。如用"红领巾"代替"少先队员"。借代与比喻不同，借代重在事物的相关性，也就是利用客观事物之间的种种关系巧妙地形成一种语言上的艺术换名，而比喻重在事物之间的相似性。采用借代辞格拟题，可以使题目形象突出、特点鲜明。

【示例】《对"五道杠"少年不妨多些宽容》《"范跑跑"跑掉了良心》等。

c.双关，指利用语音或语义条件，有意使语句同时关顾表面和内里两种意思，言在此而意在彼的一种辞格。恰当地运用双关，一方面，可使题目幽默，饶有风趣；另一方面，也能适应某种特殊语境的需要，使表达含蓄曲折、生动活泼，以增强题目的表现力。

【示例】《填鸭添压》《因材施教还是因"财"施教》《教育部门合作有"形"更要有"行"》等。

d.对偶。结构相同或基本相同、字数相等、意义上密切相连的两个短语或句子对称地排列，这种辞格叫对偶。从形式上看，对偶音节整齐匀称，节律感强；从内容上看，对偶凝练集中，概括力强。

【示例】《严中有爱　爱中要严》《营造温情氛围　呵护学生自尊》《夯实知识基础　培养实践能力》《"抢"人才不易　"聚"人才更难》等。

e.其他，作文题目拟定有时也用反问、比拟、反语、夸张等辞格来拟定。

【示例】反问：《近朱者必赤?》反语：《教语文要学会"偷懒"》。

(二)剪裁材料

材料是指作者为了某种写作目的所搜集、积累以及写在文章中表现主题的一系列事实现象和理论依据。其内容包括人、事、景、物、情、理、数据等。

1.材料的要求

(1)要选择真实可靠的材料;

(2)要选择典型生动的材料;

(3)要选择新颖的材料;

(4)要选择自己最熟悉的材料。

2.文章材料来源

(1)材料的来源之一是自己的生活体会;

(2)材料的另一个来源是课本。

3.精选材料的原则

(1)选材要围绕中心;

(2)要选择真实而具体的材料;

(3)要选择典型的材料。

五、布局谋篇与结构安排

(一)结构安排的基本要求

(1)纲目清楚,详略得当;

(2)层次清晰,段落完整;

(3)衔接紧密,有呼有应;

(4)开头明快,结尾有力。

(二)结构安排的模式

1.一线贯穿式

所谓"一线贯穿式"就是围绕一个观点、一个主旨、一个话题,选择一个个典型的材料多角度、多方面展开描写记叙,以鲜明的观点突现主旨、丰富话题的一种作文技法。所谓"线"是文章的线索,是贯穿全文的链条,起联结作用,它可以是一个细节、一个特征、一件物品、一个观点、一个画面、一个话题、一句感想等。

2.块状结构式

所谓块状结构式就是指一篇文章可以分割成几个相对独立的单位,有明显的层次结构,可使文章形式更加美观。块状结构的文章又可以分为无标志性和有标志性两种。

无标志性的块状结构是指每篇文章由多个人物、多件事情组成,均用来表达同一主题。中间采用承上启下的段、句、词自然过渡。有标志性的块状结构是指文章中添加小标题,使得界线模糊的几个板块、层次更加清晰。

3.借用文体式

在构思作文时,我们可以用借用文体的方法达到一种结构上的创新。例如散文、小说、戏剧、童话、寓言、日记、书信、节目实录、新闻报道、实验报告、诊断报告、说明书、故事新编等。

4.总分相映式

包括先总后分、先分后总、总分总等。

5. 抑扬转换式

欲说其美，先写其不美；欲说其不美，先写其美，这种以退为进的结构方式，叫作抑扬转换式。

（三）结构安排的方法

1. 小标题串联法

所谓"小标题串联"，就是指选择几个有代表性的"点"，用这几个点来做小标题，然后在那个"点"上加以发挥，通过几个"点"所连成的片，构成一篇完整的文章。在采取这一方法时，要注意两个问题：

一是选点的数量。一般以三个为宜，多或少都会烦琐或单调。

二是点与点之间的联系。点和点之间，并不是毫无关联的，而应该是一个有机的整体。

2. 日记缀连法

日记是最熟悉、最常用的一种练笔形式，具有层次分明、过渡简便、感情真挚等优点。在写记叙文时可考虑使用日记缀连法。

3. 散点并列法

散点式是指围绕一个中心，从数个点上进行发散、铺排，每个点都有一个精美的句段，数个点连成一体就是一篇优美的散文。这种"散点式"习作最突出的优点是层次明晰、语言优美、情感浓郁。用散点式布局往往能出奇制胜。

4. 镜头组接法

镜头式也叫剪辑式。运用这种方法，可以把发生在不同时间、不同地点、不同场景的不同镜头按一定的顺序有机地连接起来。运用这种方法，可以突破时空局限，做到灵活自由、变而不乱、视感强烈。镜头式是考场作文中运用频率很高的一种布局方法。

5. 步步紧逼法

所谓步步紧逼，就是多问几个为什么，这在说理文中特别有用。任何现象的出现都是有原因的，原因是什么呢？可以展开分析，有因必有果。会出现什么结果呢？可以展开分析。呈现出的现象是什么样子的呢？可以展开分析。怎样去把握它呢？也可以展开分析。即围绕"为什么""是什么""怎么样"去设置问题，展开议论思路。另外，正面可以设问，反面也可以设问，多问几个为什么，思路便会开阔起来。

6. 妙设波澜法

妙设波澜要注意做到"巧"和"奇"。整个布局为结尾服务，读者以为情节向东演进，结果却向西而行，不仅打破了情节发展惯用的结构手法，使角度显得巧妙，而且可以深化主题，增加文章信息量，让人在目瞪口呆之余，禁不住感叹作者的奇思妙想。

六、语言表达与修辞手法

（一）文章语言表达

1. 文章语言表达方式

（1）叙述；（2）描写；（3）抒情；（4）议论；（5）说明。

2. 文章语言表达效果

（1）准确，即用词恰当，表意明确。

①符合特定情境；

②符合特定身份地位；

③正确使用口语、书面语；

④准确表达范围大小、程度深浅。

（2）鲜明，即意图清晰，态度明确。

①精确选用词语；

②明确感情色彩；

③恰当选用句式。

（3）生动，即意态灵活，表现力强。

①注意描绘的形象性；

②选用切合语境的词语；

③恰当使用修辞方法；

④交替使用不同句式。

（二）修辞方法的运用

修辞方法，就是通过修饰、调整语句，运用特定的表达形式以提高语言表达作用的方式或方法。运用修辞是锤炼语言的一个重要方式。中国语言文学中的修辞手法多种多样，如排比、拟人、比喻、夸张、反问、顶针、对偶、双关、叠字、反语、摹状等。在多种修辞手法中，最为常用的是拟人、比喻和排比。

1. 拟人手法的灵活运用

拟人指把物人格化，这里的"物"包括动物、植物、抽象概念等，它们在拟人化时都具有了人的外表、言语及情感。拟人手法在记叙文、议论文，甚至说明文中都被经常采用，因为这种手法能使平白的语言变得生动活泼、传神有力。

2. 比喻手法的巧妙使用

比喻手法指用某些有相同点的事物来比方想要描述的另一事物。灵活运用比喻手法，既可以用熟悉的事物比方不易理解的生僻事物，又可以用事物的类似点对事物的特征进行突出和渲染。比喻又分为明喻、借喻、暗喻等。比喻一般由三个部分组成，即本体（被比喻的事物或情景）、比喻词（比喻关系的标志性词语）和喻体。比喻的作用是将表达的内容说得生动、具体、形象，给人以鲜明深刻的印象。

3. 排比手法的恰当采用

排比是把内容相关、结构相同或相似、语气一致的几个（一般要三个或三个以上）短语或句子连用的方法。如但这回却很有几点出乎我的意料。一是当局者竟会这样地凶残，二是流言家竟至如此之下劣，三是中国的女性临难竟能如是之从容。

章节课后习题——基本能力

第一节　阅读理解能力

中国戏曲的现代转型与本质回归（摘编）

刘祯　毛忠

传统戏曲表现为两种形态，一种存在于民间，称为民间戏曲。另一种是文人在民间戏曲的基础上，不断丰富其表现手段，具有了较高的审美性和审美价值而形成的戏曲艺术，而戏曲现代化，更多的是指戏曲艺术的现代化。

在戏曲现代化的过程中，人们把注意力过多地集中在戏曲现代题材和思想内容的表现上，而忽视了戏曲艺术作为一种艺术样式所具有的本质特征。现代生活题材当然是现代戏曲艺术应该表现的内容之一，甚至是重要的内容之一，但通过古代生活题材同样也可以反映当代人的思想意识和精神生活。戏剧理论家张庚先生对此有明确的认识，认为戏曲现代化的重心就是如何"以中国人的审美标准和方式，表现现代生活与现代意识"，"在历史剧中贯穿着作者当时的时代精神"，所以"也不一定只有描写当代生活的戏才配成为现代化的戏曲,现代人写的历史剧一样也能成为很好的现代戏"。

戏曲是一种大众艺术,它的根脉在民间,戏曲艺术的每次发展、繁荣,民间大众都发挥了积极的作用。然而,反观当代,有一种越来越不尊重和漠视民间的趋势,当然,民间戏曲决不会因为我们忽视她自动消亡,因为它与民间的生活息息相关。人们会发现,某些方面民间戏曲在追求其现代转型的道路上走得更远更稳,在一些地区,它甚至已经融进了人们的现代精神文化生活,成为他们文化生活不可或缺的一部分。我们有充分的理由相信,这也会是实现传统戏曲现代转型的一把密匙。

(1)戏曲现代化过程中应重点关注哪两个方面?请结合文本,简要说明。(4分)

网校答案:①从表现现代生活与现代意识方面作答;(2分) ②从在历史剧中贯穿时代精神方面作答。(2分)

(2)文章认为应如何走出戏曲艺术现代化的困境?请简要分析。(10分)

网校答案:要走出困境,戏曲创作要来源于民间,来源于广大民众。(3分)戏曲的发展和推广要走向民间,要符合民众的审美标准。(3分)戏曲的内容要充分融入人们的现代精神文化生活,成为文化生活不可或缺的一部分。(4分)。

第二节 逻辑思维能力

1.下列选项中,与"绿叶菜——菠菜"逻辑关系相同的是( )。

A.西红柿——番茄　　　　　　　　B.萝卜——白萝卜

C.大白菜——白菜　　　　　　　　D.花菜——黄花菜

网校答案:B。

2.下列选项中的概念关系,与"土豆"和"马铃薯"一致的是( )。

A.坦克——战车　　　　　　　　　B.录音机——录音笔

C.萝卜——青萝卜　　　　　　　　D.番茄——西红柿

网校答案:D。

网校解析:概念的全同关系。

3.下列选项中,与"中国——香港"的逻辑关系相同的是( )。

A.北京——承德　　　　　　　　　B.宁夏——银川

C.新疆——西藏　　　　　　　　　D.太原——山西

网校答案:B。

4.下列选项中,能够由"李白是文人"和"李白不是商人"必然推出的是( )。

A.有的文人是商人　　　　　　　　B.有的文人不是商人

C.有的商人是文人　　　　　　　　D.有的商人不是文人

网校答案:B。

网校解析:李白是文人中的一个,属于有的文人;李白不是商人,所以有的文人不是商人。

5.找规律填数字是一种很有趣的游戏,特别锻炼观察和思考能力,下列填入数列"1、6、5、9、12、( )"空缺处的数字,正确的是( )。

A.13　　　　　　　　　　　　　B.15

C.17　　　　　　　　　　　　　D.19

网校答案:D。

网校解析:该数列中,分别作差能得到5、−1、4、3,在生成的这一新的数列中,前后相加能得到后一个数,5−1=4,−1+4=3,那么4+3=7,需要12+7=19,因此本题选择D。

6.国庆黄金周,小白和朋友们商量去外地旅游的事。小米说:"如果不去绍兴,就去杭州吧。"小黄说:"如果不去杭州,就不去绍兴了。"小刘说:"咱们只去其中一处吧。"小白据此提出的大家的都能接受的意见是( )。

A. 另去他处   B. 两处都去

C. 只去绍兴   D. 只去杭州

网校答案：D。

网校解析：题干表明，不去绍兴就去杭州；不去杭州就不去绍兴＝去杭州就去绍兴。根据二难推理简单构成式，结论是只去杭州。

7. 下列选项中，与"王静和李悦是军人"的判断类型不同的是(　　)。

A. 舒婷和海子是诗人   B. 张继科和王皓是冠军

C. 王山和李强是战友   D. 腾格尔和韩红是歌手

网校答案：C。

网校解析：考查命题的分类。题干中是一个复言命题，表示王静是军人且李跃是军人。选项A、B、D跟题干判断类型相同，都是表示两个判断的复言命题，而C项是对两人的关系做了一个判断，是直言命题。故选C。

第三节　信息处理能力

1. 下列属于信息的是(　　)。

A. 纸张上的文字   B. 身份证中的相片

C. 屏幕中显示的图像   D. 信息媒体所表达的内容

网校答案：D。

网校解析：信息是以某种载体形式贮存、传播的人类文化成果。信息具有传播的特点，因此人们也将信息解释为"信息就是一种消息、资料或数据"。A、B、C三项不能称为信息。

2. 小强想熟练地在因特网上查找资料，他应该学会使用(　　)。

A. 搜索引擎   B. 网页制作

C. 电子邮件   D. MSN

网校答案：A。

网校解析：搜索引擎是指根据一定的策略、运用特定的计算机程序从互联网上搜集信息，在对信息进行组织和处理后，为用户提供检索服务，将用户检索的相关信息展示给用户的系统。它主要用于检索网站、网址、文献信息等内容。

3. 要将网页中的某图片以图片文件的格式单独保存到硬盘的文件夹中，下列操作正确的是(　　)。

A. 单击"文件"菜单中的"另存为"命令

B. 选择图片，复制到 Word 文档中

C. 右击图片，选择快捷菜单中的"显示图片"命令

D. 右击图片，选择快捷菜单中的"图片另存为"命令

网校答案：D。

网校解析：将网页中的某图片以图片文件的格式单独保存到硬盘的文件夹中，可以右击图片，选择快捷菜单中的"图片另存为"命令。

4. 下列关于 Word 打印操作的说法正确的是(　　)。

A. 打印格式由 Word 自己控制，用户无法调整

B. 在 Word 开始打印前，可以进行打印预览

C. Word 的打印过程一旦开始，在中途无法停止打印

D. Word 每次只能打印一份文稿

网校答案：B。

网校解析：在 Word 中，提供了打印预览功能，使得用户在打印之前就可通过屏幕看到文档实际打

印后的效果。

5.Word 中，可多次重复格式化的操作是(　　)。

A.左键单击格式刷按钮

B.右键单击格式刷按钮

C.左键双击格式刷按钮

D.右键双击格式刷按钮

网校答案：C。

网校解析：Word 中，左双击"格式刷"按钮可多次重复格式化，其余选项都不可以。

6.在 Word 中，下列操作不能实现的是(　　)。

A.编辑文档

B.表格处理

C.图形处理

D.数据库管理

网校答案：D。

网校解析：Word 的基本功能有文档编辑、图形处理、图文混排、表格处理和网络功能。数据库管理不是 Word 的功能。

7.在 Word 中，双击"格式刷"，可将格式从一个区域一次复制到的区域数目是(　　)。

A.三个

B.一个

C.多个

D.两个

网校答案：C。

网校解析：双击"格式刷"可以无限次刷格式。

8.在 Excel 中，对数据源进行分类汇总之前，应先完成的操作是(　　)。

A.筛选

B.建立数据库

C.排序

D.有效地计算

网校答案：C。

网校解析：数据汇总是将经过排序之后已经具有一定规律的数据进行汇总，生成各类汇总报表。操作步骤：进行数据汇总之前要对数据隐形排序，单击"数据"进行"分类汇总"命令，弹出"分类汇总"对话框，选择分类字段、汇总方式、汇总项。故此题选 C。

9.当 Excel 工作簿中既有工作表又有图表时，执行"保存文件"命令则(　　)。

A.只保存工作表文件

B.只保存图形文件

C.分别保存工作表和图表

D.将工作表和图表一起保存

网校答案：D。

网校解析：当 Excel 工作簿中既有工作表又有图表时，执行"保存文件"命令则将工作表和图表一起保存。

10.当 Excel 中图表的数据源发生变化时，关于下列关系图表变化的描述，正确的是(　　)。

A.不跟随变化

B.会自动更新

C.需要手动更新

D.不受任何影响

网校答案：B。

网校解析：在 Excel 中以数据制作成的图表，当改变数据源时，图表也会随数据内容的不同而造成图表样式或大小、形状的改变。

11.下列不是 PowerPoint 视图方式的是(　　)。

A.大纲视图

B.页面视图

C.普通视图

D.幻灯片视图

网校答案：B。

12.超级链接只有在(　　)中才能被激活。

A.幻灯片视图

B.大纲视图

C.幻灯片放映视图

D.浏览视图

网校答案：C。

网校解析：PowerPoint有五种视图方式：幻灯片视图、大纲视图、幻灯片浏览视图、普通视图、幻灯片放映视图。只有在幻灯片放映视图中才能激活超级链接。

13.下列软件中，(   )不能用来制作课件。

A. PowerPoint   B. FrontPage

C. Flash   D. Access

网校答案：D。

网校解析：Access是微软公司发布的关联式数据库管理系统，是Microsoft Office的成员之一。

14.下列关于PowerPoint的叙述，错误的是(   )。

A.可以新建空白演示文稿，也可以基于模板创建演示文稿

B.可以在幻灯片中插入表格

C.可以将某张图片设置为幻灯片的背景

D.可以在PowerPoint中插入表格，并对其中的数字进行排序

网校答案：D。

网校解析：PowerPoint中没有内置函数，不支持自动排序功能。

15.设计制作幻灯片母版的菜单是(   )。

A.视图   B.格式

C.工具   D.编辑

网校答案：A。

网校解析：设计制作幻灯片母版的菜单是"视图"菜单。

16.下列对幻灯片中的对象进行动画设置的描述，正确的是(   )。

A.幻灯片中的对象可以不进行动画设置

B.设置动画时不可改变对象出现的先后次序

C.幻灯片中各个对象设置的动画效果应一致

D.对象只能设置动画效果不能设置声音效果

网校答案：A。

网校解析：幻灯片中的对象可以不进行动画设置，设置动画时可以改变对象出现的先后次序，也可以为幻灯片中各对象设置不同的动画效果，并且每一对象不仅能设置动画效果，还能设置声音效果。

17.利用图像编辑软件可以对图像进行各种编辑，下列说法错误的是(   )。

A.可以将若干个图像拼接起来，组成一幅新的图像

B.可以将若干个图像叠放在一起，产生层的特殊效果

C.可以添加文字层

D.不可以对有划痕的图像进行加工修改，去除划痕

网校答案：D。

网校解析：图像编辑软件可以对有残缺的图片进行有限的修复，例如，可以对有划痕的图像进行加工修改，去除划痕。

第四节　写作能力

18.阅读下面的材料，按照要求作文。

船主请一位修船工给自己的小船刷油漆。修船工刷漆的时候，发现船底有个小洞，便顺手给补了。

过了些日子，船主来到他家里道谢，并送上一个大红包。修船工感到奇怪，说："您已经给过工钱了。"船主说："对，那是刷油漆的钱，这是补洞的报酬。"修船工说："啊，那只是顺手做的一件小事

......"

船主感激地说:"当得知孩子们划船去海上之后,我才想起船底有洞这事儿,绝望极了,觉得他们肯定回不来了,等到他们平安归来,我才明白是您救了他们。"

要求:文体自选,立意自定,标题自拟;不少于800字。

19.阅读下面的材料,按照要求作文。

许多植物自身都有对于自然界灵敏的反应,并且会不断调整自身的生存状态。如干旱可以让植物的根深扎于泥土中,风力大的地区植物长得更牢固。肥沃的土地上生长快的植物往往树质松软,贫瘠的土地上生长慢的植物常常材质坚硬,植物如此,人也一样。

要求:文体自选,立意自定,标题自拟;不少于800字。

【例文】

改变环境

有人认为,人要像植物一样,不断调整自身的生存状态去适应环境。但我认为这种适应在正确的大环境下固然重要,但人不同于植物,人的高贵在于灵魂,在于判断性。在触及原则性的大是大非的问题面前,要坚守内心的底线。在一定条件下,人还要学会改变环境。

在正确的环境指引下前行固然重要,但倘若一个人失去了对环境正确与否的思考而屈服于环境,与大环境同流合污,那么这个人必将走向堕落。

身陷囹圄的贪官不可能在入职的第一天就立志收受贿赂,鱼肉百姓。在复杂的大环境中,他们逐渐学会了官场的那些糟粕,正是因为他们没有坚守自己的底线,一步步地适应了不良风气的小圈子,才使得自己被钉在了历史的耻辱柱上。

帕斯卡尔曾说过:"人是一棵有思想的芦苇。"人与植物之所以不同,得益于思想,得益于对环境的判断能力。坚持正义、坚持自己的底线,是每个人走向正义与光明的必经之路。

只有这种顶住世俗环境压力的人才可能成就一番霸业,乔布斯正是顶住了苹果职业经理人所给予的压力,顶住了苹果公司上上下下的质疑,坚持设计至上的理念,才使得苹果成为手机行业的标杆。倘若他与职业经理人同流合污,那么我们的世界上便会少了一个卓越的手机品牌。

倘若鲁迅先生在社会大环境下封住了笔,那么这个世界上便少了一个敢于呐喊的思想先锋,少了一个伟大的文学家、思想家、革命家。

一个优秀的人才,要有着改变环境的决心。在那个昏暗的旧社会,正是有着这样一群革命者逆流而上,才给中国这个大环境带来了曙光,他们用生命捍卫着真理,他们立志建立一个平等、自由、博爱的新环境。正是有着这样一群觉醒的先驱,才使得中国走向光明,才换来如今的幸福生活。

这些人有时候是可怜的,他们在大风的摧残之中可能折断了自己的"枝干";这些人有时候是悲哀的,他们可能在所处的时代不被理解,甚至被普通民众指指点点;但这些人也是可敬的,他们是历史的推动者,是真理的捍卫者,是美好生活的创造者,历史将永远铭记他们为人类觉醒所付出的努力。

如今,我们的社会正处于改革的风口浪尖之上,不良的环境余风依然存在,大环境并没有正确到我们不需要判断地完全适应。拥有是非的判断力,坚守自己的底线是新时代的年轻人应有的道德水准。作为改革的践行者与推动者,为环境的改变尽自己一番努力是每个年轻人该有的气魄!

我们可喜地看到,一些普通公民为社会大环境的变革建言献策,也可喜地看到质疑精神已经纳入中国学生发展核心素养体系,未来将有更多人成为社会变革的先导,更多的人敢于改变环境。

20.阅读下面的材料,按照要求作文。

山有山的高度,水有水的深度,没必要攀比,每个人都有自己的长处;风有风的自由,云有云的温柔,没必要模仿,每个人都有自己的个性。你认为快乐的,就去寻找;你认为值得的,就去守候;你认为幸福的,就去珍惜。没有不被评说的事,没有不被猜测的人。不要太在乎别人的看法,不要太盲目追求一些东西,做最真实、最朴实的自己,依心而行,无憾今生。

根据材料所引发的思考和感悟,写一篇论说文。

要求:角度自选,立意自定,标题自拟;不少于800字。

21.阅读下面的材料,按照要求作文。

看天光云影,能测阴晴雨雪,但难逾目力所及;打开电视,可知全球天气,但缺少了静观云卷云舒的乐趣。

漫步林间,常看草长莺飞、枝叶枯荣,但未必能细说花鸟之名、树木之性;轻点鼠标,可知生物的纲目属种、迁徙演化,却无法嗅到花果清香、丛林气息。

从不同的途径去感知自然,自然似乎很"近",又似乎很"远"。

要求:角度自选,立意自定,标题自拟;不少于800字。

22.阅读下面的材料,按照要求作文。

总统当选后不久,记者采访他的母亲:"有哈里这样的儿子,你一定感到十分自豪。"母亲赞同他说:"是这样。不过我还有一个儿子,也同样使我感到很自豪,他现在正在地里挖土豆。"

要求:文体自选,立意自定,标题自拟;不少于800字。

23.阅读下面的材料,按照要求作文。

一个刚上车的小男孩请公交司机等一等他妈妈。过了一分钟,孩子妈妈还没到,车上乘客开始埋怨,说母子俩耽误了大家时间。这时,那位腿有残疾的母亲一瘸一拐地上了车,所有人都沉默了。

要求:文体自选,立意自定,标题自拟;不少于800字。

参考文献

[1] 林崇德. 中国学生发展核心素养：深入回答"立什么德、树什么人"[J]. 人民教育，2016(19)：14 – 16.

[2] 林崇德，刘霞，郝文武，等. 努力提升学生发展核心素养——访林崇德先生[J]. 当代教师教育，2017，10(02)：10 – 13，23.

[3] 施久铭. 核心素养：为了培养"全面发展的人"[J]. 人民教育，2014(10)：13 – 15.

[4] 叶波. 是"全面素养"还是"关键素养"——基于课程改革方法论的核心素养概念追问[J]. 课程·教材·教法，2017，37(09)：24 – 28.

[5] 刘弋贝. 学生观问题的再认识[J]. 东北师大学报(哲学社会科学版)，2014(04)：252 – 254.

[6] 彭阳红，沈翰. "消解"还是"重构"——新课程改革背景下对教师权威的思考[J]. 教育科学研究，2004(06)：16 – 17.

[7] 吴永军. 促进教师专业发展：范式、途径、方法[J]. 当代教育科学，2007(12)：19 – 21.

[8] 孙绵涛. 教育法学学科理论研究的若干方法论问题[J]. 高等教育研究，2015，36(01)：34 – 38.

[9] 杜中兰，李天凤. 我国中小学教师职业道德规范之变迁[J]. 现代教育科学：普教研究，2009(08)：39 – 41.

[10] 刘良华. "中小学教师职业道德规范"的四个文本的比较[J]. 教育观察，2012，1(01)：34 – 40.

[11] 左璜，童想文. 走向道德的本真——我国"中小学教师职业道德规范"的话语实践分析[J]. 中小学德育，2014(02)：4 – 10.

图书在版编目（ＣＩＰ）数据

综合素质：幼儿园版／苏云尚，王奕珊主编. --
长沙：中南大学出版社，2018.8
ISBN 978 - 7 - 5487 - 3345 - 4

Ⅰ.①综… Ⅱ.①苏… ②王… Ⅲ.①教师素质一幼
教人员－资格考试－自学参考资料 Ⅳ.①G451.6

中国版本图书馆 CIP 数据核字(2018)第 190496 号

综合素质(幼儿园版)

ZONGHE SUZHI (YOUERYUANBAN)

主编　苏云尚　王奕珊

□责任编辑　汪采知
□责任印制　易红卫
□出版发行　中南大学出版社
　　　　　　社址：长沙市麓山南路　　　　邮编：410083
　　　　　　发行科电话：0731 - 88876770　　传真：0731 - 88710482
□印　　装　长沙市宏发印刷有限公司

□开　　本　880×1230　1/16　□印张 15.5　□字数 472 千字
□版　　次　2018 年 8 月第 1 版　□2019 年 2 月第 2 次印刷
□书　　号　ISBN 978 - 7 - 5487 - 3345 - 4
□定　　价　45.00 元